文 化 名 家 暨
"四个一批"人才作品文库

新闻界

我所思之在海南

钟业昌 著

中华书局

图书在版编目(CIP)数据

我所思之在海南/钟业昌著. —北京:中华书局,2020.6
(文化名家暨"四个一批"人才作品文库)
ISBN 978-7-101-14545-8

Ⅰ.我… Ⅱ.钟… Ⅲ.①区域经济发展-研究-海南-文集
②社会发展-研究-海南-文集 Ⅳ.F127.66-53

中国版本图书馆 CIP 数据核字(2020)第 068352 号

书　　名	我所思之在海南
著　　者	钟业昌
丛 书 名	文化名家暨"四个一批"人才作品文库
责任编辑	罗华彤
装帧设计	毛　淳
出版发行	中华书局
	(北京市丰台区太平桥西里38号　100073)
	http://www.zhbc.com.cn
	E-mail:zhbc@zhbc.com.cn
印　　刷	北京瑞古冠中印刷厂
版　　次	2020年6月北京第1版
	2020年6月北京第1次印刷
规　　格	开本/710×1000毫米　1/16
	印张26¾　插页4　字数400千字
国际书号	ISBN 978-7-101-14545-8
定　　价	128.00元

出 版 说 明

　　实施文化名家暨"四个一批"人才工程，是宣传思想文化领域贯彻落实人才强国战略、提高建设社会主义先进文化能力的一项重大举措。这一工程着眼于对宣传思想文化领域的优秀高层次人才的培养和扶持，积极为他们创新创业和健康成长提供良好条件、营造良好环境，着力培养造就一批造诣高深、成就突出、影响广泛的宣传思想文化领军人才和名家大师。为集中展示文化名家暨"四个一批"人才的优秀成果，发挥其示范引导作用，文化名家暨"四个一批"人才工程领导小组决定编辑出版《文化名家暨"四个一批"人才作品文库》。《文库》主要收集出版文化名家暨"四个一批"人才的代表性作品和有关重要成果。《文库》出版将分期分批进行，采用统一标识、统一版式、统一封面设计陆续出版。

文化名家暨"四个一批"人才

工程领导小组办公室

2020年6月

钟业昌

　　海南定安人。1984 年 7 月毕业于湖北财经学院（今中南财经政法大学）商业经济系。长期从事新闻工作，历任海南日报社理论部主任，海南日报社（海南日报报业集团）副总编辑、总编辑、党委书记、社长，现任海南省社会科学界联合会党组书记、主席，海南省社会科学院院长。先后出版个人著述《海南经济发展研究》《邓小平论》《海南特区改革开放与发展》《历史的海南》《解放海南——战时文献与战后回忆解码》和《走向中国特色自由贸易港——十论学习习近平总书记"4·13"重要讲话精神》等，主编出版《中国（海南）自由贸易试验区发展报告（2019）》。2002 年被评为全国百佳新闻工作者，2003 年被评为全国新闻界抗击非典新闻宣传优秀记者，享受国务院颁发的政府特殊津贴。

目 录

前　言

当整理完这些年来海南经济发展问题研究的文稿交给中华书局时,我又想起那句人所熟知的话:"我所思之在海南。"

很多人都知道,"我所思之在海南"这句话是出自台湾著名作家李敖先生,他于2005年9月在大陆的那次风头甚劲的"神州文化之旅"中,说出了这句让海南扬名的话。而鲜为人知的是,我是这句话"出笼"的始作俑者。

2003年11月2日,博鳌亚洲论坛年会在海南开幕,《海南日报》因当日推出120个版的特刊而轰动一时。特刊分A、B、C、D四大叠,其中A1-A20版为要闻版,B21-D120版为年会特别珍藏版。特别珍藏版的B21-B60为"亚洲声音",就亚洲经济发展前景和区域合作进行分析和透视,并首次全面介绍26个发起国情况。C61-C80版为"博鳌三章——天生丽质、一夜成名、亚洲风吹",集中展示博鳌的美丽和巨变,及海南为博鳌亚洲论坛的建立和发展作出的特殊贡献。D81-D120版为"海南读本",以优美流畅的散文笔调,将海南之海洋、河流、山峰、饮食、民居等自然和人文景观跃然纸上。我当时是《海南日报》副总编辑,全程负责了特别珍藏版的策采编,并亲自向博鳌亚洲论坛秘书长龙永图赠送了提前印好的这期特别珍藏版。龙永图对《海南日报》记者说:"你们120版我看了,感觉花费了很大的精力,几个专题都做得很好。"

日出120个图文并茂的精彩版面,是我办报历史上的一份荣耀,为此曾向台湾新闻界闻人、李敖的好友高信疆先生"炫耀",他评价版面图片非常精美、大气,文章篇章结构亦佳,历史人文深厚。他同时表示,可以将我签名的一份特别珍藏版送给李敖先生。当时李敖先生在大陆的名望正隆,借助他宣传海南,这是我乐观其成的事。于是,我就将一份自己签名送给李敖先生的

《海南日报》特别珍藏版,送给了高先生。这就是事情的经过。2005年9月,人在北京的高信疆先生对记者说,他把《海南日报》副总编钟业昌先生签过名专门呈送的博鳌专版送到了李敖先生的手里,那叠报纸有120个版,李敖翻阅的时候,被报纸上海南的图片风光吸引,连声赞叹!9月21日,高信疆又在北京当面问正在开展"神州文化之旅"的李敖:"你前一阵对媒体说有可能的话,要到海南养老,海南的朋友很关注这件事,他们想了解,是谁让你有这样的念头?"李敖指着高信疆说:"就是你呀。"李敖当即拿出钢笔,在一张硬纸上写下他的心思:"我所思之在海南　李敖　2005年9月21日。"

　　"我所思之在海南"蹭着"神州文化之旅"的热度,迅速广为传颂。这就是李敖与海南的故事:李敖先生何以对海南情有独钟?原来是一位友人的强力推荐,再加上看到了《海南日报》120版"博鳌年会特刊"后,对海南这块神奇的土地产生了浓厚的兴趣。

　　"我所思之在海南,无边美景入梦来。"历史的机缘又给续上了美好的一页。2008年12月,我以《海南日报》总编辑的身份率海南新闻交流团访问台湾,25日下午专程赴台北年代电视台大楼拜见李敖先生,受到了他的热情接见。我向李敖先生赠送了2005年9月22日的《海南日报》。这是一张加了精美镜框装裱一新的《海南日报》,上面的报道内容是:《本报记者在京求证李敖将"终老海南"　李敖说:"我所思之在海南"》。李敖十分高兴,双手接过,并不无风趣地说:"噢!你们还把我装进了你们的镜框?"把大家都逗笑了。

　　海南新闻交流团赴台湾之前,《海南日报》记者开展征集活动,为"我所思之在海南"征集下句。征集活动共收到了60多条回应,最后选择其中10条带到台湾供李敖选择。那天下午,李敖先生当着我们的面稍一浏览就说:"我喜欢这句'无边美景入梦来'。"他解释说:"陆游有句诗:'夜阑卧听风吹雨,铁马冰河入梦来。'借鉴陆游诗意,成此佳句,有很好的意境。"难怪是大文豪,诗词典故是信手拈来。他又挥笔写下这行字:"我所思之在海南,无边美景入梦来。　李敖　2008年12月25日于台北。"

　　我所思之在海南,我所思之40载。回想起来,从1980年9月"过海"到武汉入读湖北财经学院,我开始关注海南问题;到1984年7月大学毕业,开始研究海南问题。1984年上学期,校园里掀起学习《邓小平文选》的热潮,班里成立"《邓小平文选》专题研究会",我参加了对外开放政策专题研究组,加之毕业论文选题是《试论我国经济特区的出口战略》，这些学习经过与知识累积，使我刚毕业到海南大学任教，就能在当年11月6日的《海南日报》上发表第一篇研究海南的文章《世界经济形势与海南的发展战略》，提出海南的经济发展要遵循立足岛内资源，联系世界经济形势，迎接新技术革命挑战，走"锄头和计算机"相结合的道路的观点。自此以降，与岁月同行，至2018年6月28日，在《中国社会科学报》上发表《新时代全面深化改革开放的宣言书　新起点全面深化改革开放的动员令》的文章，不知不觉间，我连续对海南问题的关注、研究已近40年。2019年7月，我又出版了个人专著《走向中国特色自由贸易港——十论学习习近平总书记"4·13"重要讲话精神》。这近40年间，经历了广东省海南行政区的历史时期，经历了海南建省办大特区的潮起潮落，现在又正经历阔步走向中国特色自由贸易港的新时代，一路走来，一路思考，如今整理成册，不禁感慨万分——感谢改革开放时代给予我思考的不竭动力和鲜明具象。

我所思之在海南，我所思之在岛情。我生长在海南，对海南的"岛情"有着切身的感受，这种感受"主宰"了我长期的思考与研究。在大学时代，就对海南发出"赞美诗，唱吧！但是……"的感慨，这种"但是"的感慨是基于海南岛除了大自然的恩赐还有什么值得"唱"的吗？——500多万人口却几乎没有一只锭子，穿衣全靠内地；南海三大油田有其二（北部湾、莺歌海），而石油化工工业却是空白；建材原料十分丰富，可惜只能制造瓶子、灯罩；虽是我国最大的橡胶供应基地，令人不相信只能生产一些轮胎、胶管……"所有这些，赞美吗？简直是辜负了大自然的错爱！多一首赞美诗，无异于多一分讽刺。"这种思考的"底色"，都反映在我早期写的《试论建立海南自由贸易区》《海南岛经济发展面临的十个问题》《海南对外开放应注意的一些问题》《建立具有海南特色的外向型经济之我见》《关于海南的产业政策问题》《海南的生产力布局与城市化发展战略》《海南人力资源发展研究》等文章中，如《建立具有海南特色的外向型经济之我见》提出从海南的实际出发，是确定海南特色的外向型经济模式的关键。海南的一个实际是，它的面积相当于4个经济特区面积总和的65倍左右，人口也相当于4个特区市区人口的近4倍，但是，这不是问题的关键。海南与深圳等经济特区的一个重要区别在于，后者是城市社会经济形态，而前者则基本上是农业社会经济形态。而社会经济形态的不同决定了开发的重点和对象也不同，开发的难度和进展程度也大不相同。而在《试论建立海南自由贸易区》中，我提出"建立具有海南特色的自由贸易区"，在《海南在中国开放格局中的作用与开放模式问题》中又提出"创造出具有中国特色的自由经济区"，都是深深眷恋"岛情"的表现。海南建省办特区30年来发展之路走得很艰难，潮起潮落之后，如今仍处于欠发达状态，其基本原因在此。现在，党中央决定支持海南全岛建设自由贸易试验区，支持海南逐步探索、稳步推进中国特色自由贸易港建设，分步骤、分阶段建立自由贸易港政策和制度体系，我深深感到，这是符合海南"岛情"的重大决策、重大战略；而"逐步探索、稳步推进""分步骤、分阶段"，更是海南稳步走向中国特色自由贸易港的科学设计、精心安排。

我所思之在海南，我所思之在岛外。海南是我国仅次于台湾的第二大岛，是相对独立的地理单元。海南发展要立足于本岛实际，但是研究海南发展问题则不能局限于"本岛思维"。适逢国门初开的日子，思潮激荡，我一开始就把研究海南发展问题的起点立足于国家的需要与世界经济尤其是亚太地区发展的影响。最早发表的文章《世界经济形势与海南的发展战略》《亚太地区经济格局与海南的对策》《试论海南的出口战略》《中国对外开放形势与海南对外开放问题》等，都聚焦在这方面。基于这样的思考角度，我又在《海南经济体制构建的新模式》中提出：资源丰富、经济落后，资源缺乏、经济发达，而面积相差无几，琼岛与台岛这种强烈的发展反差、极不相称的发展格局，人们可以不假思索地得出这样的结论：海南岛的发展对于展示社会主义制度的优越性和共产党领导的英明、促进祖国的统一大业，具有极为特殊的重要意义。并提出构建中国的"环南海自由经济区"的设想，以此作为中国大陆连接亚太地区的"结合部"，作为改革开放的中国走向21世纪、迎接"太平洋世纪"挑战的重大姿态或战略部署。如今，支持海南逐步探索、稳步推进中国特色自由贸易港建设，分步骤、分阶段建立自由贸易港政策体系，是习近平总书记亲自谋划、亲自部署、亲自推动的重大国家战略。我最新发表学习习近平总书记在庆祝海南建省办经济特区30周年大会上的重要讲话的文章《新时代全面深化改革开放的宣言书　新起点全面深化改革开放的动员令》，是一个初步的学习体会，从重大国家战略大局出发研究海南，还大有文章可做。

　　我所思之在海南,我所思之在初衷。邓小平同志 1984 年提出:"我们还要开发海南岛,如果能把海南岛的经济发展起来,那就是很大的胜利。"他 1987 年又指出:"我们正在搞一个更大的特区,这就是海南岛经济特区。海南岛和台湾面积差不多,那里有许多资源,有富铁矿,有石油天然气,还有橡胶和别的热带亚热带作物。海南岛好好发展起来,是很了不起的。"对此,习近平总书记曾经深有感触地说:"邓小平同志拿海南同台湾比较,意味深长。海南和台湾是祖国的两大宝岛,台湾 3.62 万平方公里、2332 万人,海南 3.54 万平方公里、901 万人,人文、资源多有相似之处。如果把海南岛好好发展起来,中国特色社会主义就很有说服力,就能够增强人们对中国特色社会主义的信心,也就能促进祖国和平统一进程。"从增强中国特色社会主义说服力、增强人们对中国特色社会主义的信心和促进祖国和平统一进程来理解,这就是搞一个更大的特区、把海南岛好好发展起来的初心。我近 40 对海南发展问题的关注和研究,大都聚焦于此。像《海南与台湾经济一体化的建议》《全面认识开发建设海南经济特区的战略意义》《共同开发论》《邓小平十分关注海南岛的开发和建设——纪念邓小平同志诞辰 100 周年》等,都是这方面的主要研究成果。为了论证"如果能把海南岛的经济发展起来,那就是很大的胜利"这句话的深刻含义,我在万字长文《全面认识开发建设海南经济特区的战略意义》中集中阐述了把海南经济迅速发展起来,是社会主义制度的伟大胜利,是我国改革开放方针、政策的伟大胜利,是"一国两制"构想的伟大胜利,是我国社会主义现代化建设的伟大胜利。这篇文章 1990 年 12 月在《海南日报》连续刊出后,在读者中产生了很大的影响。尤其令人感动的是,一位读者写信给我说,假如他有钱,会整版买下《人民日报》的一个版面,以广告的形式只登邓小平的这句话。或者把这句话写成特大标语,悬挂在海口国际金融大厦上。他还建议,《海南日报》1991 年的"元旦社论"就发一句"邓小平说:'如果能把海南岛的经济发展起来,那就是很大的胜利'",题目、内容都只是这一句。

　　我所思之在海南,我所思之在大势。从实行计划单列到建省,从建立全国最大的经济特区到走向中国特色自由贸易港;从国防前线到开放前沿,从开放前沿到走向开放高地,逐步奔向世界最高水平的开放形态,这就是海南的"大势"。我近 40 年的关注研究,也是适应与体现了这种大势。在大学毕业的 1984 年 12 月,就写出了《试论建立海南自由贸易区》一文,内容包括建立自由贸易区的必要性与可能性、模式的选择与修正、问题的提出与解决的途径三部分,认为海南自由贸易区不只是通常所理解的面向贸易的自由贸易区,而是根据海南的实际对各种各样的模式进行选择与修正,"以建立具有海南特色的自由贸易区"。此后,这方面的成果甚多,如《海南在中国开放格局中的作用与开放模式问题》《对海南实行计划单列的几点认识》《对海南岛进一步对外开放的建议》《海南建立第二关税区问题的探讨》《海南参与国际大循环问题的思考》《海南对外开放的三次浪潮:回顾与展望》《玛瑙斯:可供海南岛借鉴的模式》《海南走"承包开发"新路子需要研究的一些问题》《建立海南特别关税区"十最"》《海南"再造香港"的内涵及其运作》《中国开放周期与海南特区发展前瞻》等。

对大势的把握,离不开对海南这方改革开放热土的热情关注。《海南:"釜底抽薪"式的改革》发表后所引起的强烈反响,说明了这一点。该文对当时海南进行的几项在国内外都产生较大影响的改革,如企业法人登记由审批制改为登记制、海口市率先建立现代税收征管制度、全省建设"四费合一"新的公路交通规费管理制度等,从理论上进行总结、概括和探讨。认为这些改革方向明确、方式正确。方向明确是向国际惯例靠拢,方式正确是采取从根本上解决问题的"釜底抽薪"式。文章还对海南应继续在"小政府、大社会"体制、产权制度、招标拍卖制度、户籍制度等方面进行"釜底抽薪"式的改革进行探讨。该文先是第一、第二部分在《海南日报》上发表,见报第二天,报社就接到电话说,省委书记、省长阮崇武对这篇文章很感兴趣,指出文章从理论上总结了海南近年来改革的实践,是目前对海南改革进行理论总结得较好的文章,希望文章尽快发完,以形成一种气氛。报社对文章引起的反响很重视,及时将该文刊完。人们普遍反映,这篇文章写得好,很准确,很有看头。

我所思之在海南,我所思之在信念。"海南明天会更好",我一直对海南的开发建设抱有信心,这一点贯穿于近 40 年来的海南问题研究与理论宣传的始终。这方面的文章有:《海南经济起飞问题的探讨》《也论开发"银三角"》《加快发展旅游业　促进海南岛的经济起飞》《怎样看海南这四十年》《探索自己的发展路数——海南特区成片开发的现状、问题与出路》《从六大转变看海南经济发展》《海南:先行一步实现现代化》《对海南"黄金机遇期"

的应有认识》等。其中的《怎样看海南这四十年》堪称代表作。我当时是海南日报社理论部主任，由于深受高狄文章《怎样看待中国的"穷"》(《人民日报》1990年1月5日)的影响，再加上深受海南省委书记许士杰的感染，而撰写此长篇文章的。1989-1990年之交的海南，形势非常之微妙尴尬，作为省委书记的许士杰所承受的压力之大可想而知，尽管如此，他仍然对海南特区建设抱有信心，相信海南明天会更好。当时《明天会更好》的歌曲正流行，1990年1月13日，在万宁兴隆康乐园大酒店举行的新春团拜会上，许士杰借此表达心声："送走银蛇迎来金马。新的一年将是海南迈步前进的一年，海南的形势将会更好。"1月15日，20世纪90年代第一春联欢晚会举行，主题即为海南会更好。许士杰在晚会上即席题诗："轻蹄点翠不凌空，涉水登山永向东；品足评头浑闲事，雄心万里疾追风。"那么，怎么样去让更多的人相信"海南会更好"？作为理论宣传工作者，我几经思考写出这篇《怎样看海南这四十年》。此文在《海南日报》上连载时，许士杰已经卧病广州，他身边的人后来告诉我，许书记在病榻上反复看这篇文章，爱不释手。这篇文章发表后所产生的强烈的社会效果，更是我始料未及的。许多读者纷纷来信，赞扬这是一篇好文章。海南人民广播电台、海南电视台也分别做了介绍，向听众、观众推荐这篇文章。海南大学、海南师范学院更把这篇文章作为对学生进行岛情、省情和政治思想教育的教材。这篇文章的结尾是："不必抱不切实际的幻想，不必有情绪性的抱怨，也不必有无根据的失望。海南这四十年的探索，变化是巨大的，经验是丰富的，教训是深刻的，前景是乐观的。让我们坚信反映海南经济社会发展客观趋势、反映海南600多万人民群众美好愿望和全省各级领导干部信心和决心的5个字：海南会更好！"

"我所思之在海南，无边美景入梦来。"这"无边美景"，正是"海南明天会更好"的生动写照，昭示着美好新海南建设前程似锦，正拥抱光辉灿烂的美好未来。

按照党中央和习近平总书记擘画的海南全面深化改革开放的宏伟蓝图，到本世纪中叶，海南将率先实现社会主义现代化，形成高度市场化、国际化、法治化、现代化的制度体系，成为综合竞争力和文化影响力领先的地区，全体人民共同富裕基本实现，建成经济繁荣、社会文明、生态宜居、人民幸福的美好新海南。

作为一个持续观察、不间断研究海南近 40 年的理论工作者,我对此时时充满信心与感动,并将继续以"我所思之在海南"的自我状态,去关注、思考与张扬这一伟大进程,达到"无边美景入梦来"的人间至臻境界。

钟业昌

2019 年 9 月 20 日于海口

试论我国经济特区的出口战略

出口战略是指在一个较长时期内,某一国家或地区对其经济发展所要达到的目标而在出口贸易方面进行的一种长远设想或规划。它主要包括战略指导思想、模式、重点和措施等内容。发达国家经济发展表明,出口是经济增长的原动力,它对我国经济特区(以下简称特区)经济的迅速和健康地发展,实现建设特区的目的,同样具有极为重要的现实意义。本文试图在对我国特区作必要的认识后,就其出口战略的有关问题作一些探讨。

一、对我国经济特区的基本认识

为什么要建立特区,其意义何在? 所谓的经济特区就是指一个国家(地区)在拥有主权的前提下,划出一定的区域范围,采取减税或免税等优惠措施,以吸引更多的外资,引进更先进的技术和管理方法,发展对外经济关系,促进本国(地区)经济的发展。兴办特区的目的和意义在这里显而易见。

1980 年批准公布的"特区条例"指出,我国兴办特区的目的"是为了发展对外经济合作和技术交流,促进社会主义的现代化建设"①,从而真正把特区办成"技术的窗口,管理的窗口,知识的窗口,对外政策的窗口"②。因此,我们可以认为设置特区的最终目的是促进和加速我国四个现代化的顺利发展。四个现代化关键是科学技术的现代化,但是由于我国的"科学技术水平同世界先进水平的差距还很大,科学技术力量还很薄弱,远不能适应现代化建设

---

①《港澳经济》,1982 年第 1 期。
②《经济日报》,1984 年 4 月 7 日。

的需要"①,这就要求我们一方面要自力更生,另一方面就要对外引进,而建立特区正是对外引进的重要手段。同时,我国的经济政策也决定了我们建立特区的目的。我国实行经济开放政策,利用国际上的资金和先进技术,来帮助发展我们的经济②。

这也就决定了我国社会主义特区与世界各国特区(出口加工区、自由贸易区)的联系与区别。它们都同属于一个封闭的优惠税区或特税区,区别在于社会制度与国情的不同,由此决定了性质、方针的不同,同时,我国的特区还有综合性与内移(包含"内联")性两大特点。综合性在于我国特区综合发展农、工、商、牧、住宅和旅游等各业,下面只侧重于谈与本文联系较紧的内移性。

我们知道,许多国家(地区)建立特区,大都是以促进出口贸易、赚取外汇、增加就业为目的。我们的目的不仅于此,还着眼于引进先进技术和管理经验,加速技术转移,促进全国的社会主义建设。国务院总理在六届人大二次议会中所作的政府报告中指出,14个港口城市和4个经济特区在沿海联成一片,形成我国对外开放的前沿地带。这样,既可以加快这些地区经济的发展,又可以在吸收先进技术、推广科学管理经验、培养输送人才等方面,支援和带动内地,有力地促进社会主义现代化事业的发展。对外开放,发展特区,我们的目的是十分明确的。即使是香港人士也认为,"中国政府并不想在深圳为外商建立一个出口加工区"③。我们一向倡导,我国的区域发展战略是"东靠西移"。这也就是说,要使东部沿海地区在经济、技术方面更加发达,保持某种优势,从而能够使它的产业、技术和管理向西移(亦即向内地转移)。因而,又可以认为建立特区是"东靠西移"战略的具体化,只有东部沿海的发达,才能为"西移"创造最必要的条件。

所以,我们应从战略的角度来认识我国特区的内移性。特区是外向型的,但"外向"是为了更好地"内移",也可以说"外向"是手段,"内移"是目的。明确这一点,无论是对于特区建设项目的引进,还是产品的出口,都有重要的指导意义。我们建设特区的方针是,引进外资以发展工业为主,面向国际市

---

① 《邓小平文选》(1975—1982年),人民出版社,1983年版,第87页。
② 同①,第360页。
③ 《港澳经济》,1983年第1期。

场为主,出口将是特区经济增长的最重要的动力之一。

我国特区始创于 1979 年 9 月,虽然历史很短,但发展较快,尤其是深圳特区能在世界经济停滞不前的情况下,仍取得了很大的成绩,被誉为"八十年代世界各国中经济增长最富有潜力的地区"。1979—1982 年,深圳工农业生产每年平均递增 81% 和 5.6%,1982 年工业总产值比上年增长 47.8%,比办特区前的 1978 年增长近 6 倍;财政收入 1982 年比上年增长 25.3%,比 1978 年增长 6.5 倍;地方外汇收入 1982 年比 1981 年增长 40.6%,比 1978 年增长 115.8 倍。① 此外,珠海、厦门和汕头等特区建设形势也十分喜人。特区的建设成就,受到中央领导同志的肯定和赞扬,邓小平同志说,"要把特区办得更快些更好些"②;前不久召开的沿海部分城市座谈会,又建议进一步开放 14 个沿海港口城市;最近召开的六届人大二次会议决定把城市的经济体制改革和对外开放作为当前工作的中心。所有这些,对特区的发展都将是一个十分有力的促进。

认识到了这些,将使我们怎样来看待特区的出口战略问题呢?

二、特区的出口主导型模式及其意义

毫无疑问,作为外向型经济的特区其发展模式是"出口主导型"。没有出口,也就没有特区经济。谷牧同志在一次讲话中指出,特区的经济活动,要充分发挥市场调节的作用,这是由于特区的经济发展主要靠吸收和利用外资,产品主要是出口。③ 特区的经济性质决定了其发展模式。

一般的,对外经济发展的战略模式有三种可供选择,即进口替代、出口替代和出口主导。前两种发展战略模式实质上是"出口是为了进口""进口是为了出口",这都不符合特区的实际,不能充分地体现出口对于经济发展的重大推动作用。对特区来说,这是不合理的十分保守的模式。同时,出口替代与进口替代,从经济结构类型来看,主要是发展劳动(资源)密集产业,但是,随着当今经济形势的深刻变化,一般的劳动(资源)密集产品已难打入国际市

①《1983 年中国经济年鉴》,第 132—133 页。
②《世界经济导报》,1984 年 4 月 29 日。
③《湖北日报》,1984 年 4 月 23 日。

场,以前一些主要靠加工繁荣起来的国家(地区)如新加坡、香港、台湾和南朝鲜(即所谓的"亚洲四小")等也业已纷纷转向发展技术(知识)密集产业,特区若建立这种模式,那么我们兴办特区的目的将达不到。然而,特区目前引进的项目不少仍属劳动(资源)密集型,应深刻地认识到,特区需要的是新技术的开发、引进,而不仅仅是加工、组装;特区需要的是"朝阳产业",而不是"夕阳产业"(指那些污染大、技术落后、运输量大的产业)。同时,还要认识到,"促进出口是不少发展中国家(地区)贸易发展战略的一个重要方面","经济增长要靠技术开发","世界上很多先进国家(地区)的成功发展,都是靠电子工业和精密机械和技术密集工业领先而带动起来的"。

这就是出口主导的作用。这种作用在我国还表现在,一是推动经济结构和产业结构向更先进的方向发展,二是推动国民经济的技术改造,三是为经济建设提供更大规模的资金和建设经验。对特区来说,出口主导的作用远不止这些。邓小平同志在谈到增加煤炭出口问题时说,"这样做好处很多:一可增加出口,二可带动工业技术改造,三可容纳劳动力","要争取多出口一点东西,换点高、精、尖的技术和设备回来,加速工业技术改造,提高劳动生产率"①。

世界各国(地区)对出口贸易所采取的态度同样值得我们重视。"从今以后,我们必须抽调一批专职人员来专门考虑出口问题,并生产出有特色的专供出口的产品来,否则,我们就将在国际市场上败退下来。"②这是日本最大的家用电器公司松下电器公司一位副总经理说的话。日本历届政府都坚持"贸易立国"的战略决策,使战后出口贸易对日本经济起到了很大的刺激作用。同时,日本长期以来奉行"出口第一主义"的方针,把增加出口作为一切经济活动的中心环节,从而带动经济的高速运转。由此有人推断,"今后日本经济的出路不是国内主义""日本产品越来越需要国际市场""只有面向世界,日本才有出路"③。

南朝鲜当其出口受世界经济衰退、需求萎缩、贸易保护主义的影响时,它看到了自己经济的 30% 是由出口带动的,因而更加认识到"出口的高速发展,

---

① 《邓小平文选》(1975—1982 年),人民出版社,1983 年版,第 29 页。
② 《松下的秘密》,湖北人民出版社,1983 年版,第 183 页。
③ 《国际贸易译丛》,1984 年第 1 期。

是有效地旨在使国民经济稳步增长的现代化经济建设目标的一条捷径","出口仍是经济增长的原动力",所以,现在的"当务之急是提高对出口重要性的认识",必须动员全体国民"重振出口积极性"①。

美国为了鼓励和扩大出口,居然对出口贸易采取立法措施,成立了对外贸易的一种新工具"出口贸易公司"②。而我国的台湾对出口贸易也极为重视,认为对外贸易发展的方向应是:修正重工轻商的落伍观念,树立出口第一导向,以工业为后盾,以贸易作先锋,追求贸易的自由发展,使"一切为外销"成为现阶段台湾经济政策的重点。③ 即使是毗邻深圳特区的香港,经济发展在很大程度上也是依赖于当地工业制成品的出口。④

正因为这样,整个世界出口贸易额占世界国民生产总值的比重不断上升,1950 年为 5.5%,1970 年为 9.7%,1979 年为 16%。⑤ 为什么出口如此受到重视呢? 从下列数字中是可以寻找到答案的:一般的发展中国家(发达国家自不必说了)国内生产总值年平均增长率 1960—1970 年为 5.7%,1970—1980 年为 5.6%;而出口增长迅速的同类型国家(地区),同期的增长率则为6.4% 和 7.1%。⑥

为使出口更快地促进特区经济的发展,特区不但有必要坚持"出口主导",而且也完全有条件坚持"出口主导":

第一,特区与资本主义国际市场有着十分密切的联系,情报灵通,便于与世界各国展开竞争;

第二,特区经济受国际市场的制约,价值规律起很大程度上的作用,可以使特区完全根据市场需要来生产更多质优价廉的产品可供出口,增强产品的竞争能力;

第三,特区有各种"特权",可给予企业出口产品的生产更多的优待待遇,促进出口生产的发展;

第四,特区有广阔的内地为后盾,可提供大量的农副产品和原材料;

第五,特区地理位置优越,交通方便。

---

① ②《国际贸易译丛》,1984 年第 2 期。
③《世界经济情况》,1983 年第 17 期。
④《港澳经济》,1981 年第 2 期。
⑤《国际贸易》,1982 年第 7 期。
⑥同⑤,1983 年第 5 期。

特区得以顺畅前进的两个轮子是"外资"与"外贸",因而坚持出口导向的意义还在于:

密切地窥视世界经济的新动向,积极地主动地快捷地引进尖端(知识、技术)产业,使特区的工业尽快地跳过一些传统阶段,向世界最先进最高深的产业发展。正如美国著名经济学家罗斯托所说:"发展中国家可以从发达国家已经走过的道路为借鉴,跳过某些传统工业的发展阶段,直接采用第四次工业革命的成果……"这也就是《第三次浪潮》的作者托夫勒所认为的:"今天第三世界国家也许还可以不经过第二次浪潮的发展,而采取全新的路线直达第三次浪潮的文明。"①作为"试验田"的特区,在"跳过某些传统工业"这一着棋上应为全国做出榜样。

当今资本主义世界经济危机迭生,保护主义有所抬头,国际市场竞争日趋激烈,再加上所谓的新技术革命的影响,各国都已纷纷明智地选择着自己的经济结构和产业结构。即使是在新兴的工业化国家(地区),劳动密集工业也已越来越不受欢迎。如南朝鲜80年代技术开发正朝着技术密集工业技术和研究(知识)密集型尖端产业技术的方向发展。产业结构改变的结果是出口商品结构的改变。我国特区正处于初创阶段,但由于产业结构以及出口商品结构的不合理,使得一些行业已面临困境,产品出口无市场,在分配路线方面,以深圳为例,仍过于依赖港澳市场(几乎占90%)。所有这些,我们都应作为战略重点来加以研究与调整。

三、特区出口贸易战略重点

我国的国民经济仍处于调整提高时期,特区建设也正值探索总结阶段,当今世界经济形势瞬息万变,日新月异的新技术使产品的更新换代更迅速,国际市场竞争也愈激烈,因此,特区出口战略的重点应放在"适应与调整"上,包括出口商品、出口市场和出口销售等战略的适应与调整。

(一)出口商品战略的适应与调整

从目前的情况看,特区引进项目主要是房地产和旅游业,如深圳这类产

---

① 《国内外经济管理》(四川社科院编),1984年第3期。

业就占了引进资金总额的80%①,表现在经济类型结构上,主要是劳动资源密集型,而且"深圳的工业结构在最近的将来还会继续发展这类产业"②;而珠海、汕头等特区也将侧重于发展来料加工装配以及劳动密集型加工业③。我认为,这并不符合我们建设特区的目的,同时,也不符合"跳过一些传统工业"的观点,仍表现为循规蹈矩,谨小慎微。我们建立特区主要不是增加几万人的就业问题,因而不应以劳动密集产业为主,不能以来料装配为主,应该是向最先进的技术(知识)密集产业拓展,扩大知识产品的出口。

特区的实际情况是,虽然有些产品在国际市场上已有了很强的竞争能力,成为畅销品,如深圳家乐家私厂生产的"家乐"牌高级弹簧床垫,由于质高价廉,已成为名牌产品(劳动密集型),在香港销量占首位。但是,更应当看到,由于引进不当,不少行业已面临困境,如深圳和珠海两地引进的电子工业均因国外无市场而积压产品甚多,有些厂甚至关闭并将投资转让我方。纺织品工业方面,则由于需求不振而订单很少,导致开工不足。我们中国人往往喜欢搞"突击",又往往由于"饥不择食",不注意了解和摸准世界行情,而去"引进"那些产品在国际市场已趋饱和的行业,致使出口受挫。不仅是特区,即使是通过"出口主导"、产品靠外销而实现工业化的香港,目前已由于技术力量的不足,使得很多行业面临一系列困难。特区若不正视现实,认清形势,极为迅速地调整和改变自己的产业结构,那么,所谓的产品出口也只能在"出口转内销"上做文章了(10亿人口是一个大市场嘛!)。

目前国际市场信息(知识)产品可说是刚刚起步,可发展速度却是其快,其销量势头很好,迅猛上升。许多从事软件的研制、信息服务的研究开发型企业的产品,在相对小规模的市场占有较高的比例,其中,30%的产品最近几年的销售额增加两倍以上。④ 日益增加的企业正在加紧引进计算机等信息设备。在去年,电子产品特别是计算机和信息设备有了大幅度的增加。⑤ 目前的特区,工业投资状况并不好,比重小,且"多属小型而且技术比较落后的劳

---

① 广东经济特区中心编:《1982年广东经济特区要览》,第177页。
② 同①,第273页。
③ 同①,第17—19页。
④《经济日报》,1984年4月28日。
⑤《人民日报》,1984年5月26日。

动密集型企业"①。以深圳为例,到 1982 年 10 月底止,各业引进投资占总投资的比重为:房地产 70.5%、旅游 10.3%、工业 9.6%、商业 4.5%、农业 0.75%、运输 0.13%、其他 4.2%。② 工业比重占第三位,比 1979—1980 年有所提高,但比重却是下降(1979—1980 年各业的比重分别为:土地开发 53%、住宅楼宇 19%、旅游 10.7%、工业 10.3%)。③ 这样的比例,是不合理的。

在这里,很有必要了解一下新加坡出口战略的变化。其出口战略的变化基本上可分为四个阶段:

第一阶段。从 1959 年自治到 1965 年独立,主要是转口贸易。因为,马来亚、印尼等国的初级产品(橡胶、木材和咖啡等)都由此向西方国家出口,因而此时新加坡的工业相应是一般的加工业和维修业。

第二阶段。伴随着马来亚、印尼的独立,新加坡失去了转口贸易的有利条件,转口贸易开始萎缩,由此,它开始走上发展工业制成品出口的道路。主要方法是进口原材料和零部件,利用劳动力资源的优势,发展劳动密集型产品的出口,资本密集产品主要是石油产品。

第三阶段。1979 年提出"第二次工业革命"(实质是出口产品的升级换代),进一步推动其工业向技术、知识密集方向发展。这主要是受世界经济形势的影响。

第四阶段。与第三阶段并存。主要是利用其出口加工区的有利条件,采取更优惠的措施,吸引外国的电脑技术等新产业,对这类产业规定了相当长的免税期,致使 1982 年就有九家外国电脑公司在那里投资设厂。这一阶段不少国家都有共同之处,如菲律宾前不久已开设了"特别出口加工区"重点发展技术密集型工业。

与之相比,我国的特区应该类似地处于第四阶段,但实际上还是从第一阶段向第二阶段的过渡。"在跃向未来的赛跑中,穷国与富国站在同一条起跑线上",这主要是由于"新兴的科技浪潮提供了全新的机会"④。特区如何才能抓住这一机会,而与发达国家在同一条起跑线上赛跑呢?

---

① 《前进中的中国经济特区》,中国财政经济出版社,1983 年版,第 57 页。
② 《南方经济》,1983 年第 2 期。
③ 《经济研究参考资料》,1983 年第 11 期。
④ 《世界经济导报》,1983 年 12 月 12 日。

大力发展技术(知识)密集产品出口是特区出口商品战略的一个重要问题,但是提高出口商品质量,加速产品的更新换代,同样是一个刻不容缓的问题。邓小平同志说,"质量第一是个重大政策","质量好了,才能打开出口渠道或者扩大出口。要想在国际市场上有竞争能力,必须在产品质量上下功夫"①。这可说是我们出口贸易的一个重要指导思想。任何出口商品都应以质取胜。我们特区的出口商品(大都是组装、加工)的质量比外(国)不足比内(地)有余,在国际市场上缺乏竞争能力。另外一些产品,还要依赖于低廉的劳动力与人竞争。而随着新技术和新材料的不断推广和广泛应用,特别是有些发达国家使用了所谓的"钢领工人"(即机器人)以及生产的高度自动化后,这方面的优势就不显得重要而成为竞争的重要内容了。在这方面,东亚和东南亚各国的贸易区、出口加工区已有教训。

国际市场产品的更新换代之快速更是逼人。当今国际市场的基本特点是,新技术广泛地被使用,使产品不断推陈出新,市场饱和迅速,竞争日趋激烈。目前整个国际经营领域正面临着分化与改组的浪潮,特别是在所谓的以电脑为中心的技术革命的冲击下,产品的生命周期在缩短,好些产品的消费都趋于一次性消费(如纺织品等);而一些称为"经久耐用"的消费品,如电视机等,也将是"耐用"而非"久用"。比如电冰箱的生命周期据以往推测可达二三十年,可是在技术迅猛发展的年代,这种看法已经过时。所以,有些有经验的国际经营专家叹道:刚才还是小孩,转眼已是老人,眼睛一眨,市场可能就没有了。

面对这样的事实,我们必须从战略的角度来看待特区出口商品的升级换代问题。宁可在萌芽期快速杀出,决不待饱和后进入。谷牧同志强调:"沿海地区的出口贸易要有一个大发展","发展出口,必须在适销对路上下功夫,大力提高产品的质量和档次,增加花色品种"②。总之,特区的商品出口战略,一要迅速改变出口商品结构,扩大技术(知识)密集产品出口;二要提高出口商品的质量;三要尽量加快出口商品的更新换代,使出口商品更加适销对路。

(二)出口市场战略的适应和调整

如同出口商品集中于劳动密集型一样,目前特区(如深圳)的出口市场也

<hr>

①《邓小平文选》(1975—1982年),人民出版社,1983年版,第30页。
②《国际贸易》,1982年第3期。

过于依赖某一地区(如港澳)。这主要是由于特区引进外资主要是港澳资本(占特区投资总额的90%以上,珠海则全是港澳资本,其中香港占95%,澳门占5%)。从东亚和东南亚的一些出口加工区看,它们引进外资并不集中于一两个国家(地区),如斯里兰卡的投资对象主要是新加坡、澳大利亚、荷兰、西德、法国等。由于引进外资的多极化,因而带来出口市场的多极化。市场多极化能避免对某一市场的过于依赖,在危机起伏的国际经济环境中,有更大的回旋余地。它的好处还在于,只有对各国市场的广泛交往,才能真正摸准国际行情,改变产品质量,增强竞争能力。俗话说,"不打不成交",我们应该为自己的产品创造更多"打"的机会。

特区过于依赖港澳市场,还表现为港澳成为特区的服务对象,而特区很可能成为港澳的"复制品"(表现在特区工业是港澳的"让渡工业"等方面)而受制于港澳。这并不是我们的愿望。日本对出口市场的态度一方面是力争巩固旧市场;另一方面积极开拓新市场,在出口市场问题上,不存在"见新厌旧"。新加坡也是如此。它执行的是分散贸易对象的政策,使出口市场越来越广泛,从而使出口商品对国际市场的适应性也越来越强。

以产品开拓市场,以市场带动产品出口。特区应在保证重点市场(如港澳)的前提下,不断开拓新市场,使出口市场朝多极化方向发展,增强产品对国际市场的适应性与竞争能力,这对于促进我国的商品出口,扩大市场占有率,为四化建设提供经验都有着不可忽视的意义。

(三)出口销售战略的适应与调整

当今国际市场的销售战略具有三个新特点:

第一,重视目标销售观念。也就是说,以确定的产品供给不同的消费集团。这种观念认为,不能把某种产品看作是一个大批量市场,目前世界各工业国市场都已由大批量市场向多层次小批量方向发展。这主要是由于人们的购买力水平提高以及家庭结构变化("单身汉"、两口之家和老人在增加)而产生的消费需求多样化所决定的。

第二,为及时应变,注意市场动态,获取市场信息日益受到重视,因而,市场研究便显得分外重要。具体的,通过各种手段(如召开座谈会、发放信函等)广泛地收集对本公司乃至同类产品的意见,进行多方研究,花大量时间来作消费者趋势分析,或者"邀请顾客谈他们的需要和兴趣",在此基础上,根据市场需要来改进产品的设计和制造。

第三,零售商成为当今国际经营的关键。

这主要是由于技术进步快捷,市场变化迅速,消费需求多样化(如微型轻便化、多功能等)而表现出商品生产的小批量多品种发展的趋势。这种趋势,使得经营者只有在确信能卖掉所进的货物时才肯进货。

这些特点,对特区商品出口提出了更高的要求。为适应国际市场的要求,扩大特区商品出口,在销售战略方面,至少应做到以下几点:

第一,加强对市场学的研究,充分运用市场学的原理来指导出口商品的销售促进工作。市场学是从消费者的角度出发来研究问题的。它所研究的4个"P"(即产品、订价、分配路线和销售促进)几乎把特区出口战略的重点(商品、市场、销售)都包括进去了。只有以消费者为中心来进行商品的宣传和销售,才能做到适销对路,提高质量。市场学在国际经营中已显得越来越重要。

第二,为适应国际市场产品更新换代迅速这个特点,特区的商品生产应坚持"小批量,多品种"的原则。"大批量,少品种"的传统做法,已不合时宜了。这种做法,在产品寿命周期不断缩短,消费需求进一步多样化的条件下,应变性差,难以应付激烈的竞争,容易导致损失。

第三,要充分运用现代化的手段来扩大商品宣传。这包括两个方面,一是对自己产品的宣传,二是对别的产品信息的"接收",而且后者显得更重要。因为收集市场情报、研究对策,已是出口销售战略的重要一环,缺少这一环,自己产品的宣传是难以搞好的。

第四,加强对国际市场的预测与研究工作。市场预测是在国际市场上争取主动的关键。在这方面,资本主义国家十分重视。比如,现在它们已经开始运用现代化的科学方法和电子计算机,预测20世纪末及21世纪上半期的经济发展和生产、消费水平,试制公元2000年或更远将来的产品。[①] 为争取主动,特区应该从战略的角度看待市场预测问题。

从上述分析可以看出,特区出口战略的重点都是为了考虑实现和扩大出口的问题。商品战略是出口战略的物质内容,市场战略是实现出口的现实条件,而销售战略则是手段。它们互相作用来实现特区的出口战略。同时,我们应该看到,出口商品应该根据市场(需要)来加以安排,因为商品对市场的

①钱俊瑞著:《世界经济与中国经济》,人民出版社,1983年版,第52页。

适应是一个重要问题。尤其对特区来说,目前产业结构不合理,而产生的出口商品结构的不合理表现得十分突出,因此,特区的出口战略重点最终应放在商品战略的适应与调整上,将出口商品战略作为重要内容来加以研究。

四、新经济形势下特区出口战略措施

要制定切实可行的战略措施,对当前的经济形势作一番必要的了解是有意义的。党的十一届三中全会以来,我国的政治经济形势发生了深刻的变化,尤其是对外开放政策的执行,使对外贸易更加活跃,这就为特区出口战略措施的制定提供了极为有利的条件。就特区而言,以下四个有利条件绝对不容忽视:

(一)新的技术革命

六届人大二次会议《政府工作报告》指出,新的技术革命对于我国的技术经济既是一个机会,又是一个挑战,我们应该抓住时机、迎接挑战,加快我国的现代化建设。又指出,沿海地区工业基础较好,应该充分发挥自己的优势,为迎接新的技术革命和振兴我国经济作出更大的贡献。新技术革命在国际经济领域正在发挥着越来越重大的作用。由于电子科学、材料科学、能源科学、信息科学以及核工业、生物工程、海洋工程等的重大发展和广泛应用,对出口贸易至少有以下影响:

第一,发达国家的产业结构正转向知识生产,一些新兴的工业化国家(地区)也正在通过引进最新科技成果,而跳过一些传统阶段,直接进入新的产业革命,因而,今后知识产品的出口比重将越来越大。

第二,与此相反,发展中国家的国际分工和出口商品结构将发生很大变化,廉价劳动力的优势将丧失,从而使劳动(资源)密集产品的出口遭受威胁。

第三,由于新材料的蓬勃发展,以及今后发达国家工业技术改造目标之一是节能(这样导致一是发展耗能少的工业,二是寻找替代能源),因而今后国际市场对传统能源(如煤炭和石油)和原材料(如钢铁、天然橡胶等)的需求将相对减少,出口趋于疲软。

所有这些,都要求特区应把发展知识产业、增加知识产品出口放在首位。迎接新技术革命的挑战,特区负有重大使命。

（二）西欧的衰落和亚太地区的崛起

西欧这个主宰世界历史长达两千年之久的自豪的旧大陆，如今已是政治上摇摆不定，经济上停滞不前。由于未来经济优势主要集中在激光、微生物和光导纤维等新的技术之上，而欧洲在这方面已丧失了优势，它的科技、教育都落后于美国和日本。与此同时，在亚洲太平洋地区，日本经济奇迹般地向前发展；新兴工业化国家（地区），如"亚洲四小"其经济发展也大有咄咄逼人之势；中国则是"正在崛起的巨人"，到"21 世纪将成为世界强国"[1]，这是由于"中国去年经济增长速度在亚洲首屈一指（10%）"，"未来经济发展仍会以较快速度递增（仍可达 8%）"[2]。并且，美国的贸易格局已从欧洲转向亚洲，许多国家认为，在今后几十年中，美国最有希望的贸易地区是太平洋地区。[3] 而根据欧洲经济学家的调查表明，今后二三十年，太平洋地区经济增长将领先，认为"届时该地区将在新技术和促进经济增长方面处于领先地位"，"太平洋地区是世界上一个越来越重要的经济重心"[4]。所有这些都说明，亚太地区在崛起而欧洲在衰落。

当今西方世界，把谈论"太平洋挑战"作为一种时髦（并将协调起来，以便在亚太地区扩大市场），作为特区（它处于我国经济学家谈论到的世界经济中心之一的我国的"黄金海岸"——闽粤和台湾海岸——的"岸边"）应该怎么办是再明白不过的了。

（三）海上石油的开发

我国的海岸线从最北的渤海湾到南部的北部湾，都蕴藏着大量的石油资源，海上石油的开发，又为我国的沿海特区（开发区）经济的发展提供了难得的机会，尤其是南海石油的开发意义更为重大。南海被视为"亚洲最有发展前途的油田地带"[5]，我国的特区（开发区）如深圳、湛江，是"南油"的后勤基地，将为"南油"的开采提供各种服务。应该认识到石油开采的价值。挪威、英国的北部、中东和新加坡等地大都是通过海上石油的开采而一跃成为世界上富裕地区的。特区（开发区）要利用海上石油开发的机会，积极发展机械工

---

① 《参考消息》，1984 年 4 月 21 日。
② 同①，1984 年 6 月 11 日。
③ 同①，1984 年 4 月 30 日。
④ 同①，1984 年 4 月 25 日。
⑤ 同①，1984 年 3 月 17 日。

业、建筑业、食品业、石油化工业、塑料工业以及纤维制品工业,扩大石油制品
的出口,繁荣特区经济。

(四)经济中心的形成

这将成为特区的有力依托。如深圳、珠海成为以广州为中心,以城镇星
罗棋布、自然条件得天独厚的珠江三角洲冲积平原为腹地,以前景广阔的"南
油"为依托的珠江三角洲经济区的窗口或两翼。又如以上海经济开发区为中
心的长江三角洲经济区。它们都有条件与全国其他经济中心(如以武汉为中
心的华中经济区)发生广泛的联系,形成广阔的经济网,有力地促进特区出口
贸易的发展。

我们必须十分充分地认识到特区面临的有利条件,应该看到,新技术革
命的挑战是一个机会,亚太地区的崛起是一个机会,海上石油的开发同样是
一个机会。只有这样认清形势,才能最大限度地发挥特区的优势,振兴特区
的出口贸易。为此,要努力实现以下几点措施:

第一,加快经济体制特别是对外贸易体制的改革。

体制改革是关系到其他措施能否得以实现的关键。在出口贸易方面,特
区应在以市场调节为主,充分发挥价值规律的作用的条件下,实行相对统一
对外的原则,也就是给予企业最高限度的经营管理决策权,充分调动其出口
贸易的积极性,从而使企业根据国际市场的需求变化来考虑产销问题,进而
使企业更能自如地、灵活机动地适应千变万化的资本主义国际市场,提高对
外贸易的经济效益,为改革社会主义对外贸易体制提供经验。

第二,大力引进新兴产业,积极开发新产品。

面对新技术革命的挑战,世界各国都在采取措施和对策,如日本一场以
生产自动化为主要内容的微电子工业革命正在产业界兴起,美国杜邦化学公
司今后的"重点在生物和电子等尖端技术方面发动攻势"[1],法国决心"给工
业以血肉",把"科研作为经济的王牌"[2]。本文在上面已用了大量的篇幅阐
述了引进新技术,发展新产品是特区的首要任务,这一是特区的目标与性质
使然,二是它本身的产业结构和出口商品结构不合理使然,三是它本身完全
有条件这样做。现在,关键是要充分发挥特区的优势,把更加优惠的政策放

①《参考消息》,1984 年 4 月 29 日。
②《奔向新世纪的科学技术》,知识出版社,1983 年版,第 245 页。

到最先进的技术引进与开发上,加快新兴产业的建设步伐。新产品的开发已成为国际经营生产领域竞争的重点,企业产品要不断地推陈出新,否则,将在竞争中处于被动的地位而濒于失败。因此,从现在起引进新技术开发新产品应作为特区最重要的措施来抓。

第三,进一步做好技术改造、设备更新及其转移工作。

我国的特区(开发区)主要有两种情况:一是有一定工业基础的,二是"白手起家"的。因此,前者对后者来说技术改造与设备更新更为重要、更为迫切。但是,对于技术设备的转移,两者同样重要。这是由我们兴办特区的目的决定的。技术设备的改造、更新及其向内地转移,都是为了给更大规模地引进先进技术开发新产品创造条件。因此,这与第二项措施是紧密联系在一起的,不能把它们绝对地区分开来,否则,将造成极大浪费,于国于民不利。

第四,在开发引进技术(知识)密集产业的同时,协调好劳动(资源)密集行业的关系,充分发挥这些行业的应有作用。我们认为,特区应把技术开发放在首位,但这并不意味着完全抛弃劳动密集行业,在这一点上,并不存在"弃卒保车",而是要看到在一定时期内,特区仍有一定的劳动密集产业存在。因此,在引进知识密集产业的同时,协调好劳动密集产业的关系,使知识产品与之在一定时期并存,从而使它们有一个良好的淘汰过渡过程。

第五,密切注意国际行情,大力加强对市场情报的收集与信息反馈,同时,加强产品的广告宣传及进行各种同类产品的比较研究,以人之长,克己之短。

第六,特区应尽快有重点地发展拳头产品,与此同时,根据当今国际市场需求变化,更快地促进产品的升级换代,坚持"小批量,多品种"的经营思想,不断以质优价廉、款式新颖的微型轻便的多功能的"高、精、尖"产品输入国际市场。

第七,为了更好地实现上述措施,达到扩大商品出口、占领国际市场的目的,必须加强智力投资,培养一大批精通国际经营业务的人才。这些人应当掌握诸如企业经营管理、市场学(包括市场预测、广告宣传等)、国际知识、出口销售业务等知识。当今国际经营不但是经验的竞争,而且更重要的是知识的竞争,对此,我们必须有所认识。

除此之外,在有条件的情况下,特区还可以建立必要的出口贸易组织,专门负责协调好各方关系(要知道,特区的对外贸易体制是相对统一对外),提供各种服务,使特区的出口贸易做到有组织(也就是所谓的政府干预)有计划(在宏观上)地发展,从而全面地推动特区对外贸易和对外经济关系的发展。

结　语

我国特区建设有着十分有利的条件,这对特区出口贸易将是一个极大的促进。当然,特区也面临不利的一面,如世界性的经济衰退、贸易保护主义等。但是,从现在的情况看,美国经济已有所复苏,资本主义各国经济也可望回升,虽然,今后资本主义各国经济的发展也许不如60年代,但总的趋势仍趋于发展,并且,也不能完全否定新的技术革命会带来世界性的经济飞跃,况且,西方经济危机并非完全于我不利,关键在于我们是否善于"审时度势,择利而趋"。

可以认为,国内外的经济形势为特区经济的全面发展提供了全新的机会,因此,特区的出口战略应表现在:依托内地,面向国际,以开拓世界市场扩大商品销售为目标,以改变出口商品结构为重点,以技术引进与转移为主要手段,最终实现特区出口贸易的飞跃发展。

本文是作者的大学本科毕业论文(湖北财经学院商业经济80年级),1984年6月22日定稿,收入中南财经大学综合档案室编《中南财经大学优秀论文选》(1980年级优秀论文集)。湖北财经学院于1985年改名为中南财经大学,2000年与中南政法学院共同组建为中南财经政法大学。

世界经济形势与海南的发展战略

海南的经济发展战略除了要结合其实际外,还要联系世界经济形势。当前,有如下情况值得重视:

近年来,国际市场初级产品趋向产大于销,价格下跌,发展中国家和地区贸易条件恶化,出口损失严重。1980—1982 年,跌价最厉害的除糖外,还有大米、可可等。从东盟各国看,1973—1975 年出口的橡胶、木材和锡价格分别下降 53%、67%和 29%;而进口的工业制成品却上涨 60%—88%。① 发展中国家由于贸易条件恶化所造成的损失,1971 年为 26.6 亿美元,1974 年、1976 年和 1978 年分别为 65.9 亿美元、135 亿美元和 204.1 亿美元。②

这种情况使得各国纷纷改变出口商品结构,制成品出口增加,初级产品出口减少。比如,新加坡、泰国、南朝鲜和菲律宾制成品 1970 年占出口总额的比重分别为 26.7%、4.4%、74.9%和 6.38%,到 1979 年分别上升为 43.7%、21%、83.7%和 20.5%。③

海南的经济发展战略不能忽视这些事实,同时,还要考虑新技术革命作用下的变化趋势。表现在,发达国家的产业结构正转向知识生产,新兴的工业化国家地区也通过引进新技术,跳过一些传统阶段,直接进入新的产业革命。而今后知识产品将越来越成为重要的出口商品。与此同时,机器人、自动化和新材料等都将使发展中国家丧失廉价劳动力的优势,劳动密集产品的出口面临威胁。而发达国家为解决能源问题,将一方面发展耗能少的产业,

---

① 《国际经济关系论文集》,中国对外经济贸易出版社,1983 年版。
② 《世界经济译丛》,1984 年第 3 期。
③ 《八十年代世界经济前景展望》,中国展望出版社,1983 年版。

另一方面寻找替代能源,因而国际市场对传统能源(煤炭、石油等)和原材料(钢铁、天然橡胶等)的需求将相对减少,出口趋于疲软。

有人没有看到这样的形势,认为海南只要走完发展传统土特产品出口、建立热带资源加工业和石化工业这三步,经济就可以真正起飞了。其文章做在橡胶和糖业生产上。实际上,上述经济形势使得海南对国际市场出口传统产品(乃至加工品)变得难上加难。由于技术设备的陈旧落后,产品成本高质量差,有些产品连国内市场也难于保住。据有关资料,到今年8月止,橡胶库存积压有上万吨,到年底将增加到2万吨以上。也就是说,有近20%的橡胶找不到销路(去年海南产胶为10.64万吨)。再比如,省内某个拖拉机厂所需的轮胎,从前一直全部从海南某厂订购,但现在形势变了,为照顾老关系户才勉强保留20%的订货量。现在已约有30个橡胶订购单位提出退货或延期发货的要求。产生这种情况的原因主要是受进口胶和橡胶制品不景气的影响。现在有人埋怨国家不实行保护政策了。可以认为,随着对外的进一步开放,即使是保护也不会是过去那种完全保护了。我们的企业再也不要企图依靠"保护伞"过日子,也不要想单纯依靠丰富资源(加工)出口,来带动海南经济的起飞。

还有人认为,海南要发展经济首先要做到粮食自给。这个问题,长期纠缠着我们,妨碍我区发挥地方优势。我们看到,海南每年是要调进4亿多斤粮食,但我们同样要看到,海南每年上交的干胶占国内总产量的80%以上,还为国家提供大量的优质铁矿和大量的热带、亚热带作物产品。除去这一点,即使是台湾,搞了几十年的农业,花了大量的投资,但是到了1978年粮食仍未能完全自给,而其经济同样取得发展。因此,海南(它是主权国家下的一个地区)的粮食未能自给(当然,能自给更好),就不是海南经济发展的主要问题。明确了这一点,就能更大规模地发挥海南优势,避免不合理的投资。

为此,海南经济发展战略,可以做"两个市场与两个轮子"的设想。"两个市场"是指国内与国际市场,"两个轮子"是指内联与外引。内联以国内市场为主,立足于资源利用;外引面向国际市场,侧重于发展新兴产业。也就是海南的经济发展战略包含发展资源加工业与新兴工业这两个层次。也就是说,海南的经济发展要遵循立足岛内资源,联系世界经济形势,迎接新技术革命挑战,走"锄头和计算机"相结合的道路的思想。

海南是全国最大的一块热带宝地。胡耀邦同志在海南视察时说,国内市场还是你们的最大市场。为了给国家提供大量的热带作物产品,内联就是一条最好的途径。谷牧同志去年12月在海南问得好:"橡胶加工厂为什么不到海南来办?"开发海南资源以内联的形式,一方面解决了海南的资金技术问题,另一方面也就是解决了产品的销路这个最重要的问题。因此,海南资源的开发与利用应以内联为主,国内市场为主。

我们的外引则应考虑以发展新兴工业和面向国际市场为主。据日本100名企业人士的预见,有66人(即66%)认为5年后的基干产业是计算机、电机和电子工业。我国的经济学家也早就断言,20世纪电子工业不占优势,在下世纪的竞争中就会吃败仗。但一谈到发展海南的电子工业,就有不少人持怀疑态度,基础差啦,竞争不过人啦,等等。我们要看到,在六七十年代,台湾、香港、南朝鲜和新加坡这"亚洲四小"也这样怀疑过:"我们竞争得过日本吗?"但是到了现在,日本在彩电、收录机和电冰箱等方面的生产,正遭受到"亚洲四小"的严重威胁。为了应付日本的经济挑战,美国提出"IF JAPAN CAN,WHY CAN'T WE?"(日本能,我们为什么不能?)的口号。现在我们是否也应该说:"他们能,我们为什么不能?"从国际上看,目前出现了一种"不争首创者,争当紧跟者"的新产品战略。因为,往往有些公司花了大量的力气研制出新产品来,却很快被竞争对手学会了。紧跟者由于成本减少,倒获得成功。以日本的索尼公司生产盒式录音机为例,它的新产品名列世界前茅,但去年盈利却大幅度下降。而著名的国际商用机器公司却是一个成功的紧跟者,它在中央处理机和微型机这两个重要方面后来居上、后发制人。这种仿制而不是自制的战略,一方面可跟上世界潮流;另一方面又可节省大量费用,降低成本,有利于开展价格竞争。不要老以为我们不能研制新产品,通过引进最先进的技术和建立密切的市场情报网,同样可以后来居上、后发制人。

海南基础是差,人才、资金都十分缺乏,但它有更加优惠的政策。有了政策,人才资金问题都可以解决。当务之急,是要加快改善投资环境,以引进更多的外资,同时必须在引进先进技术和人才上采取更加优惠的措施。对企业的骨干人才,要重金招聘;对于一般的技术人员以及工人,可以公开向社会招聘。要建立海南职业培训中心,对从事新兴工业工作的工人,定期进行短期的职业培训,以不断提高他们的技术和业务水平。

　　总之,发展海南的资源加工业尤其是新兴工业,要靠政策。只要充分地正确地运用党中央给予海南的优惠政策,"两个市场与两个轮子"的经济发展战略就一定能实现,用不了多久,海南目前落后的经济、工业结构,就会得到改善。这不但能促进海南经济的起飞,而且还为今后经济的持续增长,打下了深厚的基础。

本文发表于《海南日报》1984 年 11 月 6 日。

试论建立海南自由贸易区

一般的理解,自由贸易区就是实行自由贸易政策的地区。自由贸易即国家对进出口贸易不加干涉、限制,允许商品货物自由输出输入,并减免关税。自由贸易区(包括自由港等)发展至今已有 200 多年的历史,且经久不衰,方兴未艾。本文试图就海南建立自由贸易区的问题,从经济学的角度作一学术上的探讨,以请教于大家。

一、建立自由贸易区的必要性与可能性

关于必要性,我们可以从自由贸易区的历史作用和当前国际、国内及海南岛的形势变化这两方面来看。

马克思说:"在现代社会的条件下,到底什么是自由贸易呢? 这就是资本的自由。"他还认为,"自由贸易扩大了生产力",而且,"自由贸易制度加速了社会革命"[①]。在 1886 年,恩格斯就认为美国已经有力量和有必要实行自由贸易,他指出:"我确信,如果美国实行自由贸易,它十年以内将在世界市场上打败英国。"[②]在这里,我们理解马克思和恩格斯的话的时候,应该看到世界形势已经发生很大变化了。对自由经济区颇有研究的加拿大经济学教授赫伯特·格罗贝尔,在谈到自由经济区为什么取得巨大成功时说:这是由于"自由经济区有选择地减少限制性管理措施"。他还认为,"建立自由经济区是经济繁荣和重新振兴的一个因素","对于所有的工业部门而言,建立自由经济区

---

① 《关于自由贸易的演说》,《马克思恩格斯选集》第 1 卷,人民出版社,1972 年版,第 202—209 页。
② 《保护关税制度和自由贸易》,《马克思恩格斯全集》第 21 卷,人民出版社,1965 年版,第 419 页。

可以导致一次技术革命"①。这里,是对自由贸易(经济)区历史作用的抽象概括。

　　再举几个实例。1973—1982 年,菲律宾非传统商品的出口值占全国的出口总值比重由 14%上升为 50%,其中,出口加工区的比重也由 0.045%上升为 11.13%。② 开辟自由贸易区是发展中国家开发落后地区的重要方式。比如,巴西亚马逊地区的玛瑙斯(属于"落后地区"),1967 年建立自由贸易区时仅有 30 万居民,到 1978 年发展为近 100 万居民,并拥有由 200 家工厂组成的工业区和 6 万名工人,还将成为巴西电子工业的主要基地。对墨西哥的边境自由区来说,已成为继石油和旅游后的第三大收入支柱,并提供上百万人的就业机会。

　　现在,形势的变化是海南考虑建立自由贸易区的时候了。最显著的,一种从外到内、从南到北的形势逼迫着海南。表现在:就在海南四周,"三个日本"③在互相追赶,14 个沿海开放城市和 4 个特区在迅速发展。它们的一个突出优势是,"三个日本"长期实行对外开放的方针,建有很多自由贸易区、出口加工区,并且正从劳动密集型的第一代向资本、技术密集的第二代转变。而 14 个沿海开放城市正在纷纷建立技术开发区,以使其"更加开放"。

　　海南呢,开放至今仍未能给人一个明朗的印象(或概念)。早些时候说"不是特区的特区"(那又是什么?总得有个名称呀!),现在又说要"实行类似自由港的政策"(体现在什么地方?)。这种极为含糊的说法,加之立法又很不健全,是不利于"进一步开放"的。一就是一,二就是二,不要不上不下。国外投资者并不看东道主在口头上做出多么漂亮的许诺,而是看法令的规定如何。说海南是"不是特区的特区"是因为它给投资者很多"优惠"。实际上,海南所谓的土地使用费比深圳便宜,劳动工资比深圳低,而由于投资环境差、劳动力水平低、能源紧张等几乎把这些"优惠"抵消。而在税收方面,远不如一些地区"优惠"。海南对外商投资的免税期为 1—2 年,而新加坡则为 5—10年,泰国 3—8 年,马来西亚 2—5 年,毛里求斯的路易斯港对来料加工免税期

---

①《世界经济译丛》,1984 年第 5 期。

②《港澳经济》,1983 年第 6 期。

③"三个日本"是指:"第一日本"为日本,"第二日本"为台湾、香港、南朝鲜和新加坡,"第三日本"指印尼、马来西亚、泰国和菲律宾。它们的自然条件和地理环境都和海南很相似而经济发展特引人注目。

高达 10—20 年。而斯里兰卡的卡图纳亚克投资促进区不仅免税期达 10 年，还提供 99 年的租期。这里还暂且不论海南这种"一刀切"优惠待遇，没有体现出对投资项目的限制或鼓励。

这就使得，海南若不改变现在这种含糊的开放方式（也就是使海南"更加开放"具体地体现出来），不要用说是赶上发达国家（地区）的行列，就是跟上沿海城市的开放步伐也难。在我国开放的 19 个岛、市中，海南岛最特殊，表现在，它不是一个几百平方公里的"城市"，而是一个很大的传统的"农业社会"，"第一次产业革命"在这里还没有完成。没有什么值得自豪的工业，农业技术水平也很低。而偏偏 70% 的国民收入和 80% 的就业机会来自农业。同时，它的陆地面积是其他 18 个开放城市面积总和的 2.2 倍。可是，有人说，这么大的面积对外开放世界上尚未有先例。这要看怎样理解。且不说以"欧洲共同体"为核心的几乎包括所有西欧国家在内的"西欧自由贸易区"（这个区拥有近 3 亿人口，占世界总人口的 7%，国民生产总值占世界 25%，区内实行贸易自由化）。从东盟各国看，马来西亚建有 18 个出口加工区，菲律宾有 5 个，并计划再设立 12 个，而印度尼西亚则在新建自由贸易区，试图成为第二个新加坡。而与海南面积大致相同的台湾，也建立有 4 个出口加工区和 1 个科学工业园区。而建立这样的"区"，是对外开放的重要方式或表现。

海南建立自由贸易区，还是岛内开放形势变化的要求。这种变化表现在，与岛外（尤其是港澳）的联系越来越密切。第一，供应岛内的一些生产和生活资料，逐渐由从大陆进口转为从港澳进口为主；同样，海南的工农产品也由供应本岛转为向港澳和大陆出口为主。第二，随着对外开放，海南接待的海外人士越来越多，供应进口的商品和使用外汇的也越来越多。这样，海南市场将越来越成为国际市场的一部分。但格局对其是不利的，因为按现在的趋势，它将大量进口工业制成品和工业原料，出口大量的工农业初级产品。由此，我们就面临着两个急需解决的问题：一是要改变这种不合理的格局；二是要改变目前那种不适应海南市场变化的体制。

此外，建立海南自由贸易区是否还可以做这样一种可以认为是幼稚的假设：台湾当局为应对香港"九七"问题，正在计划建立"自由贸易区"，以吸引港资，甚至想取其地位而代之。那么，建立海南自由贸易区至少可以达到两个目的：一是在政治上、经济上影响台湾，二是借此引进更多港资。目前，海南不但大量出口工农产品给港澳,而且近几年利用的外资有 86% 是来自港澳。

以上我们从几个方面论述了建立海南自由贸易区的必要性,在此,再简单地提一下建立海南自由贸易区的可能性。表现在:

第一,四面环海,便于管理。

第二,丰富的自然资源和廉价的劳动资源,发展资源加工业有很大优势。

第三,目前所进行的以交通、能源为重点的开发,将在很大程度上改善海南的投资环境。

第四,沿海有 10 多个港口,其中有不少是天然良港,发展海运业很有潜力。

第五,中国大西南、大西北以及南海石油的大规模开发,将为海南提供发展转口贸易、修理业和加工业很好的机会。

第六,海南基本上没有什么工业,更不用说是体系,因此,建立自由贸易区谈不上对岛内民族工业的破坏和对市场的冲击(500 多万人的海南市场对于 10 亿多人的中国市场来说算不得什么)。相反,正如赫伯特·格罗贝尔说的,通过建立自由贸易区,来使所有的工业进行一次"技术革命",对那些长期亏损而又没有发展前途的企业,在自由竞争中,彻底实行"关、停、并、转"。

第七,海南的农业迫切需要以工业、贸易的发展,来一次刺激。因为农业生产的增长除技术外,主要还是通过扩大市场和提高价格来实现。要扩大市场,就必须发展贸易。农民如果为廉价的制成品所吸引,就会生产更多的农产品,以便有足够的收入去购买它,及早地建立工业,就会创造条件刺激农民扩大粮食和原料的生产。①

第八,海南是占中国领土面积不到 0.4% 的地区,建立自由贸易区有一个坚强的人民政府作后盾,有一个对外资颇具吸引力的巨大的潜在市场的"王牌",发展的前途是极为光明的。等等。

---

① 关于这一点,可参阅《发展中国家的工业化方式》(载《经济学译丛》1984 年第 2 期)和《第三世界的工业化》(载《世界经济译丛》1984 年第 7 期)两篇文章。

二、模式的选择与修正

海南自由贸易区不只是通常所理解的面向贸易的自由贸易区。因此,这就存在根据海南的实际对各种各样的模式进行选择与修正,以建立具有海南特色的自由贸易区问题。

自由贸易区(或广义上说的经济特区)的形式(类型)很多,但归纳起来主要有两种。从对外贸易关系看,主要有进口替代与出口主导(包括资源加工出口和制成品出口主导)模式,这是一种无形的模式;再从管理程度和性质看,主要有面向生产的出口加工区(包括工业自由区、科学园区等)和面向贸易的自由贸易区(包括自由港、免税区等)。因为,这些区都是在一定的区域范围内建立,所以我们又可称为有形模式。而从"三个日本"看,它们长期推行"出口第一"主义,以出口来带动经济的运转,同时,又建有大量的出口加工区、自由贸易区,因此,有形和无形的模式是紧密联系、同时发生作用的。而且,有形模式是最根本的(它本身就要求实行"出口导向")。那么,海南应该选择怎样一种模式呢? 以下问题必须首先考虑:

第一,海南自由贸易区必须考虑对热带资源的开发、加工与综合利用,提高初级产品的附加值,增强出口竞争能力。这就使得它不仅仅是一个"自由港"(即以搞过境贸易,增加劳务收入和就业为目的)。

第二,海南自由贸易区必须考虑迎接新技术革命的挑战。这就使得它不仅仅是引进技术设备,进行加工、组装,扩大出口。

第三,海南自由贸易区最终的目的是为了发展海南经济,促进"四化"建设。这就使得它不仅仅是进行"贸易",还要进行"开发",也就是资源的开发、产业的开发、技术的开发和智力的开发。

第四,海南自由贸易区还必须考虑与现在规划的 6 个经济小区的密切联系。

把握了以上四个要点,一个明朗的模式也就出来了。我们认为,海南的对外开放模式也就是要建立一个同时具备自由贸易区和出口加工区功能的全新的综合型的自由贸易区。这样的自由贸易区在世界上并不鲜见。设有自由贸易区的国家(地区)也吸引外资发展加工制造业,而出口加工区在提供基础设施和优惠条件的同时,往往也利用自由贸易区船货出入自由的方便条件。比如,整个新加坡是一个自由贸易区,而在区中则建有21个出口加工区和1个科学工业园区。这就是说,海南自由贸易区和世界上的一些自由贸易区有着共同的特征,在税收待遇、建区目的等方面也是基本一致的。更重要的是,海南自由贸易区有着自己的特征:

第一,海南自由贸易区的政治、社会性质仍然是社会主义的。

第二,政府的积极干预将显得突出。

第三,总体上,减免关税(对商品货物)使商品货物在岛内自由输出输入;在构成上,利用各种优惠措施(对引进项目),建立各种各样的出口加工区,并在全岛形成一种网络分布状态。

第四,建立自由贸易区将使海南的工业来一次"技术革命"。将有企业倒闭出现,这并不可怕。旧的不倒闭,新的不建设。只有在自由竞争的风雨中摔打才能变得坚强。同时,海南自由贸易区中的加工制造业,含有两个层次:即传统加工业与新兴工业。或说资源密集工业和技术、知识密集工业的同时并存。

第五,自由贸易区的建立将使海南的农业来一次突破。我们总认为,发展海南农业要靠技术、扩大种植面积(这很正确),结果却总不令人满意。这种只顾生产而不考虑市场(结果是盲目生产,苦于为产品寻找销路,生产者的积极性得不到刺激)的做法,是到改变的时候了。生产者只有当他的产品有市场、有利可图的时候,才会去积极提高技术,扩大种植面积和产量。同时,在自由贸易区里,要把土地集中到种植、种养能人手中。全面推行土地租借(承包)制,允许自由雇佣劳动力,开辟种植园。把剩余劳动力吸引到"第三产业"上去,逐步使农村"城市(镇)化"。

第六,在海南自由贸易区里,打破工商分家、产销脱离的状态。逐步取消商业部门,建立各种贸易公司,全面实行工贸结合、农贸结合、技贸结合,从而使工、农、商(内外贸)一体化,产、供、销一条龙。

第七,海南自由贸易区的建立将对区内的6个经济小区产生极大的作用。各经济小区应根据自己的特点,利用优惠待遇,建立面向出口的各种工业,从而实现网络分布状态。由此,建议成立各经济区发展公司,直接受海南开发建设总公司领导。总公司的职责是规划、协调和利用外资发展各经济区。

第八,海南自由贸易区将在很大程度上发挥市场机制的作用。但在一定时间内,尤其是在某一些行业中,仍会有计划经济的存在。

第九,海南自由贸易区建成后,旅游业将成为重要的收入来源。等等。

三、问题的提出与解决的途径

模式选定之后,我们应该怎么去做呢? 现在最重要最关键的必须是正式建立海南自由贸易区。不是口头上的,不是说"不是特区的特区""实行类似自由港的政策"了事。实际上,这是一种"放不是,收也不是"的模糊做法。因此,必须由中央以法令的形式明确宣布海南为自由贸易区,说明它的性质与地位,并尽快建立健全各种相应的法规,否则,一切无从谈起。

但是,若从经济学的角度来看,建立自由贸易区仍须具备下列一些条件:

第一,要有一种能够自由兑换外汇的货币。

第二,要有比较完整的信用体系,包括开展商品信用业务,发行股票、债券,还要有证券交易市场。

第三,要建立一个与自由贸易区相适应的价格体系。除少数公用事业,如水、电、煤气、公共汽车等价格由政府控制外,其他都由市场调节而自发形成。

第四,要有一套合理的管理方式。减少行政干预,由政府职能部门依据法律来进行管理,用经济手段来进行调节。等等。

这些条件对目前的海南来说,一点也没有具备。但是,任何事情都不是一蹴而就的。关键的是去寻找替代手段和过渡办法,以期逐步完善。实际上,并不是所有的自由贸易区都要具备了上述条件。

那么,建立海南自由贸易区的过渡方法又是什么呢? 以下途径都值得进行综合考虑:

第一,在6个经济区有条件的地方(如港口)建立各种形式的出口加工区。

第二,根据引进项目的轻重缓急,给予不同的优惠待遇。

第三,对进口商品适当减免进口关税。

第四,把岛内的一些商品价格放开。

第五,集中力量尽快搞好基础建设,尤其是能源、交通、电信、科研以及生活服务的建设。

第六,着手建立鱼、肉、蛋、菜等生活产品供应基地。

第七,大力发展金融业,允许外国银行进岛开展业务活动。

第八,对海外、大陆和岛内发行股票,广聚建设资金。

第九,创造条件,发行海南地方货币。

第十,加快经济体制(特别是对外贸易体制)的改革。

第十一,加快经济立法工作。

第十二,加快人才的引进,以及外国先进的经济管理经验的引进。

第十三,成立高效率的管理机构即海南自由贸易区管理局(或委员会)。

第十四,奖励出口。

作为一种初步的研讨,以上仅简单地罗列了一些"途径",仍有待于作进一步的研究。值得指出的是,建立海南自由贸易区重要的一点,在于中央明确地宣布,而且还应注意到,必须处理好海南与中央(各部、委、办)、海南与省以及岛内相互之间的条条块块的关系。这也是一个关键。

作为结尾,我们还要指出,建立海南自由贸易区对于祖国南疆社会安定、稳定与繁荣(从战略的角度看)、人才的引进和提高岛内人民的积极性,都有着一种特定的意义。

　　　　　　本文是根据海南区党委宣传部有关人员 1984 年 12 月
　　　　4 日来电要求写的。文中的有些内容,又见本书《海南在中
　　　　国开放格局中的作用与开放模式问题》一文。

海南经济起飞问题的探讨

现在人们都在谈论海南经济起飞问题。然而,什么是起飞,它有什么标志,应该怎样促进经济的起飞呢? 本文试图就这些问题作一些探讨。

起飞的概念　这里,了解一下美国经济学家罗斯托的"经济成长阶段论"是很有必要的。他认为,社会经济成长可以依次划分为传统社会、过渡、起飞、向成熟推进(持续增长)、高额群众消费和追求生活质量六个阶段。而"起飞"是指工业化初期具有决定意义的转变时期。经济发展的起飞就是要突破经济的传统停滞状态和以发展和进步为目标的各种势力的解放。要使经济起飞,罗斯托认为应该具备三个条件:第一,要有较高的积累或储蓄以及投资,使它们的比率占国民收入的 10% 以上;第二,要很快建立和发展一种或多种主要部门,即主导部门;第三,要进行制度上的改革,坚持中央政府的强有力领导以保证起飞的实现。

罗斯托是资产阶级经济学家,他的理论是唯心的,在某些方面也是不科学的。但他从生产技术的变化和人类在不同阶段追求的目标,阐述社会经济的各个发展阶段,也反映了一部分事实,对于我们理解经济起飞问题是有作用的。实际上,海南经济的起飞,也就是要使海南经济从长期的缓慢发展到迅速增长之间来一个质的变化。这一变化要求,冲破海南经济长期的徘徊不前的状态,彻底改变那种单一的不合理的农业社会结构。这一变化还要求,通过大农业的发展和建立发达的主导工业,作为经济迅速而持续发展的深厚基础。也就是说,起飞不是单纯的孤立的,而是有双重意义的。

起飞的主要标志　当今世界上的许多发展中的地区和国家实现了经济起飞,跨入新兴工业化国家(地区)的行列,如台湾、香港、新加坡和南朝鲜等。

对这些国家和地区稍作分析,就可以发现当中有不少共同的特征。以此为例,海南经济的起飞,应该实现以下几个直观指标:

第一,工业所占国民生产总值的比重应该超过农业。1952年,台湾工业生产总值仅占整个经济的17.9%,农业占35.7%;到1965年,工业为28%,农业为26%;而近几年来,工业已超过40%,农业则下降为10%左右[①]。1960年,情况有点特殊的香港和新加坡,工业分别是农业的8.5倍和4.5倍。同期,这一比重南朝鲜为50%(工业仅为农业的二分之一),到1978年,却变为工业是农业的1.5倍。而海南,1983年工农业总产值中,工业仅占21.43%,农业是工业的2.2倍,68.57%的国民收入来自农业。

第二,工业、商业、服务业的就业比重应该超过农业的比重。但到1983年,全海南农业人口占总人口的83.14%。被称为"半工业化国家"的东盟各国(除新加坡外,下同)经济上还没有真正起飞,从事农业的人有70%左右。

第三,人均国民生产总值应达1000美元以上。这个数字,南朝鲜1977年为950美元,新加坡1971年为1061美元,日本1965年为1035美元[②]。菲律宾的新经济开发五年计划(1983—1987年度)则要求从1980年的780美元提高到1987年的1619美元。而海南现在还不足300美元。

第四,出口比重应占国民生产总值比重的10%以上。没有出口的增长,就不会有经济的"起飞",对海岛型经济的海南岛来说更是如此。再从南朝鲜和台湾看,这一比重1960年分别为0.9%和11.5%,到1980年急剧上升为30.4%和49.2%。而海南这个数字,1978—1983年,分别为0.7%、1.12%、1.14%、0.92%、0.75%和0.52%。同时,利用外资对经济的促进作用越来越为人们所认识。"亚洲四小"从60年代开始大量引进外资。1979年,巴西所借外债和利用直接投资,占该年国内生产总值的31.4%[③]。1975年平均每人收入1000或1000美元以上的国家,利用直接投资在国民生产总值中的比重为9.5%[④]。这个比重,海南1983年约为3.8%。为了扩大出口,引进先进技术,我们仍应加快引进外资的步伐。

[①]《中国经济概况》,新华出版社,1983年版。
[②]《世界经济统计简编》,三联书店,1983年版。
[③]《巴西经济》,人民日报社,1983年版。
[④]《再论世界发展中的跨国公司》,商务印书馆,1982年版。

第五,在出口总额中,加工业与制造生产品的比重应该增大。这在已经"起飞"的国家和地区中,是很突出的一点。比如,据1980年度世界银行的《世界发展报告》,1977年,制成品在出口中的比重,南朝鲜、新加坡和香港均在85%至96%之间。海南则基本上是输出初级产品。1983年,整个工业产值中,制造业的比重仅为12.6%。经济的起飞,就是要使纯粹提供初级产品向出口加工、制造品方向发展。

此外,经济起飞还有一些定性指标。比如,政局的稳定,人民的文化水平提高,等。这里还必须提及,罗斯托把生产性投资占国民收入的10%作为经济起飞的一个条件。这个数字,1983年海南为4.9%。比例很低要提高,而投资结构的不合理更要改变。1952—1980年,国家投资海南42.99亿元,农业比重由2.7%提高到64.64%,工业仅从15.21%提高到35.37%。而农业投资中,大多用于橡胶,其他如水利、林业、种植业、气象、畜牧、渔业共计仅占总投资的14.64%。工业的投资,则是用于兴建那些长期亏损的农机厂、化肥厂、水泥厂等①。因此,扩大投资与合理投资都应是我们今后要注意的问题。

以上论述,使我们对海南的现状与经济的起飞有了一个基本的认识。目前,海南人民的收入水平低,产值和就业结构很不合理,技术落后,文化素质差,而中央给予优惠政策,现在所进行的以交通、能源为重点的建设,全国人民和海外侨胞的支持以及本岛人民的同心协力,这都说明海南正处于从传统的社会到经济起飞之间的过渡阶段或是"起飞"的前夜。那么,怎样才能更快地促进海南从以农业为主的社会向工业、交通、商业、服务业以及信息业为主的社会的过渡,也就是经济的起飞呢?

几点措施　第一,尽快建立起我们的主导部门。主导部门是指在经济成长中起主要作用,本身又有较高增长率可以带动其他经济部门增长的部门。无疑,这是指工业,农业、交通运输只不过是基础。海南经济的起飞,其工业应该形成三个主要层次,即由初级加工业发展而成的深度加工业,现在开始形成的新兴工业(主要是电子工业),以及即将要建立的石化工业。这种劳动、技术与资金密集相结合的工业层次,使海南能利用资源、提高技术、增加出口,带动其他产业(如商业服务业、农业、房地产业和交通运输业)的发展。

第二,努力改善投资环境,大力引进外资。海南的资金、技术十分缺乏,

---

①全国农业区划委员会编:《海南岛农业发展战略研究》。

因此,应把引进外资作为海南起飞的一个重要因素。近几年来,我区利用外资总的情况是好的,但也应注意一些问题:一是要扩大规模;二是来源应是多样化,这几年我区86%的外资来自香港;三是要调整投资结构,否则不利于工业的发展。合资的方式有利于发展工业,但这几年合资仅占利用外资总额的9.5%,而合作占76%;四是应该有计划地建立一批面向出口的行业,创出一批国内外有竞争力的产品。

第三,迅速发展第三产业。第三产业对改变海南目前不合理的产值和就业结构,增强社会的安定团结和促进经济的起飞有十分重要的作用。目前应该重点发展新兴的第三产业(如信息咨询、技术服务等),以及过去我们长期忽视了的房地产、运输、旅游、加工服务、租赁与修理等传统的第三产业。同时,应该采取鼓励国营、集体与个体一齐上的"多条腿走路"的方针。

第四,继续加强农业、交通能源与电信的基础建设。海南的交通运输应该使海运的优势发挥出来。

第五,控制人口的增长速度,提高人口的质量。具体的措施就是实行计划生育与增加智力投资。

(附注:除注明外,文中海南经济的资料均据海南统计局和海南外经委的有关资料或据以计算。)

本文发表于《海南日报》1985年1月28日。

亚太地区经济格局与海南的对策

　　海南的自然条件和地理环境,与亚太地区的"岛国"有着惊人的相似。而这些岛国地区的发展正日益引人注目,日本出现了"经济奇迹",新兴工业化国家和地区的发展更是咄咄逼人。

　　令人感兴趣的是,随着新兴工业化国家、地区的崛起,日本不再是独一无二的了。这些新兴工业化国家、地区已被称为"第二日本",而东盟各国(新加坡除外,下同)则被称为"第三日本"。"第二日本"现在的经济正处于日本的60年代后期、70年代末所经历的变化阶段;而"第三日本"则是紧紧地尾随其后。这就形成了"三个日本"互相追赶的局面。这种局面今天对我们海南造成了明显的迫切感。因为海南不但与这"三个日本"同属于海岛型经济,处于亚太地区的"黄金海岸",而且处于南北"三个日本"的夹缝之间,这就提出了一个海南应该怎么办也就是采取什么对策的问题。

　　现代经济的一个最大特征就是越来越国际化,也就是各国经济之间的互相依赖程度越来越加深。联合国的一项研究表明,到本世纪末,将有45%的贸易额跨越国界。对于海岛型经济而言,这一特征更加显著。因为这些岛国地区不管资源缺乏还是丰富,都要仰赖于贸易。"第一日本"和"第二日本"最大的特点是资源缺乏,但通过进口原材料,实现了制成品出口导向的战略;而资源丰富的"第三日本",工业化也向第二阶段发展,即从"出口替代"转为"面向出口",实行资源出口导向。这可从出口占国民生产总值的比重变化来体现。这个比重南朝鲜、菲律宾、泰国、台湾1960年分别为0.9%、9.1%、16.5%、11.5%,到1980年则分别达30.4%、16.3%、20.2%、49.2%[①],马来西

_____

①《八十年代世界经济前景展望》,中国展望出版社,1983年版,第267页。

亚也由 1975 年的 22.5% 上升到 1980 年的 39.6%，新加坡这个比重 1980 年高达 90% 以上。[1]

而海南这个比重太小了。三中全会以来（1978—1983 年）其出口总值占社会总产值的比重分别为 0.7%、1.12%、1.14%、0.92%（若包括为其他单位出口则是 2.4%）、0.75% 和 0.52%。[2] 这 6 年它的发展速度为 130.1%，比不上社会总产值（175.5%）和工农业总产值（141.1%）的发展速度。[3] 从历史时期考察，"二五" 和 "三五" 时期，它还出现过 8.6% 和 10.4% 的负增长速度。[4] 可见，我们长期以来忽视了对外贸易的发展，即使根据未来的规划，这个比重到 1990 年和 2000 年，也不过为 6.5% 和 13.4%。这是否体现出海岛型经济的特征和现代经济越来越国际化的趋势？实际上，更多的人士已经看到，一国（地区）经济必须面向世界，只有贸易的优先增长才能确保经济的增长。也就是说，只有发达的贸易才能有发达的经济。有人提出，为达到国民生产总值年增长 6% 的比率，就要使出口年平均增长率达 7%[5]，这是实践证明了的。一般的发展中国家国内生产总值年均增长率，1960 年至 1970 年为 5.7%，1970 年至 1980 年为 5.6%。但是，贸易迅速增长的同类型国家和地区（以 "第二日本" 为代表），同期出口增长率则为 6.4% 和 7.1%[6]。而根据世界银行的《一九八三年世界发展报告》，在 1965 年至 1973 年世界经济增长的高峰时期，世界国民生产总值每年约增长 6%，而同期贸易每年增长达 8.5%。海南的情况恰好相反，三中全会后我国经济的迅速增长时期，海南的社会总产值年均增长速度为 9.5%，工农业总产值为 7.1%，而出口的增长速度仅为 5.4%[7]。

我们不能使自己 "排斥于世界联系的体系之外而孤立无依"[8]。我们应采取积极的姿态参与国际分工，拓深对外经济联系，发展贸易。海南自古以来就是贸易发达的地方，早在西汉武帝时，就因之有便利的海上交通而 "略以

---

① 《外国经济与管理》，1984 年第 2 期。
② 引自海南统计局 1984 年新编《海南国民经济统计资料提要》或根据该资料计算。
③ 同②。
④ 同②。
⑤ 《世界经济》，对外贸易出版社，1982 年版，第 252 页。
⑥ 《国际贸易》，1983 年第 5 期。
⑦ 引自海南统计局 1984 年新编《海南国民经济统计资料提要》或根据该资料计算。
⑧ 《马克思恩格斯选集》第二卷，人民出版社，1972 年版，第 26 页。

为儋耳、珠崖郡"①。又由于物产丰饶,使之在北宋时就成了沿海和内地商人兴贩的目的地之一,也是往东南亚、阿拉伯国家经商的转继港口。北宋初期,它最早与广州(古番禺)、明州(今宁波)和杭州为贸易港口,并设有专门管理外贸的机构市舶务。据《太平寰宇记》记载,古海南从儋州、琼州(今海口)和万安州(今陵水县),都有海船上可溯广州,南可下马来半岛。当时,海南还招徕大批蕃客长期居住,娶妻生子,广市田宅。

对于这些年海南贸易发展缓慢的问题,传统的看法是它的地理位置不如一些国家和地区,以及缺乏贸易的物质内容即产品。这里暂且不考虑从国家整体看海南的战略位置。然而不管是日本提出的"环太平洋圈",还是纽约大学一位教授最近提出的"亚太经济共同体",实际上还存在着一个实在的"环南海圈"(或说"小太平洋圈"),从香港、台湾、菲律宾、马来西亚、新加坡、印尼到泰国而上溯到海南。海南是这个圈中最薄弱的一环。由于政治上的原因,未能进行更广泛的联系。但是,我们的目光必须立足于 21 世纪。1997 年我国将收回香港主权,到那时台湾也决不会像今天这样硬是"三不通",而印度尼西亚最近已连续表示要同中国发展直接贸易关系;海南到东南亚最近,而且历史上那里的"民俗略与珠崖相类"。还有,21 世纪中国的开发重点将是内地,而从海南直通大西南、大西北并非不经济。1990 年前后南海石油的大量开采,都将使海南的地理位置日显突出、重要。

自然,没有产品是不能进行贸易的。对海南来说,是缺乏有竞争力的产品。然而,有竞争力的产品是在激烈的市场竞争中挤出来的。我们在"保护主义"下生产几十年,结果是橡胶的价格高出国际市场价格约 3 倍。长期以来,人们只看到生产对流通的决定作用,却没有看到流通(贸易)在一定意义同样决定生产。尤其是在市场繁荣、商品丰富、竞争激烈的今天,若总认为海南的产品没有竞争力,而又不采取积极的措施,那海南的贸易就难得发展,也影响到整个经济的发展。海南每年的工农业产值大约是社会消费总额的 2 倍,如果没有贸易,这完全可以"自给自足",但海南每年要进口大量的工业品,出口大量的初级产品。而出口的产品不但缺乏竞争力,好多还面临被淘汰的危险。这两年通过引进技术和资金,情况有了改善,但技术引进本身就

①《汉书·地理志》。

·

是要扩大出口,这是东盟各国的成功经验。道理很简单,利用间接投资(贷款),必须还本付息,而利用直接投资,并不是以开放国内市场为前提,而是以大比例产品外销为条件。不管哪种方式,都要多出口、多创汇。因此,面对亚太地区的经济格局,海南的对策应是采取积极的姿态加入世界经济的行列,参与国际分工,发挥地方优势,扩大对外经济联系。而以下几点必须予以重视:

第一,扩大对工业的投资,建立和扶持重点企业(包括在一些有条件的部门或行业建立面向出口的企业),发展一批有竞争力的"拳头"产品。台湾的做法是"以贸易作先锋,以工业作后盾;以农业培养工业,以工业发展农业",也就是当工业幼小时,农业应把资金移出,支持工商业的发展;反之,工业壮大后,所创造的利益应部分投入农业。1950至1980年海南大量投资用于农业,比重由27.7%上升到64.3%,而工业仅从15.21%上升到35.37%。① 现在是扩大对工业投资的时候了。对一些有发展前途的企业或产品,政府应该进行积极的扶持(在材料供应、金融和税收等方面),只要从长远看有利可图,目前暂时亏损一些也不怕。

第二,加快经济体制改革,特别是对外贸易体制改革的步伐。目前海南没有发展到"面向出口"阶段,但作为过渡性措施,目前外贸体制改革方向是工贸结合和技贸结合都是可行的。作为对外开放的海南,还要辅以更大的市场力量,给予企业最高的经济管理权限,充分调动其出口积极性,从而使企业更能根据(国际)市场的需求变化,来考虑产销问题,提高经济效益。

第三,海南的对外贸易不一定要统一对外,可以是相对统一对外。要做到这一点,必须建立一个协商性、联合性和咨询性的对外贸易组织。这个组织由所有的经营出口贸易机构组成。它的主要任务应是为各出口贸易组织提供经济信息和市场情报,使之避免盲目经营,蒙受损失。这个组织还应有协调和监督的职能。

第四,尽快在一些有条件的行业或部门,发展以信息为代表的"第四产业"。有人说,海南的落后是信息的落后,这话很有些道理。的确,海南不但信息不通、情报不灵,而且对信息反馈缓慢,也就是不知道信息的重要和使用。承认落后是为了迎头赶上,在目前全岛未具备条件发展的情况下,可考

①海南行政区公署农业区划委员会编:《海南岛农业区划报告集》,1981年版。

虑在一些有条件的地方、部门或行业优先发展信息业,做到"以点带面,局部推动全部"。国际市场的瞬息万变,使信息情报倍受重视,为了在贸易中及时应变,上述出口贸易组织应考虑建立信息中心。

此外,人们已经注意到的智力投资以及港口、码头和机场等基础设施的建设同样要予以战略上的重视。因为没有人才是什么也做不成的,而没有发达的海运,也就没有发达的贸易。这里必须强调的是,各国(包括中国)的经济学者在称赞亚太地区这些"经济明星"时,也指出了它们的不足,主要是发展工业牺牲了农业,以及对国际市场的过分依赖。对海南来说,我们现在强调发展工业,并不等于放弃农业。相反,海南的工业基本是立足于岛内资源的,这就不会导致忽视农业的发展,只不过是不同的时期有不同的侧重。至于对市场的依赖,不完全是国际市场,还包括一个巨大的国内市场。这也就避免了"三个日本"经济发展中的一些"弊病"。

本文发表于《海南日报》1985 年 3 月 24 日。

试论海南的出口战略

出口战略主要是指在一个较长的时期内,对于经济发展所要达到的目标,而在出口贸易方面进行的一种长远的设想。一般包括出口战略的指导思想、模式、重点以及步骤、措施等内容。世界发达国家(地区)的实践证明,出口促进了经济的大发展。对海南这样一个有特定环境的海岛地区而言,出口战略应是其经济发展战略的重要组成部分。本文试图就其出口战略的有关问题,结合发达地区的经验,联系世界经济形势与新的技术革命,作初步的探讨。

一、海南落后的原因何在

海南是我国仅次于台湾的第二大岛。

人们谈论海南的时候,无不认为它美丽富饶,资源丰富,气候良好,风景优美,同时,又承认她很落后。比如,农业水平低,粮食不能自给,人民收入不高,等等。但是,为什么落后、落后在什么地方而又是怎样落后的呢? 不少人认为,这是由于农业经济发展不平衡,农业生产布局不合理,农业经营水平低所造成的。他们时刻不忘念"农字经",似乎海南的落后,都是由于农业上不来。

还是先让我们来看一下这些年来,海南工农业总产值的相对数吧:

1952—1983 年海南工农业总产值中工、农业所占比重

单位：%

年份	1952	1957	1962	1965	1970	1973	1975
农业	85.97	72.83	74.75	60.19	48.39	49.45	48.38
工业	14.03	27.17	25.25	39.81	51.61	50.55	51.62
年份	1977	1978	1979	1980	1981	1982	1983
农业	44.65	43.64	44.87	59.89	67.43	70.00	68.57
工业	55.35	56.36	55.13	40.11	32.57	30.00	31.43

资料来源：海南统计局与海南外经委资料或据以计算。

从这个表所提供的数字中，我们看到一点，即海南的工业长期处于被动的发展状态。五六十年代，我们大量投资于农业，以解决温饱问题和发展热带作物（主要是橡胶），所以农业所占工农业总产值的比重大于工业。而在70年代，我们仍致力于农业的发展，但由于没有按客观经济规律办事，不讲究科学，"学大寨"，大搞农田水利建设，"以粮为纲"，单一发展，结果是得不偿失，花了大量投资，农业却总上不来。于是工业的比重得以略为超之（这时，新加坡、台湾等充分利用有利的世界经济形势，推行"出口主导"战略，使经济得到了迅速而持续的发展，赢得了"新兴工业化国家或地区"的美称）。党的十一届三中全会以来，海南的农业也同全国的农业一样进行了重大的改革，短短几年农业发展迅速，使得农业的比重又超过了工业，到1982年达70%以上。

正当海南的这种比重呈"抛物线"形态发展的时候，全国的这种比重却是呈"直线"趋势发展的，即工业产值占工农业总产值的比重由1949年的30%上升到1979年的74.3%。[①] 我们不能不认为，海南落后的重要原因之一是长期忽视工业的发展。这从投资结构中可以看出，1952—1980年国家投资海南42.99亿元，农业所占比重由27.7%上升为64.64%，工业仅从15.21%上升到35.37%。

我们有些同志总是孤立地看待海南工业与农业的发展，一谈发展工业，似乎就是我们不去发挥地方优势了。他们并没有看到"及早地建立工业，就

---

① 《中国经济概况》，新华出版社，1983年版，第7页。

会创造条件刺激农民扩大粮食和原料的生产"①。实际上,由于没有很好地发展工业(特别是热带资源加工业),使热带资源得不到充分的综合利用,长期以输出原料、初级产品为主,本该获得的利益却得不到,最终妨碍了生产的发展。有人认为,工农业之间的关系最好是把它们看作是一种积累和循环的因果链条连接起来。农业劳动生产率的增长,需要有现代工业生产的种种投入要素;同时,它又有可能增加农业收入,从而增加对工业品的需求。② 这是很值得我们考虑的。

台湾的做法是,"以农业培养工业,以工业发展农业"(而且"以贸易做先锋,以工业做后盾")。也就是说,当工业幼小时,农业应把资金移出,支援工商业的发展;反之,工业壮大后,所创造的利益应部分投入农业。正因为这样,1952 年台湾工业在其整个国民生产总值中仅占 17.7%,农业占 48.1%,到 1963 年工业的比重就超过 40%,1980 年为 51.4%,而同期农业下降为 10%,1981 年仅为 7.7%。③ 同时,根据有关资料,1980 年海南与台湾工农业生产总值之比为 1∶19.8,其中农业之比为 1∶4.3,工业则为 1∶45.8。可见,差距关键在于工业。世界上,凡发达的地区农业所占比重都很小。比如,1976—1979 年,美国与西德同为 3%,日本为 5%。④ 即使是低收入国家,农业所占国民生产总值的比重也由 1960 年的 52%下降为 1979 年的 38%(同期工业由 13%上升为 23%)。⑤ 我们再也不能以"农业第一"而忽视工业的发展了。

同样一个问题,出口贸易总值占国民生产总值的比重,无论是发展中国家,还是发达国家都很高,并呈上升趋势。比如,这个比重南朝鲜、菲律宾、泰国 1960 年为 0.9%、9.1%、16.5%,到 1980 年则分别高达 30.4%、16.3%、20.2%⑥,马来西亚也由 1975 年的 22.5%上升到 1980 年初的 39.6%,新加坡 1980 年竟高达 90%以上。

而海南出口贸易所占的比重太小了。1978—1983 年的 6 年,仅分别为

①《发展中国家的工业化方式》,《经济学译丛》,1984 年第 2 期。
②《第三世界的工业化》,《世界经济译丛》,1984 年第 7 期。
③《中国经济概况》,新华出版社,1983 年版,第 584 页。
④《世界经济统计简编》,三联书店,1982 年版,第 23 页。
⑤《八十年代世界经济前景展望》,中国展望出版社,1983 年版。
⑥同⑤。

0.7%、1.12%、1.14%、0.92%（若包括为其他单位出口则为 2.4%）、0.75%和
0.52%。① 再从发展速度看，这 6 年它为 130.1%，比不上社会总产值
（175.5%）和工农业总产值（141.1%）的速度。若从历史时期考察，"二五"和
"三五"两个时期它还出现过 8.6%和 10.4%的负增长速度。② 可见，海南的
经济远没有体现出"海岛经济"的特征。

对海南基本的比较认识结果是，它的经济落后是因为长期以来忽视了发
展工业和出口贸易。很明显，我们这里强调发展工业、出口贸易（我们认为，
海南的农业应该由发达的工业和活跃的贸易刺激一下了），是因为我们过去
长期忽视了它们并导致了我们的落后。但是，还必须看到，农业（热带作物）
是工业（资源加工业）的基础，而工业又是出口的基础。这仍不失为我们今天
来研究海南出口战略的一个重要指导思想。

二、海南经济发展战略目标与出口战略模式

对海南的过去有一个比较认识之后，再联系一下海南未来的经济发展战
略目标，那么，建立一个海南出口战略模式也将较为容易了。

根据海南行政区初步拟定的总体规划，海南的开发建设分三步走，实现
三个目标。与本文有关系的要点是：第一，到 1985 年底，工业总产值达到翻
一番。第二，到 1990 年，工农业总产值在 1980 年的基础上，提前 10 年实现翻
两番。并使工业总值从占工农业总产值的 37%上升到 61%。第三，到 2000
年国民生产总值达到 187.5 亿美元（人均为 2680 美元），20 年实现翻四番。
还有一个指标，即出口总值由 1990 年的 3.6 亿美元上升到 2000 年的 26 亿美
元。换算的结果，这两个时期出口占国民生产总值的比重大概为 7%和
13.4%。这说明发展工业和出口在我们的规划中已得到一定的重视。概括地
说，也就是从发展经济学的角度来理解，海南的开发建设是为了实现经济"起
飞"并为今后持续、稳健的增长而努力。海南经济的起飞是要使海南经济从
长期缓慢的落后状态到迅速发展之间来一个质的变化。这一变化要求，冲破
海南经济长期徘徊不前的状态，彻底改变那种传统的、单一的、不合理的农业

---

①②海南统计局与海南外经委资料或据以计算。

社会结构。通过大农业的发展和建立发达的主导工业,使海南赶上世界发达地区的水平。这些目标,在我们的"规划"中都具体化、数字化了。根据对海南这些年经济发展的比较认识,要促进海南经济的起飞与今后的持续增长,实现海南的经济发展目标,我们认为首先应确立海南出口主导型模式。

　　一般的,从对外贸易关系的角度看,出口战略的模式有三个可供选择,即进口替代、出口替代和出口主导。对海南来说,前两个模式是保守的,不符合对外开放的形势要求和海南的实际。因为,进口替代只不过是限制进口而改由自己生产。英国的艾伦·蒙特乔伊认为,这种模式会使经济变得更不稳定①。而出口替代主要强调以加工业产品的出口替代传统的初级产品的出口。不错,它们都有各自不同的优点,但是,最终都未能体现出口对于经济发展的推动作用(而是仅仅局限于"出口是为了进口"与"进口是为了出口"的圈子)。

　　世界上采取进口替代战略而成功的国家仅为巴西(它的情况与海南大相径庭),而与海南在地理环境、自然条件等方面都非常相似(同属于"岛国经济")的众多地区,如台湾、香港、南朝鲜以及东盟五国等却由于推行"出口第一"而成为"经济明星"(当然,它们的做法也有不同之处,我们将在后面谈到)。现在,"促进出口已是不少发展中国家(地区)经济发展战略的一个重要方面"。可是,我们长期以来没有认识到出口的作用:

　　第一,推动经济结构和产业结构向更合理、更先进的方向发展;

　　第二,推动企业技术的改造和设备的更新;

　　第三,带动农业原料(热带经济作物)生产和以之为原料的加工业的发展,刺激生产者的积极性;

　　第四,为我们的开发建设提供更大规模的资金和丰富的管理经验;

　　第五,扩大国际影响,增加就业,促进社会的安定和繁荣。

　　邓小平同志在谈到增加煤炭的出口问题时说"这样做好处很多:一可增加出口,二可带动煤炭工业技术改造,三可容纳劳动力",因而"要争取多出口一点东西,换点高、精、尖的技术和设备回来,加速工业技术改造,提高劳动生产率"②。无疑,海南的技术相当落后,因此充分利用出口的作用来加速海南

①《发展中国家的工业化方式》,《经济学译丛》,1984 年第 2 期。
②《关于发展工业的几点意见》,《邓小平文选》(1975—1982 年),人民出版社,1983 年版,第 29 页。

技术的改造,不能不认为是一条极为重要而有效的途径。

世界各国(地区)对出口贸易所采取的态度同样值得引起我们的重视。

日本:历届政府都坚持"贸易立国"的战略决策,使战后出口贸易对其经济起了很大的刺激作用。它长期以来奉行"出口第一"主义,把增加出口作为一切经济活动的中心环节,从而带动其经济的高速运转。面对现在竞争激烈的形势,日本企业界的态度是:"从今以后,我们必须抽调一批专职人员来专门考虑出口问题,并生产出有特色的专供出口的产品来,否则,我们将从国际市场上败退下来。"①

美国:为了扩大出口,居然对出口贸易采取立法措施,成立了对外贸易的一种新工具"出口贸易公司"。

台湾:台湾当局对出口贸易更是相当重视。认为其对外贸易发展的方向应是:修正重工轻商的落伍观念,树立"出口第一"导向,以工业为后盾,以贸易作先锋,追求贸易的自由发展,使"一切为外销"成为现阶段台湾经济政策的重点。②

泰国:为刺激出口,在国内降低出口商品税收,开设出口加工区,同时,在第五个五年计划(1982—1986年)中,把过去20年始终重视发展进口战略转变为重视发展出口的战略。

为什么出口如此倍受各国(地区)的重视呢?这有种种原因,比如资源缺乏、市场狭小等。但是,下面这些数字事实我们必须正视:1960—1970年当一般的发展中国家国内生产总值年均增长率为5.7%,1970—1980年为5.6%时,而同期出口增长迅速的同类型国家(地区)则为6.4%和7.1%。③再从世界范围来考察,同样是贸易增长"优先"。比如,1965—1973年的高峰时期,世界国民生产总值平均增长6%,而同期贸易则为8.5%。④

结论是:只有贸易的优先增长才能确保经济的增长,换句话说,没有发达的贸易就不可能有发达的经济。难怪有人提出,为达到国民生产总值按总产值计算为6%(按人口平均计算为3.5%)的比率,就要使出口平均增长达7%

---

①《松下的秘密》,湖北人民出版社,1983年版,第183页。
②参见《世界经济情况》,1983年第17期。
③《发展中国家贸易发展战略的几个问题》,《国际贸易》,1983年第5期。
④世界银行《1983年世界发展报告》。

以上①。海南的实际情况却正好相反。三中全会以来的我国经济迅速增长时期,海南的社会总产值平均增长速度为9.5%,工农业总产值为7.1%,出口仅为5.4%。②

我们不能使自己"排斥于世界联系的体系之外而孤立无依"③。党中央对海南的开发建设很重视,提出了"以开放促开发"的方针,并希望我们要大力开展对外经济贸易活动,把发挥海南的优势和利用国际市场联系起来。对外开放,就是为了引进外资和先进技术,而利用外资就意味着要扩大出口。正因为实施了利用外资与以出口带动经济的"外向型"战略,使东盟各国经济取得了引人注目的成就。有人说(并且是很多人都这么说),我们海南并不是不想搞出口,而是没什么出口。这话说得很对、很客观。问题的关键是,它未能使人以一种积极开拓的姿态去改变这种状况。发展经济学家认为,开发中的地区出口的基本问题,不是缺乏比较利益,而是缺乏主动性、积极性和首创精神。我们正是这样。大家都认为,海南不是没什么出口,而是缺少有竞争力的产品(持上述"没什么出口"意见的人,同样也是看到海南资源优势的)。

那么,有竞争力的产品又是从哪里来? 答案是,只有在自由竞争的风雨中摔打才能变得坚强(在"保护主义"下,我们一些产品不但质量低,而且价格竟高出国际市场的两三倍)。现在的问题不是海南有没有竞争力的产品,而是要端正我们的认识,根据海南的实际,制订出我们的发展战略,并运用方针、政策来加以推行。

实际上,海南每年的工农业产值大约是社会消费额的两倍,如果没有对外贸易,那将是一个十分完美的自给自足的社会。但是,海南每年要进口很多工业制成品,出口大量的初级产品。因此,我们提出出口主导的战略模式,是顺理成章的。换句话,海南有东西出口,也很需要出口,但过去对此不重视,我们现在却是要对它从战略上来认识、鼓励,并辅以一系列的步骤、措施。

建立出口主导这样一个模式的意义还在于:更好地适应世界经济形势的变化,迎接新技术革命的挑战,同时也为我们研究海南的出口战略重点,提供了十分有益的帮助。

---

① 《世界经济》,对外贸易出版社,1982年版,第252页。
② 海南统计局与海南外经委资料或据以计算。
③ 《鸦片贸易史》,《马克思恩格斯选集》第2卷,人民出版社,1972年版,第26页。

三、海南出口战略重点

前面论述使我们看到,海南目前的经济结构(尤其是产业结构、产品结构与出口商品结构)非常的不合理。因此,调整不合理的经济结构对于开发建设刚刚起步的海南来说是当务之急。而当今的世界经济形势复杂多变,新技术日新月异,保护主义有增无减,发展中国家(地区)贸易条件不断恶化,以及发达国家经济的发展是走走停停,这都要求我们把海南出口战略的重点放在"适应与调整"上。也就是,对国内外经济形势变化的适应、调整。包括出口商品、市场和销售战略的适应与调整。

(一)出口商品战略的适应与调整

长期以来,我们以输出大量的初级产品为主。在这里,了解新加坡出口战略的阶段变化是有必要的。它的变化表现在:

第一阶段,从1959年到1965年独立,主要经营转口贸易,因为马来西亚、印度尼西亚等地的初级产品都由此向西方国家出口。

第二阶段,随着上述国家的独立,新加坡丧失了转口贸易的有利条件,情况的变化迫使它放弃对转口贸易的依赖,走发展工业制成品出口的道路。主要方法是进口原材料和零部件,利用劳动力资源优势,发展劳动密集产品(如纺织品、服装、塑料、皮革等)的出口。

第三阶段,1979年提出以出口产品的升级换代为主要内容的"第二次工业革命",进一步推动其工业向资本、技术和知识密集方向发展。这主要受世界经济形势的影响。

第四阶段,与第三阶段并存。主要是利用出口加工区、科学工业园区的有利条件,推动以计算机为核心的新兴产业的建立,以适应新技术革命的需要。这一阶段,不少国家(地区)都有相同之处。如台湾1980年已建立科学工业园区,菲律宾不久前也已开设"特别出口加工区",都是为了适应形势的发展变化。

新加坡的情况和海南虽然有些不同,但从中体现出来的"岛国经济"的"弹性",也就是根据经济形势的变化,对其发展战略不断地进行调整、以求不断地适应,对我们却是大有启发的。

现在,海南的初级产品已面临这样一些情况:在国内方面,由于对外开放形势的发展,工业用的热带和亚热带原料进口多了,从而使海南的初级产品出口受到威胁。比如,到去年8月止,橡胶的库存积压已达上万吨,胡椒的境遇也差不多,其他一些初级产品出口的前景也不很乐观。因为长期以来我们是在"保护伞"下悠闲自得地生产,不考虑市场问题,使得产品价高质差,缺乏竞争力。

再从国外来看,国际市场初级产品趋向生产大于消费。比如,世界天然橡胶1970年的生产量为2940千吨,消费量为2325千吨,到1979年分别是3679千吨和3325千吨;同样,糖的世界生产量1970年为7139万吨,消费为7356万吨,到1979年则变为9230万吨和9016万吨。[①] 与此同时,世界市场初级产品的价格下跌得非常厉害。比如,1980年6月到1982年6月,糖价(除特别安排外)下跌78%,橡胶下跌37%。[②] 这就导致两个结果:一是出口国贸易条件恶化,损失严重。比如,发展中国家(不包括石油出口国)1971年损失26.6亿美元,1972年、1975年和1979年分别为31.8亿、119.8亿和204.1亿美元。[③] 这就是为什么一个橡胶出口国1960年用25吨橡胶换6台拖拉机,而今天等量的橡胶只能换回2台。[④] 二是为改变这种状况,初级产品出口国纷纷改变出口商品结构,初级产品出口减少,制成品出口增加。比如,菲律宾1978—1982年五年计划期间,工业制成品的出口额增长率到1982年已提高到42%(同期整个出口贸易额的年均增长率仅为18%—19%)。1971年,它的非传统出口商品占出口贸易总额仅为9%,1982年却增大到40%左右。[⑤]

我们不得不承认,海南传统的、单一的出口商品结构再也不能维持下去了,必须进行调整。进行战略上的调整,应该首先注意以下几点:

第一,海南出口商品结构的调整不能撇开它的资源来考虑;

第二,海南出口商品结构的调整要有利于为国家提供大量的热带、亚热带作物产品;

---

① 《国际经济和社会统计提要》,中国统计出版社,1983年版。
② 《争取世界经济复苏:勃兰特委员会备忘录》,中国对外翻译出版公司,1983年版。
③ 《世界经济译丛》,1984年第3期。
④ 《争取建立世界经济新秩序》,中国对外翻译出版公司,1982年版。
⑤ 参见《经济研究参考资料》总第1121期(1984年8月10日)。

第三,海南出口商品结构的调整应反映其迎接新技术革命挑战的内容;

第四,海南出口商品结构的调整还要反映南海石油开发与利用的情况。

据此,海南出口商品结构调整的内容为:

首先,从现在到 80 年代末,大规模地引进海外直接投资(到 1985 年底,海南的投资环境可望得到较好的改变),主要用于新产业、新技术和新产品的开发,同时,加速现有企业技术的改造和设备更新。这一时期,基本稳定目前的出口状况,并根据市场需要来进行生产,做到稳中有增。

其次,进入 90 年代,就要大幅度扭转出口商品结构,新产业的新产品(主要是电子产品)的出口要占一定的比例,同时,初级产品出口中,要大大提高半成品或制成品的比重。这时,企业的技术改造是加快工业用电子产品的消费,为下一阶段增加热带作物产品的高附加值打下基础。

再次,90 年代末到 2000 年以后,随着海上石油的大量开采,以及天然气的大规模利用,这时海南的出口商品将形成这样一种结构:即由第一阶段发展而成的深度加工的劳动密集产品,第二阶段发展而成的技术与知识密集产品以及第三步本身的资金与技术密集产品。这种(从商品形态看,是包括劳动、资本、技术与知识密集;从生产形态看,是包括加工业、新兴工业与石化工业)出口商品结构,就像一个倒立的"金字塔"(见下图)。

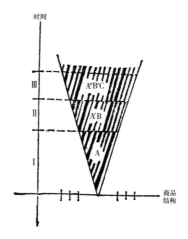

说明:①Ⅰ、Ⅱ、Ⅲ代表海南出口商品结构三个变化阶段;②A、A′、A″代表初级产品、加工品、深度加工品;③B、B′代表技术密集产品、知识(信息)产品;④C代表技术、资金密集的石化产品。

从图中我们可以看出,海南热带作物产品的出口贯穿始终,但第一阶段(初级产品)与第三阶段(高附加价值产品)已大不相同。这体现出海南的开发建设要立足于岛内资源的利用这一特点。而发展石化工业与新兴工业,也将是海南适应岛内、国内以及世界经济形势与新技术革命变化所作的"调整",三者是互为基础、互为渗透、互为提高而同时并存的。

我们前面谈到了海南应建立出口主导模式。现在我们又进一步地认识,海南的出口主导是包括资源出口主导和工业制成品出口主导两个方面。一般的,自然资源丰富的国家实行资源出口导向(如除新加坡之外的东盟各国),而资源缺乏的国家(地区)实行制成品出口导向(如台湾、新加坡、香港和南朝鲜等)。然而,也正如我们上面已经谈到的,经济形势已迫使不少发展中国家(地区)纷纷改变其经济结构。70年代以来,新加坡等一些新兴工业化国家(地区)经济结构的调整表现在:第一,以微电子为核心的信息产业迅速发展;第二,信息工业技术逐步高级化与机器人的出现;第三,技术、知识密集的工业城镇与地区不断建立;第四,大力发展科技教育,加强智力开发,为加速向技术、知识密集产业过渡创造更为有利的条件。

我们应该看到,在技术革命的条件下,发达国家的产业结构正转向知识生产,一些新兴工业化国家(地区)也正通过引进最新科技成果,直接进入新的产业革命。这决定了今后知识产品越来越成为重要的出口商品;同时,又由于新材料、新技术的广泛使用,并且发达国家工业技术改造的项目之一是节能(这势必使其一方面发展耗能少产业,另一方面寻找替代能源),而导致国际市场对传统能源(如煤炭、石油等)和原材料(如钢铁、天然橡胶、铜等)需求的减少。这样,发展中国家(地区)廉价劳动力优势将丧失,劳动密集产品的出口也面临威胁。

由此,也说明了建立海南这样一个资源与工业制成品出口主导型的模式,对于海南资源的开发与迎接新技术革命的挑战都有着深刻的意义。

(二)出口市场战略的适应与调整

同样的,出口市场战略也要考虑当今的世界经济形势和新的技术革命将引起的变化。

可以看出,上述的一些情况,对于海南面向国际市场输出初级产品是不利的。相对的,就目前而言,海南的热带作物产品应以输向内陆为主。但是,由于海南的产品质差价高,抵挡不住质优价低的进口产品的冲击,这样,解决产品的销路问题就显得尤为迫切了。我们认为,解决这一问题的重要途径是要大力开展内联,也就是要与内地企业开展"补偿贸易"。这样做有三个好处:一是解决资金技术问题;二是解决产品销路问题;三是解决产品质量与价格问题,实际上也是创造有竞争力产品的问题。具体的做法有两点(以橡胶为例):一是两方开展"补偿贸易",也就是,海南的橡胶生产单位(如国营农场)和内地橡胶消费量大的城市(如上海、天津、武汉等)搞协作,由它们提供资金、技术来发展橡胶生产,最终以橡胶(如干胶)来偿还其所提供的资金;二是三方开展"补偿贸易"。就是由上述一些大城市提供资金,从国外(如东南亚)引进先进的技术设备,三方协作进行发展橡胶生产。资金的补偿方式同上。两种方法实质上一样。

这样才能够创造出一些优质产品来,到国际市场上去竞争。这种做法是完全有可能的。国内每年要进口几十万吨橡胶,大于海南的年产量。搞橡胶生产的"补偿贸易",不仅对国家来说能起到"替代进口"的作用,而且,"出口主导型"模式使海南不会像台湾、新加坡等地那样对国际市场的过分依赖,受制于人。

这仅仅是一个方面。从对外开放的角度看,一般说来,接受投资的多极化决定了出口市场的多极化。这样更能避免对于某一市场的依赖,在危机四伏的国际经济环境中,有更多的回旋余地。但是,从海南这几年利用外资的情况看,约有86%[1]外资来自港澳地区。这不能认为是很正常的。再加上以前和现在,海南的出口产品大都投放港澳市场,从战略的角度看,是否也需要进行"调整"?回答是肯定的。仅从海南华侨众多,而且遍布世界各地这一点来看,我们的投资来源也不能大比例地局限于港澳。东南亚各地历史上就与海南往来密切,那里的自然环境、风土人情与海南很相似,正如《汉书·地理志》所说的,那里"民俗略与珠崖相类"。从长远看,我们很有必要发展与东南亚各国的贸易。虽然那里经济比海南发达,且出产的东西跟海南也差不多,但是,国际贸易的基础在于"比较利益"。李嘉图在创立他的"比较成本说"时所举的那个著名例子认为,葡萄牙和英国同样能生产葡萄酒和毛呢,但是两国劳动生产率的差距并不是在任何商品上都是同等的。对于海南与东南

---

①海南统计局与海南外经委资料或据以计算。

亚各国来说同样如此,发展相互之间的贸易是完全有可能、有必要的。

(三)出口销售战略的适应与调整

目前国际市场销售战略有这些新特点:

重视目标销售观念。也即以确定的产品供给不同的消费集团或地区。同时,在复杂的竞争中为及时应变,获得市场信息受到极大的重视,因而,市场研究便显得更为重要。又由于技术进步快捷,市场变化迅速,消费需求多样化,使零售商以及"多品种,小批量"的方法成为国际经营成功的关键。这种情况所产生的一个深刻影响是,出现了大量"我也能做(me-too)"的产品,使得任何公司都难以保持垄断地位。

我们的情况是,不注意信息,不懂得使用情报,不会对市场进行研究。当更多的企业已从生产型转向生产经营型时,我们的企业仍在抱守着一些过时的落伍观念。以天然橡胶的生产而言,世界各国都在推行"生机勃勃的产胶政策",努力使天然橡胶生产科学化、现代化。根据市场需要来开拓产品的新用途,如"航天飞机"轮胎、空气弹簧、车辆的安全、防震装置、桥梁和建筑物的基垫等等,重点发展热塑天然橡胶。而我们几十年来的产品总离不开轮胎、胶管、胶绳、胶带一类的大路货。

为了促进海南商品的出口,我们必须运用市场学的原理来指导出口销售工作。市场学是从"消费者第一"的角度出发,对整个市场营销活动(包括产品、价格、销售渠道和销售促进等四个方面)进行研究,以促进商品销售为目的的。它研究的问题还包括市场情报、市场调查预测、市场风险与市场信用等内容。只有以消费者为中心来进行产品的宣传与销售,才能真正做到适销对路,提高质量、扩大销售。

进行市场研究、预测,充分利用现代化手段来扩大对商品的宣传等都成为经营的重要因素。在对自己产品宣传的同时,我们也应重视"接受"别人的宣传,以做到"知己知彼,百战不殆"。比如,要向国际市场输出初级产品(胶、糖等),就有必要研究诸如东南亚等地的出口情况。运用市场研究、预测的手段,是为了在市场竞争中取得主动。资本主义国家现在就已开始运用现代化科学方法和计算机,预测20世纪末及21世纪上半期或更远将来的产品。这对我们来说也是很有启发的。

结合以上分析,我们可以看出,"海南出口战略的重点"的三个内容都是为了扩大和促进出口问题。三者的关系是,出口商品战略是出口的物质内容,是基础;市场战略是实现商品战略的重要条件,销售战略是手段。它们围绕商品战略,来互相作用以最终实现海南的出口战略。同时,我们应该看到,出口商品应根据市场(需要)来安排,因为商品对市场的适应是一个重要问题,尤其对海南而言,目前出口商品结构极为不合理,因而,海南出口战略的重点应该放在商品战略的适应与调整之上。

四、海南出口战略措施

为了实现海南的出口战略,从理论上,我们可以提出很多措施。但是,对于海南这样一个经济很不发达而产业、出口商品结构又极为不合理的地区来说,仅靠理论上的探讨远为不够。必须由政府采取措施,制定一系列的政策和办法。以新兴工业化国家(地区)来说,它们的成功,离不开政府推行的工业化、"出口第一""贸易立国"等政策与方法。即使是自由经济的新加坡,其发展仍仰赖于政府的有效干预。对于海南这样一个仍以计划经济为主的地区而言,政府积极而正确的干预显得太重要了。

我们认为,促进海南的出口贸易,应该采取以下措施:

第一,实行出口奖励政策。如出口补贴、降低关税,减收出口企业外汇收入的所得税,增加其外汇留成,并给予结汇优待等。对那些出口前途大,目前暂时亏损的商品,应在材料供应、税收、资金、技术等方面予以扶持。

第二,尽快兴办出口加工区或自由贸易区,以利于引进外资和先进技术。出口加工区对发展中的地区经济的促进作用日益显著。比如,1973—1982年菲律宾非传统商品出口值占全国出口总值由14%上升为50%,其中,出口加工区占的比重由0.045%上升为11.13%。10年间,出口加工区的产值增长2091倍,就业人数增长19.23倍。[1]

第三,大力开展"外引内联"。外引应着眼于发展新兴产业和引进先进技术改造企业。在利用外资中,要注意方式的选择。合资的方式有利于发展工业,可这几年合资仅占利用外资总额的约9.5%(合作方式约占76%)[2];同

---

[1]《港澳经济》,1983年第6期。
[2]海南统计局与海南外经委资料或据以计算。

时,应该有计划地建立一批面向出口的产业或出口商品生产基地。而内联应该立足于资源的开发和利用。

第四,传统产业以改造为主,新兴产业以开发为主。但都要注意对市场行情的研究,都应有重点地发展自己的拳头产品。就现阶段而言,传统产品要做到质优价廉,新产品要做到款式新颖、微型、轻便和多功能。

第五,在引进新兴产业的同时,要协调好与传统产业的关系。海南目前拥有许多传统产业。因此,新产业引进也好,企业技术改造也好,都应充分发挥传统产业的优势,使之有一个良好的淘汰过程。

第六,建立特殊的出口信用机构以提供出口所需要的流动资金;并建立出口信贷保险制度,包括对来自商业上和政治上的风险能给予保险。

第七,积极举办和参加国际贸易展览会,借此宣传本地产品,调查国外市场竞争和消费需求情况,以作出相应的对策。

第八,加快交通运输和邮电、通讯等基础设施的建设。扩大港口的吞吐能力,只有发达的海运,才能有发达的贸易。

第九,培养精通对外贸易业务的专门人才。当今国际经济,是经验的竞争,更重要的是知识的竞争,是人才的竞争。对培养精通对外贸易的专门人才要从战略上加以重视。

第十,加快经济体制,特别是对外贸易体制的改革。在经营出口贸易方面,应更大地发挥市场机制作用,充分利用价值规律,形成一种相对统一对外的体制。要给予企业更大的进出口经营管理权限,充分调动其出口贸易的积极性,提高出口贸易的经济效益。同时,从业务性质上看,海南外贸体制的改革应该完全朝着工贸结合、农贸结合、技贸结合和内外贸结合的方向发展。

第十一,与此相适应,需要有一个用经济手段来进行协调的机构。也就是建立相适应的出口贸易组织。它是一个带有横向联合或协作性质的组织,它由各经营出口贸易的单位联合组成,一方面做好对各经营出口单位的协调工作;另一方面,它又具有国际经济情报信息机构性质,为各经营出口业务的单位提供服务,如咨询或发布信息。以利于产销的正常反馈,有效地经营。

第十二,提高对外办事效率,简化出口手续的繁文缛节。

本文发表于《海南大学学报(社会科学版)》1985 年第 1 期。

海南在中国开放格局中的
作用与开放模式问题

　　中国对外开放的最新趋势是通过经济特区、沿海开放城市、沿海经济开放区这样多层次、由东到西、从沿海到内地推进。在这样的对外开放格局中,海南处于什么样的地位? 据此应采取什么样的开放模式? 这是海南开放实践中迫切需要研究的一个重大问题。

　　从时间上看,海南的开放处于特区和开放城市之间;从经济类型来看,却与经济开放区相类似;而从政策上看,却又比开放城市和开放地区要优惠。这就说明海南在中国的对外开放格局中处于一种特殊状态。海南不同于特区、沿海开放城市。它不是一个几百平方公里的"城市",而是数万平方公里的传统的"农业社会",面积比 18 个开放城市面积之和还大两倍多。因此,两个经济形态不同的地区,很难纳入同一开放层次;同时,尽管海南的经济类型与沿海经济开放区相类似,但这些开放区是全国最富饶的地方,工业(尤其是乡镇工业)基础较深厚,交通便利,腹地广阔,有大城市作为依靠,加之与海外有广泛联系,这几年利用外资已取得一定成就,在对外开放中,起到海南所不能起的作用。而且,就目前所实施的开放政策来看,海南比上述地区要优惠得多,也很难使之处于同一层次。

　　海南在中国对外开放格局中的特殊性,还取决于它所起的特殊作用。六届人大二次会议报告指出,14 个港口城市和 4 个经济特区在沿海联成一片,形成我国对外开放的前沿地带。这样,既可以加快这些地区经济的发展,又可以在吸收先进技术、推广科学管理经验、培养输送人才等方面,支援和带动内地,有力地促进社会主义现代化的发展。最近决定开放沿海经济地带,也是加速沿海经济发展,带动内地经济开发的一项重要战略部署。显然,这样的作用是海南的开放所不能产生的。

但是,在中国的对外开放格局中,海南所产生的作用,同样不是其他地区所能替代的。众所周知,海南是中国唯一的一块大面积的热带地区。它因在自然环境、地理条件等方面的得天独厚,热带资源丰富而被称为宝岛。几十年来,它为国家提供了大量的热带、亚热带作物产品。仅以农垦系统为例,从50年代初创建至1979年止,为国家创造的物质财富比投资累计减固定财产总值之差大1.6倍。纽约《中报》一篇题为《论海南岛的开发》的社论认为,海南岛是中国最主要的热带经济作物和水产养殖基地,它今后在中国经济领域内所担负的任务,并非局限于广东省或东南几个省份,而是面向全国30个省、市,它的开放建设,应该为10亿人口保留足够的热带栖息空间。并认为,在相当长的一段时间内,海南岛的开放将成为中国经济发展史上的一件大事。但是,由于经济发展水平与热带资源拥有量的极大不相称,以及形势的变化、技术等方面的原因,应有的作用不但未能充分发挥出来,还呈现出减弱的趋势。

不仅如此,从海南本身来看,不能否认,几年的开放已使经济得到了很大的发展。但按现在的趋势,它将从国外大量进口用于生活消费的工业制成品和用于工业加工、组装的工业原料,而由于自身创造财富的能力有限,出口的是大量的初级产品,合资企业的产品又绝大部分是销往国内等,导致很多不合理的经济现象的出现,如外汇短缺、物价上涨、企业缺少活力、投资结构不合理以及未能创造出具有国际竞争能力的产品等。这些原因的产生,在某种意义上,不能不认为是开放模式的不明朗而最终导致的政策、措施不得力和立法不健全所导致的必然结果。

要解决这些问题,使海南经济"活"起来,关键是海南要有一个明确的开放模式。海南开放至今仍未能给人一个明朗的概念,有说海南"不是特区的特区"(又是什么?"名正言顺利于行"!),也有说要"实行类似自由港的政策"(怎么个类似法?),这种含糊不清的说法,是不利于实行"更加开放"政策的。投资者并不看东道主在口头的许诺是多么漂亮,而是看当局的法令如何。说海南"不是特区的特区"是由于所谓的土地费比深圳便宜,劳动力成本低,但由于投资环境差、劳动力水平低、能源紧张、人才奇缺以及立法不健全等原因,只能使外商"敬而远之"。而沿海开放城市和开放地区,在这方面要比海南好得多,对外商的吸引力也大。在税收方面,海南是在投产后三年免税,从第三年起征所得税15%。暂且不论这种税收上的优惠待遇是否体现出对投资项目的限制或鼓励,仅从世界一些国家看,免税期新加坡为5—10年,泰国3—8年,毛里求斯的路易斯港高达10—20年,而斯里兰卡的卡图纳亚克投资促进区不仅免税期达10年,还提供99年的租期。

这就可以看出,海南若不使其开放方式明朗化、具体化,不用说是赶上世界发达地区的发展水平,就是跟上沿海城市和地区的开放步伐也难。(应该清楚地看到,海南是一个"农业社会"。)沿海城市的开放,正在通过建立经济技术开发区作为突破口。而建立自由贸易区(出口加工区、自由港等)是发展中国家开发落后地区的一个重要方式。比如,巴西亚马逊的玛瑙斯是个落后地区,1967年建立自由贸易区时仅有30万居民,到1987年发展为100万居民,并拥有200家工厂、6万名工人组成的工业区,将成为巴西电子工业的主要基地。在马来西亚,自由贸易区和建在90个工业区中的"小自由贸易区"的相互作用,使其成了世界上电子和半导体主要的出口国。(在自由区内外国投资者生产的产品至少要出口90%。)再比如,南印度洋的岛国毛里求斯总结自己经济发展中的经验教训后,认真研究其他国家的发展政策,找到了向现代化进军的新路——自由区。自由区的建立,使该岛已初步建成了一套完整的现代化工业体系,其纺织品、服装加工、电子、精密仪器以及珠宝首饰的加工都用上了现代化先进技术,产品达到先进水平,在国际市场上有一定竞争力。现在全世界贸易总额10%经自由贸易区进行,预计到1990年将提高到20%。正因为如此,自由贸易区发展至今200多年,仍呈现勃勃生机。目前,38个发展中国家已建立110个活跃的自由贸易区。

因此,使海南的经济"活"起来,必须采取相应的模式。这是很多专家、学者也已看到了的。前不久来海南考察、讲学的教授们认为,基于很多实际原因,海南应当实行更加开放的政策和更多灵活的措施,具体的,可以搞自由贸易区、特区或者特殊开放区。笔者认为,在海南岛应建立自由贸易区。但为了与我国的经济特区相对称、适合人们的习惯以及建立有中国特色的自由区,称为"自由经济区"比较合适。

这样,海南工业的"活",正如对自由经济区理论颇有研究的加拿大经济学教授赫伯特·格罗贝尔所认为的"建立自由经济区是经济繁荣和重新振兴的一个因素",因为"自由经济区有选择地减少限制性管理措施","对于所有的工业部门而言,建立自由经济区可以导致一次技术革命"。海南的工业大多技术陈旧落后,企业素质差,亏损严重,且发展前途不大,因此很有必要通过自由经济区的建立,来一次"技术革命",使一些企业彻底实行"关、停、并、转",直至倒闭,以形成一大批面向出口的工业,在自由竞争的风雨中,创造出一大批有竞争力的产品来。而海南农业的"活",就是使"贸工农"的方针具体化。中央领导同志指出,发展农产品出口,在沿海地区要形成"贸工农"型生产结构,否则,不利于发展对外贸易,也不利于农业结构向商品化、现代化发展。长期以来,我们总强调,发展海南农业要靠技术、扩大种植面积,但结果总是不令人满意。因为它只顾生产,不考虑到市场机制作用,到头来盲目生产,苦于为产品找销路,生产者的积极性得不到刺激。生产者只有当他的产品有市场,感到有利可图的时候,才会积极主动千方百计地去学习技术、扩大种植面积和提高产量。这一点对于长期依赖农业而农业又十分落后、农产品输出结构极为不合理的海南来说,尤为重要。

从这里可以很清楚地看到,我们所要建立的海南自由经济区,是具有综合功能的。这还取决于下列因素:

第一,海南自由经济区必须考虑对热带资源的开发、加工与综合利用,以提高初级产品的附加价值,增强出口竞争能力。这就使之不只限于"自由港"的功能,即不只是扩大转口贸易,增加劳动收入和就业。

第二,建立海南自由经济区,必须考虑迎接新技术革命的挑战和立足于提高自身的生产能力。这就使之不仅仅是引进技术设备,进行简单的加工、装配,返销国内。

第三,建立海南自由经济区,最终目的是为了发展海南经济,促进四化建设。这就使之不仅仅是进行"贸易",还要进行"开发",包括资源的开发、产业的开发、技术的开发和智力的开发等。

第四,建立海南自由经济区必须考虑与现在规划的各具功能的6个经济小区的联系。这些经济小区的建设,应尽可能通过"出口加工区"来带动。

因此,海南的对外开放也就是要建立一个同时具备自由贸易区(自由港)和出口加工区功能的综合型的自由经济区。这也是符合自由贸易区的发展趋势的。这就是,自由贸易区的发展,正由商业型、工业型向综合型、科技型(如科学工业园区)方面发展。世界上不少实行自由经济政策的国家,同样建有大量的出口加工区。比如,整个新加坡是一个自由贸易区,而在区中则建有20多个出口加工区。海南自由经济区就总体而言,将对商品货物减免进出口税,使其在岛内自由输出输入,着重于发展转口贸易、旅游、建筑、交通运输以及通信等;而在主要构成上,将对引进项目提供各种优惠政策,并利用自由经济区船货出入的方便条件,建立各种出口加工区,致力于发展制造业。这样,在自由区内,将打破工商分家、产销脱离的状态。通过建立各种贸易公司,全面推行工贸结合、农贸结合、技贸结合,使农、工、商和内外贸一体化,产、供、销一条龙,有力地推动和促进海南经济的起飞。

必须指出,海南建立自由经济区,正如深圳等地建立经济特区一样,不会使其成为资本主义的"飞地"。相反,以港澳为中心,上有经济特区,下有自由经济区,加上广州、湛江两个开放城市和珠江三角洲经济开放区,对于整个广东和全国经济,将是极大的推动。同样,500多万人的海南市场对于10亿多人的中国市场来说算不得什么,建立自由区谈不上对民族工业的冲击。实际上,岛内很多地方现在已充斥外国商品(主要是生活消费品)。建立自由经济区,就是要使海南由"商品输入"更多地转向"资本输入"。

这样,自由经济区的建立,将使海南在中国的对外开放中,发挥出更大的作用,主要表现在:有利于最大限度地为国家提供大量的热带、亚热带作物产品;有利于21世纪大西南、大西北的大规模开发;有利于加强与港澳、东南亚以及世界各地的广泛联系,扩大中国在国际上的影响;有利于祖国的统一大业,加强民族团结,促进南疆的繁荣和稳定,巩固南海国防;有利于建设有中国特色的社会主义,使之与经济特区、开放城市和地区在一起,促进社会主义的"全方位开放",加速社会主义的现代化进程。邓小平同志曾指出,我们希望用和平方式解决国际争端。和平方式不只是"一国两制",还有"共同开发"的方式,因此,建立海南自由经济区,还将有利于实现"共同开发"这一光辉构想。

最近,一位美籍经济学家在谈到沿海城市开放布局时很有见识地认为,从历史条件和地缘经济看,广东、海南、香港将成为一个经济发展区(此外,福建、台湾等地也将成为经济发展区)。无论是从现在还是将来看,由中央政府以法令的形式,明确海南对外开放的模式和性质,并尽快建立健全各种相应的法规,创造出具有中国特色的自由经济区,已成为必要。当然,建立自由经济区要具备很多条件,但任何事情都不会是一蹴而就的,关键的是要看准而上,采取积极的姿态,去寻找替代手段和过渡方法,以期在实践中不断摸索,加深认识,以臻完善。

　　本文写于 1985 年 5 月,收在钟业昌著《海南经济发展研究》,中国科学技术出版社 1991 年版。

也论开发"银三角"

在我国的对外开放格局中,湛江市、北海市和海南岛由于气候、资源等因素的相似,因而有人建议把它们作为与深穗珠"金三角"相对应的又一开放的"三角形区域"——"银三角"来探讨(见本刊1985年第2期韩耀根《试论开发"银三角"》)。从韩文的论述看,指的是建立"经济区",笔者认为值得商榷。因为——

一、区域性的全面经济合作是为了
更好地发挥作用

经济区是一定历史条件下的产物,是我国经济体制改革的一个极其重要的方面。它主要是通过中心城市和工业基地的作用,来解决条块矛盾和人为割断的地区间、部门间的经济联系,调动条块的积极性,以形成跨地区跨行业的经济区的经济网络,按照社会化大生产的要求组织生产和流通。目前我国开放的沿海三个经济区都有较强的经济基础和能力、较高的科技文化、较发达的商品经济、较悠久和广泛的对外经济往来以及较优越的地理气候环境,在开放中将是我国对外经济联系的桥梁,进出口的基地,外引内联的枢纽,对四化建设有着巨大的战略意义,因而建立经济区是非常有必要的。而对"银三角"来说,仅它的经济基础和能力就在很大程度上限制了上述作用,且它们目前基本谈不上什么条块分割,建立经济区的意义有多大呢?

同时,从对外开放的角度看,湛江、北海等沿海城市的开放与海南岛的开放作用是不同的。14个港口城市和4个经济特区在沿海联成一片,形成我国

对外开放的前沿地带,这样既可加快这些地区的经济发展,又可以在吸收先进技术、推广科学管理经验、培养输送人才等方面,支援和带动内地的发展。前不久开放的沿海三个经济区,也是加快沿海经济发展、带动内地经济开发的一项战略部署。这样的作用,不是海南岛的开放所要产生的。

不错,"一岛二市"是我国唯一的热带、亚热带开放区域,自然资源非常丰富。但是,我们将要谈到,"银三角"资源丰富,无论是数量还是品种,实际上指的是海南岛。这样,由于资源的极为丰富和生产力的极端落后,海南岛的开放首要的是促进岛内的全面开发,以期通过提供更多的热带、亚热带作物产品支援四化建设,而非转移资金、物质设备和输送人才。因而,建立经济区,"进行具体的统筹协调",是否更能调动各自的积极性,更能发挥各自的作用?

目前,立足于岛内的资源优势、优先发展大农业的海南岛开发建设总体规划已初步拟就,计划建成我国最大的热带、亚热带作物资源生产加工,拥有冬泳等多项内容的具有热带风光和国际水平的旅游胜地及以石油化工、冶金建材、轻工电子、食品等为主的五个现代化工业基地。同时,利用港口优势的湛江市发展目标也已制定,即以工业为主,以石油开发利用和对外转口贸易为重点,建成能源开发和运输、国际贸易、海洋捕捞和养殖等基地,使湛江成为兼有多种功能的综合性港口城市。此外,北海市也成立了总体规划办事机构,确定开发北海新港附近16平方公里和防城港2.4平方公里的经济区。

这些规划很客观地反映了各自的实际,突出重点,若建立经济区,正如韩文所强调的,要加强协调,如港口的分工、资源的分配等,且要本着联合开发、互助互让精神,以便进行统筹协调。这一理论意见没错,但真正要实行起来恐怕不是容易行得通的。搞区域规划(这是必须的),不但要花很多的人、财、物力,还要花费更多的时间(这是否有利于海南岛20年内赶上亚洲某些经济发达的岛屿?)也不能保证不会出现在一些经济区中出现过的害怕吃亏等思想。要看到,这一区域不但跨省区且又没有"中心",而——

二、在一个没有中心的区域内是很难加以协调的

很明显,由于中心城市的"龙头"作用,才能带动域内的经济发展,我国的

经济区就是以中心城市作为"龙头"的。如长江三角洲和珠江三角洲经济区以上海、广州为中心。正在拟议中的首都、渤海湾经济圈也将是以北京、天津等大城市为中心。

在一岛二市中,湛江、北海为省(地)辖市(湛江相当于专区级),而海南岛则是全国唯一的行政区,为一级地方国家政权机关,大于专区而小于省级。有关数字比较如次:

	市区非农业人口 (1979 年,万人)	土地面积 (km²)	工业总产值 (亿元)	工农业总产值 (亿元)	港口吞吐量 (1983 年,万吨)
湛江市	25.42	1,460	10.2*	12.76**	1,200
北海市	7.05	275	1.57**	2.00*	73
海南岛	—	33,920	8.6*	32.78*	628.18
其中,海口市	16.64	222	3.53**	2.54*	109.11

注:*、**分别代表 1983 年和 1984 年的数字。

可以看出,北海市还未及海口市,而湛江市尽管在工业与港口方面占有优势,但事实上起不到"中心"的作用(更不用说仍需表现出的金融、贸易、通讯、交通中心),海南岛无论是行政级别还是开放时间、程度,都大、早、高于两市,但它属于完整的"农业社会",不像两市是"城市经济"。

这是一个不"平衡"而又没"中心"的跨省区的区域格局,没有谁能起到令人信服的"主导"作用,难以进行全面有效的合作。以韩文谈到"银三角"的旅游业而言,是否就不能搞深穗珠模式,而未能靠差异性获得价值? 高层建筑(以至"大屋顶"等)可以说是现代化城市的一个重要特征,试想,比海南岛大一点点的台湾岛已发展有 200 多万人特大的现代化城市,而海南岛不搞一个像样的城市恐怕说不过去吧! 更何况,差异性于不是几百平方公里"城市"的海南岛是无处不在。可以说,中国也许会找到第二个广州、深圳、桂林,却不会找到第二个被称为"东方夏威夷"的海南岛。

这样,建立经济区,进行"统筹"性的资金投向,是否有利于发挥各自的作用? 值得怀疑。至少,对海南岛来说是如是,乃因为——

三、海南岛一直被当作独立的
地理经济单元来研究

有人说,广东省内经济区不管划分为多少个,海南岛总是划分为一个完整的经济区。这看法很有道理。因为,一条琼州海峡(地理界线)使其孤悬海外,具有相对独立而自然的完整性,又向为一个行政区,而促使它很自然地形成特殊、独立的经济区,关键的还是在于有极为独特、丰富的自然资源。

在这个才占国土面积0.35%的热带岛屿上,有各类植物4200多种,约占全国的1/7;珍贵野生药用植物近1000种,约占全国的1/5;热带雨林中,乔木800多种,约占全国的1/4;热带经济作物中,天然橡胶和椰子的产量占全国的70%和97%以上。此外,珍贵的野生动物资源方面,兽类77种,约为全国的1/5;鸟类340多种,为全国的1/4;广阔的海域里,已记载的鱼类近1000种,比黄海、东海、渤海的总和还多;在已发现的50多种矿产资源中(除去储量极为乐观的石油天然气不说),仅石碌铁矿储量就占全国富铁矿的71%,而钛矿石储量占全国已探明储量的70%,锆矿(含金属量)和锆英石的储量也占全国的60%,其他如磷矿、油页岩储量在广东也分别居第一、第二位,至于含二氧化硅98%以上的石英砂,仅洋浦一带就有数千吨;等等。

作为比较,我们仍要提及,北海的资源主要有水产、水电及石油等少量矿产资源,远远不及海南岛;至于说湛江盛产甘蔗、花生、菠萝、柑橘等,切勿忘记同样开放的深珠穗、闽南厦漳泉两个"金三角"也一样。唯海南岛"独一无二"。

正因为这样,30多年来,人们就一直把海南岛作为一个独立的地理经济单元来研究、对待。对海南岛的研究,尤其是在大农业建设和生态平衡等方面,规模之大,历时之久,恐怕是全国所没有的。随着对外的进一步开放,海南岛的经济研究又成了理论界的一大"热题"。有关它的论文,不是任何一个和它同级别的地区所能比拟的。而这些研究,都是以海南岛作为一个完整的经济区来看待的(并不排斥与有关地区的联系)。

可见,建立"银三角"经济区的意义不是很大。至少,在一个没有中心的跨省区的区域内,要把"城市经济"和传统的"农业社会"糅合起来,本身就是一件非常困难的事。然而——

四、不是一个"整体"同样可以加强联系

大西南成立了一个西南四省（区）五方（云、贵、川、桂、渝）经济协调会，通过区域性经济协调，积极组织以骨干企业、重点产品为龙头的联合协作，促进了各自经济的发展。没有建立经济区的繁文缛节、统筹规划等，却能进行有效的合作，这就很富有启发性。

比如，韩文提到的刺梨和椰子汁配调问题，"外引内联"的方式就完全行得通。至于说"银三角"都有南油优势，是否都一窝蜂去搞炼油厂问题，其实，这并不是他们想搞就能搞。国民经济综合平衡作用，地区的局部利益要服从国家的整体利益等必须考虑。比如说，海南岛正准备大力发展石化工业，不仅是它有石油天然气优势，还在于国家同意上千亿立方米的天然气可在岛上就地加工利用。

湛江、北海与海南岛的联系向为密切，以湛江而言，历来是海南岛与内地往来的必经之路，加快开发海南岛的建设物资多由湛江转运海南。只要充分发挥国家的协调以及地区（企业）间的"外引内联"，大力开展经济技术协作，一岛二市的经济联系就能得到更大的加强。进行广泛的联系已是现代经济的一个重要特征，不可能设想，没有"经济区"一岛二市就会"鸡犬相闻，老死不相往来"似的发展。只要互利互惠，经济合作的新局面就会很快到来。

有必要提及，广西及西南各省应充分利用北海市的开放作用，把它作为共同的"窗口"。北海是个天然良港，扩建完成后年吞吐量将达1600万吨，距之46海里的防城港又是我国南部大港，拥有7个万吨级泊位，年吞吐力达363万吨，待南宁—防城（及昆明）两条铁路建成后，只要从钦州建一条不长的铁路（或高速公路），其作用将更大。从这个意义上说，北海与大西南通力合作似乎比搞"银三角"更顺理成章，效用也更大一些。

同时，广东省在搞好珠江三角洲和海南岛的建设的同时，也要切实重视湛江等地经济建设。制订总体规划，研讨发展战略，协调好省内各地以及与省外的经济联系，以形成多种层次、多种方式的经济区和经济网络，促进广东经济的全面发展。

附主要参考资料：

1.《世界经济导报》1983 年下半年合订本。

2. 海南行政区科技长远规划背景材料。

3.《海南日报》1985 年 2 月 2 日(湛江专版)、3 月 9 日(北海专版)。

4. 海南行政区有关统计资料。

5.《城市和经济区》,福建人民出版社,1984 年版。

本文发表于《港澳经济》1985 年第 10 期。

海南岛经济发展面临的十个问题

目前,海南岛经济发展正面临着关系到它的经济是否能真正起飞的 10 个问题。

1."战略物资"的产与销

一度作为打破帝国主义的封锁而发展起来的橡胶等作物曾是国家的战略物资,现在看来,却不那么"战略"了。一个重要信号是,近几年来,橡胶的库存迅速增加,去年有 20% 的干胶找不到买主。因此,海南岛经济发展所面临的一个问题是,不但要研究橡胶(包括各种热带作物)的生产,更要考虑它的销售。在新形势下,后者显得更突出。指望国家再对"战略物资"撑开"保护伞",似已不太现实。而产品销路问题,又归结到生产的技术、产品的质量与价格的问题。

2.对"进一步开放"的适应性

目前,我国已形成一种"全方位"开放的趋势。由此导致有限的外来投资投向的分散性以及开放地区之间不可避免的竞争。对投资环境甚差的海南岛来说,要适应这一趋势,关键的问题是挖掘内部潜力,发挥地方优势,创造良好的投资环境。交通、能源、通讯等"硬件"投资环境早已引为重视,并投入了不少本钱,但在"软件"方面,如经济立法、观念变革、劳动者素质、政府部门的办事效率等还远未引起注意。

3.对优势的认识

曾有大量资料证明了海南岛有丰富热带作物、石油、天然气、矿产、建材以及旅游等资源,这是海南岛的主要优势。但长期以来,只用简单的算术方法来计算其对海南的作用,比如,一个椰子 4 角钱,10 万个就能为海南岛提供

4万元的产值。只看到资源优势,而没看到是否也有技术优势、市场优势。因而,必须把对海南岛资源的认识提到一个新的高度,应分析哪些是近期或远期优势,哪些对海南起飞有直接或间接、重要或次要作用,特别是这些资源优势是否都能转化为"经济优势"。对优势的正确认识,关系到有限资金的合理投放以及整个开发建设的效益问题。

4. 结构的调整

不合理的落后的经济结构已成为海南岛经济起飞的一个严重的制约因素,是非调整不可的了。1983年海南岛的社会总产值中,工业22.01%,农业58.46%,建筑业6.98%,商业9.58%,货运邮电2.97%;在国民收入结构中,农业占比高达68.16%。从某种意义来说,经济起飞的过程,就是使经济结构趋于更加合理的过程。因而,今后的调整应放在生产性建设上,基本的要求是,扩大对工业的投资,提高其产值,改变纯粹输出初级产品的单一的出口结构;同时,大力发展第三产业。

5. 另一个"局部利益"

海南在对外开放中犯了严重的错误,这在一定程度上是由只顾局部利益而忽视全局利益造成的。但是,就海南岛自身而言,还有危及自己的"局部利益"。近几年来,有多少家企业(公司)真正是从开发建设海南的全局观念出发,来进行开发建设,积累资金并用于生产性投资?有多少家企业(公司)立志为海南创"名牌"呢?海南引进的技术设备有多少是真正先进而不是由于某种眼前利益造成"新买的旧机器"呢?引进中的"彩电热""纺织热""冰箱热",又说明了些什么?

凡此种种表现,从某种意义上理解,海南岛开发建设中犯的错误,正是这些"局部利益"在底下推波助澜。

6. 开放的"良性循环"

海南不少"外引内联"企业曾出现"停产"现象,有的是一蹶不振,主要原因是外汇短缺。不错,在对外开放中,海南岛的主观愿望不是搞"进口加工区",但实际的客观效果却是这样。只注重于"外引内联",却忽视了"外挤",结果是以外汇短缺作为"导火线",导致了对外开放未能实现"良性循环"。中央领导同志在视察沿海地区时说,我们开展对外经济技术合作,若不把出口创汇搞上去,利用外资、引进技术的步伐就不能迈得太大。引进是目的,出口是手段,因而,要实现对外开放的"良性循环",海南一定要把创汇的能力搞上去。

7. 途径的选择

海南岛面临的很多问题都集中到出口问题上。最近国外评论认为"既然海南岛出产好咖啡,为什么不利用咖啡外销换取外汇呢"? 实际上,走"贸工农"的道路,大力提倡工贸结合、农贸结合、商贸结合、技贸结合以及外引内联,"以出养进"的目标是不难实现的。在当前的形势下,海南岛应强调"双向"开放,即在对外国进行开放的同时,必须同样程度、甚至更加优惠地对内地省市开放。

8. 经济发展的"灵魂"

有人说,企业家是日本经济的"灵魂"。其实,整个资本主义世界都是这样。经济的发展很大程度上取决于发达的工业,而缺少一大批精明强干的企业家(厂长、经理)去创新、去不断地应用新技术,工业的发展几乎是不能想象的。海南的经济落后,尤其是工业的落后(长期亏损严重),就是因为缺少这么一批的经济发展的"灵魂"。海南的"企业界"很多事情是令人失望:多数的人没受过哪怕是稍为正规一点的管理训练,素质不高,且长居岛内,思想狭隘,缺乏竞争观念,缺少开拓精神。海南现在强调"扭亏为盈"问题,但若不从根本上解决"企业家"队伍问题,即使是"为盈"也是极其有限的。

9. 人才的合理使用

人才的合理使用更是需要解决的问题。道理很简单,若岛内人才使用得不合理,即使引进得再多,还是会"人心思走"。人才的合理使用,并不仅仅是组织人事部门根据专业对口的原则进行安排,还要考察实际使用的反映与效果。"人心思走"也不仅仅是由于"专业不对口"。要为人才的成长创造良好的环境,而现在报上说要"尊重知识,尊重人才",但一些领导干部对知识分子不信任、不重用甚至压制、暗中打击并不是个别现象。一个落后地区不给人才创造发挥作用的有利条件,还谈什么发展? 本身人才奇缺,由于使用不合理而客观上造成了人才的相对浪费,海南岛也犯有落后地区的这一"通病"。

10. 观念的变革

在珠江三角洲,生产者抢着要技术,可在海南,给他技术都不要。这是什么原因呢? 中山大学的几个研究生来海南搞调查时提出这样的疑问。类似这样一些"畸形"现象,在海南岛随处可见。这就涉及人的观念问题。一条海峡使海南岛与外界拉开距离,信息不通,体制束缚,旧的传统观念没有什么改变,不大容易接受外来影响。这很大程度上是由于海南岛文化生活水平低,教育落后,人的素质不高,因而,大力发展旅游业、劳务输出也许有利于问题的解决。

本文发表于《发展战略报》1985 年 12 月 9 日、19 日。

海南岛经济发展战略问题探讨

　　经济发展战略的研讨不能撇开实际条件考虑。据此,我们试图就海南岛的实际,结合岛内外的经济形势,对其经济发展战略作一初步的探讨。

一

　　海南岛的实际状况,简单地说,就是非常丰富的自然资源与十分落后的生产力的极大不相称。对于某一地区,开发的价值在一定程度上将取决于资源的拥有量。人们对海南岛的认识是,土地潜力大,热带资源丰富,气候条件好,四季常青,雨量充沛(年降雨量达 2000 毫米),是一块风景优美充满阳光的绿洲。

　　在这个面积达 3.4 万平方公里的热带海岛上,拥有非常丰富的热带作物资源:各种植物 4200 多种,约占全国的 1/7,其中海南岛特有 500 多种;3000多种热带植物中,包括品种众多的热带作物,主要是橡胶、椰子、甘蔗、油棕、剑麻、胡椒、腰果、咖啡、可可、香料等;珍贵的热带用材中有花梨、子京、母生等特级珍贵用材;珍贵的野生药用热带植物近 1000 种,相当于全国的 1/5,其中沉香、胭脂树、金不换等为名贵药材;海南岛还有 1400 多种热带针、阔叶雨林树种,其中乔木树种有 800 多种,约是全国的 1/3。在珍贵的野生动物资源方面,海南岛拥有兽类 70 多种,约为全国的 1/5,其中"稀世之宝"坡鹿为海南所特有,黑冠长臂猿被称为"中国之贵",鸟类 340 多种,约为全国的 1/4。

　　从地下资源看,更令人叹为观止。现有的资料使国内外一些石油专家乐观地预言,90 年代,一场国际性的石油勘探和开发大会战将在海南岛附近海域发生。据报道,中国南海有三大油田,两个就在海南岛的海域(即除珠江口盆地之外的北部湾与莺歌海),再加上琼东、琼南盆地,经初步的勘测,三个盆地均为老第三纪以来的张裂性盆地,条件优越,油气资源丰富。据估计,这些盆地拥有的远景石油资源大约相当于目前胜利油田已探明的地质储量。有关资料分析也表明,2000平方公里的琼北陆地,石油储量约为1—1.2亿吨。据估算海南这4个海陆盆地生油量与天然气储量都相当可观,这对海南岛的开发有重大意义。

不仅如此,海南岛的地下矿产资源的储量也相当惊人。现已探明的有50多种。其中石碌铁矿的储量占全国富铁矿储量的71%,钛铁矿、石英石,储量均为全国的70%和60%,其他如磷矿、油页岩储量在广东也分别占第一、第二位,还有大量的石灰岩、花岗石、大理石、石英石以及热带树木等丰富的建材资源。

我们知道,海南是一个四面环海的热带岛屿,海岸线长达1582公里,比台湾的海岸线还长,为全国的1/10,有天然港湾68处。在辽阔的环岛海域内,鱼类品种繁多,已记载的有近1000种,比东海、黄海、渤海的总和还多。其中,40多种有较高的经济价值,如石斑、红鱼等优质鱼类,梅花参、龙虾、对虾、海蟹等上等海鲜。沿海还有珍珠、海马、琼脂等养殖。又由于海南岛江河、出海口较多,港湾、沼泽、滩涂面积辽阔,这样与海上石油、天然气等资源在一起,海南岛的海洋开发是大有可为的。

与这些海陆自然资源一起,丰富的旅游资源又堪称海南岛的一大骄傲,海南被称为"东方夏威夷",可向世界出口阳光、沙滩、海浪、椰林。外国人士说,假如中国干得顺利的话,海南岛将成为寻求明媚阳光的拥有大量硬通货的外国游客们的圣地,可与菲律宾、巴厘岛和亚洲其他旅游场所媲美,是避暑、度寒、游泳、海底观光、日光(温泉、森林)沐浴、寻幽访古、登高猎奇的理想去处。

但是,尽管资源丰富,由于技术的落后,使得海南岛的自然优势远远未能转变为经济优势。比如,海南岛是我国的天然橡胶产地,干胶产量占全国的70%以上,但只能生产轮胎、运输带、胶管、胶鞋、雨衣、工业手套等低档制品。除开采少量石灰岩生产水泥外,其余大量的建材资源尚未开发利用,能生产的建材产品也仅是瓶子、灯罩之类。海南岛的椰子种植面积和产量均占全国的 90% 以上,但椰子加工却很落后,国外椰子共有 300 多种用途,海南岛仅利用了 30 多种,且多为低档产品。在加工过程中,原料损失严重,达 15%—20%,椰奶的提取率仅为 35%—40%,而国外利用先进技术提取率高达 75%。由于加工业的落后,使海南岛长期以输出原料为主。生产的精矿全部以原料的形式销往国内外。如果这些原料利用先进技术,做深度加工,就可获得比原料本身大得多的利润,如一亩椰子经综合加工利用后,产值至少可提高 3 倍。

可见,工业(特别是资源加工业)的落后,已经严重地妨碍海南岛自然资源的有效利用,妨碍资源优势向经济优势的转化,最终妨碍经济的起飞。因此,我们认为,海南岛经济发展战略的一个关键,是要依靠技术进步,提高社会生产力,有效地促使海南岛从资源优势向经济优势转变。

二

地区经济的发展不是孤立的,它将受到这样或那样因素的影响。就海南岛而言,它所面临的岛内外、国内外的经济形势,是研究其经济发展战略所不能忽视的。

首先,从世界范围来看,与海南岛有关系的是,当今世界市场初级产品的贸易不尽如人意。这些年来,国际市场初级产品趋向产大于销,比如 1979 年,世界天然橡胶的产销量分别为 367 万吨和 332.5 万吨,糖(1981 年)产销量为 9230 万吨和 9016 万吨,价格下跌幅度较大。据世界银行的 1983 年世界发展报告,1980—1982 年,食品价格下跌幅度最大,达 30%,非食品的农产品下跌 24%,金属和矿产品下跌 17%。若把发展中国家进口的工业制成品价格上涨计算在内,1982 年初级产品价格比第二次世界大战以来的任何时候都要低。这样,一方面使输出初级产品的国家和地区,贸易条件不断恶化,出口损失严重(1978 年损失达 200 多亿美元);另一方面,导致许多发展中国家和地区纷纷改变出口商品结构,初级产品出口减少,工业制成品出口增加。比如,自 1972 年起的 10 年里,泰国制成品的出口额平均每年以 29.4% 的速度增长,工业品在出口额中所占的比例,现已达到 35% 左右。由于发展中国家和地区 1960—1978 年的出口贸易年均增长率中,制成品(10.9%)高于农产品

（3.3%）、金属和矿产品（5.5%）以及燃料（6.2%），使得农产品在出口总额中所占比重，由52%降为21%，矿产品由11%降为5%，而制成品则由9%增加到21%。世界银行的预测表明，未来工业制成品的增长仍将继续居首位，1980—1985年和1985—1995年均增长率分别为6.6%和12%，同期燃料初级产品预计仅仅为2.6%。

如果再考虑到新技术革命，我们所看到的将是国际市场知识（信息）产品的交易愈显重要。也就是，高技术产品的出口占制造业出口的比重将大大增加。比如，这一数字1970年美国为28%，共同体为22%，日本是25%，到1981年则分别上升到33%、24%和38%。预计今后10年中，高技术产品的每年贸易额将有10%—30%的高速增长。此外，发达国家为解决能源问题，将一方面发展耗能少产业；另一方面寻找替代能源，而导致国际市场传统能源（如煤炭、石油等）和原材料（如钢铁、天然橡胶等）需求的相对减少，随着新材料、机器人、自动化的广泛应用，将使发展中国家和地区丧失廉价劳动力的优势，使传统的劳动密集产品出口受到威胁。不错，新技术革命对我们来说，既是一个机会，又是一个挑战，这对于每个国家的每一个地区来说，都是同等的。但是，如何抓住机会迎头赶上，并不是同等的，它取决于很多因素。

目前，海南岛初级产品的出口已经面临不少问题，如产品质差价高，缺少竞争力，销路不畅，库存积压增多等。随着对外的进一步开放，必须正视所面临的世界经济形势，制订正确的战略决策，扬长避短，才能更好地迎接挑战。

其次，从我国多层次的全方位的对外开放形势看，在吸引人才、资金和技术等方面必将产生竞争。目前的开放正通过经济特区、沿海开放城市和沿海经济开发区到内地这样多层次地发展。这样，由于各个地方投资环境等条件的不同，自然也形成对外资吸引力的或大或小，导致竞争的出现。竞争是件好事，但若不认清形势、采取对策，那只有等着被"淘汰了"。即使海南岛在开放中有很多优惠政策，但由于经济立法亟须健全，投资环境有待进一步改善，岛民文化素质有待不断提高，历史上外界人对它不甚了解，对外宣传不力等，使得执行起来并不很理想。

再次，从海南岛本身来看，目前的趋势是从国外大量进口用于生活消费的工业制成品和用于加工、组装的工业原料。这样，由于自身创造财富的能力有限，输出的又是大量创汇不多（甚至亏损）的初级产品，且合资企业的产品又大都销往国内市场,未能使产品很好地向国产自给及销往国外方面发展等,导致很多不合理的经济现象出现,如外汇短缺、物价上涨、企业缺少活力、投资结构不合理、产品国际市场竞争能力差等。当日本、南朝鲜、台湾、新加坡、马来西亚、泰国等国家(地区)在亚太地区竞相追赶的时候,与之自然条件、地理环境颇相类似的海南岛,几十年来,出口占国民生产总值的比重始终徘徊在1%上下(台湾这一比重1980年为49.2%),远远没有使自己加入世界经济联系的体系之中,"岛国经济"的特征也远远没有体现出来。

三

对于任何事情,盲目的乐观和过分的悲观都是没有道理的。上述认识使我们认为,海南岛的经济发展战略可以作这样大致的表述:面向世界,开放开发,以资源作基础,以政策作动力,按贸—工—农顺序安排经济活动,充分调动岛内外投资者的积极性,使海南岛尽快成为我国最大的最重要的热带、亚热带资源加工出口基地。与此同时,积极引进人才、资金、先进的技术设备和管理方法,以加快企业技术改造和开发新产业的步伐,带动和促进海南岛经济的全面起飞和今后的持续增长。

这一发展战略主要包含以下一些层次:

首先,从发展战略思想与目标看,我们已经意识到,海南岛极为丰富的资源,长期以来未能进行充分的综合加工利用,使得资源优势没有转化为经济优势,严重地妨碍了经济的起飞。自然,这也是长期"闭岛锁区",大搞"自然经济"的必然结果。因此,海南岛经济发展战略的一个关键就是促使资源优势转变为经济优势。由于世界经济形势与新技术革命所产生的影响,单纯搞资源加工如同过去单纯搞原料生产一样的不明智。因而,开发新产业,也将是海南岛经济发展战略的另一重要内容。这是在开放经济新的历史条件下而进行的开发。我们认为,不仅是"引进来"(资金、技术、人才),更重要的是要"打出去"(商品),只有这样,才能实现开放经济的良性循环。因此,我们要把海南岛(利用其自然资源丰富的优势)建成我国最大、最重要的热带、亚热带作物加工、出口基地,仅此不够,仍要致力于新产业的开发,而这将受制于资金、技术、人才和管理。解决问题的重要途径,只能是充分而正确地运用中央给予的优惠政策。所以,在提出目标之后,我们的战略思想,又可简单地概括为:一靠资源,二靠政策。其中,资源包括石油、天然气等矿产资源与旅游资源;政策为实现我们下面提到的"综合出口导向"战略,所实行的对内、对外引进与利用人才、资金、技术的优惠政策。

其次,从战略重点看,必须加强党的十二大确定的我国的三个战略重点(农业、能源和交通运输、科教),对海南岛来说,这是基础,是有服务对象的。开发建设不能只停留在基础建设上。联系到我们的战略思想与目标,海南岛的经济发展战略重点应放在加工出口上。(这并不排斥农业、能源交通、科教的前提作用。)这是转资源优势为经济优势的最重要的途径。事实上,从出口初级产品到出口接近于最终消费品的各种不同水平的"较高级"的加工品,已是许多发展中国家或地区工业化的必由之路。在这里,出口是动力,带动加工与种养的运转。如同不少发展中国家或地区一样。以新加坡与南朝鲜为例,1970—1979年国内生产总值的年均增长率为8.4%与10.3%,这是由于推行外向出口战略所致。在1976—1980年中,它们的制成品出口年增长率达19%与17%。从海南岛本身看,市场狭小,对资源(包括加工品)的消费能力十分有限,因此,鼓励出口本身就是一件"顺水推舟"的事情。它的意义还在于,有利于现有企业的技术改造,开发新产品。

我们看到,新经济形势下,工业制成品的急速增长将是国际贸易格局变化的一个趋势,不能忽视新技术革命带来的影响。借此机会,利用优惠政策,在立足岛内资源的基础上,根据世界经济形势与新技术革命的要求和海南岛的实际,合理调整和安排生产力布局。不少发展中国家或地区,资源缺乏的搞工业制成品导向,资源丰富的搞资源出口导向,但在世界经济形势与新技术革命的影响下,后者也已在鼓励工业制成品出口方面做出了出色的努力。因此,实行传统资源加工品与新兴工业产品,这样一种"综合出口导向"的战略,是符合海南岛实际的。

再次,旅游业也应是海南岛经济发展战略的一个重点。现在,旅游业已是不少国家或地区的外汇重要来源之一。如泰国,旅游业的外汇收入已不亚于大米的出口及在中东的泰工的汇款了。对海南岛来说,国外人士也认为"只有旅游业才会使海南岛在短期内有获利的可能"。可以说,中国也许可以再找到第二个桂林,但永远不会再找到第二个海南岛。在目前,如同落后的生产力与丰富的自然资源不相适应一样,海南岛旅游资源与旅游客源同样是很不相适应的。1984年来岛旅游的外国人(含港澳)为4.3万人次,仅相当于1983年台湾的1/35、香港的1/64,以及1984年马来西亚的1/83,但有"东方夏威夷"之称的海南岛,旅游资源并不比上述地方逊色。然而,从另一个角度看,近三年来,到印尼旅游的人数每年仅增长4.5%,香港1983年比1982年增长6.4%,而海南岛1984年比1983年增长高达34.4%,潜力是很大的。因此,只要我们予以战略上的重视,旅游业必将成为海南岛的一个重要经济支柱。

在海南岛的开发过程中必须遵循一条原则,即注意生态平衡,力求为后代子孙保留一个健康、干净和充满阳光的大海岛,为10亿人民保留足够的热带栖息空间。我们知道,森林是生态平衡的主体。早在唐代,海南森林茂盛,覆盖率在80%以上,从未遭到破坏。到解放初,森林覆盖率还有25.7%,可是现在只有9.8%,水土流失加剧。如果我们大力发展旅游业,对于保持海南岛特有的优美自然环境和促进生态平衡,同样有着重大的作用。

最后,从战略措施与方法看,我们这样认为,在"二靠"(资源、政策)的基础上,瞄准"两个市场"(国内、国外),推动"两个轮子"(外引内联),走向"两个方面"(引进来,打出去),实现"两个目标"(资源加工品与工业制成品的扩大出口)。

我们一直在强调,海南岛应增强资源加工品的输出,一是向海外市场,二是向大陆市场。海南岛是我国最大的热带、亚热带作物生产基地,它担负着为国家提供热带作物产品的任务,与此同时,还要扩大对国外市场的出口,增强产品的国际市场竞争能力。但是,由于受进口商品的影响,加上海南本身产品质量差、价格高等原因,使得其原材料输出不仅占领不了国外市场,连国内市场也难于保住。而且,发达国家对发展中国家资源的输出,关税是随着产品加工程度的提高而逐步升级。加工品的出口面临着一系列非关税壁垒障碍。这样,出口的困难是多种多样的。对于后者,我们认为,可在国家整体利益的前提下,在实践中努力解决;对于前者,我们认为,对大陆的输出应是近期海南岛产品输出的主攻方向。而且,"内联"是一条重要的途径。也就是以产品补偿资金、技术的合作方式。目前,海口市与上海市这方面的合作已迈开可喜的一步。海南岛的新兴工业基本上是个空白点,因而宜通过"外引"的方式去发展(同时,不要忽视现有企业的技术改造)。在目前外汇困难的情况下,"外引"也应尽可能采取变通的"外联"方法(即进行补偿性的贸易),以资源(产品形式)换取外国的资金、技术。

但不管是内联还是外引,同样都要争取扩大出口,增强竞争和创汇能力。这是一个重要的方向和目标。

总之,经济发展战略所包含的内容很广泛,实现经济发展战略的措施、方法也很多,这里我们强调的是海南岛经济发展战略的重要方面,既要适应本身的要求,又能适应国内外经济形势与新技术革命的要求,在转资源优势为经济优势上大作文章,以出口来带动经济的飞速运转。这也是海南经济起飞的中心环节。

本文发表于《技术经济》1985 年第 6 期。

加快发展旅游业　促进海南岛的经济起飞

　　旅游业的发展可以带动其他行业,在很大程度上可以促进海南岛的经济起飞。

　　海南岛有着极为独特而丰富的旅游资源。有长达 1528 公里的海岸线(台湾岛仅为 1130 公里),从东到西、从南至北沿岸,到处有天然的海滨港湾。尤其是南部的大、小东海以其沙细、滩平、浪小著称,有"东方的夏威夷"之称;海南岛地处热带,阳光充足(年日照时数达 1750—2750 小时),四季如春(年平均气温在 22°C—26°C)。冬天,当北国已经是瑞雪纷飞的时候,这里却依然是春意盎然、绿满天涯,南部沿海气温高达 20°C—21°C,正是冬泳的好时节。夏日"快意雄风海上来",犹如一部"自然空调机",令人爽然;中部山区有不少原始森林和幽雅的场所,可开辟为避暑重地。五指山、东山岭、万泉河、南渡江早已名闻遐迩。还有著名的兴隆温泉和只有东北长白山的五大连池火山口才能与之媲美的马鞍山火山口。热带动植物资源丰富,海南岛既是"热带植物王国",又是"天然热带动物园",可以说是无奇不有。人文旅游资源有"五公祠""天涯海角""海瑞墓"等历史文化名胜和六连岭、海口人民公园(内有"解放海南纪念碑")等革命纪念地,有别具一格的黎村苗寨风土人情,有独特的椰雕、珊瑚等工艺和著名的文昌鸡、加积鸭、东山羊等各种山珍海味,以及咖啡、可可等。如此一个完整而独特的热带旅游资源体系,已吸引着许多国内外游客。近年来,到海南岛旅游的人数不断增多,1984 年来岛旅游的港澳同胞、海外华侨和其他外国人达 4 万人次,虽然远远不及香港、马来西亚、印度尼西亚等国家和地区(它们年接待旅游人数超过百万人次),但是发展趋势是可观的。1983 年比 1982 年旅游人数增长 63.7%,1984 年又比 1983 年增长 34.4%。随着我国对外政策的进一步开放,海南岛发展旅游业的潜力将更大,一旦开发利用,对海南岛的经济起飞无疑会产生重要的促进作用。

第一,旅游业具有比其他行业投资少、见效快、盈利大、创汇多的特点。很多国家的实践也已证明,旅游业确是一个可靠的纯外汇收入来源。有的外国人认为:只有旅游业才会使海南岛在短期内有获利的可能。尽管海南岛目前的旅游业仍很落后,但这一作用已日益表现出来,如 1982 年旅游部门的收入占地方外汇收入的 2.2%,而 1983 年则为 5.1%,其中占地方出口商品收入 1982 年为 4.4%,而 1983 年为 12.9%。

第二,作为第三产业,旅游业可以在短期内增加就业,为海南岛的经济起飞创造条件。经济起飞的一个重要特征就是第三产业的就业和产值比重增加。目前,海南岛仍有 80%的人口从事农业,68%的国民收入来自农业。因而,发展旅游业将有利于改变目前极为不合理的产值和就业结构。1983 年以来,海南岛的旅游业发展是很快的,新建改建了一批宾馆、高级餐厅及各种娱乐中心,开辟和修整了一批旅游点,建立了一批旅游车队,增加了第三产业数千人就业,同时还增加了大量建筑大军,促进了建筑业的发展。

第三,旅游业可以带动其他行业的发展。旅游观光将产生对食、住、行、玩、买等各方面的需要,而这些需要却涉及社会再生产过程的各个部门、行业。旅游业的发展将刺激这些行业的发展,特别是交通运输、建筑、饮食服务、食品加工、农副产品以及工艺美术等行业。国外旅游业可以带动 100 多个部门、行业的发展。可见,潜力是很大的。

第四,旅游业可以扩大对外交流合作,促进全岛社会、经济、文化的全面发展。发展旅游业,对于刺激海外投资,增加地方财源和生产、生活基础设施的建设,加强岛内外、国内外人民的往来,推动科学技术的发展以及保护民族文化和生态平衡,都具有无比重要的意义。目前旅游业刚刚起步,仍受如下因素制约着:

——交通运输。旅游是一种位置移动过程,因而交通运输便成了旅游业发展的基础。海南"孤悬海外",这种基础设施作用表现得尤为显著。现在与岛外交通主要以香港—广州—海口航线为主。正常情况下,旅客进岛要花两天时间,若天气变化无常,则几天也过不来。南湖客轮每月也只不过两个航次,飞机每天二三个航次。有的驻华大使说,如果海南岛交通、电讯解决得好,来往北京方便,可以在海南岛买别墅冬天办公。交通问题既是制约旅游业发展的重要因素,同时又是旅游收入的一项重要来源,值得引起重视,尤其是与岛外交通运输方面。

——宾馆。海南岛现有的旅游宾馆床位少,接待条件差,难以满足游客的要求。以海口市而言,现在每天入岛人数高达 3000 人,岛内各地出入海口市的人数达一万多人,而海口市的旅馆和各单位的内部招待所,全部床位也不过 4000 多个,有时因气候影响轮船、飞机误期,投宿更是紧张。

——服务质量。这是影响旅游业发展的又一重大因素。服务质量的高低,主要取决于导游、翻译、厨师、服务员以及设备技术人员的素质和水平,而海南岛这类人员极少受过专业训练,严重地妨碍着服务质量的提高,也影响到旅游业正常发展。

——旅游点。目前旅游点的建设,在布局上显得有些不合理,未能体现相对集中和突出重点的原则。人文资源在“文革”中破坏严重。很具有吸引力的自然旅游资源,基础设备很差,比如,三亚的大、小东海冬泳安全保护设施和海上游乐设施等都很差,有的甚至连起码的旅游设施也没有,在吃、住、玩、看等方面,远远未能满足旅游观光者的需要。

——对外宣传。海南岛长期以来给人“神秘岛”之感觉,由于对外宣传不很理想,使得很多内地人(更不用说外国人了)以为僻远的海南岛不过是一个县或公社(区),甚至还讹传一些有关海南岛的笑话。可见,由于对外宣传不力,世人对海南岛很不了解,美丽富饶的海南岛在人们心目中往往是一种原始、偏僻、荒凉的形象,这严重地阻碍着旅游业的发展。

要使旅游业在海南岛开发建设中的重要作用充分发挥出来,就必须大力开发利用丰富的旅游资源,加快旅游区的合理规划和旅游设施建设,突出热带海岛特色,在“国际避寒度假胜地”上大作文章,同时积极引进和培养大批合格的从事旅游业的人才,提高旅游管理水平和接待服务质量,以适应日益发展的旅游业要求,并且积极发展以土特产和工艺品为重点的旅游商品生产,大力开展对外“旅游宣传战”,如在国内外大量发行海南风光的明信片、挂历、画册及以海南岛风光为主要背景的电影、电视片等。这方面,台湾岛的做法可供我们借鉴。严格说,台湾不具备吸引游客的条件,但它懂得宣传,花钱邀请美国记者编辑,到台湾免费跑一趟,一篇报道胜过《纽约时报》的整版广告。实际上,对海南岛来说,风靡全国的《请到天涯海角来》这首歌,就使它的"知名度"大大提高。

　　发展海南岛旅游业需要做的工作千头万绪,但关键的一点是资金的筹措。目前,海南岛的大规模开发建设,需要投入巨额资金,尽管旅游投资少、见效快,但毕竟是要投入一定数量的资金才行。尤其是旅游基础设施尚十分薄弱,没有资金进行建设,旅游业要发展是不可能的。目前,海南岛的开发建设存在着建设资金紧缺的问题,在这样的背景下,旅游建设资金的筹措应采取"多条腿"走路的方法,依据有利条件,积极利用外资。海南岛社会经济发展总体规划中旅游业利用外资占该行业投资很大比重。如:"六五"计划期间用于旅游业的基建投资 11155 万元,其中国内贷款投资占 14.3%,地方自筹投资占 8.96%,而利用外资占 76.74%;"七五"计划中,利用外资的比例为85.53%(国内贷款和地方自筹分别为 6.6% 和 7.87%);1990 年以后,利用外资则上升到90%以上。在地方财力困难和资金来源少的情况下,利用旅游业比别个行业更能吸引外资这一特点,较大比例地利用外资发展我岛旅游事业是可行的。

　　目前,外商对海南岛的旅游业投资是很活跃的,日商计划在海南岛投资10 亿元,开辟 1300 公顷的旅游区。我省第一家由台胞独资经营的"海南岛台湾宾馆"和我区第一间中日合资兴建的"海天宾馆"等一批高级旅游酒店,已在海南岛陆续破土动工。

　　只要充分认识到旅游业在海南岛开发建设中的重要作用,从战略上重视它,合理规划,扎扎实实,加快发展,旅游业必将成为海南岛重要的外汇来源,并可带动其他行业,促进全岛的经济起飞。海南岛必将成为吸引成千上万旅游者的"中国的夏威夷"。

本文发表于《广东投资研究资料》1985 年第 4 期。

关于加快海南旅游业发展的一些问题

发展旅游在很大程度上可以促进海南的经济发展,这首先是因为,海南有着独特而丰富的旅游资源。

人们普遍认为,影响旅游活动的诸因素中,自然因素占有十分重要的地位,尤其是阳光和海滨。作为一个大海岛,海南有长达 1528 公里的海岸线,到处有天然的海滨港湾,尤其是南部的大东海、小东海等以其沙细、滩平、浪小著称。海南岛地处热带,阳光充足,四季如春。冬天,当"北国风光,千里冰封,万里雪飘"的时候,这里却仍然是春意盎然,绿满天涯,南部沿海气温仍达 20°C—21°C,正好是冬泳的好季节。夏天,虽是烈日当空,但"快意雄风海上来",令人爽然。在中部山区,有不少原始森林和幽雅的猎奇场所,是难得的避暑"山庄"。在这样一个海岛上,五指山、东山岭、万泉河、南渡江、兴隆温泉等名闻遐迩,马鞍山火山口只有东北小兴安岭的五大连池火山口才能与之媲美。海南既是"热带植物园",又是"天然热带动物园"。在人文资源方面,海南有"五公祠""天涯海角""海瑞墓"等历史文化名胜古迹,有金牛岭、六连岭、海口人民公园(内有"解放海南纪念碑")等革命纪念地,有黎村苗寨别具一格的风土人情,有独特的椰雕、珊瑚等工艺品,还有著名的文昌鸡、加积鸭、东山羊、兴隆咖啡等特产。

可见,海南拥有一个完整而独特的旅游资源体系,对游客极具吸引力。虽然海南的旅游业刚刚起步,但 1980—1985 年来岛的海外游客年均递增速度达到 47.88%,今年春节前后的一两个月,来自 10 多个国家和地区的旅行团 176 个,游客达到 6400 多人次,较去年同期增长 1.5 倍,为国家创汇 85 万美元。

当今的国内形势也为海南旅游业的发展提供了很好的条件。"七五"计划期间,国家把海南列为全国 7 个旅游业建设的重点地区之一,每年将有6000 多万元的国家投资,这是很令人鼓舞的。国际上,随着技术的发展、闲暇时间的增多和收入的增加等原因,旅游业的发展趋势良好。

因此,充分利用有利的外部条件对海南的完整而独特的热带旅游资源进行开发利用,对海南的经济起飞无疑会产生重要的作用。

第一,旅游业具有比其他某些行业投资少、见效快、盈利大、创汇多的特点,加快发展旅游业,可以使之成为海南外汇收入的重要来源。事实上,尽管海南目前的旅游业仍比较落后,但这一作用已经日益显露。如 1982 年海南旅游部门的外汇收入占地方外汇收入的 2.2%,而 1983 年为 5.1%,1984 年上升到 9%以上。

第二,作为第三产业,旅游业可以增加收入和扩大就业。目前,海南仍有80%以上的人口从事农业,国民收入 70%也来自农业。发展旅游业有利于改变这种不合理的产值和就业结构。1983 年以来,随着海南旅游业的发展,新建和改建了一批宾馆、高级餐厅和各种娱乐中心,开辟和修整了一批旅游点,建立了一批旅游车队,增加了数以千计的人就业,同时,还增加了大量建筑工人。

第三,旅游业可以带动其他行业的发展。旅游业将产生对食、住、行、玩等各方面的需求,从而涉及社会再生产的许多部门、行业。可以说,旅游业实际上是许多行业和单位的结合体。因而,旅游业的发展将在很大程度上影响到这些部门、行业的发展。目前,受影响较大、较突出的有交通运输、建筑、饮食服务、食品加工、农副产品以及工艺美术等行业。

第四,旅游业可以扩大对外交流和合作,增加民间接触,促进全岛社会、经济、科技和文化的全面发展。这对于长期处于"闭岛锁区"状态的海南来说尤为重要。

海南的旅游业近年来虽然取得了一定的成绩,但总的说来,发展速度还比较缓慢,旅游资源十分丰富而旅游业却比较落后的不合理状态,尚未得到根本的改变。究其原因是多方面的,其中仍受下列因素的制约。

交通运输。旅游是一种位置移动过程,因而交通运输便成了旅游业发展的基础。海南"孤悬海外",这种基础设施作用表现得尤为显著。目前海南与岛外交通主要以香港—广州—海口航线为主,在正常情况下,旅客进岛要花两三天时间,若天气反常则几天也过不来。此外,海空航线航次也少。交通问题包括电讯既是制约旅游业发展的重要因素,同时又是旅游收入的重要来源,如何迅速发展岛内与岛外的交通运输,是一大亟待解决的问题。

宾馆。旅游是要行一段歇一刻,行有车、歇有店。而海南原来旅馆床位少,接待条件差,难以满足游客要求的状况,虽然已引起有关部门注意,并采取了措施,但旅馆建设仍存在布局、结构、档次等方面的严重不合理状况。

服务质量。旅游服务质量的高低,主要取决于导游、翻译、服务员以及技术人员的质量和水平。而海南这类人员受过专业训练的还不多,严重妨碍着服务质量的提高,影响了旅游业的正常发展。

旅游点。目前海南旅游点的建设,在布局上的不合理之处,表现在未能体现相对集中和突出重点。人文资源在“文革”中破坏严重,有吸引力的自然旅游资源基础设施较差。比如,三亚大、小东海冬泳安全保护设施和海上游乐设施不理想,在吃、住、玩、看等方面未能较好地方便旅游观光者。

对外宣传。海南长期以来给人“神秘岛”的感觉,由于对外宣传不力,美丽富饶的“宝岛”在一些人的心目中往往还是遥远、原始、荒僻的形象。

要使旅游业在海南岛开发建设中的重要作用得以充分发挥,就必须注意克服各种不利因素。有人认为,只要改善海南的交通、能源及接待能力,海南年接待游客人数和创汇额就会成倍增长。这是有道理的。因为除了海南旅游资源丰富对游客具有吸引力外,目前它的接待人数和创汇额“基数”都很小,翻番并不困难。但是,从国内外的情形来看,除了某些特殊的例子(如世界上一些面积很小、人口很少的“岛国”)外,旅游业的发展是伴随着经济发展而发展的。以旅游资源与海南比较相似的东南亚而言,60年代以来其经济发展迅速,旅游业也随后发展。整个东盟五国,1973年国际游客为354万人,1983年达到884万人。如1962年泰国接待的国外游客不过13万人,外汇收入1400万美元,到1982年则分别为221.8万人和10.2亿美元;1972年菲律宾的游客是16.6万人,旅游收入仅3000万美元,1982年则为90万人和80.4亿美元。这说明,落后的经济是不能促进旅游业发展的,要发展海南旅游业,就要尽快改善交通运输条件,增加适用的宾馆饭店,建设好各类旅游点。但是,这些只是制约海南旅游业发展的“硬性”因素。还有一个是较为重要的

"软性"因素,如经济文化、服务质量、对外宣传等。现在,亟须注意的问题是:

第一,处理好发展旅游业与发展其他行业的关系。一般说来,一个地区旅游业的发展,只能促进而不能决定经济(特别是工农业生产)的发展。因而,要始终把发展经济放在首位。以投资而言,有一种意见认为,今后旅游业利用外资要占投资总额的很大部分。这值得商榷。因为,一个地区在一定的时间内,能够利用的外资总是有限度的,一个部门多用的结果必然是另一些部门的少用。经济建设要有全局的观念,讲联系、协调、相互支持。麦重托什和格波特在他们那本《旅游学》一书中分析说,一些国家的政府有时对旅游业的前景过于乐观,投入过量资金,并把它列在发展计划的首位,这种做法有时会导致忽视一些急需的基本投资,将使进入现代化市场经济的速度减慢。在某些情况下,这根本不是加速发展经济而是在减缓它。这种论述虽然依据的是资本主义国家的情况,但对我们来说也不无借鉴作用。

第二,处理好国际旅游与国内旅游的关系。一提发展旅游业,人们都想到吸引外国游客,创外汇。其实,这只是一个方面。1980 年全世界旅游总人数为 16.47 亿人次,其中绝大部分是国内旅游,出国旅游的仅 2.85 亿人次,占17.3%。对海南来说,独特的旅游资源也主要是对国内而言。因而,发展国内旅游条件更为优越,对整个中国大陆来说,海南岛才真正是"海外风光别一家"。

从另一方面看,发展海南旅游业的一个目标是创汇。但旅游业不但是创汇行业,同时也是花汇行业。花在旅游业上的外汇与旅游创汇的比例,在旅游经济学上叫作旅游反射比例。这个比例有些国家是很高的,如加勒比海地区达到 70%,即旅游出口收入一美元,要用 70 美分支付才能满足游客的需要。从我区的实践来看,海南这个比例也并不低。因此,在尽量减低这个比例的同时,积极开拓国内旅游市场是十分必要的。

第三,搞好旅游商品的生产和供应。这是一个亟须引起重视的问题。上面谈到,要使旅游业最大限度地创外汇,必须降低旅游反射比例,实现此一目的,主要的途径在于减少物品进口和增加旅游商品的供应,以增加旅客的旅游消费。这就需要发展生产,扩大商品供应,满足外地游客在海南的需要。1984 年,海南旅游商品收入占全区外汇收入的 8.85%,占非贸易外汇收入的22.63%,潜力是很大的。为了发展海南的两大旅游手工艺品椰雕和珊瑚,可有计划地把两大旅游城市海口、三亚分别建成"椰雕城""珊瑚城"。

第四，开发岛内旅游资源，加强旅游宣传。德国人大批地移往西班牙和意大利，不是因为他们对意大利文化有出奇的浓厚兴趣，而是由于德国海岸线短，气候寒冷。尽管西班牙有斗牛，有吉普赛歌舞，意大利有拉丁情侣和比萨斜塔，但重要的是那些地方阳光灿烂，气候宜人，有温水，有美丽的海滩。这种现象告诉我们，开发海南旅游资源要重点突出热带海岛特色。很明显，游客来海南岛主要并不是因为这里有五公祠、海瑞墓。当然，人文古迹要修复，旅游资源也应进行综合性的开发，但必须抓住重点。

旅游宣传是各国扩大客源的一个极为重要的手段，包括广告宣传、官员出访宣传等。一般的，用于旅游促进和宣传的资金要占旅游业总收入的 1% 左右。为了扩大客源，海南极有必要开展对外"旅游宣传战"，如在国内外大量发行海南风光的明信片、挂历、书册及以海南风光为背景的电影、电视、文学作品等，既可以自己出去宣传，也可以邀请一些著名人士来旅游。旅游业中有句老话说："民众步伟人后尘。"一曲风靡全国的《请到天涯海角来》，及至更早些的《我爱五指山，我爱万泉河》，就使海南的"知名度"大为提高。

第五，提高旅游服务质量。海南岛要想成为"东方夏威夷"，夏威夷的"阿洛哈精神"（"阿洛哈"为夏威夷语，意为热情问候或送别）不可不学。

总之，丰富而独特的旅游资源和有利的外部因素都为海南旅游业的发展提供了极为有利的条件，只要我们认真地解决一些实际问题，消除不利于旅游业发展的因素，旅游业就能真正地成为海南经济发展的重要支柱之一。

本文发表于《海南经济》1986 年第 1 期。

对海南实行计划单列的几点认识

　　国家1983年开始对重庆等9个大城市实行计划单列的试点之后,现在又决定从1987年起海南行政区在国家计划中单独立户,从而使海南成为全国唯一的一个计划单列地区。这是中央、国务院为加快海南的开发建设而采取的又一重大决策。笔者想在此就计划单列的含义、海南实行计划单列的重大意义以及一些相关问题谈点看法。

一

　　我们知道,我国的国民经济和社会发展的各项计划,过去是由国家下达到省、自治区、直辖市,然后再由它们分别下达到各自所属的城市或地区。为了发挥中心城市在搞活经济中的作用,国家于1983年首先在重庆市实行计划单列的试点。试点中,重庆市的经济社会发展计划不像过去那样由四川省下达,而是在国家计划中单列户头,它的主要计划直接上报国家计委和国务院有关部门,国家关于固定资产投资、财政信贷、物资、劳动工资、出入口贸易、外汇以及文化教育等计划指标直接下达给重庆市执行。此后,武汉、沈阳、大连、广州、哈尔滨和西安等城市都进行了计划单列的试点。而且,在对一些城市(地区)实行计划单列的同时,还对一些企业(集团)实行类似的试点。从国家对这些城市所进行的单列试点看,计划单列实际上是我国经济体制综合改革的重要措施。它的内容大致包括:

　　第一,把计划单列单位视为省一级计划单位。在包括经济、科技、社会发展在内的各项国家计划指标中,对单列单位进行单列。在核定基数的基础上,国家计委和国务院有关部门下达长期计划和年度计划时,在所在省的名下列出单列单位的指标。同时,国家计委和国务院有关部门召开的省级计划会议和其他经济工作会议,均应邀请单列单位参加,发给各省、自治区、直辖市的文件也应同时发给单列单位。

第二,计划单列单位享有相当省一级的经济管理权限。包括根据国家计划全面管理本单位工农业生产、固定资产投资、城乡建设、交通运输、商品流通、对外经贸、科学技术以及文教卫生等生产建设和社会发展事业;在计划、财政税收、物价、银行、保险、工商行政、劳动工资、电力、物资分配、海关、商检、邮政通信、环境保护、专卖事业、旅游等方面,享有省级管理权限;在基建、技术改造、利用外资等方面享有相当于省级的审批权;等。

由此可以看出,计划单列实质上就是在不改变现行省领导市(地区)的行政体制的前提下,把单列市(地区)的社会经济发展计划直接纳入国家计划中进行综合平衡,同时赋予它们相当于省一级的经济管理权限,使其能全权处理本市(地区)范围内的各项经济管理工作。作为我国进行经济体制综合改革的一项重要措施,对一些城市进行计划单列其目的在于打破条块分割的经济体制给大城市带来的束缚,以便更好地发挥特大中心城市在组织区域经济中的作用,从而形成以中心城市为依托的各种规模和类型的经济区和经济网络。

对于海南来说,它并不是一个中心城市,那么,实行计划单列又有什么意义呢?

二

我国经济管理体制的一个弊端是条块分割严重,不利于经济的发展。相对于全国来说,海南又是一个条块分割比较严重的地方。尽管1984年5月六届人大二次会议审议通过了国务院关于成立海南行政区人民政府的议案,海南行政区人民政府作为一级"实的"政府统一领导全岛的工作,但是由于一些较为复杂的原因,有些问题并未落到实处,对海南的计划管理体制没有多大触动。海南计划体制的特征是"多头齐下":一是中央"条条"下达的农垦、华侨农场、中央厂矿企业的计划;二是广东省"条条"下达的省属厂矿企业的计划;三是广东省下达海南地方的"块块"计划;四是在海南地方计划中,广东省又分别下达给海南汉区和自治州的计划。很显然,这样的体制使海南全岛不能协调一致进行综合平衡,加剧了重复布点、盲目建设,加强了内部的互相封锁和原料争夺,增加各方面的摩擦,不利于海南的整体开发和建设。

比如,海南橡胶制品工业的管理就分割为海口市、海南农垦、通什农垦、各市县"四大块",这使得各橡胶厂之间连一些技术信息也进行没必要的封锁,各搞各的"小而全",从而一方面是影响和妨碍了技术设备和人才的合理使用交流;另一方面是导致了重复建设,浪费现象严重,最终影响到海南橡胶工业的效益和发展。海南的机械工业的现行管理体制也分为海南汉区、自治州、海口市和中央、省属企业几个块块,在生产计划、基本建设、物资供应和资金安排上往往各自为政,互不通气,从而难以加强行业的宏观管理指导。海南制糖工业的管理体制也是多头领导,处于条块分割、分散经营、互相掣肘、封锁割据的状态。管理上以行政区域为主,使生产不能统一指挥,糖料供应不能合理调配,技术力量不能合理交流和使用,副产品也不能集中统一利用。如糖厂的甘蔗原料明知计划安排不合理,却难以调度,结果是舍近求远,使距离长、运费大、成本高,严重影响到制糖工业的经济效益。

这样,如果不对这种体制进行改革,就很难加快海南开发建设的步伐。同时,海南现行的计划体制与海南在全国经济中的地位和任务是极不相协调的。海南是我国最大最主要的热带经济作物生产基地,水产养殖、矿产资源在全国也处于重要的地位,这就决定了海南在中国经济领域内所担负的任务,是面向全国20多个省、市、自治区而非局限于广东省或东南几个省份。但是,现行体制在海南面临资金、技术、人才的困难时,并不利于海南面向内地各省、市吸引资金、技术、人才的"南移"。现行体制把海南局限在一定的行政区划内,难以按经济发展的内在要求组织经济活动,海南在中国经济领域中的特殊作用进一步削弱。

海南实行计划单列虽然行政体制没有改变,但在相当程度上实现了行政管理体制和经济管理体制的分离,从而有利于打破行政区域的限制,更好地按海南经济的特征、经济的内在联系来组织和管理经济活动,这实际上也是使海南的开发更能面向全国。由于海南计划单列后,在经济社会发展计划上获得了相对独立的地位,是与省平行的,即同是省一级计划单位,享受相当省一级的经济管理和决策权,这样海南作为经济上的省级单位,无疑会在更大程度和范围上加强与国内 20 多个省、市、自治区的经济技术交流,从而促进海南的开发建设。

从对外经济而言,实行计划单列后海南在对外经济贸易活动中有更大的自主权,可以根据本地的资源经济状况,积极开拓国外市场,加强与世界经济特别是亚太经济的联系。今年是海南实行计划单列的第一年,海南首次单独组团参加 1987 年春季中国出口商品交易会,轻纺产品成交活跃,在交易会开幕的头 11 天,交易金额就达到 470 万美元,超过了历届广交会海南轻纺产品成交的最高额。可见,实行计划单列有利于发展海南的对外经济贸易。

国家对海南实行计划单列的很多内容,如计划经济会议的参加、计划建议和草案的上报下达以及文件的传递等,与计划单列的城市的做法是一致的。从这个意义上来说,实行计划单列将有利于加强海南与各方面特别是与中央及各省、市、自治区的信息交流,使海南的开发建设更能遵循党中央、国务院制定的方针政策。海南实行计划单列,管理层次减少,交流面扩大,与中央的直接联系更为密切,贯彻执行中央的文件精神也更为积极准确,不大容易出差错,即使出现差错也能及时得到纠正,避免"山高皇帝远"所产生的影响。曾经有一位教授认为,海南如由国务院直接领导,管理层次减少,行政办事效率提高,"汽车事件"就不会发生。虽然"汽车事件"发生的原因很多,但这一说法至少说明了加强海南与中央、国务院的直接联系的重要。这种重要性通过实行计划单列能得到说明和体现。

三

实行计划单列是海南计划体制、经济体制的重大改革,也是中央、国务院为加快海南开发建设而采取的一项重大措施。尽管我国理论界有观点认为,我国进行经济体制综合改革所采取的重大措施是对中心城市和企业集团(群体)实行计划单列,但是从城市单列到企业单列,是我国经济改革中出现的偏差。其主要理由是计划单列的初衷与结果大相径庭。

这主要是指对一些城市计划单列带来很多问题,比如单列后的城市具有省级经济管理权限,这样权限上升一格而与省平起平坐,但行政上仍然隶属于省,因而两种权限的错位带来了一些摩擦和矛盾。同时,单列城市的省级经济管理权限在某些方面难以落实,市里要求有全面的权限,而省里不愿轻易下放,摩擦也难以避免。这样的结果是计划单列把省、市的精力和视野引向经济管理大小的划分,而不是城乡经济的协调发展。此外,计划单列后省、市财政由"同灶吃饭"、经济利益由同一变为各自独立,也会带来新的摩擦和冲突。以打破地区壁垒和行政封锁为初衷的计划单列却带来新的封锁壁垒;城市计划单列强化了计划的作用;而对企业的计划单列,则是在强化中央计划控制的同时,形成了新的国家垄断,将扼杀自由竞争。

因此,这种观点的结论是,计划单列与经济体制改革是背道而驰的,是改革的偏差。现在已经出现的一些矛盾和摩擦将随着改革的深入而愈显尖锐和激烈,所以,试图通过行政指令和其他措施来缓和矛盾并完善计划单列是不可能的。改革的出路在于政府职能的转变和企业地位的确立,而不是计划单列。

可以看出,这种观点是很有说服力的。目前我国理论界尚未就计划单列问题进行讨论。但是,如果上述观点得到众多人的认同并为实践所验证,那么就将影响计划单列这一改革措施的"命运"。实际上,计划单列还是在搞试点。国务院也明确表示,今后一般不再增加试点城市。

然而,从海南的实际出发,笔者认为,无论如何,实行计划单列是加快海南开发建设的大方向。海南与其他计划单列城市毕竟存在着相当大的差异。没有一种恰当的体制,海南全岛不可能形成一个内部有机联系的开放、统一的经济系统,不可能增强对全国的吸引力和辐射力,开发建设也就难以有更大的进展。但是,这并不是说,实行计划单列海南就可以起飞。要真正使计划单列在开发建设海南中的作用得到发挥,就个人的看法来说,我们认为有几个问题值得引起有关决策部门注意:

第一,必须正确地清醒地认识海南实行计划单列的目的意义。海南实行计划单列的目的与中心城市实行计划单列的目的显然是不一样的,正如海南对外开放的目的与港口城市开放的目的不一样那样。建立特区也好,开放港口城市也好,一个重要目的是在吸收先进技术、推广科学管理经验、传递经济信息、培养输送人才等方面支援和带动内地,但由于海南太过于落后,经济基础太薄弱,工业企业的全员劳动生产率仅为全国平均水平的一半,这决定了海南的对外开放不可能产生上述作用。海南需通过对外开放来提高自身的经济发展水平,它所产生的作用是特殊的,即通过提供物质产品(并不排除必要的货币形式)而非转移资金技术、物质设备以及输送人才等来支援四化建设。海南实行计划单列的目的,也不是像其他中心城市的单列那样能起到经济中心的作用,实际上海南也不是一个经济中心。计划单列首先是为了加快海南的内部开发和建设,使海南的计划体制与它在全国经济领域中所起的作用和担负的任务更相一致。对外开放也好,计划单列也好,从实施这两项措施的 20 多个城市看,唯海南最特殊。从海南的实际出发,来正确认识实行计划单列的目的和意义,这是正确决策的基础。

第二,必须正确处理好计划单列后的省、区关系。这几乎可以说是海南实行单列成败的一个关键。计划单列后,海南与广东省由一个计划单位变成为两个计划单位,由一个利益变为两个相对独立的利益,这样就很难避免不出现新的矛盾。但是,又必须看到计划单列是在现行体制不变的前提下进行的,在行政上海南行政区仍属广东省领导,而且单列后海南获得了省级经济管理权限,但这并不意味着海南在经济上可以割断与广东省的关系。因此,在单列过程中,必须本着平等、协商、互利、互谅、互让、互助的精神,以便更好地处理好单列后的省、区关系,使计划单列在开发建设海南中发挥更大的作用。

第三,要利用计划单列提供的机会,更好地理顺岛内各方的关系,这也可认为是海南计划单列的一个目标。中央 11 号文件早就指出:"海南岛的开发建设,是一个整体,必须加强党的统一领导。各项开发建设工作,应当统一规划,统一安排,统一管理,统一对外。"计划单列使中央文件精神落到实处有了体制上的保证,如果岛内各方的关系理得顺,就是海南计划单列的一个成功。这些关系主要包括军队与地方的关系、中央省属企业与地方的关系、汉区与自治州的关系、各县市之间的关系等。

第四,要利用计划单列的机会,积极探索按经济区域、经济层次、经济系统、运用经济手段来组织和管理经济活动的新经济管理体制,以搞活海南的经济。

如同对外开放一样,计划单列也是中央关心、支持海南开发建设而采取的一项重大政策,如果我们运用得恰当,在运用过程中一些矛盾和问题处理和解决得好,海南的开发建设将更充满希望。

　　　　本文系 1987 年 9 月广东省计划学会"改革与发展研
　　讨会"论文,收在钟业昌著《海南经济发展研究》,中国科学
　　技术出版社 1991 年版。

中国对外开放形势与海南对外开放问题

　　海南岛是我国的一个对外开放较早、面积也较大的地区。自 1980 年实行对外开放政策以来,海南岛的社会经济得到了较大的发展,人民群众的生活也有了很大的改善。但是,海南岛在对外开放过程中,也付出了很大的代价。结合我国目前对外开放的形势,对一些问题进行思考,无疑有助于海南岛更好地贯彻执行"以对外开放,促进岛内开发"的正确方针。

　　总的说来,我国几年来的开放所取得的成绩是巨大的,前景也是较为乐观的。然而,我们也必须看到,自 1985 年初国家加强国民经济的宏观控制以来,外商在我国各开放区的投资下降了很多。据有关资料,1985 年与 1984 年相比,有 13 个开放城市、经济特区外资减少 20%—60%,而 1986 年 1—6 月较 1985 年的同期则有 23 个开放城市、经济特区外资都有不同程度的减少,有的甚至减少达 90% 以上。

　　正是这样一个背景,使我国的开放出现了一些值得重视的动向。首先是,以横向经济联合为重要内容的对内开放受到特别提倡,国务院专门为此制定了若干规定。从开放地区看,对外资寄予过高的希望落空之后,很多开放区如深圳、福州、厦门、大连、北海等已纷纷向"内资"伸出"橄榄枝"——给内联企业以优惠待遇。如厦门已制定出包括对特区内的内联企业不论经济性质和隶属关系,一律按 15% 的税率缴纳企业所得税在内的 6 项优惠政策。

　　其次,很多开放区正奋力"爬坡",大力发展外向型经济。深圳的舆论在呼吁"第二次起飞",并拟以政治体制改革、所有制改革做推动。天津开发区被称为"另一个蛇口",正在采取措施提高办事效率,按国际标准完善投资环境,办示范性特区,并以开展"民主评论活动"作为突破口。在开放中走在前面的大连已率先宣布对外商实行 8 项更为优惠的措施,主要包括降低土地使用费和中方职工劳务费用,对外商投资企业供水、电、气、热的价格享受国营企业的同等待遇,延长地方所得税免征期。同时,成立由一位副市长亲自负责的联合办公机构,旨在提高办事效率,加快利用外资步伐。

再次,从整个国家的动作看,改善投资环境,已引起最高决策阶层的重视。我国自 1978 年提出对外开放以来的几年间,所做的努力主要是增加开放地区、扩大利用外资规模,改善投资环境也主要限于加强一些基础设施的建设。到了 1986 年,外商对在华投资成本太高的抱怨,并由此导致外商投资的萎缩,才使在更大范围内改善投资环境问题受到我国政府的高度重视。9 月,国务院就公布了旨在降低外商在华投资费用、鼓励外商投资的 22 条规定,有关实施细则也在加紧制订中。同时,国务院还新成立了由谷牧任组长的利用外资工作领导小组,中央各有关部门也开始采取措施把已建立起来的 6000 多个合资企业切实办好。随后,北京、上海、广东等省市也相继以政府的名义颁布了有关鼓励外商投资的新规定。

这些迹象表明,我国已经正视对外开放的实际,耐心地听取外商的意见,并做出积极的行动。因而,尽管我国在开放过程中出现了一些问题,但这是暂时的,我国的对外开放、利用外资将走出"低潮",出现较为乐观的局面。这对于处在开放前沿的海南岛来说意味着什么呢?

在考虑海南岛的对外开放问题时,我们必须首先正视这么一个严峻的现实,就是近一两年时间来,外商在海南岛投资减少的情况比全国其他开放地区表现得尤为突出,几乎超出全国平均水平的一倍以上。比如,1986 年上半年就较 1985 年同期减少 93.5%。这有众多的原因,而不仅仅是人们通常所强调的"汽车事件"。面对这种局面,海南岛与全国其他开放区一样,开始对对内开放抱有极大热情。1986 年 9 月行政区人民政府公布了《海南行政区内联企业优惠办法》,但是,在对外开放、改善投资环境(特别是"软件")方面还没有什么动作。

我们认为,海南岛在对外开放中面临的现实较严峻,重视内联是正确的,但忽视对外开放是不明智的。我们知道,海南岛在这几年的开放中,是过于重视对外开放而忽视对内开放的。现在看来不大正确,但很明显,如今转过来重视对内开放而忽视对外开放同样值得引起思考。

应该看到,对外开放与对内开放是相互作用、相互制约的。近些年,海南岛的内联也较为活跃,目前与内地的内联项目有 240 多项,吸收岛外资金 1.5 亿元人民币和 3600 多万美元,这与海南岛较早地对外开放有关;同时,这几年也撤销过近百项内联项目,这也与对外开放有关。不能设想,不加强对外开放,海南岛的对内开放会迈出大步伐。而且,几年来的开放给海南岛的社会经济结构带来了严重的冲击,暴露出不少问题,在开放的过程中又出现了一些新情况、新问题,这些情况和问题还未能得到很好的清理、解决,便面临各开放区、经济特区奋力"爬坡",力争通过改革走向开放的最前沿的局面。因而,基础仍然很薄弱的海南岛如再不加紧努力,假以时日,无疑会被形势所淘汰。

据此,我们认为,海南岛现在更应对外开放与对内开放一起抓,采取积极有力措施,扎实地做好这两个方面的工作。那么,如何才能更好地做好这些方面的工作呢?我们认为,重新认识海南岛对外开放的地位和作用是十分重要的。因为,海南岛在开放中的失误有这方面的原因。

中央决定海南岛对外开放,不仅仅是因为她贫穷落后,在"天时、地利、人和"的要素中,海南岛占有"地利"的有利条件。这种"地利"又不仅仅是毗邻港澳,而在于她是我国一个很具特殊性的地方:第一,特殊的自然环境。海南是一个"岛","孤悬海外",是中国整个"黄金海岸"的"外围",或者说最前沿,面积又大,不但毗邻港澳,距离东南亚也最近,历史上与那里的联系也较广泛。因而,开放海南岛可利用她作为海岛地区的一切优势,来促进与内地各省、市及海外各国(地区)的经济贸易联系,打破长期以来"闭岛锁区"的格局,加快经济的开发进程。第二,特殊的自然资源。海南不但是一个"岛",而且地处"热带",从而在自然资源方面在中国具有"不可替代"的地位。资源上的"不可替代性",使得 30 多年来,海南岛对国家作出很大的、特殊的贡献,这是众所周知的。这也决定了海南岛对外开放的特殊地位,由此而产生的作用不是开放别的地区所能替代的。我们看到,在目前我国更深层次的开放格局(包括 4 个经济特区、14 个沿海港口开放城市和海南岛)中,其他开放区是"城市"型的,唯有海南岛是"农村"型,(国务院有关部门负责同志就进一步开放沿海 14 个港口城市的若干政策问题,回答新华社记者时说,给予这些城市的优惠政策适用的范围是这些城市的市区,不包括它们各自管辖的县及城镇。)这决定了海南岛的开放不可能产生经济特区、开放城市那样的作用,即在吸收先进技术、推广科学管理经验、传递经济信息、培养输送人才等方面,支持和带动内地。海南岛落后,因为落后,所以各方面比起别的地方来更显得"稀缺",包括人才、资金、技术的稀缺。这决定了她的开放首先是为了自己,为了消除"短缺"现象。提高海南岛的技术水平需要很长的时间和相当艰苦的努力。希冀通过开放使海南岛为内地转移资金、技术或输送人才是不现实的。海南岛一直是以特殊的方式支援我国的社会主义建设的,这种特殊的方式就是通过提供物质产品(并不排除必要的货币形式)如橡胶、铁矿等,而非转移资金、技术、物质设备和输送人才,过去是这样,今后相当长的时间内也将是这样。

上述认识有什么意义呢? 有三点需要明确:

第一,生产力等因素使得海南岛的开放对我国现代化建设不起决定性作用,影响力远不及别的开放地区。她只能在某些领域产生特殊作用。这要求我们,在海南岛开放、开发过程中,不能脱离实际、好高骛远,要抓住矛盾的主要方面。

第二,海南岛的特点在于自然资源在全国的"不可替代性"。因而,开放、开发的重点应放在自然资源上。

第三,开放的特殊作用也是对全国而言的。因而,她是服务于全国的。她在经济领域所负担的任务也就绝不能(实际上也不能)局限于广东或东南几个省份,因而在开放、开发过程中,打破现行各种体制的束缚,吸引大陆各省、市、区资金、技术、人才的"南下"尤为必要、迫切。

在这些认识的基础上,我们认为,海南岛在开放中必须注意做好以下几个方面的工作。首先,在对外开放方面,广东省政府已宣布了鼓励外商投资的 10 项优惠措施,对此海南岛也应该做出积极的反应,也就是要对有关条款进行比较研究,根据中央有关文件精神,结合海南岛近几年对外开放的实际,在充分听取外商意见的基础上、制定出鼓励外商投资的优惠措施。值得重视的外商的意见主要是:我们办事效率低,外行人参加、主持项目的谈判、签约使问题百出,企业自主权如计划的制订、工人的解聘得不到保障,乱收费、乱摊派、"雁过拔毛",能源、原材料的供应难以保证,外汇难以融通,等。同时,要认真总结近年来对外开放的经验教训,特别是应在调查摸底的基础上,分析外商的投资结构、收益情况,把握住对外开放的方向。应该努力把已建立起来的合资企业、特别是那些影响大的项目办好,不要急于上新的项目,一味追求扩大利用外资规模而不强调消化、创新能力,其结果往往是得不偿失。此外,要把提高办事效率作为一个努力目标,采取措施提高干部素质,端正思想,真心实意地为外商服务。从这几年的对外开放中项目谈判、签约等情况看,干部素质的确是海南岛进一步开放的重要制约因素。天津开发区提出"效率是生命,客商是皇帝"很值得参考。天津开发区为提高办事效率,建立联合办公制度,让外商在"一个屋顶"下把事办完,也值得海南岛学习。

再就对内开放而言,虽然海南岛已公布了内联企业优惠方法,但企业反应似乎并不甚强烈。由于优惠办法的制订者、实施者、解释者并不一致,加之各种关系未能理顺等原因,"方法"在实施过程中还有很多实际的具体问题需要解决。因此,有必要在充分听取各方意见的同时,制定必要的"实施细则",并尽可能把给外商的优惠条件与给内联企业的优惠措施结合起来考虑,真正使优惠政策产生积极效果。同时,海南岛的对内开放,要特别注意加强与内地重点地区的合作,可根据近几年合作的情况,以及对技术力量、市场需求、地缘关系、合作诚意等方面的考虑,选出内地重点合作对象,使对外宣传、考察访问、各方联系都能有的放矢。从目前的情况看,通过北海加强与大西南的合作,通过湛江或广州加强与中南、华东和北方的合作是可行的。海口市在这方面已经做了一些有益的探索,应加以总结、推广。此外,要加强岛内各县市的联合,包括岛内跨县市、跨行业、跨所有制、跨隶属关系的联合。目前岛内的联合在本区内联项目中(即包括岛内、岛外的联合)不足1/3,但投资额却占近2/3,而且在已经撤销的内联项目中,岛内联合项目仅占25.7%。这说明岛内的联合关系比较稳定、也是有潜力的。切实加强岛内的联合,是处理好岛内各方关系,解决原料、资金问题,增强地方经济实力,活跃地方经济的重要问题,应加以积极的鼓励、扶持。

此外,我们还要特别强调,海南岛在开放中要更加重视智力的引进。我们这里说的"智力引进"是特指"借外地人脑袋发财"。这种做法在国内外证明都是有效的。比如,南朝鲜的发达在一定程度上就是借助了日本人的脑袋。利用与日本相距较近的有利条件,每到节假日南朝鲜很多企业便邀请日本的专家、技术人员来南朝鲜旅游、度假,实则是利用这些日本人的脑袋来为自己开发新技术、新产品。这种做法近些年在国内一些地方又流行开了。如苏南人说:"借上海的脑袋,发苏南的财。"苏南大多数的乡镇企业都到上海去"借脑袋",请顾问、求参谋。到星期六晚上,上海的工程师、教授就被邀到工厂去开座谈会,进行技术指点。据认为,苏南大概有 1700 多家工厂与上海建立了这种"借脑袋发财"的关系。在省内,佛山人靠借广州人的脑袋致富。如该市的石湾区星辰电子厂,常年保持业余技术顾问近 40 名。每到星期天,不管刮风下雨,总有二三十名顾问齐集厂部,出谋献策、传播信息、进行技术咨询和攻关。有关统计资料说,佛山市乡镇企业每年从广州引入和协作开发的科研成果及新产品有 300 多项,从广州聘请的技术经济顾问有近 2000 人。该市的顺德县,县内 13 家最大的乡镇企业,有 11 家是靠广州人的脑袋发家的。

我们列举这些例子只是要说明,在对外开放、引进中,做好智力的引进往往比引进几百、上千万元资金效果要好得多。武汉、天津、深圳等地一些企业,通过引进外国退休工人,很快就打开了生产的新局面。海南岛有很多有利条件可以借鉴、推广人家的做法。如果借得外地人的脑袋,则海南岛众多半死不活的企业也就有了"救星";如果做得好引进这篇文章,海南岛的开放也就成功在望。

作为本文的结尾,我们要指出,海南岛在对外开放中尽管出现了震惊中外的"汽车事件",给开发建设带来了严重影响,但中央一再重申海南岛的优惠政策不变,并且给予高度重视和巨大关怀。1986 年春节前后,从总书记到总理都对海南岛作过长时间的考察,解决了一系列重大问题,如实行计划单列和兴建国际机场等,不仅给海南岛广大的干部群众以很大鼓舞,而且在国内外引起巨大反响。近两年来,国内外专家和社会名流来海南岛考察、访问、参观、旅游络绎不绝,说明海南岛没有失去她的魅力,她仍然富有吸引力。

早在 50 年代就有人把海南岛、台湾岛比作是我国的两只眼睛。随着台湾回归祖国、统一大业的推进,随着香港、澳门回到祖国怀抱日子的迫近,随着世界经济中心逐步向亚太地区的转移,随着海里、地下、陆上自然资源的不断开发,海南岛的地位将更加重要,前景将更加灿烂。现在海南岛的开放面临着一个极为有利的条件,就是中央已经决定从 1987 年开始对海南岛实行计划单列,赋予省级的经济管理权限。现在就应借助这一有利条件,进一步理顺岛内各方面的关系,优化本岛投资环境。这样,海南岛的开放一定会出现一个崭新的飞跃。

　　本文系 1987 年 9 月广东省计划学会"改革与发展研讨会"论文,收在钟业昌著《海南经济发展研究》,中国科学技术出版社 1991 年版。

海南的经济发展与金融体制改革

　　我国金融体制改革的两个应注意的问题,使我们认为结合海南的经济发展来探讨海南的金融体制改革问题,是十分有意义的。

　　这两个问题,一是筹划我国金融体制改革必须注意使我国金融体制不断改革、发展、完善,但必须考虑经济发展、经济体制改革对金融改革的要求,既不能不顾经济发展及经济改革的要求一味去强调金融体制自身的改革、完善,而经济建设中也不能不顾金融的承受能力而提出过高的资金要求。二是我国地域辽阔、情况复杂,各个地区的经济条件、经济发展水平和方向都不相一致,同时,金融制度不够完善,许多的信用形式、金融业务和机构都需要开展和建立,因而不能要求也不可能有一个统一的金融模式去适应多样性经济需求,所以必须放弃推行一个全国适用的标准金融模式的努力,应该努力使金融模式多样,以适应不同的经济发展的要求。

　　因此,我们有理由认为,海南的金融体制改革要从海南的实际出发,海南的金融体制改革要以有利于海南经济发展为总的目标。

一、海南经济发展对金融体制改革的要求

　　经济发展是随着经济增长而同时出现的经济社会结构的变化。实际上也就是在国民收入不断增长的基础上,经济发展的状况不断改变,人民生活水平得到提高,劳动生产率得到上升,工业在国民经济中的作用不断增强,农业的作用被削弱的过程。这些方面,显然是海南开发建设的努力方向。海南的经济发展也就是社会经济结构朝合理的方向转化。但是,有很多因素成了

这种转化的"瓶颈"。一个重要的因素就是资金的短缺。

经济的增长必须有资金的注入。台湾自 60 年代以来，经济增长迅速，一个背景是 30 年来投入台湾的资金不下 300 亿美元。而 1952—1980 年国家对海南的投资仅有 43 亿元左右，大致相当于同期全国基本建设投资额的 0.76%，不及国家对某一项目如上海宝山钢铁厂投资额的十分之一。同时，本来投资量就小，却又把其中的 50% 用于单项的橡胶开发，对工业、农业、水利、气象以及交通运输等方面的投资很少，导致投资结构很不合理。历史上海南基本建设投资"欠账"太多，是造成现在资金供需缺口巨大的重要原因。

资金短缺是一个事实，也是海南金融体制必须解决的问题。更进一步地看，海南资金供求在总体上是供不应求，但在不同的地区、不同时间内却出现资金供过于求而又不能加以调剂的现象。造成这种现象的原因主要在体制上。如，过去海南汉区和自治州的信贷资金在管理上是块块关系，行政体制的限制使汉区和自治州资金出现盈余或短缺时都不能互相调节，从而造成资金供应不足和供应过剩并存的不合理现象。应该看到，海南的开发建设资金需要量大，但国家的投资毕竟有限，当前利用外资也难以解决大局，地方财政入不敷出，因此，解决资金的一个重要出路是要挖掘内部潜力，而在这个问题上，加强资金余缺的调剂是一个重要方面。

海南经济发展的另一个制约因素是企业素质差、劳动生产率水平低，从而使资金的使用效益很不理想。比如，1983 年海南全民所有制独立核算工业企业每百元资金实现利税为 18.67 元，而全国的平均水平为 23.20 元。由于资金使用效益差，很多借款单位拖、欠款现象很普遍，银行的贷款回收率很低。与此相对应的是，很多企业怕贷款，而银行放款也没有很大把握。

由此看来，海南经济发展对金融体制改革的要求：一是在管理体制上要能保证资金能实现横向融通；二是在经营体制上要有利于实现投资结构的合理化和资金的使用效益。

二、海南的金融体制改革要考虑海南经济发展的条件

海南的经济发展对金融体制改革有启发意义的条件是：海南是一个相对独立的经济区域，海南行政区是一级"实"的政府，是省级计划单列单位。由

此决定了海南的金融体制改革可以有自己的思路,但不是强调金融体制自身的改革、完善,不是为改革而改革。

经济区是一定的自然、历史、社会条件的产物。我国建立经济区是经济体制改革的一个重要方面,主要的目的在于想通过中心城市和工业基地的作用,来解决条块矛盾和人为割断的地区间、部门间的经济联系,以形成跨地区跨行业的经济区和经济网络,以便更好地按照社会大生产要求和经济发展的内在联系来组织生产和流通。目前我国已经建立了很多类型的经济区,而经济区的建立对金融体制的改革也提出了新的要求。

比如,渤海湾经济圈(环渤海经济区)的成立,使建立区域性资金市场、加强资金的横向融通的呼声甚高。因为区域经济联合开发与资金短缺发生矛盾,而现行资金分配体制又不利于这种矛盾的解决,所以必须尽快建立区域资金市场,开发相互存款、交叉贷款业务,发行金融债券和银行票据,并组织银行之间资金的相互拆借与调剂,以实现资金的灵活调度。又如,我国理论界还有观点认为,我国4个经济特区应该加强联合,建立起类似欧洲经济共同体那样的联合体,而建立这种联合体的第一方面的措施就是在联合体内实行统一的金融市场,以改变单一的融资手段,加强资金的横向融通。

把海南作为一个相对独立的经济区,首要的一点就是要求海南的金融体制改革要把海南全岛作为一个整体。海南的金融体制改革不可能与岛外的某一特定的经济、行政区域建立统一的金融市场。专业银行信贷资金纵向管理不利于岛内资金的横向融通。1987年开始海南行政区在国家计划中单独立户,这是海南计划体制的一项重大改革,也是中央为加快海南的开发建设而采取的一项重大措施。这一措施也将有利于海南的金融体制改革。

相对独立的经济区客观上要求海南的金融体制改革以全岛作为一个整体进行协调,而计划单列为把可能变为现实提供了极为重要的有利条件。在这样的条件下,我们便可以进一步设想海南金融体制改革的方向。

三、海南金融体制改革的思路

海南金融体制改革的思路是,开放岛内金融市场,加强岛内各种金融机构的交叉业务、相互竞争以及资金的横向融通,以形成统一的岛内金融市场,并在此基础上与岛外开展多种形式的资金融通,促进海南的经济发展。

在这个思路中,我们认为首先应该强调的是开放岛内的金融市场。这里所说的金融市场主要是指资金市场以及在此基础上的外汇调剂市场。这个资金市场从所有制关系看,是国家银行为主体的、集体及民间信用为补充的资金融通场所;从业务经营性质看,是货币资金的借贷场所;从业务经营内容看,应该是指吸收投资资金,投资性贷款发放,股票、债券的发行、贴现等行为;从与经济发展的联系看,是促使消费向积累转化、储蓄向投资转化,以引导资金合理流动并促使资源合理配置的机制。

开放金融市场是要有条件的。比如,要有弹性的利率机制。经济的搞活要有弹性的价格机制作保证,金融体制的改革也是如此。利率(也就是资金的“价格”)是资金市场机制的“枢纽”,资金不实行商品化经营,不使利率具有弹性就不能形成具有调节功能的“机制”。企业对资金需求、投资规模、结构及有关比例关系的调节,在商品经济的条件下主要依靠利率升降来进行调节。

当然,要使利率成为灵敏的反应信号,开放金融市场的另一条件是使资金经营者真正成为相对独立的商品生产者和经营者,专业银行实行企业化经营。只有这样,资金经营者才有提高经营效益的内在压力和动力,实现资金分配和使用的合理化。

此外,开放金融市场还要有合理的价格体系和价格管理体制。这样就能使信用资金的横向流动与商品供需结构相适应,并使价格信号能正确地引导企业的投资方向。还要有多样化的融资机构、融资方式和融资工具,与此相适应,要有健全的金融法规和管理机构,以维护资金市场的运行秩序。

从海南目前的情况看,开放金融市场的很多条件还不太成熟。一些方面的改革要随着全国的改革而展开,但为了适应海南开发建设的需要,结合海南的实际,可以在多种聚资形式、多种资金经营机构以及利率弹性制度等方面进行改革,在改革中,拟定具体的步骤、突出重点、加强配套,使改革有条不紊地进行。

其次,要加强岛内各种金融机构资金的横向融通,这实际上也是通过弹性利率来加强银行同业之间的竞争。银行同业之间竞争的一个好处是可以提高资金的使用效益。而这必须有多种金融机构参与竞争,同时,要使一些银行成为企业型的金融机构,使之做到"自主经营、自负盈亏、自担风险和自求平衡",而不能只是隶属、依赖和服务于各级行政和各大专业银行。与多种金融机构相竞争相一致,海南岛内的各类银行应该积极组织资金的相互拆借与调剂,增强资金的流动性与效益性,从而解决资金余缺不一的问题。

再次,开展与岛外资金融通。资金短缺是海南开发建设中的一个大问题,因而在相当长的时间内海南是以资金输入为主。但是,从海南的经济技术落后、企业素质与效益差(由此决定了企业贷款的偿还能力差)的实际出发,有人建议实行地区差别利率制度,主要是中央对海南实行低息贷款制度。而这对资金显然不具吸引力。因此,加强与岛外资金融通要考虑采取多种方式。比如,可以采取风险共担、利益均沾的联合投资做法,可以考虑组建以主要进行中长期贷款的开发银行等。海南的开发建设很多项目有投资规模大、投资周期长的特点,因此这样做尤为必要。

总之,海南的金融体制改革要从海南经济发展的实际出发,通过改革打破旧的纵向垂直的资金分配和供给体制的束缚,更好地为海南的开发建设服务。同时,通过逐步的有阶段分层次的有重点的改革,摸索出具有海南特色的金融体制模式。

本文系本书作者写的"建立多种金融机构开放资金市场研讨会"论文,发表于《海南经济》1987年7月增刊。

对海南岛进一步对外开放的建议

　　应国务院经济技术社会发展研究中心的邀请,7月上旬至8月上旬我到北京参加了该中心对外经济组组织的关于我国对外开放问题的研究。这一课题是谷牧同志提出的。此一研究既是对我国8年来的对外开放经验教训的总结,又是为"十三大"后的特区工作会议以及明年的全国对外开放工作会议做准备。参加研究的有国务院特区办、中国科学院、经贸部等单位的10多个人,并由国务院利用外资领导小组副组长周建南同志指导,该中心的常务干事季崇威同志主持。现将研究中有关海南岛的问题作个简单的汇报,并提出一些建议。

　　从各方面反映的情况来看,我国的对外开放已经进入了新的发展阶段,也就是稳定发展阶段。现在经济特区、开放城市以及开放地区在利用外资、出口创汇等方面的情况良好,尤其是特区近几年来的"爬坡"已经取得了很大的成绩。总结我国几年来对外开放的经验教训,以下三个问题越来越引起各个方面的重视:一是对外开放的目标要明确、具体,要从实际出发,同时,使有关政策与之相配套;二是对外开放一定要有一个明确的产业政策;三是对外开放一定要与体制改革紧密结合起来,做到互相支持、互相促进。上述三个问题可能对国家的有关决策产生重大影响。比如,目标与政策的调整,步伐的放稳,特殊政策的"淡化"等等。这些动向都是值得引起我们重视的。海南岛作为中国沿海开放地带的重要组成部分,对此应有所反应。

　　国务院特区办的特区组、开放城市组、开放地区组在汇报有关情况时,没有谈到海南岛问题。据说海南岛由特区组管,但特区组的同志没有提及。但是,季崇威同志对海南岛问题很关心。他6月份到深圳、广州等地搞调查,曾经在广州邀集了在海南岛主持过党政工作及参加过海南岛开发规划调研工作的同志专门座谈海南岛问题。参加座谈的有魏南金、窦英俊、林子文、黄家驹、李华杰、陈铁等同志。他为此写了一个纪要,送给了谷牧、马洪、孙尚清等同志。总的说来,纪要比较真实地反映了海南岛的一些实际情况,如体制问题等。由于季崇威同志对海南岛非常关心,因此,我在由我负责起草的报告的"地区开放"部分中,在"经济特区"之后,写了有关海南岛的一些问题。在讨论报告的初稿时,起草组的同志对海南岛问题讨论得很热烈,并联系亚太地区及香港问题来谈论了海南对外开放的具体方式等问题。如有的提出海南可以租借、承包给国际财团开发,建设国际自由岛,或者我国政府与外国政府或国际机构联合开发等。季崇威同志认为海南岛赶超台湾岛不现实,因为他1947年曾作为记者到过台湾,那时的台湾就已经很有基础。但他提出海南可考虑与新加坡合作建立旅游开发区。前几年他去新加坡,有关人士曾提及过这一问题。上述反映基本上写入了研究报告。

此外,我离京时,季崇威同志一再要求应该对海南岛的开放问题好好地研究,并希望给他写一个报告。根据这些情况,现提出一些建议:

1. 通过研究向中央提出,进一步明确海南岛的开放模式。海南岛"实行类似特区的政策"或海南岛"比特区更特"的提法都很不科学,执行起来标准也难以掌握、容易出差错。我们在报告中提出,要明确海南岛为特区,与深圳等特区所不同的是,深圳等特区为以城市资源开发为重点的外向型特区,而海南岛则是以自然资源开发为重点的双向型特区。海南岛作为特区与行政区(或者今后的省建制)的关系,可以深圳为模式或再加以研究。

2. 对几年来海南岛对外开放的经验教训进行全面的总结。特别是要对已建立起来的"三资"企业的经济效益进行调查。(我们在研究报告中提出,也应该让一些经营不善的"三资"企业倒闭。)

3. 对开放以来中央、省给予海南岛的有关文件进行清理。看哪些文件精神与中央给海南岛的政策精神不一致,看哪些到期、哪些被收回、哪些根本未实行,并采取相应的解决办法。

4. 在此基础上,进一步研究海南岛对外开放的方向、目标。为实现这些目标要求中央给予什么样的配套政策,应及时向中央、国务院提出一个海南岛进一步对外开放的详细报告。

5. 据说区政府正在制定鼓励外商投资的优惠政策,不一定要颁布。因为,去年 10 月份国务院公布 22 条之后,各地竞相制定各自的优惠政策,这种做法一是影响了中央政策的威信;二是助长了各地盲目攀比;三是据外商反映,中国各地的这种做法实际上是互相挖墙脚,给外商帮的是"倒忙"。正因为如此,我们在报告中建议国务院制止这种做法,并进行清理。真正要改善投资环境、鼓励外商投资,应该在工作制度、工作作风、办事效率等方面努力,这实际上也是政治体制的改革问题。

6. 建议从内外结合的层次上,研究制定海南岛开发建设的产业政策。产业政策现在越来越受到重视。国务院发展研究中心已开展研究,童大林等同志发表在《人民日报》1987 年 7 月 10 日的文章《科学地开发海南岛优势资源产业》,实际上也是强调要认真考虑制定海南岛的产业政策问题,但文章的一些观点还有待进一步的探讨。

7. 一并送上中国社会科学院世界经济研究所副研究员、日本问题研究专家凌星光《关于中日两国在海南岛共同建设亚洲宇航基地的建议》一文。这一问题以及上面提到与新加坡合作建立旅游开发区问题、由国际财团投资开发问题等,都可作为一些具体设想来加以研究,并向中央反映。

本文系本书作者 1987 年 8 月 15 日写给海南区党委主要负责同志的汇报与建议,收在钟业昌著《海南经济发展研究》,中国科学技术出版社 1991 年版。

海南对外开放应注意的一些问题

中共中央和国务院决定设立海南省,并将对海南岛实行更加开放、更加特殊的政策,这一决定是海南经济社会文化发展的一个新的里程碑。

但是,我们又必须看到海南的对外开放是1980年就提出来的。是年7月24日,国务院批转《海南岛问题座谈会纪要》,明确提出海南岛的对外经济活动可以参照深圳、珠海两市的方法,给予较大自主权。由于各种原因,海南真正地对外开放是在1983年。这年4月1日,中共中央、国务院批转《加快海南岛开发建设问题讨论纪要》,决定对海南岛放宽政策,要求中央各部门从人、财、物上积极给予必要的直接支持。自此之后,海南打破长期以来的"闭岛锁区"状态,大力开展外引内联,使经济建设取得了明显的进展。近几年来的对外开放大大地促进了海南岛的开发建设,改善了人民群众的生活,但我们也必须看到近几年海南在对外开放中也存在很多问题。"前事不忘,后事之师",因此,认真总结和吸取近几年来对外开放的经验教训,对于海南进一步对外开放的健康发展是极为重要的。

我认为,几年来海南对外开放存在的一个突出问题是,对外开放宏观管理无力、外资投向不合理、外资的使用效益不高,一个主要的表现是一哄而起,盲目、重复引进的现象很严重,最典型的是电子项目。1980—1986年上半年,全岛签订的外引内联技术设备项目合同总数为183个,其中仅电子项目就有65个(其中外资企业35个、内资企业30个)占35.5%(如果把49个轻纺项目也计算在内,那么仅电子、轻纺两者的项目就占总数的62.3%),而这些项目的效益很不理想。在65个项目中,已撤销的就有22项占33.8%,执行的有43项占66.2%,投产的项目有41项占63.1%;但由于产品没销路,外汇不足、原料缺乏等原因停产的项目有 27 项,占已投产项目的 65.9%。具体的例子是,在引进的 8 条日产彩色电视装配线中,除 1 条转产装配收录机,另外的 6 条已停工停产;引进的 5 条收录机装配线已停产 4 条;引进的 5 套录相(音)磁带组装设备已全部停工停产。这实际是一种高浪费的引进,它给很多企业带来严重的经济损失和亏损。

电子和轻纺项目在 1980—1986 年上半年间,占全区外引内联技术设备项目总数的比重高达 62.3%,而且这些项目的投资额都比较大,因而是近几年外资及内资投放的重点。外商在海南投资的另一个"热点"是旅游宾馆、餐饮业及汽车出租、彩色冲印、汽车修理等行业。仅在到 1984 年止的 5 年时间内,投向商饮服务业、运输和旅游娱乐的外资就超过外资总数的一半。与电子项目不同的是,这些行业的投资效益都比较好。据报道,驰名海南的琼园酒家,投资额 100 万美元,由海南行政区第三招待所和香港易发达饮食服务(中国)有限公司合作经营,1985 年 5 月 1 日开业,仅 4 个月便盈利 20 万元,因而港方总经理又往安徽、湖北等省投资 1460 万美元,开发宾馆新项目。其他如汽车修理、彩色冲印等项目的投资盈利情况都是很好的。

与此同时,海南亟须发展的基础产业,如农林渔业和"瓶颈产业"(交通、能源、通讯)等利用的外资很少,1985 年全区农、林、牧、渔、水利业利用的外资仅占利用外资总数的 7.8%(均为合同规定投资额)。这样,近几年来海南的对外开放、外资引进基本上是顺着这两个方面发展的:一是顺着投资者的动机——占领市场、赚取利润的方向,实际上是向投资少、周期短、利润多、见效快、风险小的非生产领域发展,对这种情况如果没有适当的限制、引导措施,那就不是"利用外资"而是"外资利用";二是顺着利用外资者的动机——急功近利、增加福利和财政收入的方向发展。因为电子装配项目的产品内销容易在短期内赚取更多的利润,既可增加企业收入,又可增加地方的财政收入,因而进一步助长了利用外资者的短期行为,大量的急功近利项目得以仓促上马。

这些情况的产生有多方面的原因,但都是海南进一步对外开放绝不能忽视的问题。它实际上关系到海南对外开放的成败得失问题。对此,一方面要确定合理的利用外资规模,加强对开放的宏观管理。在海南的对外开放中,一定要把好利用外资的"度",要把对外开放、利用外资的质量(效益)而不是数量放在首位,否则,会助长头脑发热和浮夸的做法,助长"来者不拒"仓促上马,助长盲目引进,不利于做好吸收、消化、创新工作。要多做可行性研究,但不要把"可行性"研究变成研究"一定可行",以避免更多的"三拍项目"(即定项目拍脑袋、上项目拍胸膛、发现错了拍屁股)上马,造成更多的浪费和损失。另一方面,关键性的"治本"方法是要制定海南对外开放、利用外资的产业政策,通过产业政策来表达政府的意图,对外资进行鼓励或限制、约束企业(投资者)的行为,使海南的经济能大致按产业政策的要求发展。

如何确定海南的产业政策是一个复杂的问题,需要做大量工作。这里需要明确的是,制定海南的产业政策首先要确定明确的发展目标。这是制定和实施产业政策的基础。目标要突出重点,并具有引导性。国外曾经对 500 多个开放区(出口加工区、自由贸易区)进行调查,结果发现凡是目标明确的就办得好,目标不清、重点不突出就难成功。因为,目标明确易于政策、措施的直接配套,在实践中也易于考核、评估与控制,有问题也易于解决。海南的对外开放是为了更好地加快自然资源的开发,很显然,促使海南的资源优势转变为经济优势是海南对外开放、利用外资的一个重要目标。因此,海南对外开放的一个重要方面就是通过实行更加特殊的政策,把外资的引进与本地资源的开发更好地结合起来。海南作为一个经济特区,它与深圳等经济特区的一个不同之处就在于,深圳等特区是以城市资源(主要是工业资源、人力技能资源)为开发重点,而海南则是以自然资源(包括土地资源、森林资源等)作为主要的开发对象。这是由两者的社会经济形态所决定的,也就是深圳等特区属于城市社会经济形态,而海南基本上是处于农业社会经济形态。对此我们必须有明确的认识。

其次,就产业政策本身而言,它可说是发展目标的具体化,并引导资金的投向。在海南的对外开放中,如果没有一个合理的产业政策,外资的投向就很难做到合理而达到对外开放、经济开发的预期目的。产业政策又包括产业结构政策、产业组织政策和产业技术政策等内容。对海南来说,产业结构政策主要是要确定产业的构成、产业的大小(比例)、产业间的相互关系以及产业发展的序列,以使产业结构合理化。具体地说,就是要确定海南的基础产业、支柱产业、创汇产业、先进技术产业以及战略产业等不同类型的产业,并明确它们在海南发展中的经济地位作用及其发展目标,从而制定出相关的组织、财政、税收、金融、外资以及法律等方面的政策。海南几年来对外开放、利用外资宏观上缺乏规划和管理,微观上急功近利,利用外资多打"遭遇战",就是因为没有一个合理的产业政策引导。从海南的经济发展目标出发,农业以及交通、能源等基础产业要大力发展,自然资源加工业要形成支柱产业,新兴的电子工业要取得"规模经济"效益等,都应是海南产业结构政策的主要内容。此外,采取什么样的组织形式、手段和政策才能更好地加强宏观控制和发挥市场的调节作用(即产业组织政策),采取什么样的技术才能保证产业结构合理化目标实现,采取什么样的政策才能促进技术进步(即产业技术政策),这在制定产业政策时都必须予以注意。

再次,实行有差别的优惠政策,这是实现产业政策发展目标的关键。外商投资首先是为了赚钱,这就决定了他们必须把资本投向那些见效快、风险小、利润高的行业,如服务业等,而不愿向那些投资周期长、利润低、风险大的行业,如农业及能源、交通的开发等。如果对此我们不采取有差别的优惠政策,那么就是"外资利用"。前面所说的在海南外资顺着投资者的动机,把更多的资金投向非生产领域,一个重要的原因就是外商在各个领域的投资所得税率、减免税期限等方面没有多大的区别。泰国与马来西亚利用外资是比较成功的。为了把投资引向正确方面,两国都实行多种差别优惠政策,不仅按地区(不发达地区更优惠)、行业,而且按外销比重、资金金额、技术水平、利用当地原材料、加工增值多少以及雇佣当地人员等情况,提供不同程度的优惠待遇,鼓励的重点很突出。在泰国,对于私人投资(无论是本国或外国)分为两类:一类是不属于政府鼓励的,只需向工商管理部门登记即可开业;另一类是属于政府鼓励的,是投资重点,可享受投资优惠待遇,从而把私人投资引导到国家优先发展的行业。这些做法是很值得我们借鉴的。应该根据产业政策的要求,对优先发展的产业给予特殊的优惠政策,在开放市场、外汇调剂、出口许可证及配额、税收减免等方面给予优惠,使其得以优先发展,形成"规模节约"。特别是,要鼓励发展利用海南自然资源的加工业,这是资源优势转变为经济优势的一个关键。

海南的对外开放有很多问题需要进行研究和解决,认真吸取几年来对外开放的经验教训、制定合理的产业政策、实现资源的最优配置、提高对外开放的效益,不失为一个重要的选择。

本文发表于《发展战略报》1987 年 12 月 9 日。

建立具有海南特色的外向型经济之我见

　　海南建省,实行比经济特区更为特殊、更为灵活的政策后,经济发展的一个重要战略思想就是,要充分发挥海南的自然资源优势和中央给予的优惠政策优势,逐步建立起具有海南特色的外向型经济。但是,如何从海南的实际出发,确定具有海南特色的外向型经济模式的内容,却是一个亟待展开讨论的问题。本文的研究是提供一种思考。

外向型经济的论争与海南的选择

　　理论界对这个问题的争论是 1985 年 5 月前后围绕"深圳特区向何处去"的问题而展开的。主要的问题是,深圳等经济特区内资比例过大、引进的技术水平过低、进口大于出口、产品以内销为主等。这些问题的存在使经济特区的发展远不能面向国际市场,也远不能达到我们设置特区的初始目标。于是,由"特区赚内地的钱"、特区的引进"冲击民族工业"等的议论引发出经济特区"爬坡"、苦练"内功"、发展外向型经济的论争。

　　经济特区外向型经济问题的讨论持续了长达一年多时间。有些观点针锋相对,但也形成了比较一致的看法,这就是经济特区的外向型经济建设:

　　1. 建设资金要以吸收和利用外资为主。一般认为在特区的整个工业投资中,外资所占的比重要在 50% 甚至 60% 以上;

　　2. 引进技术要以先进技术为主;

　　3. 社会经济结构要以"三资企业"为主。全部工业产值中,外资企业所占比重要在 50% 以上;

4. 产品以外销为主。特区自产品的外销比重要在 70% 以上,要实现外汇收支顺差。

外向型经济的讨论还扩展到沿海开放地区。大致认为沿海开放地区外向型经济就是根据国际市场的需要,以出口创汇为中心,调整产业结构和经济结构,积极利用外国的资源、资金和技术,大力开展对外经济技术交流,广泛利用国际分工与国际竞争,来促进和带动本地区国民经济的发展。这一表述,还可以用几条原则性的标准予以衡量:

1. 出口额在当地国民生产总值中占相当比重;
2. 出口增长速度快于经济的增长速度;
3. 利用外资占当地投资有一定比重;
4. 出口对当地国民经济发展的带动作用;
5. 对内地及海外的经济技术的辐射作用。

这说明不论是对于经济特区还是经济开放地区,外向型经济在很多方面是一致的。比如,出口额要占工农业总产值或国民生产总值的一定比重等。

但这并不是说海南在对外开放中要照搬深圳等经济特区或者沿海开放地区的外向型经济模式。海南所选择的应是由其社会经济形态、经济发展特征以及经济发展水平所决定的有自己特色的外向型经济模式。

海南的经济特点与外向型经济标准

从海南的实际出发,是确定海南特色的外向型经济模式的关键。海南的一个实际是,它的面积相当于 4 个经济特区面积总和的 65 倍左右,人口也相当于 4 个特区市区人口的近 4 倍,但是,这不是问题的关键。

海南与深圳等经济特区的一个重要区别在于,后者是城市社会经济形态,而前者则基本上是农业社会经济形态。深圳等 4 个特区绝大多数人口为非农业人口,工农业总产值中农业的比重在 10% 以下,而直至 1986 年海南的总人口中,农业人口所占的比重还高达 80.8%;同时,农业在海南的工农业总产值和国民收入中所占的比重也分别达 66.8% 和 61.37%,而工业仅占 33.2% 和 16.21%(均为当年价格)。这些数字意味着什么呢? 它说明海南的农业社会经济形态比全国表现得更为突出。

　　海南的经济形态与深圳等经济特区比起来,真可谓是天壤之别。而社会经济形态的不同决定了开发的重点和对象也不同,开发的难度和进展程度也大不相同。深圳等经济特区是以城市资源(主要是工业资源、熟练的人力资源等)为开发重点,而海南则更倾向于以自然资源(包括土地资源、森林资源、热带作物资源、矿产资源、水产资源等)为主要的开发对象。

　　海南是我国最大最重要的热带、亚热带作物生产基地。根据 1984 年的资料,海南的橡胶等作物的种植面积及产量在全国所占的比重分别是:橡胶60%和66.42%、胡椒56.5%和55.96%、椰子98.93%和99.63%、咖啡36.23%和15.54%、腰果99.65%和95.8%、油棕100%和100%。可见,海南作为我国唯一的一块大面积的热带作物生产地区,热带作物的生产在全国占有举足轻重的地位。此外,海南的矿产、石油、天然气以及海水养殖、旅游等资源也是极为丰富的。

　　这是制约海南外向型经济模式选择的最重要因素。

　　海南资源丰富而经济落后,这充分说明海南的经济发展水平很低。以人均工农业产值而言,1986 年海南为 662.3 元,仅为全国 1256.7 元的 52.7%,再以全民所有制独立核算工业企业全员劳动生产率而言,1986 年海南为 9938元,仅相当于全国 15809 元的 62.9%(均按不变价格计算)。对外开放以来,海南对外贸易发展较快但不稳定,在 1986 年的出口商品结构中,农副土特产品及其加工品所占的比重达到 69.84%,反映出一种很落后的对外贸易格局。

　　外向型经济实际上就是要把国际需求作为经济增长的一种“拉力”。上述的考察和分析,使我们认为海南的外向型经济建设是一个长期过程,在未来的 10 年左右时间内,我们可以初步把海南发展外向型经济的目标定量为:

　　1. 外资在固定资产投资中所占的比重达到 20% 甚至 30% 以上;

　　2.“三资企业”在工业企业的产值中所占比重在 20% 以上;

　　3. 自产品出口额占工农业总产值的比重在 20% 以上;

　　4. 对外贸易出口额(包括自产品、进口替代收取外汇产品、转口或联营出口产品等)占国民生产总值的比重在 30% 以上;

　　5. 外汇收入(包括侨汇收入)占国民生产总值的比重在 30% 以上。

　　我们的原则是,在未来的 10 年左右时间内,海南的外向型经济建设如果实现或接近于这些指标,那就可认为是成功的,并由此进入更高层次的、以出口导向为主的外向型经济。

海南发展外向型经济的困难与有利条件

海南发展外向型经济的最大困难,并不在于经济基础太差、经济发展水平太低、农业社会经济形态表现得太突出。因为,这些困难只是说明了海南比起深圳等经济特区来,发展外向型经济要更为艰苦吃力和走更长的路,但不能决定海南与深圳经济特区是否走同一条外向型经济的路。

海南发展外向型经济的真正困难在于,海南作为中国最大最主要的热带、亚热带作物生产地区,在中国具有"不可替代"的地位,因而,在发展外向型经济中,国内需求与国际需求的矛盾将十分突出。而这个矛盾将是长期存在且不是靠优惠政策能加快解决的,它关系到国家与地方、全局与局部的关系问题。

海南作为中国唯一的大面积的热带、亚热带作物生产基地,它在经济领域内担负着服务全国的任务。几十年来,国家对海南或者海南自己实际上也是这样做的。如国家把海南作为橡胶生产基地来建设,海南的橡胶生产对于国家来说,已经起到了极为重要的"替代进口"作用,因为,它已经在很大程度上保证了国内对天然橡胶的需求,它使30多年来我国橡胶的年进口额保持在20万吨左右,1958—1983年的长达25年的时间内,我国天然橡胶进口的年平均增长率仅为1.3%。此外,海南最大宗、价值最大的产品如铁矿、食盐、木材、食糖等几乎全是上调给国家。如海南的富铁矿最高品位达68%,居全国第一,储量为全国的71%,年开采量近400万吨,产值1亿多元,产品是分配给国内的60多家钢铁厂使用。

一个非常明确而重要的结论:海南经济在很长的时间内主要还是靠国内需求来拉动。

中共中央1983年的有关文件指出:"海南的开发建设,必须立足岛内资源优势,充分挖掘内部潜力,讲求经济效益,逐步建立起具有海南特色的经济结构。"这仍将是海南建省、实行更为特殊的政策后,经济开发要遵循的重要方针,从而强化了上述结论。

海南的这一选择主要是由它的资源要素供给决定的。深圳等经济特区资源要素供给与国内其他地区无异,因而在发展外向型经济中,一般不存在国内、国际需求的矛盾,因而它可以把产品出口的比重提高到 70%,甚至更高。

一种横向比较使我们认为,上面所确定的海南外向型经济的一些定量指标是适度的。广州的经济发展水平在国内是高的,但它仍注意从"市情"出发,不照套经济特区的指标,而把其发展外向型经济的定量指标确定为:

(1)出口工业品占全部工业总产值 30%以上;

(2)外汇收入占国民生产总值 30%以上。

我们也已经充分考虑到海南经济发展的实际。1985 年海南的基本建设投资中外资的比重仅为 3.39%(技改措施投资中外资仅为 0.45%),1986 年海南的"三资企业"的产值仅为 8000 万元,占工农业总产值或国民生产总值的比重均不到 2%,同年海南的出口贸易额占国民生产总值的比重仅为 2.7%,而出口贸易额中"三资企业"所占比重远远未达到 1%,因此,要在未来的 10 年左右时间内,把这些数字提高到 20%或者 30%以上(尽管这些指标要低于深圳等经济特区很多),并不是很容易的。

但是,如果考虑到海南作为全国最大的经济特区,世界上行之有效的合作方式和管理方法都将实行,那么,上述指标的实现并不是不可能的。

所谓定量指标适度,就包含了优惠政策作用所带来的"可实现性"。如,深圳等经济特区发展外向型经济所遇到的来自政策上的限制,是出口配额和许可证管理制度方面的问题。1986 年国家下达深圳工业产品出口许可证配额数只占深圳当年工业品出口能力的 1/3,根本无法满足轻工、纺织、服装、食品加工等行业产品出口的需要。而中央给予海南对外开放的优惠政策中,有一条就是海南的对外贸易单独划开,自行管理,不受国家许可证配额的限制。

我们也已经看到,海南的资源充分开发将在很多方面在国家经济发展战略中实现进口替代作用。1987 年 7 月经国务院批准,国家计委和国家经委分别公布了《关于中外合资、合作经营企业产品以产顶进办法》和《中外合资、合作经营企业机电产品以产顶进管理办法》,这很有利于海南在资源开发中实行进口替代战略。

此外,海南华侨众多,旅游资源丰富,这将使无形贸易在发展海南外向型经济中发挥重要作用。在 1984 年海南的外汇收入中,非贸易外汇收入所占的比重高达 37.9%,而在非贸易外汇中又以侨汇和旅游创汇占突出位置,两者分别为 52.9% 和 23.6%。

至此,我们可以对未来 10 年左右时间内海南特色的外向型经济的特征作进一步的简要概括:

1. 国内需求大于国际需求,外向型经济处于较低层次;

2. 外资与国家和地方(包括内地)的投资相互作用;

3. 适用技术为主;

4. 某些行业、某些产品完全实现"以国际市场需求为主";

5. 对外贸易的增长速度远快于经济增长速度;

6. 进口大于出口,外汇收支平衡要依靠非贸易外汇收入和调剂外汇;

7. 出口商品结构将有相应调整,轻纺产品出口的比重将增加,但仍将以初级产品及相应的加工产品为主;

8. 对外贸易中复出口、内地产品加工转口有一定地位;

9. "三来一补"为利用外资的重要方式;

10. 外汇收入中非贸易收汇占有重要作用;

11. 进口替代为实现出口导向的重要手段;

12. "创汇农业"发挥重要作用;

13. 非生产性投资占较大比重。

这表明未来的 10 年左右时间内,海南特色的外向型经济还处于一种较低层次的阶段。这是决策的一个基础。

我们的又一原则是,在发展海南外向型经济的初期阶段,最重要的是把发展外向型经济作为一种战略思想和目标,而不必过于强调定量指标,应该对"基础性"的工作做更多的努力。

发展海南外向型经济的努力方向

把发展外向型经济作为海南经济活动的一个重要指导思想,并在筹划经济发展的过程中渗透到各个领域。发展外向型经济是海南经济发展的长期目标,在初期阶段必须注意从海南的实际出发来考虑具体的政策措施,不能提出过高的不切实际的指标。

　　在发展海南外向型经济的初期阶段,我们还必须有这样的思想认识,即由于国内需求大于国际需求,我们还很难从国际经济活动获得更多的直接利益,因而,重要的是通过开放的贸易制度以获得更多的间接利益,强调通过与国际的接触和竞争而带来技术、信息、组织、管理和体制等方面的效应。

　　制定和实施体现海南特色的出口导向与进口替代相结合的发展战略。通过这样的战略,在不同的阶段、不同的侧面或者不同的重点上,解决国内需求与国际需求的矛盾,使内外销紧密结合、互相促进,并依靠国内需求促进经济增长,依靠国际需求推动技术进步、产业结构的调整和产品的升级换代。这个战略必须在更大程度上体现出以大陆市场为依托、以国际市场作为导向的思想,并把对外贸易的发展提高到战略高度。

　　制定和实施合理的产业政策。通过合理的产业政策:(1)扶持和发展一大批外向型企业、外向型产业;(2)推动创汇产业、先进技术产业、进口替代产业的大发展;(3)约束投资者的短期行为,以符合海南经济发展的长期目标和利益;(4)保证更多的企业获得更多的"规模经济"效益。合理的产业政策要体现产业结构政策、产业组织政策和产业技术政策等方面的内容。

　　按照发展外向型经济的要求,改革经济政治体制。我们和国际经济体系的摩擦主要是在体制方面,国际资本运动的受阻因素也主要是源于我们的体制。因此,按照发展外向型经济的要求,改革经济政治体制,建立起与国际经济运行机制摩擦不大的体制,是海南建立外向型经济的重要内容。从某种角度看,外向型经济的实质就是体制的外向,与国际经济的运行保持一致。

　　建立新的体制的总要求是党政分开、政企分开,实现企业与市场的完全结合。从海南的实际出发,要本着"小政府、大社会"和"小财政、大银行"的原则,着力通过搞活企业来搞活经济,为此,必须加强企业与国际经济、金融组织的联系,通过贸易与金融、价格与汇率体制的改革,打破企业与国际市场的"隔层"状态,直接参与国际竞争。

　　这是发展海南外向型经济的重要基础。

　　建立科学的统计指标体系,加强外向型经济建设、外向型企业开发的科研队伍建设和人才开发,并及时、准确、有效地反映海南发展外向型经济的情况、问题及研讨对策。

　　进一步加强投资环境的"硬件""软件"建设。

　　大力发展旅游业,开展劳务输出,增加非贸易外汇收入。

　　　　　　　　本文发表于《发展战略报》1987 年 12 月 19 日。

海南建立第二关税区问题的探讨

作为我国最大的经济特区，海南将实行一系列优惠政策，许多在国际上行之有效的合作方式和管理方法都将在这里试行。这样，建立"第二关税区"也就自然而然地成为人们议论的话题。建立"第二关税区"在我国还没有先例，理论界也缺乏研究，本文就这个问题谈点看法，权作抛砖引玉。

一、"第二关税区"的含义

要弄清什么是"第二关税区"，首先必须对"关税"的概念有一个了解。关税是进出口商品经过一个关境时，向政府设置的海关缴纳的一种税收。海关也就是设置在国境上的国家行政管理机构，征收关税是它的主要任务之一。而海关管辖和征收关税的领域，就是关境（又称"关税领域""海关区域"或"关税国境"）。从世界各国的通例来看，关境与国境是合一的，但也有些国家在其国境内设有自由港、出口加工区、自由贸易区等经济特区，关境和国境相分离，关境小于国境，相反的情形是，有些国家缔结成关税同盟，参加关税同盟的国家的领土就成为统一的关境（最著名的是欧洲经济共同体），这时关境就大于国境。

很明显，海南建为我国最大的经济特区，实行进出口商品（除烟酒外）免税的政策后，我国的关境将小于国境。这样，国境大出关境的部分就是"第二关税区"。因此，最简单、直接的理解，所谓"第二关税区"就是国家实行特殊的经济政策，使进出口商品免征关税的区域。

根据1987年7月1日实施的《中华人民共和国海关法》，我国海关的主要任务是:(1)监管进出口关境的运输工具、货物、物品;(2)征收关税和其他税费;(3)查缉走私;(4)编写海关统计和其他海关业务资料。这里所说的关境无疑与国境是一致的。海南若作为"第二关税区",显然属于关境之外的区域,这样,海关监管的主要对象便不是海南进出"一线"(第一关税区)的运输工具、货物及物品,海关征收关税的主要对象也应该是海南向内地的"转口",查缉金银、文物等的走私以及携带、邮寄的淫秽物品;此外,海南的进出口在海关统计上也要做特殊处理。

二、建立"第二关税区"的必要性

海南在对外开放中,为什么要建立"第二关税区"呢? 我认为:

第一,不建立"第二关税区"就很难描绘出最大最特经济特区的图像。概括地说,海南要比深圳特区"更特"至少要表现为:一是在进口上绝大部分商品要有免税待遇;二是在出口上不要受许可证和配额的限制;三是境外人员进出方便和自由。这些内容恰恰是建立"第二关税区"的主要内容。

第二,不建立"第二关税区"就很难建立起宏观控制的市场经济,国际上的行之有效的合作方式和管理方法也难以实行。宏观控制的市场经济模式必须通过外贸、金融体制方面的一系列改革才能实现。"小政府、大社会"的体制改革,只能形成以企业(公司)为主体的、政府进行间接控制的体制,如果商品、资金、人员进出不自由,这种体制就难以运转。海南建立"第二关税区",实际上就是建立一个商品、资金、人员进出自由的、相互作用的、适应国际商品经济运行的市场经济体系,从而为实行国际上行之有效的合作方式和管理方法提供必不可少的条件。

第三,不建立"第二关税区"就很难在更大规模上引进外资。前面指出,海南建立"第二关税区"有利于形成适应国际商品经济运行的体制,因为外资的生存繁殖最需要与之相适应的没有摩擦的体制。自60年代以来,"亚洲四小龙"利用外资的规模不断扩大,一个极为重要的条件是它们实行的是市场经济体制,推行"自由化、国际化"的政策。实际上,国际上大的投资者的经营活动一般都是在自由市场上进行的。由于很多因素的制约,海南要利用更多外资,不能靠"小打小闹",必须通过建立"第二关税区"推动新的经济体制的形成,以适应国际资本运动的需要,吸引更多国外资本。

第四,不建立"第二关税区"就很难形成吸引人才的良好环境。在这一点上,海南30多年来的实践是很能说明问题的。1950—1981年国家分配来海南的大中专毕业生1.37万人,后来调走大部分。1983年海南宣布建立"不是特区的特区",调进各类专业人才几千人。"汽车事件"发生后,又"流失"了很多。去年9月,国务院决定建立海南省,实行比经济特区更特殊的政策,仅两个月要求调来海南工作的知识分子就超过一万名。人才引进上的"大起大落",说明海南这个人才极为匮乏的地区要吸引人才,就得创造一个有利于人才发展的良好环境。要达到这样的目的,建立"第二关税区"无疑是一条捷径。

总之,在海南建立"第二关税区"是建设最大经济特区、促进海南经济开发的客观需要。

三、建立"第二关税区"的可行性

海南建立"第二关税区",也有其可行性。首先,海南四面环海,形成区别于大陆的"天然屏障",有利于建区后的管理。反思深圳,国家耗资一亿多元建设起来并设置了一千多名管理人员的特区管理线,启用后没能起到应有的作用,已经遭人诟病。相形之下,海南却有大海这道天然的"特区管理线",建设特区的条件比深圳优越得多。

同时,海南建设"第二关税区"也不会对全国带来太大的"负效应"。从财政关税看,1985年和1986年我国关税收入只占财政收入的11%和6.8%,海南年进口商品额也是很有限的。因而,海南进口商品免征关税对国家的财政收入不会有多大影响。从保护关税看,海南建立"第二关税区"后,免税进口的商品严格限制在岛内使用,转口内地要经过海关核准和补缴关税;同时,海南的人口相当于全国的0.57%,社会商品零售额相当于全国的0.51%(均为1986年),因此,海南免税进口商品不会对国内的工业构成威胁。

四、建立"第二关税区"须注意的问题

在海南建立"第二关税区"除了须分步骤、分阶段进行外,以下几个问题

应特别注意：

第一，注意避免"两难处境"。深圳特区管理线的使用使特区产品进入国内市场产生困难，而许可证和配额的限制又使特区产品进入国际市场产生困难，从而形成"两难处境"。这实际上是开放不彻底的结果。海南应该吸取深圳这一教训，建立起真正的"第二关税区"，即让商品、资金、人员进出自由，人民币及兑换券和港币同时流通，建立起弹性的汇率制度，等等。当然，海南的"第二关税区"不是"完全免税区"，对烟、酒等特殊商品仍要征收关税。

第二，注意不要割断海南与内地市场的联系。海南建立"第二关税区"有利于吸引和利用外资，但客观上也可能"淡化"海南与内地市场的关系，进而"淡化"海南经济的内向属性。海南经济的增长在相当大的程度上是靠国内市场需求的牵动，"淡化"不利于海南经济的发展。海南建立"第二关税区"后，与内地的贸易基本上应该按照进出口贸易的原则进行。由此可以找到解决"淡化"问题的一个方法：在严格控制进口商品转销内地的同时，可考虑用产地证的方法对海南的产品（至少在一定的时间内）网开一面，放宽内销的限制。

第三，建立"第二关税区"实际上是把海南推向国际市场，因而，必须大力发展海南的外向型经济。建区后，进口商品免征关税，受冲击最大的是海南的工业，必须采取有力的措施扶持和发展海南的工业。海南的工业是否能承受得了冲击，是否能显示出应有的竞争力，是海南建立"第二关税区"成败的一个主要标志。

第四，必须加强立法和严格管理。一方面，要以立法形式来确定海南"第二关税区"与内地的经济贸易关系；另一方面，要以立法的形式保证外商按照国际惯例在海南开展投资经营活动。与此同时，要对建区进行严格的管理，与内地的"转口"贸易尤须严格按照有关政策、法令进行。如果管理不严，在贸易、金融等方面对内地市场造成冲击，对有关工业构成威胁，那么，海南建立"第二关税区"就难以成功。

本文发表于《亚太经济时报》1988 年 1 月 24 日。

关于海南的产业政策问题

　　国内外的实践表明,欠发达地区要实现经济赶超,必须有意识地扶植战略产业,也就是政府必须对资源在各个产业、企业间的配置进行干预。目前海南的产业结构存在很多不合理的现象,是海南办大特区、发展外向型经济、参与国际大循环的主要障碍。

　　比如,基础产业如能源的发展严重滞后,成为海南经济增长和发展的"瓶颈"。进一步地分析,海南的产业组织规模分散化、小型化、低效益化,使二次产业高度弱化,不能成为海南经济发展的主导力量。1986 年,全岛有 1523 个工业企业,其中,小型企业 1483 个,占的比例高达 97.4%(产值占 63%),但其全员劳动生产率只为全岛平均水平的 76.5%,占全岛的 92.7%,亏损额占67.4%,说明小型企业的效益普遍差。海口的情形更突出。小型企业占全市企业数和产值的比重分别高达 98.6% 和 84.1%,全员劳动生产率在全岛 19个市县中排名第七,亏损企业数为全岛的 16.9%,而亏损额却占 57.6%(以上均指全民所有制独立核算企业)。由于缺乏一定的规模经济,使海南的二次产业高度弱化。1986 年海南第二次产业就业人数及产值占全岛就业人数和国内生产总值的比重仅分别为 9.49% 和 22.5%,在三次产业中最低。1978 年工业占全岛国民收入的比重为 22%,1986 年则降为 16.2%。工业远未成为海南经济发展的主导力量。

　　与此同时,各县市的产业结构趋同化。农业如此,工业也如此。如在全岛 19 个市县中,1986 年有 14 个市县生产水泥、17 个市县生产家具、16 个市县生产蔗糖、9 个市县生产饼干、2 个市县生产电视机(1985 年为 7 个),这样一种状况,其结果是生产规模普遍小、成本普遍高、质量普遍低,所以,尽管全岛有近 3/4 的市县生产水泥,但有 2/3 的水泥还是要靠外地供应。

海南的经济开发亟需产业政策的指导。因为,决定宏观经济效益的关键,是资源的合理配置和企业组织结构的合理化,而解决这个问题要靠产业政策和企业组织结构政策进行干预。要把发展战略与产业政策的研究结合起来。可以说,海南进一步开放与发展的关键就是要通过产业政策的诱导作用,改变目前那种由于重复布点、盲目建设而造成的普遍没有规模经济、低效益和浪费(如很多糖厂"吃不饱")的产业结构,优化资源配置和使产业结构高度化。

海南产业政策的确定首先涉及的一个核心问题是战略产业的选择,也就是产业结构政策问题。海南的战略产业可以划分为基础产业、主导产业和先导产业。对海南的基础产业,如农业的发展要稳定,能源、交通、通讯等的发展要超前,人们已有共识。本文所要强调的是海南的主导产业、先导产业。

确定海南的主导产业时,我们必须考虑这些因素:(1)对本地资源(包括自然资源和劳动资源)的利用程度;(2)有较高的劳动生产率;(3)在工业总产值或国民生产总值中占较大比重,已经或将成为支柱产业;(4)较高的附加价值,是积累和国民收入的重要来源;(5)较高的关联性,能够带动大批产业的发展;(6)区域、国内、国际对其产品有较大的需求;(7)能够保持持续增长的态势;(8)节约能源、低消耗、少污染等。

根据这些要求,我们可以初步确定,食品加工业、轻纺工业可以作为未来一定时期内海南的主导产业。1986 年,在海南的食品加工业、轻纺工业中,仅食品加工业(包括饮料)、橡胶制品业和纺织业的产值就占海南全岛工业总产值的 50.25%,但它们的企业数只相当于全岛的 25.2%。这些产业的全员劳动生产率都相当高,如食品加工业为 15205 元,纺织业为 15432 元,而橡胶制品业则高达 19928 元,都远远高于全岛 9938 元的水平。1985 年,制糖工业占海南财政收入的 28.8%,1987 年,海南已拥有年产值超亿元的纺织企业。

国外市场对食品轻纺业的产品都有较大的需求,同时,这些产业的开发,充分发挥中央给予海南的特殊政策优势,利用海南的自然资源优势,一方面通过外引内联,进行技术开发,促进产业的高附加价值化。这既可推动海南农业产业结构的调整和完善,提高农业的集约化水平,又能够为工业的开发提供必要的资金积累,带动相关产业的发展。另一方面,利用海南丰富的劳动资源,扩大利用外资规模,参与国际大循环,在国际分工和国际竞争中,取得后发性利益。

旅游业也应确定为海南的主导产业。

作为主导产业,我们主要考虑的是规模性利益、资源的利用程度及相关产业的带动性等问题,但对于先导产业,比如,新技术、高技术的开发和应用,一个重要着眼点是促进海南产业结构的战略转换和高级化,并最终形成新的主导产业。为此,电子工业、适当规模的石化工业、生物工程以及新技术产业都可确定为海南的先导工业。以电子工业为例,海南可以利用石英原料优势和中央给予的政策优势,开发高中档的石英系列产品以及消费类系列电子产品和以微电子技术为基础的电算机与电讯装备为主体的现代高技术电子产品,形成有海南特色的电子工业基地,逐步成为海南的主导产业。

先导产业和主导产业的开发可以互相渗透,但从总的发展时序看,先导产业的开发规模要取决于主导产业。主导产业一定要集中力量进行开发,使其保持一定的增长率和发展规模,否则,整个国民经济的发展就会受阻。但总的要求,在本世纪末或下世纪初,海南要形成以劳动密集型产业、国内市场为基础,新技术、国际市场为先导,三次产业协调发展的合理的产业结构。

海南的产业政策问题,不仅要考察各个产业间的比例、作用关系,还必须考虑产业内部的构成问题,也就是产业组织问题。海南产业组织政策的一个核心是,要打破各部门、各市县间的经济壁垒,建立起要素流动机制,形成企业自由竞争的体制,提高企业的活力和创新能力。同时,在域际分工专业化的基础上,形成一定的集中度和分散度,以保证实现规模经济。

由此引发出的一个思路是,要创造条件,使不同类型或所有制的企业,有相当平等竞争的机会和条件。从某种意义上说,经济的运行机制直接关系着产业结构的自我适应和调整能力。但是,我们又必须看到,企业模式的选择同样也直接决定着产业间的合理化、集约化、高级化及转移的可能程度,由此我们又可引发出,海南要形成自己的主导企业和集团企业。否则,前述海南产业结构存在的主要问题无法改变。

主导企业作为在产业或国民经济中处于某种程度的支配地位的企业,我们可以通过它们的行为、力量影响或制约其他企业的行为以至整个产业或国民经济的发展。海南产业发展出现的很多问题,如生产能力闲置,众多力量均衡的企业竞相投资生产"热门货",所造成的"混战"直到产品大批积压才各自偃旗息鼓、鸣金收兵等,一个重要的原因就是没有主导企业在发挥作用。特别是,海南要办大特区,发展外向型经济,不发展主导企业就难提高国际竞争力。

发展社会化大生产必然要求形成企业集团。企业集团是生产要素的再组合,是实现资源配置合理化和企业组织结构合理的重要选择。组建企业集团也符合当今世界经济发展中,大中小企业并存和相互渗透、融洽的趋势。但是,要真正发挥企业集团的作用,必须对企业集团的标准作出规定,符合规定的企业集团即可享受相应的优惠政策待遇。然而,现在海南不少部门、市县赶"时髦",把几个企业拼凑或联合,作为企业集团,这是流于形式的表现,没有多大实际意义的。台湾也有很多企业集团,是由一个或者若干个大企业为中心的若干个独立企业结合起来的,并已发展为台湾工商业的骨干。1979年,台湾民营企业集团营业总额达到新台币 3819 亿元(约合 106 亿美元),占当年台湾国民生产毛额的 40.61%。但是,台湾对其集团企业的标准有规定,如 1974 年确定集团企业为范围限在资本达新台币 1 亿元以上;核心公司设在台湾并有 3 个以上分子公司以及台湾私人资本占 51% 以上的民营企业。1976 年又重新核定,即把资产总值和销售总额从新台币 1 亿元改为 2 亿元以上。国家体改委对我国发展企业集团已提出若干新规定,把企业集团看成是以一个或几个大型骨干企业为主体,由多个有内在经济技术联系的企业、科研设计单位、金融机构组成的经济实体,具有生产、科研、开发、销售服务的综合功能和承诺大型工程项目的水平。对于企业集团要扩大自主权,进一步放宽政策,但不能给一般的经济联合体冠以"企业集团"的称号。海南极有必要根据海南的实际和发展外向型经济的要求,对企业集团作出规定,并制定出相适应的优惠政策,以避免企业集团像前几年曾泛滥一时的冒牌公司一样到处出现。

为了顺利实施海南的产业政策,还必须有与产业政策相配套的政策体系。主要包括:

(1)投资政策。如政府资金主要投向基础设施与基础产业,第一产业要靠自我积累及相应的地方政府投入;第二、第三产业要靠社会集资等;

(2)技术进步政策。引进技术要以应用技术、适用技术以及消化、吸收、创新、推广为中心，建立技术引进国产化机制和基金以及责任制度；

（3）财政税收政策。利用财政投资、补贴、加速折旧、减免税等措施，加快发展战略产业；

（4）金融政策。充分发挥利率、汇率对产业结构的调节作用，对支持产业给予低息的贷款甚至贴息和较长的贷款期限及外汇供给；

（5）进出口贸易政策。对于扶持的战略产业，给予相应的出口鼓励或进口限制措施；

（6）在必要的时候，制定产业发展法，以法律手段来促进产业结构的转移。

此外，实施海南的产业政策要有相应的组织措施。即要有一定的组织机构长期从事海南的产业政策研究并制定相应的政策以及协调产业政策的实施。

本文写于 1988 年 3 月，收在钟业昌著《海南经济发展研究》，中国科学技术出版社 1991 年版。

海南参与国际大循环问题的思考

海南作为我国最大的经济特区,发展外向型经济,参与国际大循环,这是必然的选择。问题在于,从海南的实际出发,海南究竟应采取什么样的姿态、什么样的策略来参与国际大循环。

海南现时的对外开放面临很多有利的条件。从世界看,在和平与发展的大背景下,发达国家和一些发展中国家(地区)随着日元等的相继升值和劳动费用的变化,正在进行经济战略和产业结构的调整。从国内看,改革的进一步深化,对外开放的进一步扩大,国际大循环战略的提出,沿海地区经济发展战略的实施,形成了一个非常好的"大气候"。至于中央、国务院决定海南建省、办大特区,进行全面性的超前改革,更是海南千载难逢的好机会。

机遇是均等的。这就意味着机遇与挑战、竞争同在。从亚太地区看,凭借着各自的比较优势,竞争已很激烈,形成了日本、"亚洲四小龙"和东盟各国相互追赶的竞争格局。这种追赶,在时间序列上,表现出"产业的错位重叠"。为了竞争,亚太各国(地区)都注意采取各种措施,引进国外的资金和技术。如在提高办事效率和改善投资环境方面,新加坡机场实施随到随签即可入境的规定,马来西亚保证外商自入境之日起,两个月内可以多次出境与入境,泰国则把外商签证期从过去的 5 天缩短为现在的 3 天,特殊的在 24 小时内就能取得签证,印度尼西亚则把过去的 26 道投资手续,简化为 13 道,审核时间由 3 个月缩短为 1.5 个月,马来西亚的工贸部长公开表示,如果提出申请一个半月仍没有得到答复,则可直接找他。此外,在财政税收方面各国(地区)也注意为投资者提供优惠。如泰国允许外资企业拥有土地及劳工和家眷的居留权,并对设在投资鼓励地区的企业或输出形态企业,实行延长减免税期限和降低税率等追加措施。

在国内,主要是从沿海地区看,竞争也已开始。但在现阶段,主要表现在"三来一补"上。如福州市提出发展"三来一补"的主要政策是下放对外签约权,今明两年市区工缴费收入地方留成外汇额度全部留给企业,以及项目的客户在国内的亲属优先安排就业等。厦门市决定,"三来一补"外汇留成比例为:企业95%、县区3%、市2%。湛江市提出的比经济特区、珠江三角洲更为优惠的政策是,对外加工装配企业职工劳务费标准比经济特区、珠江三角洲低10%至25%,企业的工缴费收入视完成利润任务,计提企业职工奖金和福利金,对外加工装配企业的工缴费收入免税3年,期满后纳税确有困难的,经市税务部门批准,可继续减免营养税和所得税。收入留成外汇分成给加工企业使用,不受控汇指标限制,并允许进入外汇调剂市场。对兴办"三来一补"项目搭桥牵线者,在企业投资后,企业可按第一年实收工缴费的5%人民币的比例提取奖金,奖给个人,奖金允许进入生产成本。

面对这样的态势,海南除了要有参与国际大循环的紧迫感、危机感外,关键的是要冷静思考海南参与国际大循环的正确思路与对策。我认为,从海南的实际出发,必须重构海南参与国际大循环的思路。

我们知道,国际大循环论的提出,是基于这样的认识:我国走向成熟工业化阶段所面临的主要矛盾,一是农业与重工业争夺资金的矛盾,二是沿海与内地争夺原料的矛盾。解决这两个矛盾,把沿海丰富、素质也较好的劳动力转到国际大循环,以沟通农业与重工业、沿海与内地的循环关系是很好的思路。由此引发出沿海地区参与国际大循环的主要对策:一是要发挥乡镇企业的作用。因为,乡镇企业是农业劳动力的载体,劳动力资源丰富、价格低廉,且体制灵活、竞争意识强烈。二是要走"两头在外,大进大出"的路子。只有这样,把原料来源和销售市场放在"外",才能更好解决沿海和内地争夺原料的矛盾。

在思考海南参与国际大循环问题时,我们要看到:

第一,从国际因素看,我们不能对发达国家的产业转移过分乐观。实际上,发达国家和一些发展中国家尽管生产费用上升,但并不意味着它要放弃已有的市场份额。美国等发达国家对轻纺产品所采取的保护态度自不必说,在新技术革命的作用下,一些发达的工业国家已出现了对劳动密集型产业进行技术改造和技术更新的趋向,纺织、制鞋等产业的"本国化"趋势正在加强。

第二,从沿海地区的竞争看,劳动力资源并不能构成海南的比较优势。海南的劳动力素质比不上沿海经济发达地区,作为经济特区,劳动力的费用又较高。而且,海南的能源供给和交通运输能力呈明显劣势。尽管海南与港澳相近,与东南亚一衣带水,但海南的海运相当落后,没有自己的船队,港口吞吐量很小,1986 年海口港的货物吞吐量如放在沿海 14 个开放港口城市中比较,是仅次于北海而倒数第二,当年全岛港口的货物吞吐量只及湛江港的48%。与此同时,海南的乡镇企业非常落后。

第三,从海南的经济格局看,最迫切需要改变的是输出原料而购进制成品的"畸形"格局。由于经济技术落后及体制上的原因,原料的粗加工是海南经济的主要特征,1986 年海南的橡胶产值 9.46 亿元,而橡胶制品业的产业仅0.93 亿元,大量的原料输往内地加工,1985 年仅橡胶、铁矿石、食盐这三项的输出量就占海南三大港口物资输出量的 73.74%,如果把食糖算进去则高达约 91.7%。而 1986 年海南从大陆各地调进的工业品占全岛工业品购进总额的比重达 88.1%。这样,海南建省理顺体制后,如何利用特殊的政策,来扭转输出原料或半成品到内地加工而高度依赖内地制成品供应的格局,是海南经济发展的重要课题。

第四,从海南大特区建设目标高、起点低的实际看,海南既要参与国际大循环,更需要沟通岛内、国内的大循环,而且,岛内、国内的大循环是海南参与国际大循环的基础。

第五,从特殊政策的效应看,海南难望做到"两头在外"。一方面,海南自产品的出口除国外有配额和个别特殊商品外,不受国内配额和许可证的限制,而内地的原材料或半成品在海南加工增值 20%后,可视为海南的自产品享受出口的优惠政策待遇,这样,内地将有更多的原料和半成品流入海南加工出口;另一方面,海南省内企业可以免税进口原料加工产品在省内市场销售,而且,海南产品内销内地比起其他经济特区来要容易,这样,可望有更多的"准洋货"(进口原料加工组装的产品)占领岛内市场和销往内地。

这就提出了一个问题,海南参与国际大循环是否需要和可能做到"两头在外"? 重构海南参与国际大循环的思路是很有必要的。重构的基础在于对海南比较优势的认识。资源无疑是海南的优势,但如果我们把海南的资源与市场进行组合,就容易发现,其自然资源的主要比较优势是在国内,而劳动力资源以及一定的历史文化资源的比较优势是在亚太地区。但从与国内、沿海地区竞争看,也就是从海南对外资的吸引力看,海南参与国际大循环的比较优势又在于,一是"绝对政策梯度差距"优势。因为,随着时间的推移,沿海绝大多数地区和内地不可能获得像海南现时所拥有的如此特殊的政策。(其精华是三个进出"自由",即资金进出自由、境外人员进出自由、货物进出基本自由。)二是"相对体制(改革)时间差距"优势。海南现时正在进行全面性的改革,这种优势只是时间上的,随着时间的推移,沿海、内地的体制可以趋向于与海南的"重叠"。

这样,乡镇企业、"三来一补""两头在外"便不能构成海南参与国际大循环的主要思路,而是要一定的时空里来构想。根据前面的分析,海南参与国际大循环的总思路应是:以国内、岛内和国际市场作为载体,以岛内、国内的大循环为基础,以国际大循环为目标,以特殊政策的"梯度差"和灵活体制的"时间差"为推动力,实现生产要素、产业和区域发展的内外大循环。也就是,商品、资金、技术、信息和人才的大循环,工业与农业的大循环,科学技术与生产力的大循环,岛内的大循环、国内的大循环、国际的大循环。

具体地说,海南经济的大循环包含以下三个层次:

岛内的大循环,这是海南的第一个循环层次。而岛内大循环的关键是农业与工业的循环。我们知道,30多年来困扰海南经济发展的一个突出问题是农业与工业的关系。尽管现在海南的经济发展战略已经确定海南的经济模式是以工业为主导,但是,我们仍然可以断言,粮食与热带作物的矛盾、耕地有限而粗放经营依然如故、资源加工业(海南轻工业约77%以本地的农产品为原料)的发展与热带作物的非集约生产、水利设施的严重不足与自然灾害等因素,将是阻碍海南经济发展的重要因素。

海南作为一个典型的农业经济形态社会、作为一个要大力发展工业的大特区,工业与农业的关系,又表现为市与县的关系、优先发展地区与滞后发展地区的关系。具体的分工格局大致是:市级优先发展地区重点发展工业,县级滞后发展地区优先发展农业。这种格局是符合海南的实际的。问题在于,现时的海南既有像"两院"(华南热带作物学院和华南热带作物研究院)那样处于先进地位的技术水平,又有极为落后的生产方式。对于海南来说,远远谈不上技术进步对经济增长的作用。以工业而言,技术进步对产值增长的作用,1980—1984年佛山市为42.5%,海南只有29%;就农业而言,海南水稻的亩产量只及广东全省平均水平的63.2%,糖蔗亩产量只及广东的52%和福建的42.6%,咖啡亩产只及菲律宾的30%左右。

这样,岛内的大循环关键又在于科学技术与生产力的循环。

海南与内地的大循环,这是海南第二个循环层次。全国的支持是海南经济起飞的保证。海南办大特区将会更密切而不是割断与内地的经济联系,因此沟通海南与内地的大循环有重要意义。

海南与内地的循环是物资、商品、技术、人才的循环。而这关键是体制、政策的循环。体制、政策的循环有利于促进生产要素的流动。而海南作为我国的超前改革地区,也必须注意沟通新体制与旧体制的循环关系。具体地说,海南与内地的体制、政策的循环主要是:计划调节与市场调节的循环。海南将实行的是"市场经济"模式、经济运行主要靠市场调节,因此,海南与内地的体制循环转换为:(1)市场调节与计划调节的循环;(2)贸易体制的循环。海南大特区的建设将放开"一线"、管好"二线"、建立"第二关税区",这样,海南与内地的贸易关系将是一种新型的贸易关系,在贸易方式、输出输入方法等方面都与过去不同;(3)金融体制的循环,当中最主要的是货币制度与汇率制度的循环。如果海南发行"琼币"(海南货币),则有"琼币"与人民币的关系,如果不发行"琼币",海南的开放深度难以实现,外汇市场的建立也更复杂。

海南与亚太(国际)的大循环,这是海南第三个循环层次。海南经济开发要转向国际市场,要以国际市场为导向,因此,海南与亚太(国际)的循环是要通过走工业化的道路,促进内向型经济向外向型经济的转变。海南在中国这个坐标系中,劳动力资源不是比较优势,但自然资源具有很强的比较优势,而在亚太(国际)这个坐标系中,刚好相反。因此,以国际市场为导向作前提,海南与亚太(国际)的循环由内向型经济的循环转向外向型经济的循环,又转化为资源开发工(农)业与市场导向工(农)业的循环,劳动密集产业与技术密集产业的循环。以后而言,海南不发展技术密集产业,不实现产品的深加工、技术的优化和提高竞争力,是不可能参与国际大循环的。

体制的循环也是海南与亚太(国际)循环的一个方面。但是,海南实行比其他特区更开放、更特殊、更优惠的政策,国际上行之有效的合作方式与管理方法将进行试验,这将使海南的体制与国际商品经济和资本的运行呈"顺运行"的状态,并趋向"重叠",因此,这方面的循环比起海南与内地的体制、政策的循环次要一些。

以上分析可以看出,海南参与国际大循环的思路不仅仅是发展"三来一补"劳动密集型的产业,而是要在更广阔的时空里,在海南这一特定区域的背景下,沟通产业的循环、区域的循环,最终形成体制、政策和市场、资金的循环。

在这样的复合大循环中,岛内的大循环是基础。对此,要采取特殊的政策,引进适用技术、实用技术,完善技术市场,推动技术进步,在市场机制的作用下,促使科学技术转化为生产力。海南参与国际大循环,是一个由内部大循环到外部大循环的过程。而内部的大循环是由海南第一、第二循环层次构成的,这样,海南与内地的大循环又构成了海南参与国际大循环的基础。而外部的大循环,也就是海南与亚太(国际)的大循环,可以推动和促进内部的大循环。这种大循环所构成的基本格局是,以市场作为载体,以灵活的体制、特殊的政策作为推动力,实现商品、资金、技术、信息以及智力的内外大循环。

根据这样的思路,海南实施复合大循环的战略的基本要求是:

第一,大力推进计划体制、投资体制、外贸体制、金融体制以及科技体制的改革,建立和完善商品市场、技术市场、信息市场、资金市场、人才市场,实现海南经济运行的市场调节。以灵活的体制、特殊的政策,作为海南吸引外资、内资的"比较优势"。

第二,发挥岛内市场、国内市场广阔的优势,使市场引技术、市场引外资、市场促出口。市场、产业的开发做到"可分性",即劳动密集型产业的发展面向出口,而以市场换技术,以市场促进岛内资源的开发。

第三,多形式、多层次地利用外资。"三来一补"海南应该发展,但不能全岛"开花",不能十几个县市以及农场一起上,而是根据经济发展规划和生产力布局的要求,集中在沿海一带有条件的地方进行。同时,"三来一补"要注意发展"关联性"产业,不要过多地发展那些"孤岛"式产业。海南应该利用体制、政策、市场优势,重点兴办"三资企业",特别是合作经营企业,提高利用外资的档次。

　　第四,开辟各种形式的工业区或出口加工区。如可建立专门吸引内地原料和半成品加工出口的"大陆出口加工区",以专门吸引我国台湾、香港地区和泰国商人投资的"台湾出口加工区"(台湾一些集团设想来海南收购土地开发)、"香港出口加工区""泰国出口加工区"(海南的华侨主要在泰国),也可以像菲律宾和泰国那样开辟单项产品加工区(制鞋业加工区和石化工业加工区)那样,建立单项产品(如旅游工艺品)加工区等。

　　第五,组建和发展企业集团和跨国公司。要有意识地把一些企业集团和外贸专业公司扶植和发展为跨国公司。没有企业集团和跨国公司作为骨干力量,海南难以提高国际竞争力,参与国际大循环是循环不起来的。

　　　　本文摘要发表于《海南日报》1988 年 4 月 8 日,收在钟业昌著《海南经济发展研究》,中国科学技术出版社 1991年版。

海南对外开放的三次浪潮：回顾与展望

　　1988 年 4 月 13 日，第七届全国人民代表大会第一次会议，通过了设立海南省的决定和建立海南经济特区的决议，使海南翻开了具有巨大历史意义的一页。海南的对外开放，从 1980 年提出到现在，经历了"三次浪潮"。这八九年间，海南的开放与开发取得了很大的成绩，也出现过严重的失误。现在，中共中央和国务院决定海南建省、办全国最大的经济特区，充分说明了像海南这样特定的发展区域，以开放促开发是历史发展的必然选择。

海南第一次对外开放的提出

　　海南的对外开放最早是 1980 年提出来的。是年 7 月 24 日，国务院批转《海南岛问题座谈会纪要》（国发〔1980〕202 号），从而拉开了海南对外开放的历史序幕。

　　根据国务院领导同志的指示，1980 年 6 月 30 日—7 月 11 日在北京召开了海南岛问题座谈会。这个座谈会认为，海南岛是我国少有的热带宝地之一，面积同台湾岛相近，解放 30 多年来，经济有了较大的发展，特别是橡胶和其他热带、亚热带资源的开发利用，取得了显著成绩。现在海南岛植胶面积占全国植胶总面积的 56%，干胶产量占全国总产量的 70%，已经初步建成了我国最大的天然橡胶生产基地，对社会主义事业作出了重要贡献。但是，由于历史条件的局限，在发展方针和一些政策上的问题长期没有解决好，社队经济的发展和群众生活的改善，步子都比较慢，当前仍然比较穷困，地方机动财力很少，发展生产的能力很薄弱。海南岛存在巨大的发展潜力。只要认真总结经验，调整好方针政策，把广大农民和职工群众的积极性进一步调动起来，自力更生，艰苦奋斗，加上广东省和全国的必要支援，海南建设事业的发展将是很快的。

对于加快海南开发建设的方针和政策，国务院7月24日批转的《纪要》强调，对海南"当前主要靠发挥政策的威力，放宽政策，把经济搞活"。其中的第一条政策就是："在进出口贸易上，主要是对香港的出口，应让海南有更大一些自主权。对外经济活动可参照深圳、珠海市的办法，给予较大权限。外贸和其他外汇收入的增长部分，可给海南留成多一些，以利于以进养出。"

由于有了对外经济活动可以参照深圳、珠海、厦门和汕头4个经济特区的做法的特殊政策，使海南岛在当时中国的开放格局中，处于"准特区"的地位。

1980年海南的开放是在已经进行长达30年开发的基础上提出来的。海南是1950年解放的，经过30年的开发，当中出现过"橡胶热""热作热""农业机械化热""南繁育种热"等，但由于多种原因，海南依然相当贫困落后。在这样的背景条件下，中央提出对于海南岛的开发"要从方针、政策上根本解决问题"。

海南第一次的开放又是在广东、福建两省实行特殊政策、灵活措施和试办经济特区的条件下提出来的。1979年4月，中央工作会议正式提出"试办出口特区"和广东、福建两省实行"特殊政策灵活的措施"。经过一年多的实践，广东、福建两省的工作有很大成绩，证明中央决定两省在对外经济活动中，实行特殊政策和灵活措施是正确的。这为海南的开发提供了一种可供借鉴的思路。

但是，由于种种的原因，海南对外开放的局面没有真正打开。1980—1982年的3年时间中，海南全岛签订的外商直接投资项目数仅23个，协议规定的利用外资额为5502万美元，实际利用的只有195万美元。1980年海南的出口总值为1829万美元，1982年为2027万美元，年平均仅增长5.3%。1980—1982年全岛接待的海外游客是2.18万人次，1982年的旅游创汇只有82万美元。这都表明，1980年海南的对外开放成效不显著，海南对外经济活动的规模不大、发展也不快。

这些原因主要是：

第一,我国的国民经济正处于调整时期,国家没有更多的钱投入海南。中央领导也难以把更多的时间和精力考虑海南、把海南的开发建设摆上重要议事日程。

第二,从全国的对外开放看,1979年7月19日,中共中央、国务院正式批转《广东省委、福建省委关于对外经济活动实行特殊政策和灵活措施的两个报告》,由于实行特殊政策、灵活措施的时间不长,经验不足,很多方面都在探索、调整之中,因此未能在客观上形成促进海南加快对外开放的"环境"。

第三,由于长期的封闭,一方面,外界对海南的资源、发展情况及环境条件都缺乏应有的了解;另一方面,从海南本身看,长期以来处于"闭岛锁区"状态,一旦决定对外开放,思想观念上、组织上的准备不足就表现了出来,特别是组织机构和领导班子的调整配备问题未解决,使各方面的工作不能适应对外开放的新形势,从而使海南的对外开放处于学习、思考、准备和酝酿的阶段。

第四,长期以来,基础设施的建设被忽视,使投资环境极差。1952—1980年,国家投入海南的资金仅43.38亿元左右,其中,投入交通运输的只有2.5亿元,占5.8%。投资环境状况如何可想而知。正如谷牧同志1982年12月所说,海南的基础设施太差,港口、道路、电讯都不行,有心投资的华侨、外商到那里一看,大都摇头而去。

第五,也许是更为重要的,就是中央的政策基本未贯彻执行。国务院202号文件是正确的,但由于各方面认识不一致,这个文件中有些重要规定(主要是有关对外经济活动方面)未能得到实现,直接影响到海南岛的开放与开发。

尽管如此,1980年海南第一次对外开放的提出,毕竟结束了海南长达30年"闭岛锁区"的历史,开创了以对外开放的方式促进岛内开发的新路子,是海南百年、千年开发史的一个重大转折,在海南的经济开发史上具有特殊的意义。开发方式的转变是海南的新生。

海南第二次对外开放的沉浮

海南真正的对外开放是1983年。1983年4月1日,中共中央、国务院批转《加快海南岛开发建设问题讨论纪要》(中发〔1983〕11号),明确规定为了加快海南岛的开发建设,要在政策上放宽,给予海南较多的自主权。同时,要求中央各部门从人、财、物上积极给予必要的直接支持。1984年5月4日,中共中央、国务院批转《沿海部分城市座谈会纪要》中又提出,要搞好海南岛的开发建设。要求海南要抓紧制订全岛的建设规划和近期内的具体安排,运用中央给的政策和权限,积极开展对外经济技术合作。

从此,海南的对外开放进入新的高潮。

这次高潮出现的主要背景按照当时的分析,是海南的对外开放具备了"天时、地利、人和"的有利条件。所谓"天时",是指中央对海南的开发非常关心,真正下了决心,大力支持,把海南岛的开发建设摆上了重要议事日程。同时,经过几年的国民经济调整,国家已经有力量腾出手来更多地支持海南的建设。而且,广东、福建两省实行特殊政策和灵活措施以及开辟4个特区的经验,可供海南借鉴,使开发建设少走弯路。所谓"地利"是海南地处热带、亚热带,资源丰富,且是个岛,有利于实行更加特殊的开放政策。所谓"人和"是指加快海南岛的开发建设是人心所向。

的确,中央和国务院对海南的开放开发是很关心的。

早在1982年10月12日间,中央就已经发现,国务院1980年202号文件是很正确的。但是,由于有关方面认识不一致和组织措施方面的问题,这个文件中的有些重要规定,基本上没有具体落实和贯彻。为了贯彻党的十二大精神,充分利用国内外的有利条件,加速开创海南开发建设的新局面,1982年10月中央领导同志作了"海南不作为特区,但对外合作可给以较多自主权""海南孤悬海外,政策可以从宽"等批示,加快海南岛的开发建设问题又提到中央和国务院的议事日程上来。1982年11月,王震同志在广州为此组织过座谈会,12月谷牧和王震同志一起,请张劲夫、任仲夷、刘田夫同志以及农林部门的有关同志,讨论开发建设海南问题。1983年1月,在海南又专门召开开发建设海南岛的座谈会。2月,胡耀邦同志在春节期间特地视察海南,2月9日、3月5日和12日,谷牧同志召集国务院有关部门负责同志进行了讨论研究,3月18日国务院召开常务会议,讨论通过了加快海南岛开发建设问题的讨论纪要。4月1日,由中共中央、国务院批转了这个《纪要》。这样一系列背景下形成的《纪要》,充分认识到加快海南岛的开发建设,对于支持全国的四化建设,加强民族团结,巩固祖国的南海国防,促进台湾回归、完成祖国统一大业是有重大意义的。

由中共中央和国务院批转的这个《纪要》,明确了加快海南岛开发建设的方针是"对外开放促进内部开发",并决定对海南岛放宽政策,从 8 个方面给海南岛在对外经济合作方面以较大的自主权,使海南岛成为"不是特区的特区"。

与此同时,为搞好海南的开发建设,中央还要求海南要搞好总体规划。经过多方讨论、详议(其中包括全国 30 多个单位 60 多名专家和科技人员参加的讨论会)和运用系统动力学的科学预测方法验证,1984 年 9 月底初步拟订《海南岛社会经济开发规划(1986—2000 年)》。这个规划提出,到 1985 年底海南的工业总产值要翻一番,1990 年工农业总产值在 1980 年的基础上实现翻两番,到 2000 年海南的国民生产总值要达到 187.5 亿美元,使海南在生产发展、科技进步、人民生活三个方面赶上台湾 80 年代初期的水平。

这个规划是宏伟的,中央的政策是正确的,使海南的开放与开发取得明显的进展,经济开发的规模和速度都是前所未有的。1983—1986 年的 4 年间,全岛签订的客商直接投资项目 265 个,协议规定的利用外资额 1.99 亿美元,1983 年的出口总值为 1577 万美元,1986 年为 3840 万美元,年均增长34.5%,1987 年海南的出口总值则首次突破 1 亿美元,达到 1.24 亿美元。旅游业在这 4 年间总共接待的海外游客达 12.56 万人次,年平均增长 43.7%,旅游创汇 2404 万美元,年平均增长 84.6%。1980—1986 年海南工农业总产值年均增长仅 7.5%,1983—1986 年则为 13.6%。

但是,海南在对外开放中由于没有很好地执行中共中央、国务院关于开发建设海南岛的方针,而是从局部利益出发,钻政策的空子,滥用中央给予的自主权,导致出现了大量进口倒卖汽车这一我国实行开放以来的重大事件。中央 11 号文件明确规定:"海南的开发建设,必须立足岛内资源优势,充分挖掘内部潜力,讲求经济结构。""积极稳妥地利用外资,引进先进技术,发展进出口贸易和旅游事业,以对外开放促进内部开发。""对国家控制进口的商品,必须从严掌握审批","只限于在海南行政区内使用和销售,不得向行政区外转销"。然而,从 1984 年 1 月 1 日至 1985 年 3 月 5 日,海南共批准进口汽车(包括组装件)8.9 万多辆(90%以上是小轿车、面包车),已到货 7.9 万多辆,批准进口电视机(包括组装件)280 万台,已到货 34.7 万台;批准进口录像机

（包括组装件）25.2万台,已到货13.4万台;批准进口摩托车12.2万辆,已到货4.5万辆。在这些进口的物资和商品中,已有一万多辆汽车被倒卖出岛,其他的物资也大部分被倒卖出岛。海南"汽车事件"冲击了市场,违犯了国家的外汇管理规定,相对延缓了海南的开发进程。

海南大量进口和倒卖汽车等物资的事件被查实和正式披露后(1985年7月31日),原先享有的优惠政策被"收回",宏伟的规划变成"一纸空文",海南的开放与开发陷入全面性的"大萧条"之中。1986年海南签订的外商投资协议额为777万美元,只相当于1984年的6.48%和1985的13.2%,1986年的出口总值(3840万美元)也只是1984年的93.3%和1985年的47.33%。1986年,海南的工农业总产值仅增长8.9%。

海南对外开放的第三次高潮

静中有动。

"汽车事件"后的海南岛步履艰难。在政策被"收",又背着"汽车狂潮"所带来的巨大包袱的时候,中共中央和国务院及时给海南以支持和关怀。1985年10月30日—11月6日,谷牧同志到海南视察、检查工作,重申中央11号文件、国务院202号文件的精神不会变,海南岛"以开放促开发"的方针不会改变,强调海南要总结经验,认清形势,继续前进。1986年元旦,胡耀邦同志在海南就海南开发建设的方针作了重要指示。春节,中央有关领导同志视察海南,对海南所面临的问题和长远的发展战略、方针、政策,做了一系列重要决策,且就地解决了不少实际问题,鼓励海南广大干部群众,重新振作精神,坚持开放搞活,扎扎实实把海南的开发建设搞好。

与此同时,有更多的人在思考着"汽车事件"后海南开发的路子到底应该怎样走。从1984年5月31日,第六届全国人民代表大会第二次会议审议并通过国务院关于成立海南行政区人民政府的议案,决定海南行政区设人民代表大会和人民政府,是一级地方国家政权机关,到1986年8月21日,国家计委受国务院办公厅委托,同意海南行政区在国家计划中单列户头,赋予相当省一级的经济管理权限,人们越来越清楚地认识到,海南只有单独建省,在这个基础上采取更加开放、更加特殊的政策,海南的开发才大有希望。

经过很多著名人士的努力,1987年8月28日举行的第六届全国人大常委会举行第22次会议,将审议国务院提请的关于撤销海南行政区、设立海南省的议案。议案说,海南岛是我国第二大岛,面积3.4万平方公里,人口605万,海域广阔,资源丰富,雨量充沛,是一块热带、亚热带宝地。新中国成立30多年来,特别是党的十一届三中全会以来,海南岛的经济有了很大的发展,但由于受很多条件的限制,海南的优势没有充分发挥出来,与全国其他沿海地区相比,还有较大差距。议案认为,建立海南省有利于集中全国力量支援海南;有利于海南实行更加开放、灵活的政策;有利于简政放权、减少中间环节,提高办事效率。

9月5日,六届人大常委会决定将设立海南省议案提请七届人大审批,授权国务院成立海南建省筹备组开展工作。9月24日谷牧同志在北京宣布,海南岛比经济特区更加开放,在坚持四项基本原则的前提下,准备在海南岛积极采用国际上先进的科学管理经验。1988年4月13日,七届人大一次会议通过设立海南经济特区的决议,最终从立法形式上"划定海南岛为海南经济特区"。

海南的面积相当于深圳等4个经济特区总面积的65倍左右,人口也相当于4个特区市区总人口(包括农业及非农业人口)的近4倍(1985年末),实行的政策比深圳等经济特区都更加开放、更加特殊、更加灵活,因此,海南经济特区是我国最大的也是最"特"的特区。而大特区的建立,使海南翻开了开发建设具有决定性意义的新篇章。

海南第三次对外开放,与前两次有很多不同的地方,从中也可以看出,此次海南的开放前景是乐观的。

第一,海南这次的开放是在全国深化改革、进一步对外开放的大气候下提出来的。1987年10月召开的党的十三大提出,当今世界是开放的世界。我国的对外开放已经取得了重大成就,今后,我们必须以更加勇敢的姿态进入世界经济舞台,进一步扩大对外开放的广度和深度,不断发展对外经济技术交流与合作。之后,中央和国务院又提出了沿海地区发展战略。海南办大特区,就是我国进一步对外开放的重大部署,是我国对外开放的重要组成部分。

第二,海南这次开放与建省同时进行。海南的前途与建省密切相关。一句话,海南建省是对海南前途的根本性问题做根本性的解决。对于海南建省,100年前就有人提出过。到了1912年,孙中山先生提出海南建省的5点理由:一是"巩固国防",二是"启发天然资源",三是"发达该岛文化",四是"有利于国内移民",五是"行政之便利"。但由于各种原因,海南始终未能建省。

从地理条件、自然资源和历史文化等特点看,海南都是一个整体。但体制的分割却使海南处于"破碎"状态,即人们所称的"三国四方":地方(分为汉区、自治州)、农垦和驻军,它们各自为政。对此,中央也早已注意到。1983年11号文件强调:"海南岛的开发建设,是一个整体,必须加强党的统一领导。各项开发建设应当统一规划,统一安排,统一管理,统一对外。"而且,也相应地采取了一些重大措施,如1984年成立海南行政区人民政府,决定1987年开始海南实行计划单列,并赋予相当省级经济管理权限,但都未能从根本上解决问题。唯有建省,才是海南开放与开发的希望之所在。

从另一个角度看,建省后大型企业都下放给海南,使海南能从所拥有的资源中获得更多的直接利益,加快资金积累。

第三,以改革促开放。以前海南是"以开放促开发",此次增加了"以改革促开放"的内容。海南建省最主要的任务是发展生产力,因此,客观上迫切要求对原先的不适应生产力发展的生产关系和上层建筑进行彻底的改革。这除了把海南从广东省划出,单独建省,并享有比过去和现在其他省更大的自主权外,主要的还有推行"小政府、大社会"的政治体制改革和"不以全民所有制为主"的经济体制改革。所有这些改革,都将大大地使海南的经济充满活力,促进生产力的发展。

第四,建设经济特区。开放模式的模糊不清导致政策执行的走样,这是海南近几年开放的一个重大教训。因此,在建省的同时,把海南岛划定为经济特区,是非常重要的明智之举。"名正言顺利于行"。海南岛在近10年曲折的开放过程中,从"准特区""不是特区的特区"到"最大特区",有很多经验教训可供吸取,从而使此次开放少走,甚至不走弯路。与此同时,很多有识之士都看到,海南比特区更特,要体现在把政治体制改革落实到经济政策的长期稳定上。要以立法形式,确定一个稳定的发展框架,使海南建设的政治和经济气氛有一个较长期的稳定期。如果这样,海南的开发前景无疑是美好的。

第五,港澳台因素也是促进海南对外开放、坚信海南开放前景乐观的一个重要因素。自60年代以来,港澳台经济发展很迅速,但海南岛近40年的开发一而再、再而三地出现这样或那样的波折,成为亚太地区最落后的发展区域。据各方测算,台湾、新加坡、南朝鲜和泰国经济在今后的10年内都将保持高速发展,特别是台湾的人均收入将达到1万美元以上。因而,消除“两岛”发展的“马太效应”是历史发展的迫切要求。海南岛没有理由贫困。

由于各种复杂因素的存在,海南此次的开放或许难以避免出现这样或那样的问题,但从“准特区”“不是特区的特区”发展到“大特区”,近10年的实践已使人们更加认识到加快开发建设海南的重要意义,只要认真总结经验、吸取教训,积极稳妥地推进与加快海南开放的步伐,必将使海南的开发建设与经济社会发展呈现出美好的前景。

　　　　　　本文是本书作者1988年6月在三亚举行的“海南建
　　　省暨外引内联经济开发研讨会”上的发言,收在钟业昌著
　　《海南经济发展研究》,中国科学技术出版社1991年版。

海南的对外开放与金融体制改革

　　海南建省、办全国最大的经济特区,为了加快生产力的发展,必须对政治经济体制进行全面的改革。但是,任何一项改革都只是一种手段,是为整体经济发展服务的。离开"发展"去"改革",是一种无效、迷失方向的改革。因此,我们面临的任务是促进海南的改革与发展的结合。

　　但是,从现时海南已出台的所谓的"超前"改革看,很难窥见"超前"之所在。"小政府、大社会"的政治体制改革,仍是机构的简单调整和合并,至于"不以公有制为主"的经济体制改革,非但理论上难以解释清楚,操作起来同样困难。造成这样一种困境的原因固然很多,但我认为当中的一个主要原因是,海南的体制设计或改革是在海南对外开放方向不明朗的条件下进行的,从而也导致了改革缺乏应有的"指向"。因此,所谓的改革与发展的结合,对于海南这样一个特定的开放区域来说,首要的是要确立对外开放的方向或模式,以此作为各项改革的依据。

　　对于海南的金融体制改革来说,制约其改革深度和广度的主要因素也是海南对外开放的总体设计。因而,在讨论海南的金融体制改革之前,我们必须对海南对外开放的总体设计有一个明确、具体的认识。否则,金融的改革也会像其他改革一样,"头痛医头,脚痛医脚"。

　　近10年来,海南的对外开放始终处于举棋不定、模糊不清的状态,从而导致政策执行的走样和开放效果的不理想。海南的对外开放最早是在1980年提出来的。是年7月24日国务院批转《海南岛问题座谈会纪要》,明确提出要对海南岛"放宽政策,把经济搞活",规定海南岛的对外经济活动可以参照深圳、珠海市的办法,给以较大的权限,从而使海南岛在当时中国的对外开放格局中,取得了"准特区"的地位。1983年4月1日,中共中央、国务院又批转了《加快海南岛开发建设问题讨论纪要》,明确提出"以对外开放促进内部开发,是加快海南建设的一项重要措施",并在8个方面给海南岛在对外经济合作中以较大的自主权。在当时,由于海南不是特区,而中央给予海南的政策在某些方面比深圳等特区还要"特",故有"不是特区的特区"的说法。

1988年4月13日,七届人大一次会议在通过国务院关于设立海南省的决定的同时,还通过了把海南岛划定为经济特区的决议,从而使海南岛最终从立法形式上成为中国的经济特区。随后的4月14日,国务院批转了《关于海南岛进一步对外开放加快经济开发建设的座谈会纪要》,5月4日,国务院公布了《关于鼓励投资开发海南岛的规定》。

从"准特区""不是特区的特区"到"大特区",这充分说明,对于海南这样一个特殊的发展区域来说,实行更加特殊的开放政策是唯一的选择。但是,海南作为经济特区,虽然开放模式明朗了,但不具体、不具特色,缺乏明确的"指向"和吸引力。经济特区是实行特殊政策的发展区域。这是一个综合性的概念,只说明实行特殊政策而不说明实行特殊体制,同时,也未说明经济活动的"指向"。所有这些,都使"特区"操作起来困难重重。

因此,海南很需要有一个明确具体的对外开放的总体设计,以作为政策设计、体制改革和战略部署的依据。我们认为,最适合海南的开放模式是"自由经济区",它比"自由港"或"自由贸易区"等具有更深刻而丰富的内涵:

1. 行政体制指向要明确海南自由经济区具有要相对的独立性和较大的自主权。中央与地方、大陆与海南具有特殊的关系;

2. 经济体制指向应为海南的经济运行主要依靠市场调节,实行自由企业制度,实现企业自治,政府与企业具有明晰的关系;

3. 政治体制指向明确海南的政治体制与经济体制相适应;

4. 政策设计指向是"三自由",即商品、资金和人员进出自由;

5. 经济活动指向是外向化、国际化,并将是以贸易活动促进和带动其他产业的开发。

自由经济区的模式设计,使我们对海南的体制构建及政策设计有了更广阔的思考空间。在这个基础上,海南的各项改革都要以此为目标来推进。金融体制改革无疑是一个主要方面。

据日本专家的估算和我国有关方面专家的论证,到 2005 年,海南的经济发展要达到当时全国国民收入人均水平的战略目标,即届时海南岛的社会总产值要达到 390 亿元(1980 年不变价格),在 1985—2005 年的 20 年时间内,全岛共需基本建设投资达 720 亿元(1980 年不变价格),平均每年需投资 36 亿元,而根据中国社会科学院的研究成果,海南要用 20 年左右的时间赶上台湾 80 年代初的水平,到 2005 年国民生产总值达到约 660 亿元,人均 8400 元(折合 2260 美元)左右,所需要的投资初步测算为 2000 亿元。

对于上述估算的科学性、可行性,我们先不考虑,但它至少说明一个问题,即要加快海南的经济开发,必须有大量的资金投入,而对于落后的海南来说,资金短缺将是长期矛盾。这实际上是从一个方面突出了金融在海南经济开发中的地位和作用以及加快金融体制改革的迫切性。

如果从建设海南自由经济区的要求来看,只有加快金融体制改革,才能使金融在海南的国民经济中发挥重要作用。在产品经济高度集中管理的条件下,金融(银行)所起的是会计、出纳的作用,对国民经济的宏观调控是无能为力的。银行只是财政的附属物,变成所谓的"大财政、小银行"。但是,海南建设自由经济区,经济运行主要依靠市场调节,而市场调节的一个重要方面就是金融调节。无论是从全国还是海南的实际情形来看,建设资金将越来越依靠金融渠道是个大趋势,即变为银行信用为主、财政为辅的资金聚集格局,这种格局即所谓的"小财政、大银行"。

由此,金融部门可以以投资者的身份来控制固定资产的投资规模,可以通过调节流动资金来加强宏观控制,可以通过调整存贷利率来调整投资结构和配合产业政策的实施,通过对外汇管理来促进外向型经济发展,从而使金融调节成为调节国民经济的一个重要的杠杆,成为宏观经济调节的一个主导部门。

党的十三大报告强调,要通过"深化金融体制改革,加强银行在宏观经济调节体系中的地位和作用"。海南自由经济区的金融体制改革,肩负解决资金供求矛盾和对经济运行进行有效调节的双重任务。完成这一任务,要求对海南的金融体制做多方面的改革,比如,大力发展多种金融机构、开展业务交叉、发展资金市场、推进专业银行的企业化经营等。

但是,从建设自由经济区的要求来看,我们所要强调的是海南的金融体制要保持相对的独立。海南金融的相对独立,就是要形成相对独立的金融体系,推行以企业化和市场经济为基础的、有竞争有管理的开放的金融制度。海南人民银行成为海南自由经济区的"中央银行",负责对海南货币金融活动的全权管理和对金融市场的总体调节。具体地说,海南的"中央银行"负责海南货币的发行和管理,负责确定海南货币汇率,负责管理海南的外汇储备,负责审批全省各类金融机构的开办和监管其业务经营。此外,还要根据资金的供求情况和海南的经济发展情况,制定独立的货币政策。

为此,中国人民银行总行要给予海南的"中央银行"以货币政策制定权、金融机构批准权以及相应的银行业务立法权等。为了理顺总行和海南"中央银行"的关系,还可以考虑海南的"中央银行"直接隶属于省人大,行长由总行提名,但由省人大直接任命。海南的"中央银行"还要与海南省政府保持相对独立。

在这样的前提下,即从金融体制本身的改革来看,要打破金融机构按行政区域设置的格局。金融机构按行政区域设置不符合商品经济发展的要求,它导致信贷资金管理体制在客观上阻碍着资金的自由流动,不利于推动商品经济的发展。因此,要根据政企分开的原则和要求,改革按行政层次逐级设置银行的不合理格局。

可以考虑,除了海南的"中央银行"以外,其他各级分行要以中心城市(包括区域中心城市)为依托,按经济区域来设置分支机构。同时,要通过承包、企业化经营等形式,将现有的分行(或支行)分解为若干自主经济、独立核算的大银行或小银行,它们统一受海南"中央银行"领导和管理,它们之间的关系是平等竞争的关系,它们的名称也不必沿袭传统的名称。

建立海南自由经济区和独立的金融体系,所不能回避的一个重要问题就是发行海南货币(简称"琼币")。如果不发行"琼币",海南的货币、金融及至整个经济,与大陆不可能保持相当大的独立性,与旧的体制也不可能"脱钩",从而不可能促使海南对外更加开放,吸引外资。从金融本身看,海南的"中央银行"也不可能获得自主的金融调控权。

发行"琼币"是建立海南自由经济区的应有之义。问题在于,发行"琼币"有较大的难度和较大风险。在考虑海南的货币制度时,是有各种方案可供选择的。比如,"深圳模式"就是其中之一。"深圳模式"是仍以人民币为本位货币,设立外汇调节中心(市场)。如果进一步深化,就是放宽限制,使黑市外汇市场合法化,即使岛内的人民币成为可自由兑换的货币。对于"纯粹的深圳模式"是缺乏吸引力的,而对于"发展的深圳模式"是理想的,但在实行中难以找到措施防止大陆的人民币到岛内挤兑外汇。而这个问题不解决,上述方案就没有实施的可能。

因此,发行"琼币"仍是最理想的。它所需要解决的问题,一是中央要拨付给海南相当数额的外汇储备,二是处理好"琼币"与人民币的关系。对于前者,除了中央拨付给一定数额的准备金外,通过建立自由经济区,以优惠政策吸引外资,问题是可以解决的。对于后者,可以考虑海南与内地的贸易,采取协定贸易、记账贸易、易货贸易制度,同时,内地到海南的人,按规定用人民币兑换"琼币",出岛时所剩"琼币"可换回人民币或存入银行的"琼币"账户,但不能兑换外国通货。

发行"琼币"难度较大,但对于海南的对外开放来说,舍此别无他途。我们唯一的选择就是加强研究、完善方案。也就是,海南不是"不"发行"琼币"问题,而是"如何"发行的问题。

在明确海南的金融体制、金融制度问题之后,根据建立海南自由经济区的要求,海南金融体制的构建方向就是推进金融的国际化,把海南建成为具有国际意义的金融市场。建立海南自由经济区,还要对海南的外贸体制进行重构,要打破企业与国际市场存在"隔层"的状态,使企业直接与国际市场发生联系,参与国际分工与国际竞争。在这样的背景下,再加上海南金融体制、金融制度的重新构建,因此,海南金融国际化已是大势所趋。

为了推进海南金融的国际化,除了放宽外汇管制外,所应做的努力是大力发展多样化的国际金融机构,积极开拓国际金融业务。为此,要引进外资侨资银行,兴办中外合资的金融机构。国家银行在经营范围上也要转变,变成能够经营本外币业务的商业银行,其经营范围也要发展到海外。要大力加强国际融资功能,利用向海外发行金融债券、商业票据等方式筹集外汇资金,建立外汇资金的同业拆借市场,特别是要加强与国际金融组织的联系,开展业务往来。

自由经济区是海南对外开放的总体设计,金融体制根据总体设计的要求来构建,如果其他体制(政治的以及计划、财务、税收、物价、工资、劳动等)的改革也这样考虑,那么,大概用不了多久,海南岛就会向海内外展示出她应有的魅力。

本文写于 1988 年 6 月,收在钟业昌著《海南经济发展研究》,中国科学技术出版社 1991 年版。

海南经济体制构建的新模式

　　作为经济特区的海南岛,从现时已出台的优惠政策措施以及政治经济体制改革方案看,虽然很快地引起了国内外的注目,并掀起了一阵"海南热",但是,几乎也是在瞬间,人们降低了对海南岛的热情。不管我们是否承认,海南岛又走到了一个新的十字路口,不管我们是否愿意,要求得海南岛长期稳定的发展,我们必须有新思维,也就是要重新思考、重新构建海南岛的经济体制模式。

一、海南经济体制构建的基本考虑

　　采用新思维、提出基本考虑,是想使得对构建海南经济体制有更广阔的思考空间,以便寻找出构建海南经济体制的理论依据、校正体制构建的方向。我们对构建海南经济体制有以下几个方面的基本考虑:

1. 特殊的发展区域,特殊的发展命题

　　海南是一个岛,且又是一个面积达 3.4 万平方公里、人口达 615 万、海外侨胞达 170 多万的大岛,孤悬海外而又位居现今经济充满活力的亚太地区的重要位置,这是海南岛对外开放、实行特殊政策和全新体制的最大优势。作为特殊的发展区域,除了所涵盖的特殊的地理条件、特殊的自然资源外,还有一个特殊的发展命题。这就是我们无法回避而人们实际已经常议论的海南岛与台湾岛发展的比较。资源丰富、经济落后,资源缺乏、经济发达,而面积相差无几,琼岛与台岛这种强烈的发展反差、极不相称的发展格局,人们可以不假思索地得出这样的结论:海南岛的发展对于展示社会主义制度的优越性

和共产党领导的英明、促进祖国的统一大业,具有极为特殊的重要意义。正如小平同志早在 1984 年初就指出的"如果能把海南岛的经济发展起来,那就是很大的胜利"①。海南的开放与发展,对于促进我国融入国际经济体系,沟通与国际经济的循环,促进"亚太地区"的崛起以及国防的巩固、民族的团结、社会的安定,同样具有特殊的意义。

2."一国两制三体"

从中国近几年的改革实践看,要求得经济政策稳定,使改革取得预期效果,必须有新的经济理论为指导。"一个国家、两种制度、三种体制"(简称"一国两制三体")是我们提出的构建海南经济体制的理论根据。这个理论的提出,是基于我们对社会主义初级阶段理论的理解和海南岛实际情况的认识,以及直接受启发于"一国两制"的构想。

承认我国现在处于社会主义的初级阶段,这是理论上的一个重大突破和发展。我国社会主义初级阶段的基本特征是生产力不发达。同时,生产关系在很多方面不适应生产力发展的要求,因此,必须把发展生产力作为全部工作的中心,坚持全面改革和对外开放,把是否有利于生产力的发展,作为我们考虑一切问题的出发点和检验一切工作的根本标准。

从海南岛的实际情况来看,海南仍是一个以农业为主的社会,自然半自然经济占有很重要的地位。1986 年海南的人均工农业产值只为全国的52.7%,与此同时,全岛还有近 1/6 的人口有待摆脱贫困,换句话说,海南岛还处于社会主义初级阶段的"初级阶段"。而对于像海南这样落后的特殊的开放地区来说,求得生产力的高度发达,一个重要的方面就是港台以及国际上行之有效的发展经济的做法,海南都应积极借鉴和使用。同时,根据平等互利的原则,开展与港台的经济合作。这实际上是要求我们解放思想,更新观念,根据社会主义初级阶段的理论和生产力标准的原则,大胆思考发展海南生产力的理论和方法。

"一国两制三体"直接受启发于"一国两制"。"一国两制"的构想是从中国的实际情况提出来的。"一个国家两种制度",具体地说,"就是在中华人民共和国内,大陆 10 亿人口实行社会主义制度,香港、台湾实行资本主义制

---

① 《建设有中国特色的社会主义》(增订本),人民出版社,1987 年版,第 42 页。

度"①。很明显,"一国两制"是从解决台湾问题和香港问题出发的。它尊重了中国的历史和实际情况,从而使香港、澳门问题得以顺利解决,在海内外产生相当大的反响。但是,"一国两制"是从政治角度看问题,着眼于用和平的方式解决台湾和香港问题,实际也就是着眼于局势的稳定、直接推进祖国的统一大业和保证、促进台湾和香港社会经济的繁荣和发展。与"一国两制"一样,"一国两制三体"是指在一个主权国家内,实行两种社会制度、三种社会体制。两种社会制度就是社会主义制度和资本主义制度,而三种社会体制就是社会主义社会体制和资本主义社会体制以及这两种社会体制的"混合"或"中间"社会体制(即第三"体")。第三"体"的设计遵循生产力标准的原则和体现实行国际上行之有效的合作方式和管理方法的要求。根据这样的要求,这种社会体制的主要方面是经济体制。第三"体"从根本的社会制度来看是社会主义的,而从经济体制看就是市场经济体制。这种市场经济体制,不是有计划的商品经济体制,而是国际商品经济体制,是与国际资本和经济运行呈"顺运行"、高度协调的体制。在这种经济体制下,不以国营经济为主,也不以私营(私有)经济为主,而是以民营经济为主,包括国有民营、民有(私有)民营。因此,简单地说,第三"体"就是以民营经济为主的市场经济或国际商品经济体制。这就是第三"体"所表现出的"中间"形态或"混合"之所在。须说明,这种经济体制必然要求与之相适应的政治体制。这个问题容当另文讨论。

"一国两制三体"只适用于海南岛,是着眼于海南岛的经济发展而提出来的。具体地说,第一,这一构想是从经济角度看问题,着眼于海南岛的经济发展,并间接影响到祖国的和平统一和促进港台经济的稳定和繁荣。第二,海南岛实行社会主义制度,但是,"社会主义制度并不等于建设社会主义的具体做法"②。因此,为了促进海南岛的经济发展,海南要实行不同于内地的经济体制,即海南岛实行市场经济体制。第三,"一国两制"在港台实行,"一国两制三体"在海南岛实行,但从经济角度看,它们将连成一体,形成"合力",也就是说,海南岛要充分借鉴香港和台湾发展经济的做法,使海南岛的经济发展、体制框架过渡到"香港模式"或"台湾模式"。

---

①《建设有中国特色的社会主义》(增订本),人民出版社,1987年版,第46页。
②《邓小平文选》(1975—1982年),人民出版社,1983年版,第214页。

3.“造几个香港”与“共同开发”

小平同志 1988 年 6 月 3 日,在会见参加“九十年代的中国与世界”国际会议的中外代表时说:“中国发展战略所需要的时间是下个世纪 50 年。现在不仅有个香港,我们在内地还要造几个香港。”这个设想,小平同志是结合中国的长期发展战略,着眼于保证和促进香港经济的稳定和繁荣而提出来的,如果我们再深入地分析他的相关思想,还不难发现,这个提法也不是偶然的。

比如,小平同志提出的“共同开发”的思想就很值得重视。1984 年 2 月,小平同志在谈到“一国两制”时还谈道:“我还设想,有些国际上的领土争端,可以先不谈主权问题,先进行共同开发。”①接着在 10 月,他又谈道:“有些地方可以采取‘一国两制’的办法,有些地方还可以用‘共同开发’的方法。不只是‘一国两制’一个方式,还有‘共同开发’的方式。”②

如果说,“一国两制”是着眼于政治解决问题的话,那么,“造几个香港”、(尤其是)“共同开发”则是更倾向于经济上解决问题。这为我们的思考提供了很好的思路。比如说,“一国两制”之所以能顺利地解决香港问题,重要的原因就在于香港与内地早就在经济上进行了“共同开发”,而大陆与台湾连“三通”都还没有,更谈不上经济上的“共同开发”,因此,要直接运用“一国两制”这一政治模式解决台湾问题,难度相当大。如果我们改变一下思路,即先在经济上“共同开发”,后从政治上“一国两制”,这样问题也许会变得更容易一些。

“造香港”的构想可以在海南岛这一有特殊发展命题的特殊发展区域来实行。“造香港”实际上也就是要在特殊的发展区域,形成特殊的投资环境(包括体制、法制以及政策等方面)以吸引港资、外资,并充分借鉴香港的经验进行开发,加强与香港经济的交流与合作。同时,海南岛又是实行“共同开发”构想的最理想的地方。“共同开发”也就是本着“互利、互补”原则,通过土地使用权转让和建立相应的投资促进区或转口贸易区等方式推进与加强台湾岛和海南岛全面的经贸合作,联合投资,对海南岛进行经济开发并对台湾的经济发展产生积极影响。

---

①《建设有中国特色的社会主义》(增订本),人民出版社,1987 年版,第 39 页。
②同①,第 72 页。

4.台港琼经济一体化与"环南海自由经济区"

海南已出台的体制改革方案和政策措施,国内反应较热烈,流入海南的多是内资。而在我们的设计中,海南特区的经济建设主要是依靠外资,事与愿违是改革开放不彻底的必然结果。海南现时改革、开放所导致的"体制落差""政策落差"只是对内资有吸引力。海南的开发建设要依靠外资,就须把海南的体制设计、政策设计明确"指向"国际资本。依据"一国两制三体"的理论,根据"造香港""共同开发"的构想,在海南岛实行特殊的政策和特殊的全新体制,具有前瞻性的设想是,把以香港、台湾岛和海南岛为核心的"金三角",构建成中国的"环南海自由经济区",实现台湾岛、香港和海南岛的经济一体化,以此作为中国大陆连接亚太地区的"结合部",作为改革开放的中国走向21世纪、迎接"太平洋世纪"挑战的重大姿态或战略部署。

5.不是再造另一个"深圳"

从海南的实际出发,海南的政策比现在的经济特区要更"特",这也是我们最初的愿望,但是从已对外公布的海南政策看,却未能很好地体现这一点。在海南岛建设经济特区之前,深圳等经济特区是我国对外开放层次最高的地区,海南要比特区更"特",除了实行"自由港"的政策、把海南岛变成"超特区"外,恐怕已没有别的更好思路。

很明显,海南岛对外开放不是要在政策上再复制另一个"深圳",因此比特区更"特"的另一个考虑,不只是深圳等经济特区行之有效的政策措施和开发方式,而且是国际上行之有效的合作方式与管理方法在海南岛都可以试验。随着中国对外开放面的扩大,享受特殊政策的地区的增加,纯粹的具体政策"特"起来变得困难。所以,海南岛比特区更"特"是要寻找新的发展道路,把政策、体制等放在一起,根据生产力标准的原则和对外开放总体目标设计的要求,做全面的整体性的通盘考虑。也就是对海南的体制进行重新设计、重新构建,并实现体制的整体转轨。海南绝不能像深圳等特区那样,没有果断地切断与内地旧体制的"脐带",而备受内地的老一套管理方式的"困扰","改"而"革"不掉或"改"来"改"去,直到现在还不能按国际惯例来经营企业和管理经济。

6."超前改革"的不适用性

海南的开放是一个很落后的带有特殊发展命题的特殊发展区域的开放,

因此,它所采取的一切措施,都是为了发展其生产力。由于很多前提不同,所以,海南岛在开放中所采取的很多做法,不适用于国内其他地区。目标高、起点低的矛盾和现状,使海南不直接负有为全国的改革提供经验的使命。海南与广东不同,正因为如此,中央才明确提出把广东作为全国综合改革的试验区,为全国的改革起"探路"作用,而对于海南岛则没有这样的要求。1964年,我们曾经提出过,全面综合开发建设海南,做出样板,对于支援亚非拉等热带国家的建设等将具有十分重要的意义。实际上海南不必做"样板"也做不了"样板",或者,只能做特殊的别人没有条件仿效的"样板"。我们不能对海南提出过高的要求,也不必对海南岛的影响作过高的估计。对于海南岛来说,首要的问题是把自己的事情做好,其次才是其他。基于这些认识,我们认为,海南岛是全国超前改革试验区的提法是不切实际的。海南的改革是特殊的改革,海南的试验是特殊的试验,本文在阐述我们的思想时,不使用"超前改革"的提法。

二、海南经济体制构建的总体框架

海南建省最主要的任务是发展生产力。为促进生产力的发展,必须对海南的经济体制重新进行全面的设计和改革。但是,体制的改革只是一种手段,是以整体经济发展为目的。因此,体制设计的基本出发点就是促进改革与发展相结合。

但是,从现时海南已出台的所谓"超前"的政治经济体制改革的方案及措施来看,都难以窥见"超前"之所在。"小政府、大社会"的政治体制改革,给人的印象仍是机构的简单调整和合并,未能很好地体现精简、效能的原则,党政系统依然庞大、繁杂,而"不以公有制为主体"的经济体制改革,在实践中也没有什么突破。造成这种困境的原因固然很多,但是,我们认为,当中的一个主要原因是,这种"改革"是在海南对外开放的总体设计或模式没有明晰的条件下进行的,改革只是局部设计而不是整体考虑,从而使改革是"孤立"的、没有方向或方向不明确的。

所以,要很好地设计海南的体制及促进海南体制的转换,首要的问题是对海南对外开放的总体框架进行设计,使海南对外开放模式明朗化,以作为体制改革的"参照系"。

近 10 年来,海南岛的对外开放模式始终处于举棋不定、模糊不清的状态,从而导致政策执行的走样和开放效果的不理想。海南岛的对外开放最早是 1980 年提出来的。是年 7 月 24 日,国务院批转了《海南岛问题座谈会纪要》,明确提出要对海南岛"放宽政策,把经济搞活",规定海南岛的对外经济活动可参照深圳、珠海市的办法,给以较大的权限,从而使海南在当时中国的对外开放格局中,处于"准特区"的地位。1983 年 4 月 1 日,中共中央、国务院又批转《加快海南岛开发建设问题讨论纪要》,明确提出海南岛要"以对外开放促进内部开发",并在 8 个方面给予海南岛在对外经济合作方面以较大的自主权。由于海南岛不是经济特区,而文件给予的政策在某些方面比深圳等特区还要特殊,因此,当时海南岛有"不是特区的特区"之称。1988 年 4 月 13 日,七届人大一次会议在通过关于设立海南省的决定的同时,还通过了设立海南经济特区的决议,从而最终使海南岛在立法形式上成为中国的经济特区。随后,4 月 14 日,国务院批转了《关于海南岛进一步对外开放加快经济开发建设的座谈会纪要》,5 月 4 日,国务院发布了《国务院关于鼓励投资开发海南岛的规定》,在很多方面给予海南更大的自主权和特殊政策。

从"准特区"到"不是特区的特区"再到"大特区",这充分说明了,像海南岛这样具有特定意义的发展区域,不管发展过程多么曲折,但政策更加特殊、对外更加开放是其唯一的选择。但是,从海南近几年的开放实践来看,往往只是局部地制定了某些政策,而没有整体的通盘考虑,同时,又由于体制的束缚,使政策落实不了。没有全新的适应对外开放的体制,再优惠的政策也往往被抵消。因此,有一个明确、具体和具有特色的开放模式、体制框架,对海南岛来说是尤为重要的。它是政策设计、体制改革、战略部署的依据。

海南岛的开放模式已确定为经济特区,但是,我们认为这是不够的、不理想的。经济特区是实行特殊政策的发展区域,但是它只说明实行特殊政策而没有明确实行特殊的体制,它只说明吸引外资以发展经济而没有明确经济活动的"指向"。总之,"经济特区"不像"自由港""自由贸易区""出口加工区"或"科学技术园区"等那样,对于政策、体制或者经济活动都有明确的"指向"。

从另一个角度看,中国地方大、各个开放区域的情况各不相同,在整个中国的对外开放格局中所起的作用也各不相同,因此,我们不能把有很大"差异"的发展区域都装进"经济特区"这个"筐"。就以海南岛与深圳等经济特区来比较,它们的情况就相差甚远。海南岛是大面积的开放,它的面积相当于深圳等 4 个经济特区面积总和的 65 倍左右,人口也相当于 4 个特区市区人口的近 4 倍。海南岛的人口比世界最大的经济特区——巴西玛瑙斯自由贸易区还要多出 100 多万,是世界上从人口看的最大经济特区。与此同时,海南与深圳等经济特区的一个重要区别还在于,后者是城市社会经济形态,而前者则基本上是农业社会经济形态。深圳等 4 个特区绝大多数人口为非农业人口,工农业总产值中农业的比重在 10% 以下,而直至 1986 年海南的总人口中,农业人口所占的比重还高达 80.8%,同时,农业在海南的工农业总产值和国民收入中所占的比重也分别达 66.8% 和 61.37%,而工业仅占 33.2% 和 16.21%。

因此,在确定海南岛开放模式时不能不考虑其社会经济形态、经济发展特征以及经济发展的水平和条件。世界上的开放模式、经济特区很多,但常见的主要是"自由港""自由区""自由贸易区""出口加工区"以及"科学技术园区"等,但是,我们认为,最切合海南岛的应是"自由经济区"。海南岛毕竟不是一个区域、一个港口或一个城市开放,以农业为主要特征的综合经济活动在对外开放中也缺乏具体、单一的(比如,转口贸易或加工出口或高技术开发等)指向,海南的整个经济(包括工业、农业、贸易、旅游,以及城市和农村等)需要进行综合开发,因此,"自由经济区"比"自由港""自由贸易区"等都更具有丰富的内涵。同时,"自由经济区"比"经济特区"具体,有特色和吸引力。

世界上现在还没有直接以"自由经济区"命名的特殊的发展区域。一般地说,自由经济区是指主权国家或地区从发展经济出发,划出一定的区域,在对外经济活动中,使这一区域变成实行特殊政策、特殊措施与特殊体制的自由经济区域,也就是在这一区域中形成促进经济发展的自由经济政策、自由经济体制、自由企业制度和自由就业制度以及自由开展经济活动。它是一国(地区)与国际经济联系的特殊形式,适应国际经济生活一体化的客观要求。具体到海南岛来说,海南自由经济区具有以下 6 个方面的明确"指向"或内涵:

第一,海南自由经济区具有相当大的独立性和自主权。

如同世界很多"自由贸易区""出口加工区"是所在国政府的自治机构或者由总统(总理)直接掌管或负责一样,海南自由经济区直接向总理负责。这样,能在最大程度上保证海南自由经济区的独立性,使其经济活动较少受国家宏观控制的影响,减少国内"条条"体制的干扰和避免搬进国内老的一套管理方法,使海南自由经济区经济活动实现自主决策和管理。

第二,海南自由经济区实行自由经济体制,经济运行依靠市场调节。

海南自由经济区的微观经济基础是实现政府与企业的彻底分开,政府退出市场竞争,给企业下放一切的经营管理权,形成平等竞争的企业自由经营制度,实现企业的完全独立、高度自主,政府与企业具有明晰的关系。海南自由经济区经济活动的调节主要依靠经济手段和法律手段,要把行政手段的作用降低到最低限度,政府对经济活动所采取的应是"积极的不干预"态度。

第三,海南自由经济区的对外贸易、金融体制保持相对独立。

相对独立的外贸金融体制是海南自由经济体制形成的极为重要问题。也就是说,只有外贸金融体制的相对独立,才能使海南的整个体制、整个经济与大陆保持相当大的独立性,从而营造海南自由经济独特完整而稳定的发展框架和运行调节体系。

海南自由经济区的对外贸易体制要保持相对独立。在保证海南不利用中央政策倒卖洋货、搞投机倒把和防止内地利用海南政策逃税套汇的前提下,海南外贸单独划开,放开经营,充分享受较大的外贸自主权。打破海南经济及企业与国际市场存在"隔层"的状态,直接参与国际分工和国际竞争。海南自由经济区的金融体制要保持相对独立。海南金融体制相对独立,就是要形成相对独立的金融制度。它具有丰富的内涵,主要包括:一是海南人民银行要成为海南自由经济区的"中央银行"。二是要打破金融机构按行政区域设置的格局。专业银行要以中心城市为依托,按经济区域来设置。专业银行要分解成若干自主经营、独立核算的大银行或小银行。三是积极创造条件发行海南货币(简称"琼币"),最终使海南自由经济区与国内旧的经济体制"脱钩"。四是放开外汇管制和开放黄金市场。开放外汇市场是完善金融市场的一个重要方面,开放外汇黄金市场,允许汇率浮动就必须开放黄金市场,形成制约汇率的新机制。五是建立独资和中外合资金融机构。六是在上述几个方面的基础上,推进海南金融市场化、国际化,使海南自由经济区成为具有国际意义的金融市场。

第四,海南自由经济区实行"自由港"的开放政策。在放开"一线"、管好"二线",即在实现"封岛"、在海安建立新海关的前提下,使人员、资金、货物在海南自由经济区进出自由。这样,一方面,促进海南自由经济区的经济体制与内地的"脱钩",使海南的全部经济与内地保持相对的独立性;另一方面,促进台港琼经济"一体化"和促使"环南海自由经济区"的形成。

第五,海南自由经济区的经济活动,是外向化、国际化,并将是以自由贸易活动及加工业的发展来带动和促进其他产业和资源的开发。

第六,为了寻求海南自由经济区稳定的发展框架,制定"海南基本法",以立法形式,使海南的政治和经济气氛有一个较长的稳定期。"海南基本法"要明确规定中央与海南自由经济区在行政管理等方面的关系以及海南自由经济区与中央所属各部门、各省(市、自治区)之间的关系,明确规定海南的经济发展方向、体制模式和基本政策等。同时,也可以考虑,把《香港基本法》的一些内容在海南自由经济区实施,这对于加快海南的发展,促进香港的繁荣稳定和增强港人的信心都有重要意义。

三、海南经济体制构建的方向性选择

建立自由经济区形成新的政策和体制环境、实现海南经济发展的战略构想,需要进行全方位的彻底改革。就经济体制的改革而言,我们认为,中心的或首要的问题在于企业制度的重新构造,完善微观经济基础,理顺政府与企业的关系,搞活国民经济的细胞。这就决定了,海南经济体制构建的具有方向性意义的选择就是走民营化的发展道路。

这里所说的民营化,不是指一般意义上的"私有化",即不是促使国有企业(包括全民所有制企业和集体所有制企业)转变为私有企业的过程,而是根据企业在国民经济中的地位和作用的不同,把全部企业划分为国营(国有国营)企业和民营(包括国有民营和民有民营)企业,与此同时,采取相应的政策措施,使大量的新办企业以民营的形式出现。由于推行民营化的方针,目的在于最大限度地减少政府运用其行政力量和所拥有的国有国营企业对国民经济的直接参与过程,从而最大限度地发挥民营经济的作用,这就表明,海南的"民营化"实际上也就是海南经济由国营经济为主体转向民营经济为主体的发展过程。

海南推行民营化的发展方针:第一,从理论上来说,这有利于解决计划和市场难以统一的问题。计划经济与市场(商品)经济所存在的前提条件(如生产资料的全社会统一直接占有或分散占有)以及各自的运行调节方式也不相同,这种不相同性在相当程度上表现为相互否定。解决计划和市场难以统一的问题,要求在市场经济条件下,计划只是指导性的,对于商品生产者和经营者不具有行政约束力,政府只是通过各种间接的宏观的调控措施(如财政、金融、税收等)影响市场,并通过市场对商品生产经营发生作用。这就要求生产资料一定程度的分散占有或联合占有以及政府通过放弃部分产权,实现对经济活动的非直接干预。指令性计划、直接管理,只是适用于某些重要的国营企业。这就是说,"公有"(全社会的直接占有)是计划直接发生作用的基础,而生产资料的分散或联合占有以及政府只拥有部分重要的国有企业这些"民营化"的内涵,则是使计划的作用减少到最低程度,复而使市场发挥最大限度作用的基础。

第二,适应了海南生产力发展的状况,将有利于促进海南生产力的迅速发展。海南建省最主要的任务是发展生产力,这就迫切要求我们要认真探索促进生产力发展的最佳方式。从海南本身的实际来看,由于生产力发展水平很低(为全国平均水平的一半略强),"先进"的生产关系与此很不相适应,从而使生产关系不适应生产力发展的程度比大陆还要严重。大量的国营企业缺乏活力、长期亏损严重。仅据最近的统计资料,今年上半年在全省255户国营工业企业中,亏损的企业就有104户,亏损面高达40.7%,亏损额比去年同期增加52.5%。我们认为,只有通过各种方式将大量的企业转化为民营,尽早引入竞争机制,使各种经济成分的企业自由平等地开展竞争,优胜劣汰,才能有利于搞活企业、提高效益、增加积累。同时,由于海南生产力十分落后,自身资金积累的能力很低,难以满足大规模开发建设对巨额资金的需求。因此,通过实行特殊的体制,来全方位地吸引国内资金和海外资金。这样,海南走民营化的发展道路,也就适应了开发海南投资主体多元化的要求。

第三,这又是建设自由经济区的要求。实际上,自由经济的建设所包含的一个重要的内容就是民营化。自由经济区实行的是自由经济政策、自由经济体制、自由企业制度和自由就业制度并由此自由开展经济活动。一句话，就是给予商品生产者和经营者从事经济活动的最大自由。目的在于寻求促使生产要素最优组合的市场机制和运行方式。自由经济区的经济活动主要依靠市场调节，调节的对象就是众多的具有高度自主权的经济实体，而推行民营化的方针就是促使这些经济实体尽快形成。自由经济区的建立，还将使海南的经济纳入国际经济体系。企业的生产和经营活动和国际市场密切相关，企业必须享有高度的自主权，才能适应国际经济的瞬息变化。而推行民营方针，就在于最大程度地减少政府对企业经济活动的干预，理顺政府与企业的关系，使企业成为生产经济实体独立于政府而不是政府的附庸，在激烈的市场竞争中自主决策、自主经营。

第四，大大有利于推进台港琼经济一体化，形成中国的"环南海自由经济区"，对于加快海南的开发、促进祖国的统一和强盛都有重大的战略意义。而台港琼经济一体化，一个关键因素在于海南是否推行自由经济政策和自由经济体制。由此决定海南只有走民营化发展道路，才能形成实现台港琼经济一体化的基础。舍此之外，很难设想海南和港台能实现一体化和充分利用港台的作用来加快经济开发。

据此可以看出，海南推行民营化的方针，走民营化的发展道路，既切合其实际，又是对外开放、建立自由经济区、利用港台因素促进开发的必然要求，是海南经济体制构建的方向性选择。

海南推行民营化的方针、走民营化的发展道路，从某种意义上说，是要建立起新的适应自由经济区要求的企业制度。由于自由经济区新体制和市场经济体系的确立，旧的企业模式和新的经济体制不可能同行并转，因此，企业模式再造已成刻不容缓之势。根据市场经济运行规律和建立自由经济区的要求，正确选择海南企业模式再造的目标，重新构造一个市场经济运行的良好基础，我们认为，基本的考虑在于自由经济区的建立，使得海南的计划管理体制在相当大的程度上摆脱国家计划的总体调节，又由于海南工业基础落后，即使将来的发展也并不要求建立完整的工业体系，通过计划调节资源合理配置的功能将由此失去其内在动力，从而将使计划调节的能量在相当长的时期内处于微弱状态。同时，目前海南市场调节的层次还比较低，正常的市场秩序还未建立起来，而自由经济区的全新体制将使海南的经济活动直接介入国际市场的运行轨道,从而使市场调节可望在较短的时间内从较低层次走向较高层次。因此,海南企业模式目标的选择,完全可以舍其中而就其高,避开过渡形式。根据市场经济运行规律来构造一个能自觉追踪市场信息、对市场信息具有灵敏反应的企业模式。根据这样的要求,海南自由经济区企业模式再造的目标就是使企业成为完全平等、完全独立和高度自主的经济法人,也就是给企业创造完全平等的竞争条件,使企业独立于政府、实现企业的高度自主经营。

自由平等的竞争是建立正常的市场秩序的基本条件。海南现在的企业模式基本上是按传统体制要求设计的,企业之间存在很大差别,虽几经改革,但在直接宏观控制为主要特征的经济活动中,不可能产生自由平等竞争的环境,也就不可能存在完全平等的企业。由于生产资源的计划配置,国有企业享有优先权;由于行政性公司的产生,形成经营的行业垄断;由于外贸进出口的配额管制,产生了形形色色的"大倒爷""小倒爷";等等。诸如此类不平等的经济环境,严重破坏了自由平等竞争的原则,阻碍了市场经济体制的建立和完善,也助长了社会的不正之风。解决这些问题,主要在于经济体制的改革,从宏观上或者外部为企业创造一个平等竞争的环境,并在企业模式上彻底消除企业设置本身不平等的内在因素。

自由企业制度是海南自由经济区的重要特征,也是构造其微观经济基础的主要依据。实行自由企业制度,就是要对企业实行一整套宽松优惠政策,鼓励企业自由竞争,促进经济发展,相应的,也要求企业要成为完全独立、高度自主的经济法人。总结以往的实践,国营企业难以搞活,主要是行政干预过多,虽经多次改革,一再扩大企业自主权,但由于财产关系不明确,企业始终难以摆脱行政附属物的地位,不能成为真正独立的商品生产者和经营者,也就不可能有真正的自负盈亏,自主经营也就难以落到实处。至今理论上把国营企业看作是相对独立的商品生产者和经营者,不仅妨碍了理论本身的进一步发展,也不利于企业的深化改革,不利于实现宏观直接控制为主向间接控制为主的转变,不利于培育适应市场经济运转的微观基础。所以,在构造海南自由经济区的微观经济基础时,不能不考虑海南这个特殊发展区域的特殊经济活动的要求,复造出难以和市场经济运转啮合的企业模式。而是从更广阔的思路上,重新构造制度化、法律化的微观基础,使企业成为完全独立、高度自主经营的商品生产者和经营者。

根据建立自由经济区和走民营化发展道路的要求而确立的"平等、独立、自主"的企业再造模式,实现的前提条件是根据企业在国民经济中的地位和作用的不同,划分为国营企业和民营企业。一般来说,国营企业包括一些具有垄断意义的关系国计民生的主干企业,以及基础设施等非竞争性企业(部门),除此之外的一般性企业则全部划归民营,包括国有民营、民有民营。在划分国营、民营的基础上,政府制定产业政策,运用不同手段,对企业进行有区别的干预和诱导。

这种划分方法之所以有利于实现企业模式再造的目标,是因为这种划分方法遵循了国际惯例并对旧体制划分方法做了"两个取消":

一是取消按条分块设置企业的做法。受传统"条条块块"管理体制的影响,海南的企业如同大陆一样,都是按条分块设置。企业经营业务泾渭分明,生产、流通各行其道,形成了自然的行业壁垒,在价格严重扭曲的情况下,价高利大的企业即使管理不善,消耗浪费很大,仍能获利丰厚,而价低利微的企业不论怎样拼命,总是获利有限,甚至亏损,无法展开公平竞争。这样设置企业导致地区封锁、行业垄断,在管理上也常由于条块交叉干扰而致混乱。因此,海南企业构造应打破条块关系,不论资金来源何方,只按注册地点管理,任何企业都可以跨越区域、跨越行业经营业务或同其他企业发生经营关系。此外,要打破按行政区域设置企业的传统格局,切断企业与政府的"裙带关系",体现企业地位的平等,为此,要取消诸如"海南省××公司""××市××公司""××县××公司"等带有传统条块管理痕迹的企业称谓,所有企业只有名称的不同,而不包含行政归属的等级内涵。

二是取消企业的行政级别档次。与传统的行政管理相适应,企业被冠以不同的行政级别,有部级企业、厅级企业、处级企业、科级企业,甚至股级企业,并以此来判别企业地位高低。在许多场合,处级以上企业开的证明有效,而科级以下企业则不行,严重干扰了企业的市场信誉,影响了企业之间的平等交往,也不利于企业管理者同行政官阶的彻底脱钩。所以,海南今后企业设置不应有行政级别档次之分,企业大小由资金量和经济实力决定,企业信誉高低在市场经营中自然形成。

这些都是实现海南自由经济区企业目标模式再造的前提条件。为了推进海南的民营化,在划分国营和民营产业、部门、企业的基础上,通过承包、股份、租赁、拍卖以及财产清算等形式,把大部分企业从国营转为民营。在具体实施过程中,对于大量的小型企业主要采取拍卖形式,实现产权转让,变成"民有民营"。而对于为数不是很多的大中型企业宜采取承包和股份制的形式,并以股份制作为重点,以此转为"国有民营"。同时,着手建立资产评估机构和资产管理机构以及建立产权交易市场和企业租赁市场,使海南民营化推进得更为顺利,成为建设自由经济区的一个主旋律。

综述全文,我们认为,自由经济区是海南对外开放的最佳选择,为此而进行的全方位的经济体制改革,难度会是相当大,且不可避免地会出现很多阵痛。但是,海南的对外开放自 1980 年至今,已有近 10 年时间,这当中出现过很多反复,使海南的经济发展仍不尽如人意,本世纪还剩下最后 10 年,我们没有理由不认真珍惜和把握这 10 年。海南刚被定为"经济特区"却又迅即出现了新的迷惘,"自由经济区"已是海南唯一的选择。

长痛不如短痛,海南向何处去,这全看我们的决心了。

本文是本书作者为主要执笔人写的海南大学海南经济体制研究课题组文章《海南经济体制构建的新思维:一国两制三体·自由经济区·民营化》,系 1988 年 10 月"全国经济体制改革理论研讨会"论文,《海南日报》1988 年 10 月 6 日摘编发表,收在钟业昌著《海南经济发展研究》,中国科学技术出版社 1991 年版。

海南经济体制改革的大趋势

　　经济学家们时下对世界及亚太地区所出现的私有化浪潮表现出极大的热情,但是,如果我们把眼光转向中国的海南岛,稍作分析和思考,就会很快发现,这个地处亚太地区重要位置的中国改革开放的前沿阵地,也将发生相类似的事情——民营化浪潮。

　　这一大趋势与世界性的私有化浪潮是有联系的,确切地说,它为海南提供了有益的启示。因为,我们清楚地看到,民营化并不单纯是一种社会现象,而是——

一种世界性的潮流

　　近些年来,世界各国都在进行本国经济的调整,基本的趋势就是政府放弃一部分原来直接经营的经济部门,使之转为私营经济。从发达国家到亚太地区、拉丁美洲以及非洲等大部分的国家和地区,都在通过国有企业产权转让、股份化、承包和租赁经营、委托经营、授予特许权等方式,使民营化成为普遍现象。以与海南相邻近的亚太地区各国和地区来看,泰国在已将 40 多家国营公司出售给私人的基础上,又决定把一些石油公司、国家银行等大企业列入出售名单。马来西亚前几年已将几十家企业和工程项目转让给私人公司,现在又执行铁路、航空、高速公路、货柜码头、电视、电讯等基础设施部门的私有化方案,印度尼西亚已对主要的 200 多家国营企业进行审查,拟予出售。新加坡则把“私有化”作为推行“第二次工业革命”的一项重要战略决策,已将 41 家国营公司列为今后 10 年实现私有化的目标。台湾将把亏损近

4亿美元的"中船公司"出让给私人机构。

这只是一种现象。本来,资本主义的经济体制最有利于搞活企业、发展商品经济,但是,它却仍然难以使国营企业生存和发展。这到底说明了什么?世界各国(地区)私有化的规模和数量是不一样的,这取决于该国(地区)是否实行过国有化运动和现在拥有多少的国有企业。但是,私有化的原因却都是一样的,即各国(地区)的国有经济大部分都表现出共同的特点:机构膨胀,人浮于事;经营不善,连年亏损,效益低下。在上述亚太地区各国(地区)中,泰国国营企业效益欠佳;马来西亚也一样,1000多家国营企业只有1/3获利;而印度尼西亚的国营企业则是贪污成风;台湾公营企业的利润率远不及民营企业。

尽管私有化并不能解决发达国家或发展中国家(地区)的所有问题,但近半个世纪以来,各国的实践都已说明,凡高度国有化的经济发展都缓慢,而凡是以民营为基础、以市场为导向的经济发展都很快。世界银行今年提供的一项研究表明,国有企业投资在国内投资总额中占份额较高的国家,经济增长的速度普遍较慢。而民营经济的发展,则有利于减少政府的支出,增加财政收入,特别是有利于减少政府对企业的行政干预,可刺激经济,提高效率,增强企业的活力,迅速改变效益欠佳的局面。它是发展经济行之有效的做法。

国际上行之有效的发展经济的具体制度、合作方式和管理方法,海南都可以采用。这是时下办经济特区的海南最响亮的口号。民营化恰是这一口号的具体化。海南的民营化不只是简单的顺应世界潮流问题,关键的因素还在于,海南的国有企业没有活力、没有效率表现得尤为突出。因而,民营化对于海南的经济体制改革来说是——

最具实质意义的突破

尽管有过30多年的开发建设,也有过近10年改革开放的冲击,现在海南的生产力发展水平仍然很低,未及全国的平均水平,尚处于社会主义初级阶段的"初级阶段"。因此,把建省办特区的根本任务定调为发展生产力,把近期的经济发展战略目标确定为以三至五年时间(以1987年为起点),赶上全国经济的平均发展水平,解决全省的温饱问题,无疑是正确的。

　　海南的生产力落后具体表现为大量的国营企业缺乏活力、经济效率低、技术进步迟缓、产品质量低劣、企业长期亏损严重,不但没有为社会和经济发展创造更多的财富和增加更多的积累,相反,增加了政府的财政负担,使海南的财政经济状况长期以来没有得到好转。1987年全省416户工业企业中,亏损企业达140户、亏损金额达4413万元,同年全省用于全部国营企业亏损补贴达6701万元(该年全省的财政收入仅为2.96亿元)。而1988年上半年,全省255户预算内国营工业中,亏损企业更高达104户,亏损面增到40.7%,亏损额比上年同期增加52.2%。海南国营企业亏损严重、效益低已是长期性、普遍性问题,仅仅用缺电、原料涨价来解释已很难说明问题。现在只有通过各种方式,将大量的不是很重要的国营企业转变为民营企业,在体制改革上做出具有实质性意义的突破,尽早引入竞争机制,使各种经济成分的企业自由平等地开展竞争,优胜劣汰,才是搞活企业的根本出路。

　　又由于海南的生产力十分落后,自身资金积累的能力相当低,难以满足大规模开发建设对巨额资金的需求,因此,要通过实行特殊的政策和特殊的体制,来全方位吸引国内外资金,使海南出现投资主体多元化的格局。在这种格局下,政府、各级各类投资公司或金融性企业、一般企事业单位以及外商、国内私人都成为投资主体。政府的投资范围则只限定于社会公益而不是单纯的盈利为主要目标。这样,海南走民营化的发展道路,实际上又是开发海南、投资主体多元化的必然要求。这里需要明确的是——

“民营化”不是“私有化”

　　作为海南经济体制改革大趋势的民营化,不是“私有化”,或者说,不是指一般意义上的纯粹的单一的私有化,也就是说不是把国有企业转变为私有企业的过程。而是指,海南经济由国营经济为主体转化为民营经济为主体的发展过程。在这个发展过程当中,对于现有企业,要根据其在国民经济中的地位和作用的不同,划分为国营企业和民营企业。一般来说,国营企业只包括少数关系国计民生的重要企业以及基础设施等一些非竞争性、非盈利性的企业,除此之外的一般性企业则划归民营,即由劳动者个人(或联合)经营。

　　因此,海南的民营化,就是在划定关系国计民生、保证社会公益和不以盈利为目标以及带有自然的垄断性的领域继续保留其国有国营的基础上,对其他的国营企业实行国有民营或民有民营。其一,是通过承包经营、租赁经营、委托经营等形式,将一部分国有企业由国营转化为民营,即国有民营。其二,是通过股份制等形式,将一些国有企业转变为股份企业,企业的股份可以分别由政府、企业及个人拥有,政府只是通过作为股东的身份来参与企业的重大决策,以影响企业的生产经营活动。可以考虑,政府拥有51%以上股份的企业为国有民营企业(如拥有100%股份则为纯国有企业),如果政府拥有49%以下股份的企业则为民有民营企业。其三,通过拍卖、财产清算等形式实现产权转让,把一些国营企业转变为民间拥有100%股份的纯民有民营企业。

在将一些国营企业转化为民营企业的同时,对于新创办的企业则主要应以民营的方式出现,从而扩大民营企业的比重,最终使海南经济由国营经济为主体转化为民营经济为主体,使民营经济成为海南社会财富的主体创造力量。这样,海南走民营化的发展道路将最大限度地减少政府运用其行政力量及所拥有的大量的国营企业对国民经济的直接参与过程,从而也就最大限度地发挥民营经济的作用。

确立民营经济在海南特区中的主体地位,解决了海南经济体制改革中只"破"不"立"的问题,因为——

"主导"不等于"主体"

海南的经济结构不以公有制经济为主,而是各种经济成分平等竞争,这是众所周知的。但是,由于基本制度和经济体制的关系以及政府的经济政策(作为政府,在发展经济中鼓励什么、限制什么,都有一个明确的态度),因此,无论是资本主义经济还是社会主义经济都有一个"主体"问题。这样,"不以公有制经济、全民所有制经济为主"的提法缺乏应有的建设性、彻底性和前瞻性。因为,它只"破旧"而没有"立新"。明确提出海南经济将发展为以民营经济为主,这就是既"破"且"立"。

这里有一个对"主导"与"主体"的认识问题。"主导"不等于"主体",具体地说,国有经济在国民经济中起主导作用,并不是要它成为社会经济的重要力量,成为社会财富的主要创造者。它不必在数量上保证绝对优势,而只需掌握一些重要的经济部门，就能对经济的发展起指导、协调、保证作用。美国、日本、联邦德国、法国等发达国家，国营企业创造的收入不到 10%，加上政府的税收，国家才掌握 30% 的社会收入，而民营经济则是创造社会财富的主要力量，但这并不影响国有企业的"主导"作用。国有经济尽管在数量上不占主体优势，但它掌握了对整个国民经济发展具有决定意义的基础工业和主要工业部门。例如，在联邦德国，国家就控制了煤炭生产的 98%、铅的 72%、电力的 80%、钢的 11%、生铁的 52%、小轿车的 50%、造船业的 50%。又如巴西，对于一般性的工业部门，如纺织工业和机动车，几乎全部私营，电子工业和石油化学工业公营经济则占 25% 和 50%，而采矿业、钢铁工业以及电讯服务业则几乎全部是公营。

而海南现在公有经济不但在国民经济中占主导地位，而且在数量上占主体。1986 年，海南的 1523 个工业企业中，公有企业 1495 个，占总数的98.16%，其他经济类型的工业企业仅 28 个，占总数的 1.84%。从产值看也一样，该年全岛 14.24 亿元的工业产值中，公有企业产值有 13.91 亿元，占的比重达 97.69%，而其他类型经济只 0.33 亿元，占的比重仅 2.31%。

国有经济为"主体"，对于海南的国民经济发展不可能起到指导、协调、保证的作用。现在，海南的公用事业，如交通、通讯、供水、供气等极为落后，关系国计民生的重要产业，如石化工业、电力工业更是有待发展，许多新产业、新技术还需很好的开发，因此，国营经济应该向这些领域发展，而在其他领域相应收缩，把更多的地盘留给民营经济，使之成为扮演海南特区财富的主要创造者的角色。

不仅如此，海南经济以民营为主，还大大有利于促进海南特区新的充满活力的经济体制的形成，因而它是海南——

极富特色的试验

民营化将使海南形成新的经济体制，就是以民营经济为主的市场经济体制。因此，民营化是海南市场经济体制形成的基础。

市场经济与计划经济所需要的很多前提条件是不一样的。比如，计划经济要求生产资料全社会统一直接占有，而市场经济则要求生产资料的分散或联合占有。因此,在计划经济条件下,政府依赖其生产资料的直接占有和行政措施,对经济活动进行直接干预和管理。而在市场经济的条件下,企业是完全独立的商品生产者和经营者,它们在公平竞争的市场中从事经济活动,政府则独立于经营活动之外,间接地对市场进行调控。政府对宏观经济活动进行调控的手段是通过产业政策及其配套政策体系,如价格政策、财政政策、信贷政策、金融政策和工商管理、税务政策及相对应的价格、利率、汇率、税率、补贴等经济参照,以此来改变市场信号,通过市场机制来实现政府的意图。而对于微观经济活动,政府则可以利用所掌握的少数重要的国营企业来影响其他企业,也可以利用作为股东的身份对企业进行控制,如对于经营好的、符合产业政策要求的企业给予增股加以支持,相反则予减股进行限制。

可见,指令性计划、直接管理只适用于某些重要的国有企业,因而,"公有"(劳动者的共同占有)是计划直接发挥作用的基础,而民营化则与市场经济的要求完全一致。也就是说,生产资料一定程度的分散或联合占有,以及政府通过放弃部分产权,实现对经济活动的非直接干预,这样,就使计划的作用减少到最低程度,从而使市场发挥最大限度的作用。

只有民营化,才能使海南特区在经济体制改革中创造出新的经济主体,形成公正、平等竞争的市场环境。只有确定民营作为海南经济的主体,才能真正使政府"自动"缩小其行政管理职能,成为市场竞争的"裁判"(监督者),而不是"队员"(参与者和竞争者)。总之,只有以民营化为基础,才能使海南特区建立起市场经济的新体系和新秩序。

民营化所推动建立的海南特区的市场经济体制,既不同于中国大陆以公有制为主的有计划的商品经济体制,也不同于中国台湾、香港以私有制为主的市场经济体制,而是介于两者之间的新体制。它既适合"一国一制(社会主义)"的实际,又符合"一国两制"的要求,是海南特区经济体制改革最具实质意义的突破,又是最具特色的试验。

民营化将是海南特区改革、开放与发展的希望之所在。而且,我们已开始看到这希望的曙光。这就是海南的民营化——

并非"静悄悄的革命"

1988 年 8 月 9 日,鲍克明副省长对上海企业家代表团以民间的方式来海南投资表示欣赏,说以民间办企业的形式来海南搞投资建设,非常适合海南的经济特点,并建议注意租赁、承包或购买海南打算近期招标承包或拍卖的一批长期亏损企业。

1988年8月25日,梁湘省长在省人代会上则正式提出:"对现有国营企业中关系国计民生的少数骨干企业,要根据配套、完善、深化、发展的方针,实行所有权和经营权的彻底分离,并加快其内部经营机制的改革,进而推行股份制,使之在市场竞争中和其他非国有企业一样,尽快走上自主经营、自负盈亏、自担风险、自我约束、自谋发展的轨道,其他大多数国营企业,特别是一些亏损严重、经济效益不好的中小型企业,要采取果断措施,实行拍卖、租赁或兼并,有的可以改变其国营企业的性质。"

1988年8月4日,海南省人民政府颁布的"30条"明确:"鼓励国内外投资者来海南承包、租赁、购买全民、集体企业","国内其他地区的人员来海南举办个体、私营生产企业、商业、社会服务业及其他行业,直接由所在市、县工商行政管理机关审批登记,发放营业执照。"

1988年9月7日,机械电子工业部专业生产铅蓄电池的重点企业重庆蓄电池厂,以优惠的标底压倒群芳,一举夺标,承包长期亏损的海口蓄电池厂,承包期15年。

……

所有这些聚成一个强烈的信息:海南的民营化已不是"静悄悄的革命",而是有声有色的行动。民营化对于海南这个太平洋上的大岛屿、中国的"海外省"来说,已不是经济学家们坐而论道、谈说姓"社"姓"资"的问题,而是时间和技术性处理问题。

本文发表于《海南特区报》1988年9月28日。

谈海南物价问题的难点及解决办法

物价是时下全国人民群众极为关心和深表忧虑的问题。对于海南来说，由于存在很多特殊因素，因此，面临的物价形势较之全国更不容盲目乐观。

有关部门提供的资料表明，今年上半年，全省城乡商品都出现了全面性的上涨，6月份，全省零售物价总水平在较高的基础上，又有大幅度的增长。三个市县抽样调查的零售物价指数上涨19.3%，其中，城镇上涨高达22.4%，比农村的14.6%高出7.8个百分点。

然而，问题的严重性并不就止于此，因为从我省的货币净投放量来看，今年上半年比去年同期减少4835万元，平均日减少投放806万元；但从7月份开始，货币投放量由降转升。7、8两个月净投放量已增加1.05亿多元，今后仍有上升趋势，这必然刺激市场的需求。当前市场需求强烈，对供给和物价稳定带来巨大压力。一是上半年结余购买力所带来的压力。上半年，全省的社会购买力达18.8亿元，已实现的购买力有15.63亿元，上半年结余的购买力货币量为3.17亿元，这对下半年的市场供应和物价稳定必将是巨大的潜在压力。二是人口的大量增加给市场供应带来的压力。海南宣布建省、办大特区以来，进岛的人数急剧增加，现在海口的流动人口就达8.5万人左右，而且可以预计，进岛的国内外人员仍将大量增加，这给本来供给就短缺的海南市场（特别是食品市场）将带来更大的压力。三是基本建设大规模铺开给市场供应带来的压力。宣布建省、办大特区以来，海南的外引内联极为活跃，但自去年9月到今年上半年，大都处于考察、洽谈、签订协议（合同）阶段，大量的项目在今冬或明年才能开始建设，这无论是对于海南的生活资料市场还是生产资料市场，压力都是巨大的。

需求的拉力如此之大，而海南现有的生产力又落后，更多地增加供应仍将很困难。海南作为特区享有很多特殊政策,可以通过进口来缓和市场供应短缺状况,但由于海南并没有形成独立的关税区,加之外汇极为短缺,外汇调节价很高,因此,通过进口来解决问题也不很乐观。

这说明,市场物价继续上扬将是必然趋势。这里还有一个极为重要和特殊的难点是,海南无法像全国一样,通过控制社会总需求来稳定物价。控制社会总需求的主要措施是控制基本建设规模和压缩社会集团购买力,特别是压缩基本建设规模问题,这已成为现时中央采取的稳定物价的主要措施。但是,国务院〔1988〕24号文件已放宽对海南基建投资规模的限制,如果是要严格压缩基本建设投资规模,那等于是延缓而不是加快海南特区经济的开发进程。至于压缩社会集团购买力问题,随着大量公司的建立、企业自主权的扩大,其购买力也是难以控制的。

面对这样的形势,我认为,既要看到海南办经济特区、形成市场经济体制、建立商品经济秩序,不放开价格、不让价格自由浮动,是不可能的,但又要看到物价问题关系千家万户,这个问题解决得好或比较好,将使广大的人民群众更加支持海南的改革开放和大特区建设。这又是一个重大的政治问题。我们既要坚持改革,又要保证人民群众的生活水平不至于下降。我们必须管理好这两方面问题。这除了国家控制货币的发行量、各级政府要切实把物价问题摆到重要议事日程上以及大力发展生产、增加供给外,我认为,当前我省注意以下一些工作是必要的。

——稳定物价要抓住重点。海南物价上涨幅度最大的是食品,上涨最高的地区是海口。食品类价格上涨幅度是位居各类商品之首,6月份达24.1%,影响零售物价总水平上涨15%,其中,猪肉的涨幅高达49.1%,仅此一项就使全省零售物价总水平比上年同期上升4.2%。海口市物价的涨幅也是相当大,7月份全市零售物价总指数上涨高达28.7%,职工生活费用价格总指数为28.5%。可见,要稳定海南物价首先要稳住食品的价格和海口的物价。这除了从岛外组织货源增加市场供应外,"治本"的方法是要充分利用特殊政策和特殊措施(特许批地、综合补偿等)来加快发展农副产品生产基地和"城郊"型农业。

——稳定物价要采取经济手段,比如,提高利率。这也可说是国际"惯例",因为,很多国家和地区都以此来对付通货膨胀。对于海南来说,利率的提高有利于资金的流入、增加储蓄、推迟一些购买力的实现、减少货币投放过多对商品市场造成的压力,同时有利于用经济手段来控制基建规模,引导资金的合理投向。现在,物价的上涨率远高于存款所得利息,使群众怀疑存物比存钱好,从而使早买比晚买好、多买比少买好的心理导致抢购行为,加剧了市场物价的上涨。海南作为特区,是否可以取得利率决定权,根据实际情况,灵活决定存贷款利率。这实际上也是要求,海南的物价改革要与金融改革相配套。

　　——稳定物价要采取强硬的行政手段,解决政企不分、官商不分公司问题。这类"公司"使权力商品化,是现时物价飞涨和社会风气腐败、党政机关不廉洁的重要因素。海南办特区,提倡公正、平等竞争,在消除"官倒"现象上我们的态度应更坚决,措施更强硬。与此同时,还应采取必要的行政措施,控制社会集团购买力中政府机关和事业单位的购买力。

　　——稳定物价要依靠政府和社会的力量。一方面,消费者自己要采取"自救"措施,维护自己的利益。同时,作为政府也应为消费者"自救"提供条件,比如,改革劳动人事制度,开放劳动力市场,鼓励人员流动和鼓励有条件的部门和个人从事"第二职业"活动,使在宏观环境上消费者有条件有可能在物价问题上,从寻求"政府保护"转向"自救"。另一方面,要充分发挥舆论工具对市场管理和物价工作的监督作用。对那些以次充好、损公肥私、缺斤少两、欺行霸市、囤积居奇、刁难顾客等种种直接间接扰乱市场物价秩序的行为,进行无情的揭露。

　　——稳定物价,应该积极探索国际上行之有效的方法,比如建立期货市场。国际社会长期的实践表明,期货市场的建立和运行有利于保护商品生产经营者的经济活动,有利于稳定市场供求和物价,特别是,是解决大宗农副产品价格大幅度波动、产量大幅度摇摆的有效办法,是稳定经济的有效机制,也是培养和完善市场调节机制的重要环节。期货交易作为历史悠久、规模庞大的商业活动,海南作为特区,国际上行之有效的发展经济的做法都可以试行,特别是,海南大宗的农产品在国内有"特性"而在国际有"共性",如胡椒、咖啡、橡胶、甘蔗、菠萝、香蕉等,这些农产品的价格近年经常大涨大落,大大地影响到生产经营者的积极性。我国将在武汉、河南等地试办期货市场,海南这个大特区也应勇于试验。

本文发表于《海南日报》1988 年 9 月 29 日。

玛瑙斯:可供海南岛借鉴的模式

当今世界各类经济特区有 620 多个,分布在 86 个国家和地区。在这些名目繁多的经济特区中,如果要找一个与海南岛这个中国最大经济特区的情况相类、做法也最有启发意义的,那当推世界最大的经济特区——巴西玛瑙斯自由贸易区了。

玛瑙斯与海南岛:惊人的相似

玛瑙斯位于亚马逊平原的中部,是巴西亚马逊州的首府,1967 年被辟为自由贸易区。一年之后,用于玛瑙斯的优惠政策又扩大到整个巴西亚马逊地区,包括亚马逊州、阿克里州、朗多尼亚州和罗赖马地区,总面积达 219 万平方公里,相当于巴西国土面积的 26%、我国的 23%,是海南岛的 65 倍。尽管海南岛的土地面积(3.4 万平方公里)比玛瑙斯自由贸易区小得多,但两者都是主权国家下开放面积最大的特区。

在世界各国的经济特区中,海南岛的面积仅次于墨西哥的下加利福尼亚自由区(6.5 万平方公里)而位居第三位。但如果以人口看,海南岛则是世界上最大的经济特区。1980 年玛瑙斯自由贸易区的总人口为 230.9 万人,而 1987 年海南岛的总人口则达到 615.08 万人。在人口的分布上,尽管玛瑙斯自由区的城市人口比重比海南岛高,但仍和海南岛一样是以农村人口为主。在建区 10 年之后的 1977 年,玛瑙斯自由区城市和农村人口的比例分别为44.1%和 55.9%,而海南岛 1978 年农村人口的比重为 88.9%,1986 年降为77%。而且,玛瑙斯自由区地广人稀,人口密度最高的朗多尼亚州仅为每平方公里2.2人,最低的罗赖马州只0.34人,而海南岛则为每平方公里179人(均为1980年)。这说明,玛瑙斯自由贸易区和海南经济特区都同属于农业社会。

如果从资源来比较,则更明显了。玛瑙斯自由区和海南岛都在南北纬20度之内,同是热带地区,年平均气温都在27℃左右。它们的资源都很丰富。亚马逊地区被称为巴西的"自然天堂",而海南岛则素有中国"宝岛"之称。它们又都是所在国主要的橡胶产地。玛瑙斯自由区仅阿克里州1967—1971年橡胶产量就占巴西同期消费量的65%、1980年产量占全国产量的35%,而海南岛现在橡胶产量则占全国的70%以上。此外,两地的森林资源、特别是矿产资源都非常丰富,如亚马逊地区蕴藏的铁有180亿吨,而海南岛的石碌铁矿是亚洲最大的富铁矿场,富铁矿的储量占全国的71%。

由于资源的相同,使得玛瑙斯自由区和海南特区的经济形态也基本相同。1930年以前,亚马逊唯一的经济支柱是橡胶业。在建自由区以前,工业以林产品加工、石油冶炼为主,阿克里州则以出产橡胶、巴西胡桃和木材为主,朗多尼亚州以农业和采矿业为主,罗赖马州也是以出产橡胶、巴西胡桃和金刚石为主。这与海南农业的橡胶和热带作物为主,工矿业以加工农产品和开采铁矿石为主,没有什么本质上的不同。

尤应注意的是,玛瑙斯和海南岛都是发展中国家中资源丰富而经济落后的地区,中央政府对其开发的方式也有惊人的相似之处。玛瑙斯在漫长的时间里,经济发展相当缓慢,16世纪时仍是穷乡僻壤。直到1890—1920年间,橡胶业的繁荣才促进了玛瑙斯的发展。1921年该地橡胶出口量占世界出口量的90%,是巴西仅次于咖啡的第二大宗出口商品。但这种景象随着该地橡胶业受到合成橡胶和东南亚橡胶种植业发展的竞争而逐渐衰落下来。为了促进亚马逊地区工农业的发展,1957年巴西的一位众议员提出在亚马逊州首府建立进口自由贸易区,对玛瑙斯及周围地区进行开发,但未取得实质性的发展。1967年2月28日,巴西政府颁布288号法令,正式建立玛瑙斯自由贸易区。

海南岛也是落后地区,从1950年解放到1980年长达30年时间,国家始终是以橡胶和油料作物为中心,把海南岛建成我国热带、亚热带作物生产基地为目的而进行开发的。但这种开发是封闭型的,并没有使海南经济实现起飞。于是,中央政府重新思考海南的开发方式,其结果是 1980 年 7 月决定对海南岛"放宽政策,把经济搞活",1983 年 4 月正式提出"以对外开放促进内部开发"的方针,1988 年 4 月正式"划定海南岛为海南经济特区",使海南岛成为中国面积最大、人口最多、开放层次最高的经济特区。

"以开放促开发"就是海南岛与玛瑙斯共同的开发方式。

世界各国的经济特区虽然很多,也不乏中央政府致力于其落后地区开发的例子,但像巴西政府对其面积相当于秘鲁和委内瑞拉面积总和的经济相当落后的亚马逊地区,通过建立自由贸易区的方式,以开放促开发,实属少见。且各方面的情形与海南岛又是如此之相似,这正是我们对它感兴趣的主要原因。

玛瑙斯自由贸易区:发展与特色

玛瑙斯自由贸易区自 1967 年建立以来,在近 20 年中取得了相当大的发展。

在城市建设方面,建自由区以前,玛瑙斯有近 30 万居民,主要从事维持生计的农业,现已发展为一个拥有 100 万人口的繁荣城市,现代化的金融、通讯、市内交通、街道及旅游和生活设施都已齐备,工业、农牧业、商业和旅游业发展迅速。

在工业方面,巴西第一家电子计算机厂和彩色电视机厂,1972 年 10 月在玛瑙斯兴建。现在玛瑙斯已成为巴西彩色电视机、电子计算机和摩托车的重要产地。彩色电视机 1972 年仅生产 10 万台,到 1982 年增加到 137.6 万台,自行车从 1977 年的 9 万多辆增加到 1982 年的近 60 万辆,摩托车(125CC)1981 年仅产 8 万多辆,1982 年则达到 12 万多辆(其"翁达"摩托车日产 400 辆,是世界上最大的摩托车工厂之一),手表产量从 1977—1982 年间几乎是每年翻一番,其他电子产品年产量大致是:便携式收音机、音响设备、电子计算器各 200 多万台、电子游戏机 100 多万台。

在农牧业方面,所实施的项目到 1981 年达到 536 项、投资额 80 亿克鲁赛罗(按 1980 年的汇率约为 1.5 亿美元),建立了 168 个农场,发展了咖啡、谷物、蔬菜、水果以及畜牧产品,商品自给率达 60%。同时,自由区的腹地亚马逊地区成为巴西的战略性食品生产中心。

在商业和出口贸易方面,由于政府实行进口免税等措施,使各种专门经营进口商品的商店、旅馆业的发展极为迅速,1968—1977 年的最初 10 年内商店增加了近 10 倍,促进了旅游业和服务业的蓬勃发展,为自由区的发展积累了大量的建设资金。1979 年自由区的出口额只为 0.6 亿美元,1980 年 1.1 亿美元,1982 年增加到 2 亿美元,产品出口到美国、西欧等 20 多个国家和地区。

自由区的建立使玛瑙斯由一个贫穷落后的城市变成为一个新兴的现代化城市,不但促进了自身工商业和农牧业的发展,增加了近 6 万个就业机会,还带动和促进了本地区及周围地区的发展,在全国经济中发挥着重要作用。这是优惠政策作用的结果。

巴西政府对玛瑙斯自由贸易区所实施的主要优惠政策是:

1. 对外国投资者和客商免除工业产品税和商品流通税;降低金融营业税,免税日期自 1967 年起 30 年不变;当地的西亚马逊州政府提供低息贷款,免除企业的劳务税。

2. 在自由区建立的最初 10 年内,凡进入的外国商品一律免除进口许可证,免缴进口税;凡属在自由区消费的物资、制造加工用的原料、农牧水产用的物资、为加工再出口商品或开办企业所需用的机器设备,均无须进口许可证,免税进口。

3. 外国商品从自由区再出口不缴纳关税,但如运入巴西其他地区,则应缴纳关税(税率低于巴西直接从国外进口商品的税率),并受进口规章约束。

4. 巴西国产品运入自由区,免征商品流通税和工业产品税,但如再进入巴西其他地区则应缴纳上述各税。在自由区制造的商品不论是在区内消费或是运往巴西其他地区,都免征工业产品税,但对运往国内的产品中所含的进口原料和零件征收进口税。

5. 制订特别出口计划和以不同价格提供拥有基础设施的工业、农牧业用地,作为附加鼓励措施。

亚马逊地区的经济社会形态特点,上述优惠政策的作用,使玛瑙斯自由区不但发展迅速,而且在发展过程中,形成了有自己特色的模式。

第一,进口主导型的发展战略。一般的经济特区都是出口主导型的,但玛瑙斯自由贸易区则是进口主导型的,这可说是它最显著的特点。这种战略,是利用国外资金、技术,生产进口替代产品,以保证国内需求。在这种战略下,设在自由区内的企业所生产的产品,大部分销往国内市场,如发展最快的电子工业部门的产品,彩电的90%以上、其他电子产品的85%以上,是在国内市场销售。同时,工业生产所需原料及零配件大量进口,由此造成长期以来自由区的进口额远大于出口额。1981年,自由区出口额约为2亿美元,但进口额却近4.5亿美元。自由区进出口之间的差额及其引进外资的还本付息,很大程度上依靠国家外汇支持。

第二,综合型的产业结构。玛瑙斯自由贸易区实际上是以商业带动工业和农牧业发展的。因此,它以发展第三产业开路,创造发展工业所需的良好基础设施和内部资金积累能力。在此基础上,发展加工业和发展农牧业,从而形成以某几个加工工业部门为核心的多部门、多领域的综合经济结构。

第三,功能化的发展布局。玛瑙斯虽名为自由贸易区,实际上包括三个主要经济活动功能区。一是商业区。主要集中于玛瑙斯市区。二是工业区。1971年自由区管理局在距市区5公里处开辟工业区,占地6.64平方公里,现已建成的工厂有228家,形成几个相对集中的部门工业生产中心,如电子电器中心、冶金中心、钟表中心、光学仪器中心、摩托车和自行车中心、纺织品和成衣中心以及首饰玻璃瓷器中心等。三是农牧业区。距市中心50公里,1975年建立,占地5890平方公里(相当于海南岛的海口市、琼山县、文昌县和定安县面积的总和),其中,44.1%用于发展畜牧业,34.3%用于发展农业,3.2%用于发展蔬菜和家禽饲养,已实施的项目536项。

第四,国产化的发展趋势。自由区建立的最初10年内,所兴办的第一批企业大都是依赖免税进口国外零配件组装产品的装配厂。1975年开始实行产品国产化政策,提出"国产化"指标及实现国产化的期限,1981年国产化达77%,现已达85%左右,过去依赖进口的状态已基本改变。工业区现在只进口本国不能生产或者产量很少的零配件。从80年代初开始,自由区的经营方针也已发生了变化,从面向国内市场为主,改变为同时兼顾出口和供应国内市场。

海南岛:借鉴玛瑙斯自由区什么

根据以上分析,玛瑙斯自由区的很多做法是可供海南岛借鉴的。概括起

来说,主要有:

第一,以立法形式确保海南经济特区的建设和发展。这既是玛瑙斯的启发,也是海南近些年来开放实践的结论。前几年海南在开放中享有中央、国务院给予的政策优惠,但后来由于各种原因,改变或收回或期满或未执行的占62%,执行的只有三分之一多一点。只有加强立法,使政策条文化、法律化,才能避免"政策多变"对海南开放的不利影响。

对于上述一点,可以做进一步的理解,即通过立法形式,确定海南经济社会发展的稳定框架,使海南的开放与开发有一个长期稳定的(比如,像玛瑙斯自由区那样一定"30年不变")经济、政治、社会以及心理的环境。

第二,进一步明确海南岛对外开放的具体模式为自由经济区。

从政策上和产业开发上看,海南自由经济区和玛瑙斯自由贸易区没有多大的区别,但考虑到中国、海南的实际以及国人的习惯,称为"自由经济区"比"自由贸易区"更为贴切和妥当。

第三,制定切合实际的对外开放发展战略。从玛瑙斯的进口主导型战略来考虑,海南岛现阶段的对外开放可以采取外向进口替代战略。这一战略,静态地看,是进口替代与出口导向相结合的战略,动态地理解是以进口替代为主体向出口导向为主体、外向型经济由低层次向高层次转移的战略。

这一战略既借鉴了玛瑙斯自由区的做法,又考虑到海南现阶段的经济发展水平及由海南的资源特点及长期形成的高度依靠内需的经济格局的实际。海南丰富资源的比较优势是在国内,中央给予特殊政策,也是为了更好地加快海南资源的开发,而经济特区的建立,必须要大力引进外资、发展外向型经济,这都是确定上述发展战略的依据。

第四,建立综合型的以工业为主体的产业结构。海南岛与玛瑙斯一样,作为一个大的农业经济形态社会,有着丰富的资源和发展综合型产业的有利条件,有必要建立起综合型的产业结构。但是,要明确海南岛的产业结构以工业为主,特别是资源加工业应是海南岛的支柱、主导产业。同时,要明确海南岛应抓住几个主要的产业部门,形成"规模经济",切勿"遍岛开花"。

第五,加快重点地区的开发。玛瑙斯自由贸易区主要是以玛瑙斯地区作为重点开发对象,以此带动和促进周围地区及腹地的发展。海南要明确以海口、三亚作为开发重点,使整个岛的开发呈"南北夹攻"之势,特别是要重视海口作为海南最主要的工业区的开发,并使其辐射周围的几个县。

第六,把"国产化"作为一个长期的发展目标。玛瑙斯自由区的启发是,要在大量引进国外资金、技术的同时,注重外国先进技术的吸收消化,大抓产品的"国产化"方向,建立中间产品生产基地,以逐步减少生产过程中的对外依赖性。但是,国产化又要有一定的时间。海南岛在近几年的对外开放中,这方面做得比较差。在今后的进一步对外开放中,要把"国产化"作为一个长期发展目标来加以重视。

巴西人自己曾骄傲地认为,玛瑙斯自由贸易区是全世界自由区的楷模,称世界上没有一个自由区像它这样拥有贸易、工业和农牧业三个都在迅速发展的部门。那么,对于海南经济特区,国人将是怎样的评论呢?

本文发表于《海南开发信息》1988 年第 10 期。

对海南特区物价改革的认识

　　全国正在治理经济环境、整顿经济秩序,对于特区经济建设刚刚起步的海南来说,是一个极需要注意的问题。如果时机把握得好,措施得当,海南的改革开放就会进行得更有成效。就物价来说,在全国治理、整顿的情况下,要搞好这项改革,我们首先必须持有的认识是:

　　1.改革不能"头痛医头、脚痛医脚"打"游击战"。这些年的改革一会儿说所有制改革是关键,一会儿又说金融体制改革是关键,一会儿搞计划体制改革,一会儿又搞物价体制改革;一会儿说承包制重要,一会儿又说股份制重要;今天宣传"兼并",明天提倡"破产";刚刚要"冒风险""闯关",马上又来治理、整顿,这种忽左忽右、忽东忽西的做法,使改革变成没完没了的"革命",人们无所适从。

　　2.物价只是整个经济体制改革的一个方面。由此决定其改革不能孤军奋战、不能追求自身的完善,而必须服从改革的整体方向,并与其他方面的改革相配套,才能有利于完成改革的任务。

　　3.物价是全国性问题。因此,物价改革的做法措施全国也是一致的,虽然各地的具体做法可能有所不同,但差异不大。海南建设特区,如果与中央各省、市、自治区没有特殊的关系,那么,海南的物价改革只要根据全国的布置来进行就基本可以了。

　　4.靠"放调"是难以调出一个合理的价格体系的。我国及海南近年的物价改革就是顺着"放调"的路子进行的,但由于没有形成相应的机制,使政府的主观能动作用为主要特征的"放调"变得无止境。海南的物价改革显然不能只循着"放调"的老路。

5. 目前对通货膨胀所采取的很多措施是"治标"而不是"治本"。在我国的经济生活中大致两三年就会来一次"压缩空气",由于没有从体制上根本解决问题,使我们总没有走出"一放就乱、一乱就收、一收就死、一死就叫、一叫就放"的"怪圈"。

根据以上认识,我认为,要想从根本上搞好海南的物价改革,必须明确海南特区经济体制改革的目标模式,以此作为物价等方面改革的依据和出发点,并以此推动和促进改革目标模式的实现。与此同时,明确海南与中央的关系,在海南建立"第二关税区",只有这样,探讨海南的物价改革问题才有特殊意义。

海南进行物价改革的条件比全国有利得多,而且,海南又和全国一样,物价改革已进行了近10年,我们完全可以进行完整的设计,不必打"游击战"。这样,海南的物价、工资改革就可以根据市场经济原则来进行,并与其他各个方面的改革相结合,最终建立起海南特区的市场经济体制。具体地说,搞好海南物价、工资改革的关键在于以下几个方面的"结合":

1. 物价改革与企业制度改革结合。海南现行主要企业制度是全民所有制、国家所有制,但实际上是政府所有制。就是说企业由政府投资兴办,企业的经营管理者由政府任命,企业的劳动者由政府招收,企业的盈亏也由政府负责。这种企业制度弊端很多,主要表现为企业管理不善、效益低下。海南的企业制度改革,是要使企业独立于政府,真正做到自主经营、自负盈亏,以企业的发展促进社会财富的增长和增加社会的总供给,为物价自身的改革提供宽松的环境和条件。

2. 物价改革要与就业制度改革相结合。物价、工资改革必然会导致一定程度的通货膨胀,而通货膨胀率若是过高,物价改革又会被迫停止,如此永远走不出困境。因此,物价、工资改革除了与企业制度改革相结合,把"计划企业制度"改革为"自由企业制度",还必须与就业制度改革相结合,把"计划就业制度"改革为"自由就业制度",开放劳动市场,促进劳动力的自由流动和生产要素的优化组合。这样,既可以使消费者有条件在物价问题上,从寻求"政府保护"转向"自救",又可以提高企业效率和社会产品总量。

3. 海南物价改革要与社会保障制度改革相结合。和各项改革相比,由于物价改革涉及面广、风险大等突出特点,它必须充分考虑社会的承受能力。

同时,物价改革不能"孤军深入",必须与企业制度、就业制度配套改革才能成功。这也就提出要相应进行社会保障制度的改革问题。只有建立起适应特区新经济体制的社会经济福利制度,才能降低海南的物价改革的"成本"。

4.海南的物价改革要与金融体制改革相结合。这主要是要以利率因素来对付物价改革所出现的通货膨胀现象。世界上的很多国家(地区)也往往是以提高利率来抑制通货膨胀的。因为,利率的提高有利于增加储蓄、推迟一些购买力的实现、减少货币投放过多对商品市场造成的压力。同时,利率的提高有利于用经济手段来控制规模,引导资金的合理投向,提高企业的经济效益。从海南建设特区的实际出发,要进行金融体制改革,明确海南的人民银行和中央银行的关系,使海南的中央银行拥有较多的利率等货币政策决定权,以支持海南的物价改革。

此外,海南的物价改革要注意借鉴国际上行之有效的做法,比如建立期货商品市场。期货市场有利于市场供求和物价的稳定,特别有利于促进橡胶、菠萝、胡椒等热带、亚热带大宗作物的生产,在海南的物价改革中,不能忽视这项试验。

本文摘要发表于《海南日报》1989 年 1 月 19 日,收在钟业昌著《海南经济发展研究》,中国科学技术出版社 1991年版。

海南走"承包开发"新路子
需要研究的一些问题

　　搞了一年特区的海南摸索到了一条开发建设的新路子,这就是让外商成片承包、系统开发、综合补偿。洋浦被确定为"成片承包"的"示范点""开发区",通过它的开发辐射和带动全海南经济的发展。

　　海南和深圳等经济特区的情况完全不同,因此,客观上要求应走出一条具有海南特色的改革开放的新路子。"成片承包"由于具有地价低、自主权大、承包期长以及政策优惠等特点,因此对海外投资者有较大的吸引力。尤其在亚太地区面临"和平与竞争"格局的国际背景下,处于亚太地区"夹缝"中的海南,其落后也有可能构成一种"优势","成片承包"不但海外民间资本甚至外国政府也可能会表示出兴趣。"成片承包开发区"的模式说到底,它所涉及的是海南开放"大特区"与"小特区"的相互关系问题。七届人大二次会议审议通过的"划定海南岛为经济特区"的议案,是把海南岛变成"国办"的"大特区",而"成片承包"是我们在更小的区域范围内给外商以更多的优惠和方便,这是海南搞"省办"的"小特区"。在"成片承包"的实际操作过程中,如何处理好"大特区"和"小特区"的关系,必然会有很多问题需要进一步加以研究。我认为,当前需要研究的主要问题是:

　　其一,"小特区"的开发如何才能带动"大特区"的开发? 海口和三亚是海南省"海、陆、空"交通最齐全的城市,具有较好的港口、城市设备,是海南政治、经济、文化、旅游中心,和周围市县有着较为密切的商品经济关系,因此,它们的开发能辐射和带动全岛经济的发展,这是建省、办特区之初,我们确定两市为本省重点开发地区的主要理由。现在我们要以洋浦为吸引外资、成片开发的先行区、示范区,来带动八所、海口、三亚乃至全省的开发。生产要素的聚集需要一个过程。笔者估计,洋浦的开发初具规模、真正达到对全省经济开发产生一定影响的程度,可能需要好几年时间。这样,如何使之尽快带动全岛的开发建设,便需要探索采取相应的可行性对策。

其二,"小特区"与"大特区"的政策如何协调?"成片承包"是在提出"30条"之后提出并成为新的"热点"。当初我们曾经对"30条"给予高度的期望,但体制等方面的原因使它实行起来困难重重。在这种情况下,我们选择了"成片承包",选择了"小范围"内的"试验",使"30条"在"小特区"内能全面兑现。据此来观察,在"大特区"中建设"小特区",不但"大特区"与"小特区"的政策会有摩擦,即使是"小特区"之间、也就是各个"承包区"之间的政策也会发生摩擦,这盖缘于投资者或利用外资者之间的"政策攀比机制"在发生作用。如何淡化和解决这类摩擦,也是急需研究的一个问题。

其三,"小特区"与"大特区"的体制如何才能理顺?可以看出,海南"小特区"的政治、经济以及法制体制将十分复杂,有可能与现时的"大特区"体制在某些方面构成摩擦,同时,海南"大特区"与中央的各种关系远未理清理顺,使海南的进一步开放改革遇到不少问题。这样,海南的开放面临的实际上是"双轨制"的格局,它们之间的摩擦、撞碰可能会带来很多始料未及的问题,需要我们在建设之初就认真对待,仔细研究。

其四,"小特区"的建设如何才能扩大"受益面"?搞"小特区"有可能导致开放"受益面"的缩小,使更多的人的物质文化生活受惠不多,从而对其建设持消极观望态度,进而影响到整个"大特区"的建设。因而,在建设"小特区"的过程中,仍需进一步改善海南与中央的关系,推进整个物价、工资、劳动制度等的配套改革。只有这样,才能使更多的人积极支持"小特区"的建设,借此推动"大特区"的建设。这一问题同样需要认真研究和对待。

综上所述,我认为,"成片承包"、建设"小特区"是海南可以探索和实践的路子,但要正确认识和处理好"小特区"与"大特区"的关系,要更多地研究可能遇到的困难和挫折。海南八九年的开放以及建设特区一年多的实践都已表明,海南的根本出路在于全面的开放以及政治、经济、法制、文化体制的全面改革和构造。如果"大气候"是阳光灿烂,"小气候"是不会阴雨绵绵的。

本文发表于《海南日报》1989 年 3 月 9 日。

海南与台湾经济一体化的建议

问题与背景

1982 年 9 月 1 日,邓小平同志在《中国共产党第十二次全国代表大会开幕词》中提出,争取实现包括台湾在内的祖国统一,是我国在 80 年代的三大任务之一。80 年代已近末期,"一国两制"的构想也已使香港和澳门问题得以顺利解决,祖国的统一也由此迈进了一步,但台湾问题看来已不可能在本年代内解决。令人高兴的是,从 1987 年 11 月台湾当局决定开放探亲以来,海峡两岸长达近 40 年的紧张关系在很多方面出现了松动,使我们有信心把希望寄托于即将到来的 90 年代。

这些松动或变化主要是,两岸严重军事对峙状态日趋缓和。大陆方面已主动停止对金、马诸岛的炮击,停止向台湾海漂、空飘宣传品。今年 9 月 11 日,则开始停止执行于 1962 年颁布的对驾机、驾艇起义的国民党官兵给予奖励的两个《通知》。9 月间,台湾方面也修改了对大陆逃台者"优待"的"规定"。台湾方面放宽岛内人士到大陆探亲的限制,允许两岸通过第三地区互相通邮,进一步放宽对大陆贸易的限制,允许台湾厂商间接进口大陆产品。今年上半年,两岸转口贸易已达 11 亿元,比上年同期增长 65.68%。同时,还放宽了民间的国际文化体育交流。今年 9 月,第二十二届国际科学联合会大会在北京召开,台湾有 3 名代表出席,这是台湾第一次正式组团参加在祖国大陆举行的国际学术会议。

在出现这种日趋祥和的环境气氛的同时,国际上的(主要为美、日)"台独"主张和台湾岛内的"台独"运动也很活跃,"统独"之争愈演愈烈,使得加快实现祖国的统一更令人关注。李鹏同志今年3月间在七届人大一次会议上提出:"尽早实现台湾与大陆的统一,现在已经十分突出地摆在所有中国人的面前。"台湾方面的有识之士也意识到这个问题。"立法委员"、著名的政论家胡秋原先生认为"统一要快,要在本世纪结束前,迟了来不及"。而国民党元老陈立夫先生更盼望在有生之年看到中国统一。由此,今年7月间以他为首的34位国民党中央评议委员,在国民党十三大闭幕后首次召开的中评委会议上,联署提出了一项关于中国和平统一的议案。尽管议案中的某些提法不适宜,但由于议案建议利用两岸各自的优势,互惠合作,共同成立"国家实业计划推行委员会",提出"谋求统一必先建立共信",主张国共双方进行有限度的接触,而在海内外产生强烈反响。这一积极而又具有前瞻性议案的提出,有可能为海峡两岸开展对话与合作打开契机。

这也取决于我们是否能审时度势,提出同样具有前瞻性的具体主张或建议。以"国大代表"及"光复大陆设计委员"身份、两度到大陆考察的吴哲朗先生今年8月间认为,由于目前两岸生活水准差距太大等原因,台湾和大陆没有统一的条件,"两岸问题很难马上解决,20年内都没有办法解决",这虽然是个人的观点,但也说明了认真思考台湾和大陆统一的具体方式和途径的必要性和紧迫性。

我们认为,台湾问题以及香港和澳门问题的存在,"一国两制"构想的提出,使得至少是2050年之前,中国特殊的发展格局不会改变。海南岛被划定为中国最大最特的经济特区,为这种特殊的发展格局增加了更为丰富的内容。台湾以及香港、澳门和海南岛都是中国极为特殊的发展区域,它们的结合走向"一体化"将是一种必然。在这样的背景下,我们提出海南、台湾经济一体化这一中国走向90年代、走向统一的建议。

四个重大影响

经济一体化是战后国际经济关系中出现的一个极为引人注目的现象。经济一体化是国家或地区之间的区域经济一体化。一般是指两个或两个以上的国家或地区根据共同的利益要求,在经济领域内实行不同程度的合作,实现对经济活动的共同调节,从而形成一个较为接近、统一、协调的经济利益共同体。可见,经济一体化实际上也就是消除障碍、经济结成一体的发展过程。我们这里所说的海南、台湾经济一体化,也就是从各自的有利条件出发,根据经济上的"互利、互补"原则,推进与加强海南与台湾这两个中国"海外省"在经济领域里的往来和合作,在经济上向结成一体的方向发展,并与香港、澳门联系在一起形成南中国的区域性经济利益共同体——环南海自由经济区。

"一体化"作为台琼开展全面经济合作的一种形式,是符合各自的经济利益要求的,无论是对于海南还是台湾,都有极为重要的意义。概括来说,以整个中国大陆为依托作为背景的台琼经济一体化,其影响主要是:

第一,台琼经济一体化有利于促进台湾经济的持续增长和繁荣。"一体化"的基调是经济合作,它的一个理论基础是"大市场"理论,其核心在于通过扩大市场以获得规模经济,从而实现经济技术利益和刺激经济扩张。台琼经济一体化,对于台湾来说,仅就海南岛而言,还难以获得多大的来自"大市场"的规模经济利益,但是,通过"一体化"和海南岛的直接或间接作用,台湾可以不受制度的约束和意识形态的影响而获得祖国广阔的大陆市场,获得廉价原料和推销商品以及进行资本输出,从而使台湾能在相同的立足点上与南朝鲜、新加坡等开展竞争。与此同时,台琼经济一体化也将有利于台湾充分利用海南岛丰富的自然资源(包括土地资源)和人力资源,降低生产成本,促进经济的稳定增长。

第二,台琼经济一体化将大大有利于促进海南经济的迅速发展,实现经济发展的战略目标。海南经济发展的战略目标是要争取用20年或稍长一点时间,使人均国民生产总值达到2000美元以上,进入东南亚经济比较发达的国家和地区的行列。实现这一宏伟发展目标的主要制约因素是现行经济政治体制对生产力发展的束缚,以及资金、技术和管理经验的严重缺乏。如果推进台琼经济一体化,使海南充分采用台湾发展经济的行之有效的做法,使海南的经济体制能与台湾相接近,这必将大大有利于促进台琼之间生产要素的充分流动,从而也必将大大地加快海南经济开发的步伐,以较快的速度进入亚太地区经济较为发达的国家和地区的行列。

第三,台琼经济一体化必将有力地带动粤西、雷州半岛以及北部湾沿岸一带地区经济的发展和繁荣,形成中国南部又一块充满活力的发展区域。上述地区以及海南岛,都是中国对外开放区域中的沿海落后地区,推进台琼经济一体化,海南岛将建立"第二关税区",而且也将在海南及北海市等地建立新海关,由此所产生的"联动效应"将会像香港带动深圳、澳门带动珠海及至整个珠江三角洲那样。仅此而看,海南岛的开放、台琼经济一体化,在中国的区域发展战略中具有极为重要的意义。

第四,台琼经济一体化有利于按"一国两制"的模式实现祖国的统一,增强中国在国际社会中的形象。阻碍台湾回归、祖国统一的因素是很多的,而推进台琼经济一体化,在很大程度上有利于消除不利因素、促进台湾的早日回归和祖国的统一。首先,发达的台湾岛和落后的海南岛常被海内外的人士拿来做比较,因此,通过"一体化"的作用尽快形成一个发达的海南岛,将消除这一比较所带来的"负面"影响,构成顺利解决台湾问题的一个重要条件。其次,台琼"一体化"的推行将显示中国对改革开放的信心,这就有利于增强港人对"一国两制"的信心,借此保证和促进香港经济的繁荣和发展,因此"香港效应"将对台湾与大陆的统一产生积极的正面影响。再次,"一国两制"的构想着眼于从政治上解决祖国统一大业问题,现阶段"一体化"着眼于经济合作,率先实行"三通",通过这样的方式实现经济上的往来,是有利于推动政治上解决问题的。

五个有利条件

对于海峡两岸的经济合作问题,随着海峡两岸政治经济军事气氛的松动和缓和,不少人士都开始进行探讨,并提出了一些很好的建议。比如,有人提出加强大陆和台港(澳)的经济合作和往来,组建经济合作体,如"中国经济圈(又称"中国共同市场""大陆港台经济体""大陆台经济'大三角'"等)。但是,我们认为,基于海峡两岸的很多实际问题,这些构想实施的可能性很小。然而,台琼都是中国特殊的发展区域,且小区域的合作与一体化较容易突破,因此,实现台琼经济一体化、形成包括香港和澳门在内的南中国"环南海自由经济区"则是有可能的。

第一,特殊的地理条件和在中国的特殊地位是实现"一体化"的基本条件。台湾岛和海南岛"孤悬海外",早被外人称为中国的两目。海南改制为省后,台湾和海南则成为我国仅有的两个"海外省"。它们同处于中国"黄金海岸"的"外围",具有良好的国内其他地区所没有的开展经济合作的独特的地理条件。台湾无论是现在还是未来都将作为中国的一个特殊的发展区域而存在,而海南被划定为中国最大的经济特区,因而海南是"一国一制(社会主义)"下最具特殊意义的区域。由于两地的特殊条件和特殊地位,朝着"一体化"的目标走到一起,必将构成中国最有潜力和魅力的发展区域。

第二,在自然资源、劳动资源以及资金、技术和管理经验等方面,台琼两地各具优势,这是推进"一体化"的物质基础。海南岛拥有很丰富的热带作物和南药资源、矿产和建材资源、石油和天然气资源以及海洋和旅游资源,此外还有丰富的土地资源和大量廉价的劳动力资源。但由于资金缺乏、技术和管理水平落后,因而没有得到充分的开发,有着很大的发展潜力。与此正好相反,台湾人多地少、资源缺乏、劳工短缺和资金过剩,再加上美国等国贸易保护主义的打击,使台湾经济的进一步发展面临不利的经济环境。由此可见,海南丰富的自然资源和劳动力资源是台湾所需要的,而台湾的资金、技术和经济力量也正是海南所需要的,因而,台琼的经济合作具有强烈的互补性,使"一体化"能建立在"互利、互补"的基础上。

第三,祖国大陆的依托是实现"一体化"的重要保证。著名的"环太平洋经济合作构想"是由日本提出来的。就海南经济十分落后、财力极其有限的实际情况来说,是没有"资格"提出什么台琼经济一体化问题的。但是,海南是与祖国大陆在政治经济上连为一体的一个省份、一个经济大特区,提出这样的构想又是有"资格"的。以祖国大陆为依托,实际上也就是以中国10亿人民的智慧和力量、中国的国力和广阔的市场为依托,以此作为台琼经济合作的强大推动力。由于有祖国大陆为依托,只要我们"放开"海南岛,让它跟台湾这个"海外兄弟省"和香港一起去国际市场见世面,实现经济上的一体化是完全有可能的。

第四,海南岛实行特殊的政策和体制,这是实现"一体化"最现实的条件。台琼经济一体化不是单方面的事情,但既然是由我们首先提出来,因此,关键的问题就在于在海南岛我们是否愿在某些方面做某种程度的安排。海南岛是我国最大最特的经济特区,国际上行之有效的具体制度、合作方式和管理方法都可以采用。实际上,从海南办特区的指导思想、具体的方针政策和措施看,已形成良好的"放"的态势,使海南岛成为国内在政策和体制上最有条件也最容易开展与台港全面经济合作的地区。更进一步地,以台琼经济一体化为目标,以台湾作为海南政策体制设计的"参照系",据此作为对话与合作的现实条件。当然,台琼经济一体化在很大程度上取决于台湾方面的态度,我们也有理由相信,在海南岛作出一些安排之后,实现台琼的经济合作和"一体化",应是为期不远的。

第五,海南岛落后的严峻现实和寻求发达的强烈愿望,是推进"一体化"的巨大压力,也是巨大的动力。在落后的基础上建省、办特区,面临的突出矛盾就是"目标高、起点低",正是这种严峻的现实和强烈的发展欲望,才迫使我们打破旧的框框,从海南的现实出发,寻找发展海南生产力的有效方法。从而构成推动台琼经济合作朝一体化方向发展的社会基础和推动力。

"一揽子"计划

推进与实现海南台湾经济一体化有很多有利条件,但也存在相当大的难度,这就要求积极寻找解决问题的途径。即现阶段而言,台琼经济一体化必须通过对话与合作的阶段才能实现。

为了鼓励台湾同胞投资,今年8月间海南省提出计划在适宜地区设立若干台湾投资区。这是一个很好的设想。今年4、5月间,笔者也曾就台琼经济合作提出了10条建议,其中的一条就是"在海南岛内开设直接以台湾命名的'台湾投资促进区'或'台湾加工出口区'"。可以说,建立"台湾投资区"是推进台琼经济一体化的一个努力。从国际上看,由于情况不同使一体化进程的规模和强度也不相同,如个别联合项目、贸易自由计划、部门一体化、共同河流协定,以至各种更广泛的一体化进程等。但是,建立"台湾投资区"是一个极为具体的问题。如果没有更高层次、更大意义、更广范围上的对话与接触,台湾当局仍然坚持其"三不"政策,这就必然会直接影响到海南"台湾投资区"的建立与发展。

即现实而言,台湾当局对到祖国大陆投资的商人不"客气",以致出现了对到大陆做生意的台胞进行判刑的事情,从而使更多的台商不愿意为经济利益而冒政治风险和法律风险。即使有台商来投资贸易,但也是少量小额的"静悄悄的革命"。比如,一位台商在大陆开工厂,却不希望公开其身份及投资地点,而有位台商同海南方面签订了合同,返回香港后要求马上把合同上他的名字抹掉,并要求以后无论什么事情都让我方有关人员代为签名。可以说,只要台湾方面现行政策不改变,到大陆投资的台湾商人人数不会大量增加。但是"台湾投资区"作为一个具体实施的建设项目,是一个"轰轰烈烈"的行动,它的建设与发展需要台湾商人的大量投资,上述情形,使"台湾投资区"的建设缺乏可操作性。从另一个角度看,确认台资、港资、侨资以及外资在技术上较为困难。同时,在台湾现行的政策下,台湾商人对大陆或海南的投资贸易活动,大多选择通过"第三者"来"联合"或间接(如委托或代理)进行。这种联合性、分散性的台商现时投资特点,与"台湾投资区"建设的集中性、单一性的要求也是不一致的。

据此来审视,台湾"三不"政策不改变,台琼两大岛之间生产要素不能流动,台琼经济合作就难以深入到诸如建设"台湾投资区"这样的具体问题。台琼现在首先需要的是对话,然后才是合作与开发,最后向"一体化"方向推进。这就提出"一揽子"计划问题。

"一揽子"计划原为国际经济合作方面的问题,这里提出的台琼经济对话与合作"一揽子"计划主要是指,国共两党本着"中华民族的利益高于一切"的原则精诚合作,推动台湾与海南这两个中国"海外省"的对话,以形成两岛经济合作的政治基础、经济基础、社会基础和舆论基础,把台琼经济合作建立在公开、平等和互惠、互利、互相依赖的共识上,建立起实现台琼经济一体化的新秩序,以此加快海南特区的经济开发和促进台湾经济的持续增长,打开祖国和平统一的"缺口"。

前述可以看出,现阶段建立台琼经济合作新秩序"一揽子"计划的调子应当是:对话与合作结合,以对话为主,即通过推动对话来推进合作,最终实现台琼全面经济合作这一历史主题。与此同时,从寻求台琼经济一体化的具体方式看,可以借鉴国际上的做法。这些做法:一是自由贸易区。即消除阻碍区域内各成员之间商品流通的贸易壁垒及自主决定政策。二是关税同盟。这不但要求消除区域内的贸易壁垒,而且每个成员都要调整各自的关税和非关税壁垒,建立起一整套一致对外的贸易政策。三是共同市场。它不仅实行区域内的自由贸易,不仅实行统一的关税壁垒,而且还要求在区域内实行生产要素的自由流动,并通过协调各成员的经济政策和社会政策,制定和执行某些共同政策,发展为经济联盟。

可以看出,上述三种一体化的具体做法,关税同盟较自由贸易区,而共同市场(经济联盟)较关税同盟,把区域经济一体化更推进了一步。也表现出,"一体化"一般是从国际商品贸易开始,然后扩展到国际金融,接着再发展到生产、运输、劳动力的流动等各个层面。市场一体化或自由贸易是经济一体化的基础。而台琼经济一体化则是一个国家、两种制度下的区域经济一体化,因此,最大的难度就在于具体的制度和体制方面。这样,在考虑宏观环境的基础上,台琼经济从对话、合作走向"一体化"出路就选择体制与市场这两个层面。

第一,把海南岛当作第三次国共合作的"基地"。海南只是中国的一个省,无论是从经济实力上还是"权力"上、声望上、协调能力上来看,都缺乏"资格"提出与作为"亚洲四小龙"之一的台湾进行全面的经济合作,换一个角度看,海南与台湾的合作绝非纯粹的中国的两个省的合作。在台湾与大陆分离40年、实现弥合仍是困难重重的条件下,首先实现海南与台湾这两个"兄弟岛"的对话与合作,具有划时代的意义。关键就在于国共两党各作出合理安排,把海南岛当作第三次合作的"基地"。对于大陆方面来说,必须组建中央一级的政治、经济以及外交统战的协调机构,在更高的层次、更大的意义和更广的范围上,推动海南岛与台湾岛的经济合作,把海南岛的开放、开发与祖国和平统一有机地结合起来。对于台湾方面来说,应该开放台湾与海南的"三通",允许民间人士到海南岛来旅游、投资和贸易。在此基础上,对海南岛进行联合投资、开发和管理。

第二,海南的经济体制构建要以台湾作为"参照系",采用台湾发展经济的行之有效的具体体制和管理方法,由此构成实现"一体化"的基础,把海南的经济发展到台湾那样的水平。海南的经济体制从运行及调节方式看,与台湾应没有多大的区别,即都是市场经济体制、遵循"国际惯例"的商品经济体制;但从经济成分看,两者则有所不同。台湾是以私有经济为主,而海南则以民营经济为主,这里所说的民营包括国有民营和民有民营。

这样建立起的以民营经济为主体的市场经济体制,微观经济活动实行企业和生产经营者个人决策,政府则通过运用各种经济手段(如税率、汇率、利率及价格、工资等)对经济活动进行调控,比如,物价由生产经营者根据市场变化来决定,而政府则通过控制货币发行、调整利率等进行干预,以保持物价的相对稳定,创造良好的经济发展环境。这样的经济体制既切合海南实行的以公有制为主的经济体制的实际,又适应了台湾和国际经济运行和资本运行的要求,构成台琼经济能实现一体化的条件。

第三,确立海南与台湾"贸易与投资并举,以贸易为主"的现阶段经济合作的原则,把海南岛变成为台湾与大陆的"转口贸易区"和联系台湾与大陆经贸关系的枢纽。这是从市场这个层面来考虑,台琼要逐步实行自由贸易制度,形成充满活力的"环南海自由贸易区"。也就是说,台琼经济一体化要从贸易开始。中央应该制定大陆与台湾经由海南的转口贸易政策、法规,给予"特许"优惠待遇。而对于海南来说,必须放开"一线"、管好"二线",建立起"第二关税区",并制定专门对台湾的贸易政策,可考虑允许台湾产品免税自由输入。

自由贸易的渗透、牵动,必然形成一整套与之相适应的政策与体制,从而促进台资的流入,也就促进海南经济的迅速发展与台湾经济的持续增长。

本文发表于《海南风》1989 年第 2 期。

海南的外向型经济发展战略

海南作为我国最大的经济特区,经济发展的一个重要战略选择就是,充分发挥海南丰富的自然资源、劳动资源优势和中央给予的特殊政策优势,大力发展外向型经济,逐步形成具有海南特色的以工业为主导的,国内市场为基础、国际市场为导向的,工农贸旅并举、三大产业协调发展的外向型、综合型的经济结构。海南选择外向型经济发展战略,既符合海南的实际,又适应了国内外经济发展的基本趋势。

一、发展外向型经济是海南的必然选择

外向型经济是相对于内向型经济而言的。这主要是指一个国家或地区以积极的姿态参与国际分工和国际竞争,大力开展对外经济技术交流,充分利用国外资金,并根据国际市场的需求,调整产业结构和经济结构,建立起面向国际市场的经济运行体系,以此带动和促进经济的增长与发展。

战后很多发展中国家和地区,为了发展经济采取了各种类型的发展战略,但从这20多年的发展过程看,从内向型发展战略转向外向型发展战略,是总的发展态势。拥有151个成员国的世界银行,对41个发展中国家和地区20年来的经济发展状况作了研究,在1987年年中发表的世界发展报告中,提出了一个引人注目的看法:实现工业化没有一条独特的道路,但许多国家与地区选择出口导向的外向型经济大多取得成功。实践证明以国际市场为目标的经济战略,能够刺激经济效益和工农业效益,外向型经济的成就远远优于内向型经济。

内向型发展战略主要是指进口替代战略。这种战略要求通过建立和发展本国的制造业及其他工业，以替代制成品的进口，带动经济的增长，实现工业化。50 年代开始，很多推行工业化政策的国家和地区，一般都实施了进口替代的发展战略。因为，很多发展中国家和地区都是战后才获得独立的，为了发展民族经济，改变在国际经济关系中的不平等地位，必须改变畸形的产业结构，以国内的生产取代进口。这样，仅仅依靠私人资本的力量是不够的，必须借助政府的力量，通过关税与非关税壁垒措施，对本国的幼稚工业实施有效保护。同时，很多发展中国家虽然在发展中碰到资金、技术短缺等困难，但是发展民族工业的一些基本条件仍是具备的。比如，民族资本有一定规模，初级产品的出口可以换取一定的机器设备，国内也有现成的工业消费品市场等。

正因为如此，从 50 年代到 60 年代上半期，进口替代战略在发展中国家和地区中的实施，达到了鼎盛时期，并取得积极成果。比如，对工业特别是制造业的有效保护，使工业得到较迅速的发展，1950—1960 年，亚非拉国家制造业的年平均增长率为 6.9%，1960—1970 年达到 8.1%，这不仅大大超过发展中国家的历史纪录，也超过同期西方发达国家制造业的增长速度。大多数实行进口替代战略的国家，工业的增长都很快，尤其是制造业的增长，成为这一时期许多发展中国家经济增长与发展的主要推动力量。同时，进口替代战略的推进，还大大改变了发展中国家和地区的经济结构，增强了经济的自立能力。

但是，进口替代战略也存在一些缺陷，比如，在保护条件下发展起来的工业效率低、缺乏国际竞争力，难以改变国际收支的困难等；同时，很多发展中国家和地区由于地少人多，资源缺乏，市场狭小，在实施一段时间的进口替代战略并形成一定规模经济后，迫切需要通过扩大出口来带动经济的增长；加之 60 年代开始，西方发达国家在科技革命的推动下，经济发展情况较好，战前严厉的贸易管制大大放松；而且，随着新兴工业的出现和国内劳动力价格的上涨，促使西方发达国家进行产业结构的调整。这一切为发展中国家和地区转向外向型经济战略提供良好的国际环境。

在这样的背景下，很多的发展中国家和地区，采取了一系列的吸引国外资金、技术和鼓励出口的政策，充分利用劳动力资源丰富的优势，大力发展劳动密集型产业，有力地带动了经济的增长与发展。在这些发展中国家和地区中,以南朝鲜、台湾、香港和新加坡等表现得最为出色。由于推行面向出口的战略,大力发展出口加工装配业使制造品的出口大幅度增长,1984 年与 1965 年相比,制造品在出口总量中的比重,南朝鲜由 61% 提高到 92%,台湾由 43% 提高到 94%,香港由 93% 提高到 95%,新加坡由 31% 提高到 53%。而制造品出口数量的不断增长又极有力地推动了经济的高速增长。整个 70 年代,它们的国内生产总值平均年增长率在 8.5%—10% 之间。到 1987 年,人均国民生产总值,南朝鲜 2813 美元,台湾 4989 美元,香港 8227 美元,新加坡 7495 美元,从而使它们发展成为新兴的工业化国家和地区。

　　与上述新兴工业化国家和地区一样,东盟四国(即印度尼西亚、菲律宾、泰国和马来西亚)的发展也引人注目。与"四小龙"相比,东盟四国外向程度低些,出口的增长率也比不上"四小龙",但是出口总的情况要超过拉丁美洲和非洲国家,特别是泰国和马来西亚,都在较大程度上实现了由出口带动经济的增长。1982 年和 1960 年相比,全部出口产品中制造品所占的比重,泰国由 2% 提高到 29%,马来西亚由 6% 提高到 23%。20 多年来,东盟四国的经济增长率超过了大多数中等收入的发展中国家。1963 年至 1983 年之间,泰国、马来西亚和印度尼西亚的年均增长率都在 8% 左右,菲律宾较低为 5%,但也比世界很多发展中国家要好。现在它们的人均收入已在 600—1900 美元之间。

　　特别引人注意的是,1985 年以来,随着日元、南朝鲜元和台币的相继升值,贸易保护主义的抬头以及劳动力的短缺,使"四小龙"的比较优势已经丧失,开始进行经济战略与产业结构的调整,世界经济发展正出现了类似于 60 年代的背景。在 60 年代当日本的工资和技术水平开始上升的时候,日本曾经把那些经济效益不高、劳动密集型的产业,像一套穿得不合身的衣服一样,"脱"给南朝鲜、台湾、香港和新加坡等国家和地区,从而使"四小龙"走上发展劳动密集型出口产业的道路。现在,随着工资费用提高等因素的出现,"四小龙"开始重视发展资本、技术、知识密集型产业和金融服务业等。如同当年日本一样,现在轮到"四小龙"把那套已不合身的"衣服"脱给东盟各国。凭借着工资比率较低和丰富资源,许多劳动密集型和加工装配性质的产业正流入东盟各国。

　　现在,在亚太地区中已出现了"三梯度分工"的态势,也就是所谓的"雁行模式"。在动态性的国际分工中,很多发展中国家和地区都展开赶超攻势。"四小龙"正在迈向"日本第二",要在 20 年时间内达到目前日本平均国民生产总值的水平(1986 年日本人均国民生产总值为 1.62 万美元)。而东盟各国则利用现在出现的"海外投资浪潮"的大好时机,大力引进国外的资金和技术,发展外向型经济,力争成为第二批新兴的工业化国家和地区。

参与利用国际分工和国际竞争,发展面向国际市场的外向型经济,是当今世界,特别是亚太地区合作与竞争的主题。

发展中国家和地区以及中国沿海地区的经验说明,发展外向型经济是开放地区经济发展的必然选择。海南作为中国开放面积最大、层次最高的地区,发展外向型经济也是必然的选择。海南岛地处南海,是亚太地区的一个重要组成部分。日本提出的"环太平洋经济圈"是一个从经济上着眼的大的地理概念,如果缩小一个范围,实际上还存在着一个"环南海经济圈"(或"小太平洋经济圈"),它包括香港、澳门、台湾、菲律宾、马来西亚、文莱、新加坡、印度尼西亚、泰国等国家和地区。在这个"圈"上,海南岛靠近港澳地区和台湾省,离东南亚的距离也最近,因而海南岛无论在"环南海经济圈"还是在亚太地区都处于一个重要的位置。只是目前海南的经济发展水平太低,与亚太地区的经济合作不活跃,才使它在这个地区的作用没有显示出来。利用这样的"地利"条件,大力发展外向型经济,参与亚太地区的分工与竞争,亚太地区才有海南的"一席之地"。同时,海南还拥有丰富的自然资源和劳动力资源,只有大力发展外向型经济,引进外资和先进技术,发展资源加工系列产品,不断提高产品的附加价值,才能使资源优势转变为经济优势。

海南发展外向型经济也是中央给予比深圳等经济特区更特殊、更优惠、更开放的政策和自主权所决定的。海南的对外开放最早是 1980 年提出来的。是年 7 月,国务院批转的《海南岛问题座谈会纪要》明确提出海南岛的对外经济活动可以参照深圳、珠海两市的方法,给予较大的自主权。但由于各种原因,如经验、思想和组织上的准备不足,具体的工作也不适应对外开放的需要,从而使这一时期海南的对外开放基本上是处于准备和酝酿的阶段。1983 年 4 月,中共中央、国务院批转《加快海南岛开发建设问题讨论纪要》,决定对海南岛放宽政策,并在 8 个方面给海南岛在对外经济合作方面以较大的自主权。几年来的对外开放,有力地促进了海南岛的开发与建设,但是,同国内其他沿海地区相比,经济发展的水平仍然很低,特别是在发展外向型经济方面,海南远远落后于沿海发达地区。1980—1986 年的 7 年中,海南岛的"三资企业"合同规定的外资额仅 2.24 亿美元,实际利用的只有 0.67 亿美元。同时,出口贸易的规模不大,1980—1986 年海南的出口总值分别为 1829 万美元、4571 万美元、2027 万美元、1577 万美元、4113 万美元、8113 万美元和 3840万美元。1985 年,海南基本建设投资中外资的比重仅占 3.89%,1986 年海南的"三资企业"的产值占海南工农业总产值或国民生产总值的比重均不到2%,"三资企业"的出口创汇只相当于其进口用汇的 12.7%,同年海南的出口贸易额占国民生产总值的比重仅 2.7%。这说明,海南的外向型经济还处于很低的层次。

　　海南外向型经济发展层次低,既有体制也有政策上的原因。中央和国务院决定海南建省、办全国最大的经济特区,既解决了海南发展外向型经济的束缚因素,又对海南发展外向型经济提出了更高的要求。海南实行了更加特殊、更加优惠、更加开放的政策,这主要是:

　　(1)对外贸易方面,在"一线放开,二线管好"的前提下,生产资料进口免税、生活资料(除烟酒外)减半征税。海南免税进口原材料生产的产品补税后可销往内地。大陆产品在海南加工增值 20% 后,可视为海南自产品出口。海南产品出口不受国内许可证分配额限制。

　　(2)金融方面,海南可以设立外资银行、中外合资银行,可以设立股份制的商业银行。海南可以设立外汇调剂市场,外币可以在海南自由兑换,外国投资者的利润可自由汇往境外,并免缴汇出额的所得税。海南有权对外借款,在国内外发行债券股票,进行多渠道多形式集资。

　　(3)税收方面,海南企业的所得税率为 15%,对技术先进、出口比例高的企业将进一步降低其所得税,或延长其税收的减免期限。

　　(4)土地管理方面,海南土地使用权可以有偿转让、出租和抵押,一次签约期最长可达 70 年。海南土地可由企业或个人成片承包开发。

　　(5)基本建设方面,海南拥有投资额在 2 亿元人民币以下的建设项目的审批权,海南的基本建设规模不受国家的宏观控制。

　　(6)其他如海南拥有旅游外联权和签证权,海南可在海外设立办事机构,外国人入境可在海口、三亚两地签证等。

实行这样的特殊政策,使海南的经济模式是:经济运行靠市场调节;经济结构和形式不受比例的限制,全民所有制企业不一定占比较大的比重,而是各种所有制的企业平等竞争;建立"第二关税区",使资金、境外人员进出自由,货物进出基本自由,形成良好的经济发展环境。而所有这些方面的内容,都将使海南的开放、开发更多地面向国际。因此,又可以说发展外向型经济是海南实行更加灵活开放政策、建设大特区的应有之义。

二、海南特色的外向型经济模式

确定海南外向型经济发展模式,必须从海南资源特点和社会经济技术发展水平的实际出发。在六届人大常委会提出的关于设立海南省的议案中指出:海南岛是我国第二大岛,面积3.4万多平方公里,人口605万。海南岛海域广阔,资源丰富,雨量充沛,是一块热带、亚热带宝地。中华人民共和国成立30多年来,特别是党的十一届三中全会以来,海南岛的经济有了很大的发展,但由于受很多条件的限制,海南的优势没有充分发挥出来,与全国其他沿海地区相比,还有较大差距。这段话很好地概括了海南岛资源丰富而经济落后的特点。

从选择海南特色的外向型经济模式,特别是区别于深圳等经济特区的模式来看,海南的社会经济特点可以进一步地概括为:

1.人口多,面积大。海南的人口相当于深圳、珠海、汕头、厦门4个经济特区市区人口的4倍,面积则为4个特区面积总和的65倍左右。从世界上看,主权国家之下的开放地区,面积最大的是巴西的玛瑙斯自由贸易区,面积达219万平方公里,墨西哥的加利福尼亚自由区次之,面积为6.5万平方公里,分别是海南岛的64.4倍和1.9倍,但1980年玛瑙斯自由区的人口仅230.9万,不及当年海南岛人口的一半。从人口看,海南岛是世界最大的经济特区。

2.农业社会的经济形态。从就业看,1986年海南在第一、第二产业中就业的人数占总数的比重分别为73.23%和9.49%,而全国则分别为61.1%和22.1%;从产值看,1986年海南的社会总产值中,农业和工业所占的比重分别是48.6%和24.2%,而同期全国为28.18%和52.38%,这说明海南的农业社会经济形态,比起全国来表现得更为突出。而社会经济形态的不同决定了开发的重点和对象也不同,开发的难度和进展程度也大不相同。比如,深圳等四个经济特区绝大多数人口为非农业人口,工农业总产值中农业的比重在10%以下,这说明深圳等经济特区是以城市资源(主要是工业资源、人力资源)为开发重点,而海南则更倾向于以自然资源(包括热带作物资源、矿产资源、水产资源、森林资源、土地资源以及人力资源等)为主要的开发对象。特别是,海南作为我国唯一的大面积的热带、亚热带作物生产基地,它在经济领域内担负着服务全国的任务。据1984年的资料,海南的橡胶等热带、亚热带作物种植面积及产量在全国所占比重分别是:橡胶60%和66.42%,胡椒56.5%和55.96%,椰子98.93%和99.63%,咖啡36.23%和15.54%,腰果99.65%和95.8%,油棕100%和100%。由于这些作物的生产在国内具有"不可替代"的地位,因此,海南的经济建设在更大的程度上要面向国内市场,这是制约海南外向型经济模式的重要因素。

3. 经济发展水平低。以1985年而言,海南人均工农业产值按1980年不变价格计算为610.8元,仅相当于全国平均水平1058.8元的57.7%。同年,海南全民所有制独立核算工业企业的全员劳动生产率为9729元,仅相当于全国平均水平15198元的64%;1986年全国这一数字为15806元,海南为9938元,仅占62.9%(均按不变价格计算)。由于经济技术水平低,海南的经济又是以资源粗加工为主,资源的附加价值很低。1986年海南轻工业产值占工业总产值的比重为66.4%,而轻工业中以农产品为原料的就占76.9%。海南的主要工业也是以加工本地资源为主,年产值接近和超过亿元的食品工业、冶金工业和化学工业,它们占全岛工业总产值的比重在60%左右。但由于海南的经济落后,技术水平低,资源加工是粗放型的,附加价值很低。如1985年海南渔业产值1.55亿元,但水产加工业的产值仅838万元(当年价格),1986年海南橡胶产值9.46亿元,但橡胶制品业的产值仅0.93亿元(当年价格)。

4. 高度依附国内市场,对外经济落后。海南价值最大的产品如食糖、食盐、铁矿等几乎全是上调给国家。1985年仅橡胶、铁矿石、食盐三项输出量就占海南三大港口物资输出量的73.74%,如果把食糖算进去,大致为91.7%。向内地输出原料而购进工业制成品是海南经济的一大特征,1986年全岛从大陆各地调进的工业品占全岛工业品购进总额的 88.1%。根据对海南 249 个企业的抽样调查,1985 年这些企业在岛外的市场销售值仅占其产品销售总值的 1.95%,而 1986 年海南的出口总值只相当于工农业总产值的 2.75%。可见,海南的经济是一种高度依赖国内(包括岛内)市场的经济。在这样的条件下,对外经济是很落后的。以出口贸易的商品结构而言,1986 年农副土特产品占 42.71%,农副产品加工品占 27.13%,两者所占比重达 69.84%。

这些特点对海南外向型经济模式的选择有什么影响呢? 我们认为,外向型经济的实质就是要把国际需求作为经济增长的"拉力"。但是,不论是发展中国家和地区的经验或是世界银行 1987 年的世界发展报告都确认,幅员、人员和自然资源,对一个国家或地区的工业化进程和产业结构都产生很大的影响。以出口额占国内生产总值的指标来看,幅员小、人口不多、自然资源缺乏的国家和地区如新加坡、台湾的比重分别达 53.83% 和 52.1%,而幅员较大、人口较多、资源很丰富的国家如泰国、印度尼西亚和菲律宾的比重只分别为 18.6%、25.1% 和 12.4%,马来西亚的比重达 46.45%,但仅石油一项就占出口总值的 27.3%、木材占 16.2%(统计年份均为 1982 年)。

根据海南岛自然资源丰富,面积大、人口多,与大陆经济联系密切,作为国内最大的热带作物生产地区和具有"不可替代"地位等特点,决定了海南在发展外向型经济中,国内需求与国际需求的矛盾将十分突出。而且这个矛盾将是长期存在且不是靠优惠政策能加快解决的。这些都是制约海南外向型经济程度的重要因素。而海南现在的经济技术发展水平太低,农业在国民经济中占主导地位,工业是简单的资源粗加工,这都使得海南经济从内向型转向外向型要有相当的一段时间,可以说,海南经济在一段较长的时间内,主要还是靠国内需求来拉动。

这也就是说,发展外向型经济要有一个过程,这方面,台湾的经验是很值得海南借鉴的。从 50 年代到 80 年代,台湾的工业化就经历了一个由内向型向外向型的转化过程。50 年代,台湾生产力水平低、工业落后、物资供应紧张,为了迅速发展生产,台湾推行了进口替代工业化的战略。一方面,大力发展农业(1953—1962 年台湾农业生产平均每年增长 4.8%),通过提供大量的农产原料和农业积累,为工业化提供了资金。同时,积极发展以非耐用消费品生产为中心的进口替代工业,从面向农业的化肥工业和面向民生的纺织工业开始,进而发展食品、人造纤维和合成纤维、塑料工业以及非金属制品工业。进口替代工业化政策的实施,使台湾经济从 1953—1969 年,国民生产总值年均增长 7.9%,工业生产年均增长 11.7%。进入 60 年代的台湾,利用世界科技革命发展、西方资本主义国家进行产业结构调整由劳动密集型产业向资金和技术密集型产业发展的有利时机,迅速使内向型经济转向外向型。台湾利用劳动力资源优势(当时台湾工人的工资一般只有美国工人工资的 1/4 左右)迅速发展劳动密集型工业,并采取一系列特殊政策,如降低关税税率,放宽进口管制,颁布投资和技术合作奖励条例,鼓励华侨投资,建立出口加工区等。进入 70 年代中期,台湾外向型经济又从劳动密集型转向资金和科技密集型,着重发展重化工业和技术层次高、附加价值大、耗能少的产业,如电子、机械等产业,进行"工业升级"和"技术升级"。

经历从内向型向外向型发展,从劳动密集型向资金、科技密集型发展的几个阶段,台湾经济迅速实现了"起飞"。1963—1973 年台湾发展外向型经济的时期,工业生产年平均增长 18.5%,国民生产总值年平均增长 10.1%,台湾的对外贸易在国际上的地位也大大提高。据国际货币基金组织的统计,台湾在世界(不包括苏联等社会主义国家)的贸易总额的排名中,1977 年居第 25 位,1985 年则跃居为第 15 位,其中出口居第 10 位。

生产力水平远远落后于台湾的海南省,要发展外向型经济也必然要经历一个较长的过程。当然,由于海南有全国的支持,它的工业化进程不必经过一个进口替代的阶段,但它的发展不能忽视国内市场,不能忽视国内投资,应以外向型为目标,并注意把出口导向同进口替代有机地结合起来。为此我们认为,在这个世纪末,10 年左右时间内,海南的外向型经济将呈现出以下一些特征:(1)国内需求大于国际需求,外向型经济处于较低层次;(2)外商投资与国家和地方(包括内地)的投资同时并举,并相互发挥作用;(3)以开放促开发,把吸收外资促进海南开发放在重要地位,引进国外科技以应用技术为主;(4)某些行业、某些产品完全实现"以国际市场需求为主";(5)对外贸易的增长速度快于经济增长速度;(6)在一段时期内进口将会大于出口,外汇收支平衡要依靠非贸易外汇收入、调剂外汇和国家定额外汇补贴;(7)出口商品结构有相应调整,轻纺产品出口的比重增加,但仍将以初级产品及相应的加工产品为主;(8)对外贸易中复出口、内地产品加工转口有一定地位;(9)"三来一

补"仍为利用外资的重要方式;(10)外汇收入中非贸易收汇有重要作用;
(11)进口替代为实现出口导向的必然过渡或重要手段;(12)"创汇农业"发
挥一定作用。

对于这些特征,我们还可以进一步做一些量的设想:(1)外资在固定资产
投资中的比重在 30% 以上;(2)"三资企业"的产值在工业产值中的比重在
30% 以上;(3)自产品出口额占工农业总产值的比重在 20% 以上;(4)出口额
(包括自产出口、进口替代收取外汇产品和加工转口产品等)占国民生产总值
的比重在 30% 以上;(5)外汇收入(包括侨汇收入)占国民生产总值的比重在
30% 以上。

这些数量界定是海南特色的外向型经济模式的重要特征。与深圳经济
特区相比较,理论界对深圳的外向型经济较为一致的看法是,以引进外资、外
国先进技术以及产品外销为主等作为深圳特区外向型经济的基本特征。这
些特征可以作一些量的界定:(1)建设资金以吸收和利用外资为主。一般认
为在深圳特区的整个工业投资中,外资所占的比重要在 50%—60% 以上。
(2)引进技术以先进技术为主。(3)社会经济结构以"三资企业"为主。全部
工业产值中,外资企业所占比重在 50% 以上。(4)产品以外销为主。特区自
产品的外销比重要在 70% 以上,要实现外汇收支顺差等。

深圳的这些特征,从总的来说,符合国际经济发展的趋势,社会主义现代
化总体战略要求以及深圳特区本身所具有的特点、条件和优势。从深圳本身
的条件而言,它毗邻香港,经过 10 年左右时间的建设,已经成为一定规模的
现代化城市,工业和贸易都得到一定程度的发展,又是我国开放得最早、开放
面积最大、开放层次最高(在海南岛未建特区之前)的经济特区,因此,对深圳
经济特区外向型经济的建设,只有提出更高的要求,才能使深圳的发展真正
起到"四个窗口""两个扇面"的作用。

而从所确定的深圳外向型经济的指标看,深圳的外向型经济模式实际上
是以出口为主导的,经济的增长是依靠"外需",这还不是近中期内海南的选
择。正如前面分析的,海南的选择取决于它的社会经济基础、经济技术发展
水平以及各种比较优势。比如,我们已充分考虑到海南所实行灵活开放的特
殊政策。深圳等经济特区发展外向型经济所遇到的来自政策上的限制是出
口配额问题。1986 年国家下达深圳工业产品出口许可证配额数只占深圳当

年工业品出口能力的1/3,根本无法满足轻工、纺织、服装、食品加工等行业产品出口的需要。而中央给予海南对外开放的优惠政策中,有一条就是海南的对外贸易单独划开,自行管理,不受国家出口配额的限制。这无疑是大大有利于海南发展外向型经济的。

海南作为中国最大、开放层次最高的经济特区,所要建立的是宏观控制的市场经济,国际上行之有效的合作方式和管理方法可以试行。这必然要求海南加快发展外向型经济,也是海南发展外向型经济的最为有利的条件。这一条件主要是指资金进出自由、人员进出自由、货物进出基本自由的自由经济体制。可以说,放开"一线"、管好"二线",建立起"第二关税区",进行计划、外贸、财政金融、投资以及人才等一系列体制的改革,推进海南经济的"自由化、国际化",形成一个商品以及资金和人员进出自由的、相互作用的、适应国际商品经济和资本运行的市场经济体系,是海南发展外向型经济有别于沿海其他地区的最主要的内容和标志。

三、海南发展外向型经济的战略对策

大力发展外向型经济,参与国际分工,提高国际竞争力,已是海南大特区建设的一个重要任务。促进海南经济由内向型向外向型的转换,实现海南外向型经济的发展目标,要求我们采取新的战略对策。

1.要大力更新与培植新的观念,并把这些新的观念渗透到经济的各个领域中去。长期以来海南岛"闭岛锁区"的影响,使人们的思想和认识与发展外向型经济的要求很不适应。因此,发展外向型经济在初期阶段,一个重要的任务就是要促进观念的变革与新观念的培植。

在海南发展外向型经济的初期阶段,应该提高人们对海南发展外向型经济重要性的认识和思想的适应性,要大力宣传与发展外向型经济密切相关的商品经济观念、自由平等竞争观念、国际竞争观念、效率与效益观念、为投资者服务观念等,要通过舆论媒介的作用,造成有利于海南发展外向型经济的良好的思想环境。

海南发展外向型经济思想观念的培植与渗透,关键在于政府的作用。政府要把发展外向型经济作为海南经济活动的重要指导思想,并在筹划经济发展的整个过程中体现出来,同时,渗透到各个领域,以构成对海南的经济运行和长期发展目标的影响。对于发展海南的外向型经济,政府的认识应是,发展外向型经济是海南经济发展的长期目标,在初期阶段,必须从海南的实际出发和对国际经济态势有正确估计,来考虑具体的政策措施,不能提出过高的不切实际的指标。比如,在海南发展外向型经济的初期阶段,由于产品的国内需求大于国际需求、国际竞争力弱、体制摩擦等原因,我们还很难从外向型的国际经济活动中获得更多的直接利益(外汇收入),更多的是要通过更为开放的经济贸易制度以获得更多的间接利益,也就是通过与国际的接触与竞争所带来的技术、信息、组织、管理、体制以及观念等方面的系列效应,促进计划体制、投资体制、价格体制、外贸金融体制等的改革,促使海南的经济运行与国际商品经济运行尽早吻合。

2.在发展初期,要实施进口替代与出口导向相结合的战略,并注意在发展中促进两者的转换。发展外向型经济,使海南经济发展逐步面向国际,以国际市场为导向。但也要看到,走向出口导向要有一个过程,不能完全忽视"进口替代"的作用。从海南的实际看,丰富的自然资源优势是相对于国内而言的,海南的对外开放既要发挥特殊的资源优势,又要发挥特殊的政策优势,这就决定了海南的对外开放与对内开发就是"两特殊"的结合,即用特殊的政策来鼓励、推动和促进海南资源的充分开发与利用,促使海南的资源优势转变为经济优势,以带动经济的增长与发展。

海南不应忽视进口替代战略有其特殊含义。这就是利用海南丰富的自然资源优势,利用外资发展本地资源加工业,以替代国内同类产品的进口。通过这样的战略发展海南的加工业,增加资源产品的附加价值,改变现在单纯向国内输出原料和出口初级原料产品的经济格局,形成"规模经济",为进一步发展外向型经济打下基础;与此同时,发挥海南特殊的政策、灵活的体制优势,充分利用丰富而廉价的劳动力资源,借助发达国家和一些发展中国家和地区产业结构调整的机会,发展面向出口的劳动密集型产业,为发展更高层次的外向型经济做准备。实际上,海南实施这样的战略是要在不同的阶段、不同的侧面或者不同的重点上,解决国内需求与国际需求的矛盾,使内外销紧密结合、互相促进,依靠国内需求促进经济增长,依靠国际需求推动技术进步、产业结构的调整和产品的升级换代。它在更大的程度上体现出海南的经济发展以大陆市场为依托、以国际市场为导向、把对外贸易的发展提高到战略的高度。

这样,海南现在实施的外向型经济发展战略,静态地看是进口替代与出口导向的结合,动态地理解是由进口替代为主体向出口导向为主体转移、由低层次的外向型经济向更高层次的外向型经济转移的战略。由于海南进口替代与出口导向相结合战略的转换需要相当长时间,因此,现阶段开放一定的岛内、国内市场,把外资、内资引向资源产业的开发是一个重要思路。同时,为了有力地推动海南的经济朝外向型发展,建立多种形式的出口加工区是重要的带有战略性的选择。这些多形式的出口加工区可以包括以专门吸引某地资金发展出口加工业的工业区,也可包括某项产品的出口加工区,可以联合投资进行开发,也可以进行"成片承包",并给承包者以更优惠的条件和方便。

3. 要制定和实施新的产业政策。欠发达地区要实现经济起飞,必须有意识地扶植战略产业,也就是政府必须对资源在各个产业、企业间的配置进行干预。这已是很多国家和地区的实践所提供的经验。目前海南的产业结构存在很多不合理的现象,是海南办大特区、发展外向型经济、参与国际分工的主要障碍。比如:基础产业如能源发展的严重滞后,已成为海南经济增长和发展的"瓶颈"。严重的现象还在于,海南的产业组织规模分散、小型、效益低,第二产业很落后,不能成为海南经济发展的主导力量。1986 年,全岛 1523 个工业企业中,小型企业所占的数量达 97.4%,产值占 63%,而全员劳动生产率只相当于全岛平均水平的 76.5%,亏损企业数占全岛的 92.7%,亏损额占 67.4%。由于缺乏一定的规模经济,使海南的第二产业高度弱化,1986 年海南第二产业就业人数及产值占全岛就业人数及国内生产总值的比重仅分别为 9.49% 和 22.5%,在三次产业中最低,1978 年工业占全岛国民收入的比重为 22%,1986 年则降为 16.2%,工业远未成为海南经济发展的主导产业。与此同时,全岛各市县产业结构的趋同化现象也相当严重。自 1980 年对外开放以来,由于没有产业政策的约束,使海南的对外开放、外资引进一是顺着投资者的动机——占领市场、利润最大化的方向发展,二是顺着利用外资者动机——急功近利、增加财政收入和福利的方向发展。

海南的对外开放、发展外向型经济亟须制定产业政策。决定宏观经济效益的关键,是资源的合理配置和企业组织结构的合理化。而解决这个问题要靠产业政策和企业组织结构政策进行干预。要把发展战略与产业政策的研究结合起来。制定和实施产业政策,实际上就是要改变目前那种由于重复布点、盲目建设而造成的普遍没有规模经济、低效益的产业结构,优化资源的配置和产业结构高度化,为此,一是扶持和发展一大批外向型企业、外向型产业;二是推动创汇、先进技术产业、进口替代产业的大发展;三是约束投资者的短期行为,以符合海南经济发展的长期目标和利益;四是保证更多的企业获得更多的"规模经济"效益。

海南产业政策的确定首先涉及的一个核心问题是战略产业的选择。海南的战略产业包括基础产业、主导产业和先导产业。对于海南的基础产业,如农业的发展要稳定,能源、交通、通讯等的发展要超前,已为人们认识,这里所要强调的是海南的主导产业,先导产业。

确定海南的主导产业时,我们必须考虑这些因素:(1)对本地资源(包括自然资源和劳动资源)的利用程度;(2)有较高的劳动生产率;(3)在工业总产值或国民生产总值中占较大比重,已经或将成为支柱产业;(4)较高的附加价值,是积累和国民收入的重要来源;(5)较高的关联性,能够带动大批产业的发展;(6)国内、国际对其产品有较大的需求;(7)能够保持持续增长的态势;(8)节约能源、低消耗、少污染;等。

根据这些要求,我们可以初步确定,食品加工业、轻纺工业可以作为未来一定时期内海南的主导产业。1986年,在海南的食品加工业、轻纺工业中,仅食品加工业(包括饮料)、橡胶制品业和纺织业的产值就占海南全岛工业总产值的50.25%,但它们的企业数只相当于全岛的25.2%。这些产业的全员劳动生产率都相当高,如食品加工业为15205元,纺织业为15432元,而橡胶制品业则高达19928元,都远远高于全岛9938元的水平,1985年,制糖工业占海南财政收入的28.2%,1987年,海南已拥有年产值超过亿元的纺织企业。

食品、轻纺产业的产品国内外市场都有较大的需求,同时,这些产业的开发,一方面充分发挥中央给予海南的特殊政策优势和海南的自然资源优势,通过外引内联,进行技术开发,促进产业的高附加价值化。这既可推动海南农业产业结构的调整和完善,提高农业的集约化水平,又能够为工业的发展提供必要的资金积累,带动相关产业的发展。另一方面,利用海南丰富的劳动力资源,扩大利用外资规模,在国际分工和国际竞争中,取得后发性利益。此外,旅游业也应确定为海南的主导产业。

作为主导产业,我们主要考虑的是规模性利益、资源的利用程度及相关产业的带动性等问题。但对于先导产业,比如,新技术、高技术的开发和应用,一个重要的着眼点是促进海南产业结构的战略转换和高级化,并最终形成新的主导产业。为此,电子工业、适当规模的石化工业、生物工程以及新技术产业都可以确定为海南的先导工业。以电子工业为例,海南可以利用石英原料优势和中央给予的政策优势,开发高中档的石英系列产品以及消费类系列电子产品和以微电子技术为基础的计算机与电讯装备为主体的现代高技术电子产品,形成有海南特色的电子工业,并逐步成为海南的主导产业。

先导产业和主导产业的开发可以互相渗透,但从总的发展时序看,先导产业的开发规模要次于主导产业。主导产业一定要集中力量进行开发,使其保持一定的增长率和发展规模,否则,整个国民经济的发展就会受阻。但总的要求,在本世纪末或下世纪初,海南要形成以劳动密集型产业、国内市场为基础,新技术、高技术、国际市场为先导,三次产业协调发展的合理的产业结构。

为了顺利实施海南的产业政策,还必须有与产业政策相配套的政策体系,主要包括:

(1)投资政策。如政府资金主要投向基础设施与基础产业,第一产业要靠自我积累及相应的地方政府投入,第二、第三产业要靠社会集资等。

(2)技术进步政策。引进技术要以应用技术适用技术以及消化、吸收、创新、推广为中心,建立技术引进国产化机制和基金以及责任制度。

(3)财政税收政策。利用财政投资、补贴、加速折旧、减免税等措施,加快发展战略产业。

(4)金融政策。充分发挥利率、汇率对产业结构的调节作用,对支持产业给予低利息甚至贴息贷款和较长的贷款期限及外汇供给。

(5)进出口贸易政策。对于扶持的战略产业,给予相应的出口鼓励或进口限制措施。

(6)产业发展法。在必要时制定产业发展法,以法律手段来促进产业结构的合理化。

此外,实施海南的产业政策要有相应的组织措施。即要有一定的组织机构长期从事海南的产业政策研究,并制定相应的政策,以协调产业政策的实施。

4.要放开"一线"、管好"二线"。"一线"放开、"二线"管好,也就是要建立"第二关税区",把整个海南推向国际市场,实现体制的"整体"转轨。"一线"放开是要通过消除阻碍生产要素流动的各种因素,使商品、资金、人员自由进出,形成自由经济体制。"二线"管好是要防止海南利用特殊政策倒卖洋货、搞投机倒把,防止内地利用海南政策逃税套汇,目的是保证更好地"放开"与新体制的运行。

利用海南四面环海,与岛外有"天然屏障"的有利条件,建立"第二关税区"是很有意义的。它能描绘出最大最特经济特区的图像。概括地说,海南要比深圳等特区"更特",至少要表现为:一是在进口上绝大部分商品要有免税待遇;二是在出口上不要受许可证和配额的限制;三是境外人员进出方便和自由。这些内容恰恰是建立"第二关税区"的主要内容。同时,建立"第二关税区"有利于建立起宏观控制的市场经济,实际上就是建立一个商品、资金、人员进出自由的、相互作用的、适应国际商品经济运行的市场经济体系,从而为实行国际上行之有效的合作方式和管理方法提供必不可少的条件;此外,建立"第二关税区"还有利于在更大规模上引进外资,构成海南发展外向型经济的基础。自60年代以来,亚洲"四小龙"利用外资的规模不断扩大,一个极为重要的条件是它们实行的是市场经济体制,推行"自由化、国际化"政策。实际上,国际上大的投资者的经营活动一般都是在自由市场上进行的。由于很多因素的制约,海南要利用更多外资,不能靠"小打小闹",必须通过建立"第二关税区"推动新的经济政治体制的形成,以适应国际资本运动的需要。吸引更多的国外资本,发展外向型经济。

海南"一线"的放开要有步骤、分阶段进行。"第二关税区"的建立和完善也是一个长期过程,从某种意义上说,"第二关税区"是海南对外开放的一个目标模式,它需要很多方面的准备和相应的配套措施、过渡手段才能逐步"到位"。在这个过程中要注意以下四方面:

一是注意避免"两难处境"。深圳特区管理线的使用使特区产品进入国内市场产生困难,而许可证和配额的限制又使特区产品进入国际市场产生困难,从而形成"两难处境"。这实际上是开放不彻底的结果。海南应该吸取深圳这一教训,建立起真正的"第二关税区",即让商品、资金、人员进出自由,人民币及兑换券和港币同时流通,建立起弹性的汇率制度,等等。当然,海南的"第二关税区"不是"完全关税区",对烟、酒等特殊商品仍要征收关税。

　　二是注意不要割断海南与内地市场的联系,海南建立"第二关税区"有利于吸引和利用外资,但客观上也可能"淡化"海南与内地市场的关系,进而"淡化"海南经济的内向属性。海南经济的增长在相当大的程度上是靠国内市场需求的牵动,"淡化"不利于海南经济的发展。海南建立"第二关税区"后,与内地的贸易基本上应该按照进出口贸易的原则进行。由此可以找到解决"淡化"问题的一个方法:在严格控制进口商品转销内地的同时,可考虑用产地证的方法对海南的产品(至少在一定的时间内)网开一面,放宽内销的限制。

　　三是建立"第二关税区"实际上是把海南推向国际市场,因而必须大力发展海南的外向型工业。建区后,进口商品免征关税,受冲击最大的是海南的工业,必须采取有力的措施扶持和发展海南的工业。海南的工业是否能承受得起冲击,是否能显示出应有的竞争力,是海南建立"第二关税区"成败的一个主要标志。

　　四是必须加强立法和严格管理。一方面,要以立法形式来确定海南"第二关税区"与内地的经济贸易关系;另一方面,要以立法形式保证外商按照国际惯例在海南开展投资经营活动。与此同时,要对建区进行严格的管理,与内地的"转口"贸易尤须严格按照有关政策、法令进行。如果管理不严,在贸易、金融等方面对内地市场造成冲击,对相关工业构成威胁,那么,海南建立"第二关税区"就难以成功,外向型经济建设也就难以实现既定目标。

　　　　本文是本书作者为黄家驹主编《海南特区发展战略研究》撰写的第四章,电子工业出版社1989年版。

海南的生产力布局与城市化发展战略

海南的对外开放、大特区建设必须走工业化、城市化发展的道路。作为一个特定的经济开发区域，要加快实现经济开发的工业化、城市化发展目标，一个有效的选择，就是要对生产力的空间分布形式进行科学的、合理的规划与确定。本文将从海南生产力布局的现状和确定海南生产力布局的原则要求出发，对海南的生产力布局及城市化发展战略作一些研究。

一、海南生产力布局的现状与方向

海南经济发展的特点是外向型，多方位，参与国际分工与国际竞争。这将要求海南生产要素实现合理配置和合理流动。但是，海南30多年来所形成的生产力布局现状和条块分割的体制，既不利于促进生产要素的合理流动，也不利于引导生产要素的优化组合。30多年来海南虽然初步形成了海口这一经济中心和各种热带作物生产基地，但从整个生产布局来看，仍然存在不少问题。

1. 一个突出问题是，没有形成"发展极"。经济的增长在不同的地区速度是不一样的，而一些地区增长势头好往往是由于该地区聚集了某些主导产业和具有创新能力的行业，又由于这些产业和行业聚集的地区常常是大城市中心，这些中心就构成了"发展极"。当今世界经济发展的国家和地区，都在若干大城市形成"发展极"，它对附近的广大地区产生着吸引和扩散效应，其辐射面很广。比如以台北市为中心的北部工业区就是台湾的"发展极"。台湾的北部工业区包括台北市、台北县、桃园县和基隆市，面积和人口相当于全岛的 10.2%和 31.5%,但它集中了全岛工商企业总数的 1/3 以上,职工占全岛的 50%左右,资产总值占全岛的 3/4 以上,全岛的纺织、食品、电子、机械等工业多集中于此,是台湾最大的工业区,制造工业的产值约占全岛的 45%左右,其中台北市和台北县约占 3/4。

很显然,海南远未形成自己的"发展极"。它现在没有经济区、工业区。就以初步形成的海口这个经济中心看,1986 年,它的社会总产值、国民收入、工农业总产值占全岛的比重仅分别为 15%、10.17%和 11.08%。尽管海口工业总产值占全岛工业产值比重的 25.76%,但从工业发展规模看,还比不上沿海一个中等发达城市。1986 年海口市工业总产值只有 3.99 亿元,而在 14 个沿海城市中,除北海市(2.22 亿元)外,工业总产值最低的湛江和秦皇岛 1985 年也分别达到 8.02 亿元和 9.20 亿元。从工业的效益看,1986 年海口市亏损企业占全岛亏损企业数的 16.9%,而亏损额却占全岛的 57.6%,在全岛 19 个市县中,海口市全民所有制独立核算工业企业的全员劳动生产率位于第七位,为 11301 元,只相当于全国平均水平的 71.49%和岛内较发达的县如儋县的 70.88%、琼海县的 72.84%。

2. 同没有形成"发展极"相联系的另一个情况是,海南生产力布局的聚集程度相当低。经典生产力布局学说的建立者、德国经济学家韦伯在谈到生产力布局的聚集因素时强调:"聚集因素是由于把生产按某种规模集中到同一地点进行,因而给生产或销售方面带来利益或造成节约。"聚集经济效益是企业向某一特定区域集中而产生的效益,这种效益既来自内部聚集即企业规划扩大所导致的经济效益,也来自外部聚集经济,即不同生产部门的企业组成布局所产生的经济效益。

生产力布局聚集程度高,可以提高企业专业化水平,有利于企业开展厂际的分工与协作,促使企业互为市场,互相提供和利用燃料、原材料及半成品、成品,同时,城市发展到一定规模,可以集中地进行城市基础设施和公共事业的建设,无异降低企业中城建的成本,提高经济效益。据国外的资料,聚集程度高的城市工业布局,一般可以节约城市工业用地 10%—20%,缩短交通运输线 20%—40%,减少工业管网 10%—20%。此外,生产的聚集还有利于提高城市劳动者的素质,促进商业、金融、交通、信息、服务及其他第三产业的集中和相应发展,形成多功能的城市综合服务系统,这都有利于促进企业提高劳动生产率。今后海南经济中心城市无疑应朝这个方向发展。

海南生产力布局聚集程度低的一个主要表现是企业规模普遍小。1986年海南全部工业企业数为1523个,其中大型企业只8个,占0.53%;中型企业32个,占2.1%;小型企业1483个,占97.37%。而全国这样的比例分别是0.53%、1.24%和98.23%。从企业个数看,小型企业所占比重全国比海南的还要高,但如果我们从产值看,海南小型工业企业产值占全岛工业总产值的比重为63%、大型企业为15.62%,而全国则为28.1%和53.27%。这说明,在海南的工业中,小型企业作用很大,但是,海南小型企业的经济效益普遍差。1986年小型工业企业的全员劳动生产率只相当于全岛平均水平的76.5%,当年有30.2%的小型企业亏损,亏损额占全岛的比重高达67.4%。这对于海南经济发展的规模和技术开发,都带来极大的影响。

海南生产力布局聚集程度低的另一个表现是,许多生产上、原料利用上、技术开发上和产品销售上都存在着密切联系的工厂企业不是向一个地点集中,而是分散布局,从而使均衡分散成为海南生产力布局的又一极为突出问题。1986年,全岛19个市县中除海口市和昌江县(石碌铁矿)外的其他17个市县,全部工业总产值都没有一个达到1亿元,最高的琼山县为0.89亿元。而且,各市县的产业结构趋同化。如1986年有14个县市生产水泥、17个县生产家具、16个市县生产蔗糖、9个市县生产饼干、2个市县生产电视机(1985年为7个),但由于生产的规模普遍小、成本普遍高、质量普遍低,所以往往出现这样的情况:尽管全岛有14个县市生产水泥,而近70%的水泥仍需靠岛外供应。

3. 均衡分散式的生产布局又导致城镇的发育非常缓慢。虽然1986年全岛的19个市县共有39个市镇,但是它们所拥有的非农业人口只相当于全岛总人口的12.45%,海口市、三亚市和石碌镇的非农业人口分别为21.8万、7.49万和1.14万,除此之外的36个市镇,没有一个非农业人口达到4万人。我们知道,城镇是一个以人为主体、以空间利用为特点、以聚集经济效益为目的的一个集约人口、集约经济、集约科技教育文化的空间地域系统。以工业为主体的城市密集型经济,必然带来生产技术的不断革新,劳动生产率的提高,劳动时间、空间的节约。其生产和经济效率远优于以分散为特征的农村经济。我国的很多资料和统计数字都说明,大城市的经济效益一般高于中小城市,如我国 15 个中心城市按城乡人口计算的工业劳动生产率高出全国 220 个城市平均值的 1/3,而中小城市又高于农村。海南的情况同样说明这一点。1986 年,海南的人均国民生产总值为 764 元,但是海口、通什市分别为 1442.3 元和 1291.2 元,而琼海县、儋县只分别是 761.4 元和 599.8 元。国内外的很多资料还表明,一个国家的城市化程度与它的经济发展水平(工业化)的程度是密切相关的。这种相关性所表现出的比例关系是,经济发展(工业化)的程度越高,人均国民生产总值越高,则城市化程度越高;而城市化程度的提高,反过来又促进了工业化的发展。据国外一些国家调查,凡人均国民生产总值 100 美元以下者,城市化水平平均不到 10%(即不到 10% 的人口住在城市);而人均国民生产总值在 1000 美元上者,则差不多有 70% 的人口住在城市,也就是城市化水平达到 70%。海南的实际也完全说明了这一点。按 1986 年人民币与美元年平均汇价,海南的人均国民生产总值为 221.3 美元,而城市化水平为 23.02%。(包括城镇中的非农业人口和农业人口,如只以非农业人口计算则为 12.45%。)

海南生产力的不合理布局,既是海南经济落后的表现,又是阻碍海南经济进一步发展的重要因素。今后作为大特区的生产力布局的方向,必须摆脱均衡分散式的发展格局,创建自己的"发展极",按海南不同地区的资源和经济发展状况规划经济发展区域,并有计划有步骤地促进中心城市和城镇的发展。以下两个问题需要优先考虑:

一是划分经济发展区域。根据经济发展的内在联系,冲破现行行政体制的束缚,确定以城市为中心的经济区域空间开发框架,以使资源得到更合理的配置。通过经济发展区域的划分,突出重点与非重点开发区域,以重点地区的优先开发,来促进与带动非重点发展地区的开发和发展。

二是城市化。城市化战略是使海南摆脱均衡分散式发展布局的进一步具体化。它一方面明确,海南的经济开发、大特区建设是城市化水平不断提高的过程;另一方面又说明,海南的重点开发地区是城市,重点开发的产业是工业,从而使工业化和城市化更好地密切起来。海南的"发展极"和"增长点"(后者更倾向于地区的自身增长,而不是吸收或扩散效应)也都是在城市。

二、海南生产力布局的原则与态势

生产力布局主要包括农业布局、工业布局和运输布局。经过 30 多年特别是近几年的开发，海南的农业布局、运输布局已形成相当的基础。现在海南最重要、最迫切的问题是研究工业发展布局。从海南的实际出发，即从影响海南生产力布局的关键性因素出发，我们设想海南生产力布局可考虑如下的原则或要求：

1. 突出临海型。就是说，海南的生产力布局要突出沿海地区。随着生产、资本和贸易的国际化发展，优越的地理位置可以产生重大的经济与战略效果。如果一国（地区）的位置接近世界贸易航道，则本身就具有重大的战略价值。如新加坡由于紧扼太平洋、印度洋航运要道，从欧洲、中东、南亚到亚洲东部或大洋洲的大部分船只都要从此通过，这有力地促进了新加坡贸易与经济的发展。国内外的一些实践也表明，充分利用水（海）运优势把工业布置在临海港口，是加快本国（地区）工业与经济发展的一个重要途径。二次大战后，有些资本主义国家迅速发展临海型工业布局，如法国、荷兰、希腊和土耳其等，都纷纷在北部海岸或地中海沿岸设厂，西德甚至从内地搬迁一些钢铁厂到北部海岸和莱茵河口。日本则是搞临海型工业成效最大的国家，它善于利用岛国的海运优势，使建大港、造大船、建大厂成为其降低海运成本的"三大法宝"，"三湾一海"（东京湾、大阪湾、伊势湾和濑户内海）地带成了日本著名的经济区，它们的面积只是全国的 22%，工业产值则占全国的 80%，集中了全国钢铁工业的 85%，石油冶炼能力的 91% 和乙烯生产的 94.6%。国内在这方面的例子也是很多的。如大连市利用港口优势，发展临海型工业，在短短的几十年中，较快地形成我国重要的以重工业为主的港口城市。

从海南地理条件看，地形呈明显的圈层性。中部偏南由 660 多座超过 1000 米的山峰及周围的低山高丘所组成的多尖顶的丛状山地，是全岛的最高地带，也是全岛最大的河流南渡江、万泉河、昌化江等的发源地，其面积相当于全岛的 25%，而在全岛的四周（特别是北部、东北部）大都是台地、平原，海拔大都在 120 米以下，其面积超过全岛的一半，其他不足 20% 的面积大多为丘陵、盆地。同时，海南是个大海岛，海岸线长达 1528 公里，有大小港湾 60 多处,与外部的联系最主要的结合点就是港口,加上海南历史上的开发也是自沿海开始,从而使海南更多的人口和经济活动聚集在沿海地区。人口的分布对于生产力的布局有着重要的直接影响。1986 年海南沿海的 12 个市县集中了全岛 79.5%的人,而内陆的 6 个市县只占 20.5%(它们所占的面积分别为 76.6%和 23.4%)。

由此可见,突出临海型的生产力布局是符合海南实际的。它带来的好处:一是充分发挥海南的海运优势,降低产品成本,提高产品的竞争力;二是充分利用港口的作用,促进岛内外的经济技术联系和交流;三是促进沿海港口城市的形成和发展,使这些港口城市在海南的对外开放、大特区建设中,发挥对外、对内两个辐射作用;四是明确突出临海型生产力布局,以港口城市或港口附近作为布点原则,有助于避免岛内各地重复布点、盲目建设。

2.加强南北。也就是说,海南的生产力布局要突出南北的地位,也就是北部的海口市和南部的三亚市。这两个城市位居海南的一北一南,是海南岛"海、陆、空"交通最齐全的城市,具有较好的港口、城市设施。海口是海南省的省会,是海南省的政治、经济、文化中心,而三亚是海南最重要的旅游城市,加强这两市的生产力布局,使其形成"南北夹攻"之势,将对海南的经济发展产生举足轻重的作用。

工业布局是海南生产力布局的最主要内容。从这样的意义上说,海口市的生产力布局是海南生产力布局的核心。前面我们分析过,台湾已形成了以台北为中心的北部工业区,制造业的产值占全岛的 45%左右,构成台湾的"发展极"。为了进一步说明和比较,在此我们再看看东盟国家的情形。泰国的经济区有 4 个,其中的中央区地处湄南河下游冲积平原,是全国政治、经济、贸易和交通运输的心脏地带。全国主要的制造业(如纺织业、炼油业、制糖业)和各种装配业等大都云集在这一区域的曼谷及其附近,这里又是泰国主要的制糖中心,炼油厂占全国原油总加工能力的 60%以上,并正在兴建石化总厂和钢铁厂,一俟建成投产,将成为"泰国的鹿岛"。菲律宾有 3 个经济区,其中,吕宋岛集中了全国总人口的 50%,工矿企业则占全国的 80%以上,区中的马尼拉为菲律宾的首都,又是全国最大的工商城市和交通枢纽,它集中了全国 60%以上的工业总产值。印度尼西亚的经济区有 6 个,其中的爪哇、马都拉岛地区,是全国的政治、经济、文化中心,工业产值占全国的 80%以上。

马来西亚也有 6 个经济区,加工工业区集中于槟城、八打灵、波德申。而新加坡作为一个国土狭小的城市国家,它的工业布局是以新加坡河口为圆心,成为内外两个环带。前者即首都新加坡,为各类轻工业,规模也较少;后者位于郊区,由新规划发展起来的十几个工业区组成,其中,以裕廊工业区最为突出,它面积有 36 平方公里,设有钢铁、造船、炼油、水泥等大厂。

经过比较,我们有充分理由把海口作为海南全岛生产力布局的重点,也就是使海口成为海南的"发展极",使海南的开发能利用聚集效应,以便使她将来发展成为全国性以及具有一定的国际意义的城市。拿目前全国最大的中心城市如北京、上海、天津、广州等来说,其直接吸引或扩散范围可达 200—300 公里。而一般具有省际意义的中心城市,其直接吸引或扩散的范围也可达 150—200 公里。海口逐步形成为海南的"发展极",作为第一步,它的波及或辐射范围至少包括周围或附近的琼山、文昌、琼海、定安、屯昌、澄迈等县,这 7 个市县(包括海口)的面积相当于全岛的 31.77%,而人口则为全岛的42.79%(1986 年);而三亚作为海南的另一个开发重点地区,以旅游为中心的开发,其辐射地区将及万宁、陵水、保亭、通什、琼中、乐东等市县,这 7 个市县(包括三亚)的面积和人口相当于全岛的 37.2% 和 31.34%(1986 年)。实际上,已经初步划定的三亚风景旅游区域,其范围就涵盖了三亚、通什、保亭、陵水、乐东等 5 个市县的行政区域,集中 10 大风景资源、110 个风景点。

加强海口、三亚的生产力布局,使其能对整个海南的开发产生辐射效果,这首先是由于它们与其"腹地"有内在的经济联系。如由于海口与邻近地区的城乡分工、工农分工格局,必然引起和加速商品、资金、技术、信息以及人才的相对流动(如"工业品下乡、农产品进城"),而三亚所辐射的范围,都具有丰富的旅游资源,是三亚的"延伸"并相互构成主次结合的整体。同时,海南已经形成的交通运输布局将有力地加强上述"效应"。海南交通运输布局的一个格局是,形成了一头联系海口、一头联系三亚、纵贯南北的 3 条主干公路,是岛内运输的 3 条大动脉。同时,西环铁路建设的决定已经做出,叉河至海口的铁路长 188 公里,总投资约 4.3 亿元,计划 1992 年完成。海南的这种交通运输布局与海南的资源分布、工农业分布和人口的分布是相一致的,它沟通着南北的联系、城市和农村的联系以及工业和农业的联系,从而有利于海南以"点"带"面"的开发。

3. 东轻西重。这是指海南的生产力布局,要把轻工业放在东部,而把重工业放在西部,从而体现出"东轻西重"的布局特点。这种布局,既符合海南的资源分布情况,也符合海南工业布局和交通运输布局的格局。

我们知道,资源的分布与生产力布局的指向(即各种布局因素对生产部门的影响倾向)是密切相关的。从海南的资源分布看,东部地区是海南重要的商品粮基地,1986 年东部的琼山、文昌、琼海、万宁、陵水、定安和屯昌等 7 个县的粮食种植面积和产量占全岛(不包农垦)比重的 51.2% 和 48.83%;同时,又是全岛重要的热带作物生产基地,胡椒、咖啡、椰子、菠萝、香蕉等的面积和产量在全岛所占的比重都很大,这对于东部发展以农产品为原料的轻工业很有利。而西部则集中了海南主要的矿产资源和石油、天然气资源,海南已发现的矿产有 50 多种,东部矿产种类少,矿体分布面积广,能够形成的矿产点量少,主要的矿产是铝土矿、蓝宝石、金矿等。海南具有很高开采价值、储量大,且在国内也具有相当地位的矿产,主要是分布于西部地区。如石碌的铁矿、儋县的石灰岩、东方县的金矿、八所附近锆英石、儋县长坡的煤矿,此外,还有北部湾、莺歌海的海底石油天然气,琼北地区陆上石油,莺歌海和东方的盐场(莺歌海盐场是全国大盐场之一),乐东尖峰岭和昌江的坝王岭的森林资源等。这些资源使西部可以发展为海南的重化工业基地,着重发展石油化工、钢铁、建材、电力等工业。

从海南工业布局的现状看,实际上也已形成了"东轻西重"的态势。以 1986 年而言,东部的琼山、文昌、琼海、万宁等 4 个县的轻工业企业有 170 个,比西部的儋县、昌江、东方、乐东等 4 个县的 84 个多出 86 个,重工业企业 98 个,比西部 4 个县的 91 个只多出 7 个;产值上,东部 4 县轻工业产值 1.78 亿元,比西部 4 县的 1.63 亿元多出 0.15 亿元,而重工业产值仅 0.7 亿元,比西部的 1.6 亿元少 0.9 亿元。

从交通运输布局看,岛内运输是以公路为主,1986 年海南的客货运输量中,公路运输所占的比重高达 86.37% 和 94.1%,这当中又以海榆东线为主。据 1984 年的运输量调查,海榆东干线客运量占全岛客运量的 27%,这有利于促进海榆东干线沿线各县的轻工业的开发。1986 年海南铁路货物和旅客运输量只分别占全岛的 11.53% 和 1.16%,但海南的铁路是作为森林矿产专线来发展的,因而是分布于西部,南止三亚港,北接八所港,并与石碌铁矿相接。

与此相适应,西部还占有港口优势,从而使港口的吞吐能力向西倾斜。1986年八所港的货物吞吐量占了全岛三大港口(海口、八所、三亚)货物吞吐量的62.1%,占全岛港口货物54.1%,而且,随着西北部洋浦作为海南最大的深水港修建,港口吞吐能力"西倾"的状态仍会加剧。这样西部地区将是海南大运量企业的布局区。

4.以点带面。"点"就是重点开发地区,"面"就是非重点地区。海南原是一个农业经济形态的社会,农业在国民经济中占很大比重。海南建省后,经济发展将转向工业化,工业在海南的特区经济中的作用将不断增大,但农业在相当时期内,在国民生产总值中的比重仍然会较大,而且即使海南工业迅速发展,也必须有海南热带农业作基础。因此,今后海南的农业不仅不会削弱,还要大发展。为了实现以点带面,点面结合的生产力发展格局,在县和市的分工中,县应首先把更多的精力放在发展农业上,切实加强对海南农业的投资和开发,并在此基础上,逐步发展热带作物加工工业。当然,在大力发展农业的同时,还应该注意发展乡镇工业。随着农村劳动力的剩余,逐步发展劳动密集型的乡镇企业,并使之"星罗棋布",这将对海南的经济发展起着重要作用。要突出重点开发城市,发展工业,而各县则在大力发展农业的同时,抓好乡镇企业发展的分工格局。这样通过"点"的开发,带动"面"的发展,以大工业的开发带动农业和乡镇企业的发展,这样全岛"一盘棋"的布局,既能提高海南开发的效益,也体现出海南经济特区生产力布局区别于国内其他经济特区的特色。

突出临海,加强南北,东轻西重和以点带面,是海南生产力布局的四个原则或要求。从上述几个方面的分析,我们不难看出,海南新的生产力布局的基本态势,就是为了形成各具特色的经济发展区域和产业带(群),以发挥生产要素配置的聚集效应。因此,海南的生产力布局要以沿海地带为依托,以港口城市为重点,以纵贯南北的公路、铁路为主要纽带,促进重点开发地区与非重点开发地区、沿海与腹地的结合,从而形成以城市带动农村,以沿海带动内陆,以工业带动农业的新的发展格局。

据此,可以把海南规划为5个经济区:一是以海口为中心的北部经济区。它大致包括海口、琼山、澄迈、定安、屯昌5市县,在这个经济区中,海口主要发展工业,形成本岛最大最重要的工业区,并带动各县发展为城市服务的城郊型农业和县、乡镇工业,并与海口形成生产—营销的联合体。二是以三亚为中心的南部经济区。它包括三亚、通什、陵水、保亭、乐东等5市县,这个经济区要发展为海南最主要的旅游发展区,旅游业是此区的主导产业,其他产业发展要围绕旅游这个中心。三是以加积(远期以清澜)为中心的东部经济区。包括文昌、琼海、万宁县和琼中县的绝大部分,是全岛农业发展条件较好、人口密度和文化素质较高、商品经济较发达的地区,也是全岛侨眷最集中的地区,本区应重点发展农业以及以农产品为主要原料的加工业和来料加工业。四是以那大(远期为洋浦)为中心的西北经济区。包括临高、儋县、白沙县和琼中县的一部分。洋浦港是海南最具发展前景的良港,港区邻近有大片土地可供配置大型工业,应以利用北部湾、莺歌海的石油和天然气为主,形成全岛最大的石化工业基地,洋浦的开发可以采用"自由港"的模式,让外商进行承包开发。五是以八所为中心的西南经济区。包括东方、八所两县和乐东县的一部分,是全岛矿藏资源最集中的地区,重点发展并形成以钢铁、建材为主导的工业密集区。

　　上述经济区,基本上是各有侧重,各有特色的。特别需要指出的是,在这5个经济区中,北部经济区是本省的一级经济区,是发展的重点,对全岛的发展将有举足轻重的作用。区中的海口市要成为海南的"发展极"。而其他各区都是区域性的经济区,区中的中心港口城市要形成区域性的"增长点"。作为"发展极"或"增长点",发展或增长是依靠工业(三亚为旅游业),因此,工业是它们发展的重点,而其他的地区则要考虑把农业的发展摆到重要地位。

三、海南的城市化发展战略

　　工业化的发展必然要求与此相一致的城市化的发展。工业是集中在城市,由此促进了城市的发展。城市化是工业化的必然产物,是经济发展和人类社会进步的必然结果和要求。城市化简单地说,是指人口和经济逐渐向城市集中的过程。它包含两层意思:一是人口向城市的集中,从而导致城市人口的增加,城市人口在总人口比重中的提高。人口向城市集中的程度,是衡量城市化水平的重要指标。也就是说,城市人口占总人口的比重越高,意味着城市化的程度越高。当总人口中城市人口超过农村人口占绝对优势时,可以称作城市化国家或地区。二是伴随着城市人口的增加,导致城市工商企业的增加,经济实力的增强,就业机会的扩大,就业人数的增加。同时,城市人口的增加又导致城市地域范围的扩大和城市景观的变化。

可以说,海南没有很好地进行过城市化建设,从而使现在的城市化发展水平很低,阻碍了海南经济的发展。从市镇人口占总人口比重的指标看,海南城市化发展过程是缓慢而曲折的。1952年市镇人口占总人口的比重为8%,1985年提高到23.2%,在33年间每年平均只提高0.46个百分点,而同期全国则由12.46%提高到36.59%,每年平均提高0.73个百分点。1962年以前,海南的城镇人口是不断增加的,在总人口中的比重达到13.47%,以后则是不断下降,1965年为9.43%,1975年为7.75%,1980年为8.83%,1981年后又逐年上升,1983年达到13.22%,1984年为18.1%。1985年广东省人民政府批准海南新设区、乡级镇18个,故使城镇人口急剧增加,当年城镇人口占总人口的比重上升到23.2%,比1984年提高5.1个百分点。这都说明,海南的城市化发展得不到应有的重视,不但发展缓慢,而且当中还出现过15年左右时间的“倒退期”。而1985年以后“城镇化”水平得到提高,那只是简单的行政建置变更的结果。1982年海南的城镇人口中,非农业人口所占比重只有26.76%,1985年则达到48.83%,严格地说,海南远未走上城市化道路。台湾30多年来随着经济的发展,使现在农村人口占总人口比重下降为30%左右。

尽管海南的城市化水平还很低,但城市在海南国民经济中的作用,已逐步显示出来。如1986年,海口市的财政收入占全岛的20%,而通什市的财政收入较万宁、屯昌、临高、陵水、昌江、琼中、保亭等县都多。但是,也正如本文第一部分所阐述的,城镇发育缓慢,既是海南经济落后、工业化程度弱的“伴生”现象,又是阻碍海南进一步发展的重要因素。这就要求我们要思考海南城市化的发展战略或道路。

从国内外城市化的演进历史来看,大致有三种类型或模式:

1. 集中型城市化模式。它主要是指一部分农村人口脱离农业,从农业中游离出来,逐渐向已有的城市集中的过程。实际上也就是使这些农业人口变成非农业人口(劳动者)和城市人口,从而引起城市人口数量增加,在总人口的比例得以提高的过程。

2.扩散型城市化模式。也就是,原有城市中的一部分工厂、企业、机关、学校和科研机构以及一部分居民,向非城市地区迁移,从而使那里变成新的城市,改变原地区的性质;使原地区的农业劳动者变成非农业劳动者,成为城市人口,由此来提高城市人口的比重。根据扩散的形式,可分为连续扩散式和跳跃扩散式。连续扩散式的城市化是城市从地域上向外扩展和延伸,使城市的面积不断扩大,部分郊区变成市区,同时使大城市周围的中小城市与大城市在地域上连在一起,成为大城市的一个组成部分,甚至可使一个大城市与另一个大城市接壤,构成一个城市群。这样,城市相间地区就自然地变成城市的一部分,其人口也就同时成为城市人口。跳跃式的城市化,亦称飞地式城市化,是在城市的一定距离之外新建一个城市,或者使原来的小城镇发展成为城市,它同老城市在空间上是隔开的,并不连成一片。但在经济、文化、行政等方面又是一个整体,是中心城市的组成部分。诸如一些卫星城。

3.农村城市化模式。它是指原来属于农村的区域,由于某种资源的发现和开发,或是由于其他的特殊原因,由农业生产转向非农业生产,居民的经济收入不再直接依赖于土地,生活方式也逐渐接近城市,景观也由农村变为城市。

在确定海南的城市化发展战略模式时,必须考虑海南的实际。首先是农业在海南的特区经济中占有重要地位。农业的发展是海南城市化的基础。只有农业的发展,农业劳动生产率和农业商品率的提高,才能向城市提供剩余劳动。目前海南的农业商品率较低,1986年粮食商品率仅为25.07%,生猪78.33%,油料60.87%,因此,提供剩余劳动不多,推进城市化确实要有一个过程。其次,海南的工业化水平很低,这必然阻碍农业人口流入城市,从而阻碍城市化的进程。1986年海南的工业化水平仅24.19%(工业产值在社会总产值中的比重),加上工业的经济效益很低,导致城市内部对推动城市化发展的"拉力"(即吸收农村劳动力的能力)很弱。最后,海南还存在一个相对独立的农垦系统。土地面积达8597平方公里,相当于全岛总面积的25.35%。1986年农垦系统拥有的社会劳动者人数达48.88万人,为全岛社会劳动者人数的17.83%。农垦系统的社会劳动者中,属于全民所有制的达48.72万人,占99.67%,属于城镇集体所有制的有0.16万人,占0.33%。这表明,海南的城市化主要是在农垦系统之外进行的。

　　根据以上的分析,我们认为,随着海南社会生产力与整个国民经济的发展,特别是工业化为主要内容的特区经济的发展,海南将逐步实现城市化,从事农业的人口将不断减少,城市的规模和数量将扩大和增多,城市人口占总人口的比重也将得到提高。但是,海南的城市化将是长期的过程,在相当长的时期内,海南的城市化水平还不可能达到更高的(经济发达的工业化国家或地区)水平。因此我们认为,海南所应选择的城市化发展道路是:

　　第一,以工业化为重点来推进城市化。这就是说,海南要大力发展工业,提高工业的技术水平和经济效益。以城市工业的发展作为吸收农村剩余劳动力、推动城市化的内部"拉力"。

　　第二,城市人口的增加、在总人口中比例的上升,除依靠农村人口流入城市外,还通过办大特区的有利条件,大量引进各类人才和熟练的技术工人,以此来改变海南的人口结构、特别是人口的文化结构,提高海南人口的文化素质和使人的生活方式现代化。

　　第三,海南的城市化以海口作为核心来推进。海口市作为本省的政治、经济、文化中心,在现有的城市规模上,它的城市发展应采取连续扩散的模式。就是海口市从现有的地域沿海岸向外扩展和延伸,要把现在的琼山县府城镇并入海口市,要把海口市的部分郊区变成市区,从而扩大城市的面积。海口市发展规模的扩大和城市工业发展的水平的提高,对海南的城市化发展有重要影响。这也是我们之所以要把海口作为海南的"发展极"的重要原因。

　　第四,沿海一些重要港口城市是海南城市化发展的第二层次。这些城市主要是指除北部经济区以外的,其他四个经济区的"增长点"以及现在发展规模相对要扩大,城镇化水平相对要提高的一些县城,如琼海县的加积、儋县的那大以及通什市等。在这些城镇中,三亚是海南最主要的旅游城市,通什是海南最主要的民族城市、内陆城市,而加积、那大都是交通方便的区域经济中心,八所、洋浦都是已形成或将形成的海南的主要港口,此外,清澜港也是海南的较为重要的港口。因此,这些城镇的建设应在推进海南城市化发展战略中占有重要地位。这些地方的城市化建设,可以通过建立工业开发区等形式来实现。

　　第五,其他县城及镇(包括现有农场的场部)城镇化的发展要适度。这种适度的发展,符合一般城市化发展趋势,这对于城乡的合理分工,促进海南农业的发展,支持海南的城市化建设,都有重要的积极意义。这些城镇及农场场部,在推进海南城市化过程中,还可以在发展乡镇企业、使部分农村划归"农场"等方面发挥作用。

第六,促进农村生活方式城市化。这在海南的城市化发展中有重要意义。大力加强乡村建设,发展农村的文化、教育、科学、卫生、体育、交通、邮电、商业、服务事业,使特区的生活方式影响农村,使农民的物质和精神生活接近城市,及至整个生活方式向城市化方向转移,这对于促进海南的城市化将产生重大的无形影响。

本文是本书作者为黄家驹主编《海南特区发展战略研究》撰写的第十一章,电子工业出版社1989年版。

怎样看海南这四十年

对于被古人称之为"一去一千里,千去千不还"的海南岛,在解放后 40 年的今天,很多人都可以不假思索地评说:落后。

是的,从一定的意义上说,海南是落后。直到 1989 年,海南人均工农业总产值仅为 1614.0 元,为全国人均 2556.7 元的 63.1%。但是,如果不加分析地评价海南这 40 年,而只是直观地简单地用"落后"二字概括,这不是一种科学的负责的态度。实际上,正是存在这样一种态度,才导致不少人对海南的前途缺乏应有的信心,甚至有人把海南这 40 年与台湾的 40 年作比较,得出社会主义不如资本主义的结论。因此,对海南这 40 年的发展情况作一番历史的客观的分析和认识,不是没有必要的。

海南经济"落后",但已有部分经济指标达到或超过全国的平均水平,农民的人均纯收入已跃居全国第 9 位。40 年来海南为我国的社会主义现代化建设做出重大贡献

对海南这 40 年的认识,关键的一点是如何看海南的"落后"。说海南"落后",很大程度上是指海南还是一个"农业社会"、工业发展水平低和财政收入少。以 1988 年来说,农业所占国民收入的比重全国为 32.44%,而海南为 62.08%;人均工业产值海南为 498 元,仅占全国 1651.5 元的 30.2%;全民所有制独立核算工业企业全员劳动生产率海南为 13373 元,也仅为全国 18056 元的 74.06%;1987 年海南地方财政收入 2.96 亿元,也还不如国内一些发达

的县。但若仅以此就对海南这 40 年作出"落后"的评价,显然是不全面、不客观的。

实际的情形是,海南落后,但不是每一方面都落后,目前基础差、起点低,但经过 40 年尤其是近 10 年的开发建设,海南的经济、社会面貌已发生了巨大的变化,在考察国民经济发展水平的 10 项指标中,海南有的已经超过、有的接近和即将超过全国的平均发展水平。比如,1988 年海南人均农业总产值为918.49 元,为全国人均 535.15 元的 171.63%,1989 年海南的人均国民收入和人均国民生产总值分别为 1120.9 元和 1330.6 元,占全国人均 1169.1 元和1409.8 元的 95.9% 和 94.4%,同年海南人均社会商品零售额为 630.4 元,也占全国人均 728.5 元的 86.5%。人均国民生产总值是一个反映区域经济发展水平的核心指标,以此衡量,海南现在经济发展的总体水平已经基本接近全国的平均发展水平。这样,我们就不能不加分析地甚至是习惯地认为海南经济落后了。

更能说明上述观点的,也许是近几年来海南人民群众生活水平的提高情况。用经济指标表示,1983 年海南农民人均年纯收入 301 元。占全国 309.77元的 97.2%,但 6 年后的 1989 年,海南农民人均纯收入达到 696 元,占全国602 元的 115.6%。据国家统计局提供的最新资料,1989 年农民家庭人均纯收入,在全国各省、市、自治区中海南排名第九位,仅次于三大直辖市和浙江、广东、江苏、辽宁和福建这 5 个沿海发达省份。海南人民从 10 年的改革开放中得到了极大的实惠。

同样能说明这一点的是,1989 年海南城乡居民平均每人可用于生活费的收入为 1314 元,占全国 1260 元的 104.3%;年末城乡居民储蓄存款余额达到37.60 亿元,平均每一居民存款由 1978 年的 31 元增加到 588.6 元,占 1989 年末全国 461.8 元的 127.5%。尽管 1988 年海南还有 14.2% 的农民家庭人均纯收入在 300 元以下,但大多数的城乡居民生活水平达到和超过了全国的平均水平。

全面地认识海南所不能忽视的另一基本事实是,一般的经济落后地区,依靠国家财政"输血"过日子,对国家的经济建设贡献不大,而海南的情形则全然相反。海南作为全国唯一的大面积热带、亚热带经济作物生产基地,尽管它过去只是广东省领导的一个落后的行政区,但自解放以来,就一直自觉地在经济领域里担负着服务全国的任务。海南作为我国最主要的橡胶生产基地,对国家的经济建设起到重要的"进口替代"作用。1958—1985年长达27年的时间内,我国天然橡胶进口的年平均增长率仅为1.2%。又如海南的铁矿石最高品位达67%,居全国第一,储量也为全国富铁矿的71%,年开采量近400万吨,产品是分配给国内的60多家钢铁厂使用。此外,海南最大宗、价值最大的产品食糖、食盐几乎全部上调给国家。1985年仅橡胶、铁矿石、食盐三项的输出量就占海南三大港口物资输出量的73.74%,如果把食糖加进去,则达到91.7%。中共海南省委书记许士杰同志1990年3月在全国七届人大三次会议上列出这样一串数字:到1989年底,海南调出铁矿石7257万吨、蔗糖162万吨、盐490万吨、橡胶170万吨、木材158万立方(到1984年止)。

正是因为海南在我国的现代化建设中担负着"独特"任务,所以,早在1980年7月国务院批转的《海南岛问题座谈会纪要》中,在肯定海南开发建设成绩的同时,指出:"30多年来,海南各族人民为支援国营农场的生产建设、支持国家创办和发展天然橡胶事业,贡献了很大力量",现在海南岛"已经初步建成了我国最大的天然橡胶生产基地,对社会主义事业做出了重要贡献"。"海南岛还为国家提供了椰子、香茅油、咖啡、胡椒、剑麻等大量的热带、亚热带作物产品,并在南繁育种等方面支援了全国农业。"经济发展缓慢落后与对国家现代化建设做出重大贡献并存,这也是海南40年的历史事实。

海南岛与台湾岛面积相差无几,海南岛自然资源比台湾岛丰富得多,但在历史上,台湾岛的开发比海南岛要早一两百年

现时很多人都喜欢把海南与台湾这两个"兄弟岛"作比较,这不奇怪。因为,早在本世纪初和20年代,国人议论琼崖开发时就把琼岛与台岛比做中国的两只眼睛。奇怪的是,有人对海南这40年的缓慢发展表示不满和对台湾这40年的迅速发展表示震惊之后,认为海南可能不解放还好。我们认为,对海南这40年的发展或者说对海南的"落后",不仅要全面看问题,而且要历史地看问题。马克思有一段很精彩的论述,他说:"历史不外是各个世代的依次

交替。每一代都利用以前各代遗留下来的材料、资金和生产力。"①那么,历史给我们留下怎样的"材料、资金和生产力"呢?

把海南岛与台湾岛进行比较,首先就得从历史上进行比较。历史上,琼岛与台岛相比,至少有四大强烈"反差"。

反差之一:历史上从来没有一个统治者对海南岛进行规划开发,而郑成功祖孙三代全力实施开发和建设台湾的规划长达23年。

有史以来的第一个开发琼岛的伟大建设规划是1958年制订和发布的《开发海南岛热带资源规划方案(草案)》。这个规划是在中央和广东省委、省人民委员会的领导支持下,组织1000多人的勘察大军,用5个月的时间,踏遍了全岛的每一个角落后制订的。近百年以来,不少有识之士都议论过开发琼崖问题。孙中山先生在他的"实业计划"中强调开发海南的重要性,提出过著名的海南改设行省的五大理由。还有其他的著名人士也就海南的开发,提出"建设必先改特,改特是为建设"的12字方针,主张海南的开发以糖、茶、胶、椰子、咖啡、麻、米、鱼、盐、畜牧为主。所有这些都只是一些议论,没有形成规划,更没有变成实际行动,历史上海南的开发成为一种"自然"开发过程。真正体现了琼岛人民千百年来愿望的事件还是发生在解放后的这40年间。

然而,早在明清时期,郑成功祖孙三代(郑成功、郑经、郑克塽)治台23年内,倾注全力,成效显著。1661年,郑成功赶走荷兰侵略者收复了台湾,入台后就开始了他的大规模开发台湾、建设台湾的伟大事业。为开发台湾,郑成功及其继承者推行新政,建府设县,实施屯垦,寓兵于民,抚慰高山族人民,努力促进民族团结,安顿官兵民眷,接纳四方人士,鼓励移民,奖励生产,兴办教育,广修水利,精心经营,长期努力,颇有成效地促进了台湾农业、手工业、海上贸易和航运业的发展。郑成功实施新政和艰苦创业,使台湾出现"政通人和,万事俱兴"的新气象。《台湾外记》称:"从此台湾日盛,田畴市肆,不让内地。"后人的评价是,郑氏政权时期的开垦活动为清代台湾的全面开发打下坚固的基础,郑成功开发台湾的功劳不下于收复台湾。

反差之二:民国以后国人才渐议海南开发之事。而清末台湾建省则标志着台湾农业开发和经济发展达到一定阶段,整个台湾的区域开发已基本结束,经济开发进入向近代化起步的时期。

---

① 《马克思恩格斯选集》第1卷,人民出版社,1972年版,第51页。

　　台湾经济开发的历史首先是农业开发的历史。清代的200多年,台湾从一个蛮烟瘴雨、地广人稀之乡变成物产丰富、美丽富饶的宝岛,基本上完成了传统农业的开发,农业生产有了相当大的发展,使清代的台湾就已成为名副其实的"粮仓""糖库"以及茶叶、樟脑的著名产地。清代前期台湾稻米生产就已自给有余,有大量的剩余产品输往祖国内地。1736—1796年,每年从台湾输出的大米达10万石,1821年则增至40万石。1870年台湾蔗糖产量达44608吨,出口达36043吨,1880年的产量和出口量则分别达到72460吨和64197吨。1866年茶叶出口总量82吨,1894年迅速增加到9313吨。

　　清代台湾向近代化迈进,主要表现为四个方面:一是开发能源和发展煤炭、石油工业。比如,1874年奏议引进西方技术开采基隆煤矿,到出煤时,前后不过3年多时间,煤产量由1878年的14029吨增加到1881年的54000吨,出煤时间比李鸿章创办的开平矿务局还早。二是引进机器,发展现代制糖业。1885年台湾进行改革旧式制糖法,引进先进技术的制糖法,并派员到美国购买制糖机,招聘外国技师,促使台湾旧式制糖业向新式制糖业发展。商业资本家沈鸿杰从德国引进新式制糖机取代旧式制糖廊,这在台湾糖业近代化中具有重要意义。三是兴修铁路,发展现代交通运输。1885年台湾首任巡抚刘铭传利用中法战争刚结束的机会,在台湾兴建第一条铁路。自1888年开工至1891年,完成了台北—基隆段,1898年修到新竹,全长99公里。在兴修水利的同时,刘铭传还利用基隆港的有利条件,疏浚基隆、高雄港口,修建码头,购买轮船,发展了台湾与祖国大陆和东南亚等地的海上交通事业。四是铺设电缆,创办现代邮政。台湾建省后,刘铭传继续架设南北陆路和海峡海底电缆的同时,对"站制"邮政进行全面的改革,使邮政局成为官民合用的近代邮政机构,这一措施对台湾社会经济的发展起了重大影响。刘氏在台湾所倡行的新式邮政是我国最早的新式自主邮政。

　　海南岛的情形却没有什么值得炫耀。从清代、民国到日侵前这段时间,海南的农业、工业得到了"自然"的发展,如制糖业、皮革业、制油业(花生油、海棠油、椰子油)、罐头加工业、纺织业、印刷业以及制盐、汽水、肥皂、玻璃等加工业,所有这些工业的技术水平都极低,使用的是原始的制作方法。1940年4月琼崖特委负责人赴延安参加党的七大时,向党中央写的《琼崖报告》这样描述:琼崖经济以农业为主,近代工业非常可怜,连纺织工业和化妆品工业在海口、加积、文昌、那大等城市内也很少,规模也很小,超过百人以上的工厂是很少的。

反差之三:海南岛与台湾岛都有被日本帝国主义侵占、垄断和掠夺的历史,日本的侵略客观上形成的物质技术基础,海南岛比之台湾岛有如"小巫见大巫"。

无论是琼岛或台岛,对人民来说,日本侵略者的残酷统治、令人发指的行径,都是空前深重的灾难。冯白驹同志称之为"诚我琼空前之浩劫也"。但也有如 1948 年印行的陈植所编著《海南岛资源之开发》一书所分析:"日人占领(海南)之初,即具久居之意,故国防、农林、工矿、交通、都市、港湾、电气等各项建设,莫不锐意经营。"这也就是说,侵略者基于自身利益和向外侵略扩张的需要,对殖民地采取了某些现代化建设的步骤和措施,客观上为当地经济发展奠定了一定的物质技术基础。日本占领海南岛有 6 年左右时间,而盘踞台湾则长达 51 年。在这半个世纪中,为适应日本帝国主义的需要,台湾农业生产有巨大的增长,工业也出现了飞跃。

台湾的稻米产量 1900 年为 30700 吨,1938 年上升为 1042000 吨,增长 457%,1945 年下降为 1068000 吨,但仍比 1900 年增长 184%。甘蔗产量在 1938—1939 年内突破 2300 多万担,比 17 世纪 50 年代最高年产量 160 多万担增长 14 倍多,对外输出额高达 200 万日元。

日本垄断资本侵占和垄断台湾工业是从近代制糖业开始的。1896 年到 1910 年,流入台湾的日本资本共有 8000 万日元左右。这些资本首先投入于制糖工业。台湾第一座现代化糖厂建于 1901 年,投资总额为 85 万日元。1918 年至 1931 年日本在台湾投资总额中,工业投资占 63%。台湾殖民地政府将发展支出和固定资产投资的 40%—60%用于发展交通运输,1908 年台湾北部基隆、南部的高雄两个最重要的港口都用铁路、公路连接起来。从 1920 年到 1940 年,台湾铁路从 637 公里迅速增加到 907 公里,公路也从 3553 公里增加到 12076 公里。这个时期还开辟了新雄、新高雄、花莲港等重要港口,建立了各个战略要地的机场。太平洋战争爆发后,日本侵略者又加快了台湾军事工业的发展步伐,使台湾的飞机工业、燃料工业、煤炭工业和钢铁工业等迅速兴起,也使这一时期台湾工业生产迅速增长。1939 年台湾工业生产额为 5.776 亿日元,占生产总数的 45.94%,居各产业之首。

对于海南,日本侵略者一上岛就把它当成"台湾第二",进行以掠夺田独、石碌铁矿为重点的投资,为此也进行了一些铁路、港口、桥梁等基础设施的建设,但比之台湾是微不足道的。更何况,这些设施到日本战败接收时已破坏严重。五六十年代,台湾当局对日占时期建设起来的社会基础设施加以修复改善,便基本上满足了台湾工业发展和进出口贸易增长的实际需要,一直到60年代末,台湾才出现压港压船和交通阻塞等紧张状况。这就是日本侵略者的侵略和统治客观上为战后台湾经济发展所起的作用。

反差之四:解放前夕,大陆的资金、技术、设备和人才大批地流到台湾,而人民政府接管的是一个破旧、混乱的海南。

战后台湾扩大资本积累的基础是日占时期遗留下来的固定资产以及从大陆流入台湾的设备和资金。据统计,从1945年到1947年2月,国民党当局共接收原日本垄断资本达110亿元旧台币(除土地外)。1949年前后又有大量的大陆资本流入台湾。据有关资料,仅1948年一年从大陆汇往台湾的款项,减去反方向汇款额后的净超出额,等于当年台币发行额(1420亿元)的两倍。除此之外,1948年蒋介石还从大陆带去大量财富,仅从上海运走的黄金就达273.8万两。

与此成鲜明对比的是,人民政府接管的是一个破旧的基础极为薄弱的海南。1950年9月冯白驹同志在海南第一届人民代表会议上所作报告指出,石碌铁矿日寇投降后已被破坏,田独铁矿在国民党残匪逃跑时,也被部分破坏(特别是码头)。接收下来的工业并能开工的只有棉织、纺织和汽车修理厂等,纺织以生产毛巾为主,制成品为4万条。

历史就是这样不容争辩:清末台湾建省,比海南1988年建省要早一百多年;民国开始人们才渐渐议论开发琼岛之事,而到19世纪末台湾就基本完成了土地开发,传统经济开发在清代统一的200多年里已经完成。海南岛自古米谷不足,由大陆输入,而台湾在清代前期就做到稻米自给有余,并大量输往内地;1939年日本人占领后海南才修铁路,1940年台湾铁路已达到907公里;1922年海南岛上才开筑公路,而1920年台湾就有公路3553公里;1939年台湾工业生产额超过农业居各产业之首位,而直到1950年海南工业产值占工农业总产值的比重大约是10%。这一比较,我们会发现,历史上琼岛的开发要落后于台岛一两百年。1987年12月来海南考察的我国著名经济学家、国务院经济技术社会发展研究中心常务干事季崇威先生说,1948 年他曾作为《文汇报》的记者去台湾进行经济考察,当时台湾的经济基础比现在的海南要强。1949 年前后,台湾的工农业总产值、动力、交通、出口额比现在的海南高得多。因此,他认为,我们对海南不能要求过急,要求过多。

面对海南这样的开发历史,面对历史留下这样的"材料、资金和生产力",我们应该怎样来评说呢!

海南这 40 年的发展,后 10 年比前 30 年要迅速得多,它的实质是开放比不开放发展快,建省办特区以后比之前发展快。我们对海南应充满信心

人们熟悉这样一句话:"让历史告诉未来。"当我们了解海南的开发历史后,对于这 40 年海南的发展情况,我们有些同志如果不能理解,至少也应该谅解。如果是发展地看问题,少一些偏见,多一些客观,那么不难发现,海南这 40 年喜悦和自豪远比叹息和悲哀要多。

海南这 40 年的发展,大体上以 1980 年的对外开放为标志而分为两个大的阶段。一个极为明显的结论是,海南后 10 年的发展比前 30 年的发展要快得多。1952 年至 1980 年的 28 年,海南工农业总产值的年平均增长速度为6.5%,而 1981 年至 1989 年则达到 12.3%。1980 年以后海南的发展比全国还要快。以国民收入的年均增长速度来说,1980 年至 1989 年的九年间,海南达到 18.8%,而全国为 15.0%。海南比全国高 3.9 个百分点。特别是 1987 年宣布建省、办特区以后,海南经济发展更为迅速,1987 年至 1989 年国民生产总值的年均增长速度达到 25.6%,而全国是 19.1%,海南比全国高 6.5 个百分点。就是用来说明海南经济落后的工业总产值和财政收入这两项指标,在 40年中的变化也极大。1952 年海南工业总产值和财政收入分别是 0.42 亿元和0.13 亿元,1989 年达到 25.24 亿元和 6.25 亿元,分别比 1952 年增长了 59.1倍和 47.1 倍。1988 年海南全民所有制独立核算工业企业全员劳动生产率为全国的 74.06%,而 1980 年这一指标是 44.4%(海南 5364 元比全国 12080元)。海南后 10 年的经济增长比前 30 年要迅速得多,这些数据只是一种现

象,其实质是开放比不开放发展迅速,建省办特区以后比之前发展迅速。这也是海南这 40 年的一个基本事实。

直到解放时海南的经济特点是这样:在帝国主义列强的长期经济侵略和掠夺下,海南向殖民化商品经济方向发展,有着浓厚的殖民地经济形态。轻工业和手工业的原料全部依靠外来,铁矿全部外运服务于美日等帝国主义;农业在帝国主义和封建主义的双重剥削下,农村生产落后,粮食不足,平均每年有三个月要依靠"洋米"补充。正是这种殖民地经济形态,限制了海南工农业生产和正常贸易的发展,使农村经济陷于破产,广大人民的生活处于极为贫困状态。当海南回到人民手中,人民政府要做的事情就是迅速改变帝国主义和国民党统治时期遗留下来的半殖民地半封建的经济形态,使之成为独立自主的新民主主义的经济形态。这就是我们今天所说的海南历史上第一次伟大而艰难的超越。

40 年来,在党和人民政府的领导下,海南的社会主义建设取得了巨大的成绩。这除了前面所说的海南经济发展总体水平已基本接近全国的平均发展水平,人民的生活水平已达到和超过全国的平均水平以及为社会主义的现代化建设做出重大贡献之外,还表现为农产品产量的大幅度增长和具有海南特色的工业生产体系的形成。解放前海南粮食最高总产量是 1936 年的 10.77 亿斤,但经过日敌及国民党的摧残破坏,到解放前夕,农民在饥饿中过生活。解放后,海南农业生产水平得到大大的提高。粮食产量由 1949 年的 6 亿斤增加到 1989 年的 30.24 亿斤,增长了 4 倍多。糖蔗在抗战前的最高产量为 8.15 万吨,但抗战期间到解放前夕大大减产,估计 1939—1945 年的每年产量仅有 0.25 万吨。解放以后,海南糖蔗生产发展极为迅速,最高产量的 1985 年达到 405.7 万吨,是抗战前最高产量的 50 倍。解放前海南几乎没有工业,1952 年的产值仅 0.42 亿元,在 40 年后的今天已初步建立起具有海南自己特色的以制糖、食品、橡胶、纺织化纤、冶金、机械、建材和电子为主体的工业生产体系。对外开放 10 年来,海南用于工业的基本建设投资达到 17 亿多元,相当于前 28 年投资额的 4.3 倍多,其中用于能源工业的投资达 4.3 亿元。还投资 8 亿元用于工业企业的挖潜、更新和改造。新建了牛路岭水电站、海口马村火电厂、海口纺织印染厂、海南化学纤维厂、海德涤纶长丝厂、琼海涤纶长丝厂、南宝电视机厂、海口啤酒厂、海口速溶咖啡厂和 12 家大中型糖厂,扩建了海南石碌铁矿、叉河水泥厂、海口轮胎厂和 17 家中小糖厂等一批骨干企业。1989 年工业总产值达到 25.24 亿元,比 1952 年增长了 59.1 倍,比 1981 年增长了 2.6 倍。

我们看问题显然不能只满足于对"结果"的欣赏,只有深入分析背景和复杂因素,才能真正体味这 40 年的成绩来之不易。海南这 40 年社会主义建设取得的巨大成就和进步,至少是在这样四个艰难背景下取得的:

背景之一:国民党当局在五六十年代的根本方针是"反攻大陆",要在广东沿海地区建立所谓的"游击走廊"。

据 1962 年 4 月 27 日《海南日报》援引新华社的报道,美国军舰又侵入我国西沙群岛海域,我外交部提出严重警告。报道说,这是自 1958 年 9 月以来,我国政府对美国军舰和飞机侵入我国领海领空提出的第 200 次严重警告。报道还说,自 1961 年 1 月至今,美国军舰和飞机侵入我国领海领空的军事挑衅活动平均每月达 6.8 次之多。该报 12 月 30 日又报道,我广东沿海地区人民公安机关、解放军、公安部队、民兵和人民群众密切配合,全部干净彻底歼灭 9 股美蒋武装特务。这就是海南在五六十年代面临的外部环境。对于这种外部环境及海南所处的地位,冯白驹同志在一次会议上说得很清楚:我们建设新海南的任务是繁重的艰巨的,在前进的道路上是有困难的。因为,海南是一个海岛,处在国防最前线,接近帝国主义统治的殖民地半殖民地,台湾也未解放,我们周围存在着很多敌人,我们还受到敌人特别是帝国主义的很大威胁。

面对这种特殊的外部条件和海南特殊的战略地位,毛泽东同志只能做这样的海南妇孺皆知的题词:"加强防卫,巩固海南",而不像 80 年代进入和平与发展的时代,邓小平同志提出的那样:"如果能把海南岛的经济发展起来,那就是很大的胜利。"[1]1990 年 5 月江泽民同志来海南考察时也做这样的强调:海南省处于祖国南疆,地位十分重要,加速海南的开发建设,不仅在经济上,而且在政治上都有着重大意义。对于这一点,纽约《中报》同样看得很清楚,1983 年 3 月,它的一篇题为《论海南岛的开发》的社论有这样的分析,中共政权成立以来,由于军事的考虑或政治的原因,海南岛的开发并没有得到足够的重视。1970 年以来,因为南海海域战略形势的改变,以及为了对付越南

---

[1]《建设有中国特色的社会主义》,人民出版社,1984 年版,第 26 页。

的需要,海南岛的经济发展受到重视。1980 年中央和国务院决定比照深圳、珠海特区的办法,开放海南岛的对外经济活动。近两年对加快海南岛的建设作了一系列决定,由此可以推断,从现在起的相当长时间内,海南岛的开发将成为中国经济发展史上的一件大事。

背景之二:从 1958 年的"大跃进"到 1985 年的"汽车事件",海南开发建设的指导思想多次出现失误。

高狄同志在《怎样看待中国的"穷"》[①]一文中说,如果没有 50 年代末的"大跃进"和 10 年"文化大革命",我们国家的经济发展情况肯定比现在好。相比之下,"左"倾错误对海南的影响较之全国尤甚。在"大跃进"中,提出了许多不切实际的目标并使之口号化,如 1958 年提出海南在今后 3 年内做到粮食自给,亩产由 360.8 斤跃进为 1000 斤以上,使海南成为"千斤岛";1960 年提出"三年基本完成开发海南",高速度把海南建成国家油料基地。结果由于不讲自然规律和经济规律,海南的经济建设第一次遭到严重挫折。1952— 1957 年,工农业总产值平均增长 10.7%,但 1958—1962 年仅增长 1.4%(其中,工业出现 0.1% 的负增长)。粮食产量是一减再减,1962 年粮食产量 63.53 万吨,只及 1957 年 81.88 万吨的 77.59%,糖蔗产量 1962 年仅 11.95 万吨,仅及 1957 年 35.56 万吨的 33.61%。

作为海南经济建设的第二次大的挫折,"文化大革命"几乎把海南经济推向崩溃的边缘。农业总产值 1966 年为 4.22 亿元,1968 年降为 3.97 亿元,同期,工业总产值由 3.03 亿元降为 2.21 亿元。不从海南实际出发,片面强调"以粮为纲",这在"文革"中也达到登峰造极的地步。从 1964 年开始一直到 80 年代初,海南与全国各地一样"人定胜天""大干快上""以粮为纲""普及大寨县""1980 年实现农业机械化"。到 1978 年,海南(不含农垦)的 3.02 亿农业产值中,粮食作物占 81.79%,热带作物仅占 13.58%。由于长期以来没有处理好发展粮食生产和热带作物的关系,致使海南的优势得不到应有的发挥,最终阻碍了经济的发展和人民生活的改善。

进入以开放促开发年代的海南,发生了一起震惊中外的"汽车事件"。这起于 1985 年 7 月被正式披露的事件,发生的客观背景是复杂的,但指导思想上的失误却是主要的,对海南的影响也是简单明了的:延缓经济开发的进程。

---

①《人民日报》,1990 年 1 月 5 日。

1986年,工农业总产值仅增长8.9%,出口总值仅为1984年的93.36%、1985年的47.33%,协议规定客商直接投资额仅及1984年的6.48%、1985年13.2%。

背景之三:海南是中国相对独立的地理单元、经济单元,却也是中国条块分割相对严重的地方。

从地理条件、资源特点、经济联系看,海南岛是一个整体,但体制上却是奇特的"多元化",人们对此的形象说法是"三国四方":即地方(又分为汉区、自治州)、农垦、驻军,它们各自为政。其行政计划体制特征是"多头齐下":一是中央"条条"下达的农垦、中央属厂矿企业计划;二是广东省"条条"下达的省属厂矿企业计划;三是广东省下达的海南地方的"块块"计划;四是海南地方的"块块"计划又分为汉区、自治州的计划。这种体制使海南全岛不能协调一致,进行综合平衡,强化了重复布点、盲目建设,加剧了内部的相互封锁和原料争夺,增加了各方面的摩擦,对于海南的整体开发和建设极为不利。早在1983年7月中央11号文件就明确指出:"海南岛的开发建设是一个整体,必须加强党的统一领导。各项开发建设工作,应当统一规划,统一安排,统一管理,统一对外。"针对海南的"汽车事件",广州一位教授认为,海南如由国务院直接领导,"汽车事件"就不会发生。这从另一个侧面强调了加强海南与中央、国务院直接联系的重要性。

建省、办特区使海南的体制问题得到了根本解决(在此之前,成立过海南行政区人民政府和实行"计划单列"),但不合理体制对海南的不利影响毕竟长达三十七八年,使海南失去很多投资建设的机会。

背景之四:从1952年至1980年国家对海南的投资43亿多元,大致相当于同期全国基本建设投资额的0.76%,不及国家对某一项目如上海宝山钢铁厂投资额的十分之一。

在这个问题上,海南与台湾比较,又构成第五个巨大反差。战后台湾经济的迅速发展是与外国的援助和投资联系在一起的。截至1984年底,台湾共获得的外国援助及投资达到200亿美元左右。其中,美国的军事援助和经济援助分别是45亿美元和14.82亿美元,各国政府和银行贷款约75亿美元,华侨和外国人直接投资近50亿美元。就是因为"美援"、外国投资和日本统治时期所建立的经济基础及有利的国际条件相结合,使五六十年代台湾经济得以快速发展。仅以美国的"经援"而论,据估计,1952—1960年,台湾电力固定资产投资总额中,"经援"占 67.6%,制造业和交通运输业"经援"所占比重也分别达到 24.0% 和 28.1%。据台湾经济学家的估算,1965 年台湾国民生产净值 934 亿元新台币,如果没有"经援"则只能达到 575 亿元新台币,这就是说,约有 40% 的国民生产净值来自"经援"。仅 14.82 亿美元的"经援"作用就如此之大,我们就可想象数倍于"经援"的外国直接投资及贷款的作用有多大了。所以,研究台湾经济的学者公认,台湾经济由稳定到发展,主要因素是美援。

1952—1980 年,国家投入海南的资金仅 43 亿多元,平均一年 1.5 亿左右,这些钱的一半即 21.8 亿元是投入农垦,投向交通运输、邮电的仅有 2.5 亿元,占 5.8%。让外商"摇头而去"的投资环境与这种投资规模、投资结构不无相关。1982 年 12 月,谷牧同志就海南岛开发建设问题给中央领导同志写信,信中说:"现在海南岛基础设施太差,港口、道路、电讯都不行,有心投资的华侨、外商到那里一看,大都摇头而去。"

海南从解放到对外开放之前的 30 年,没有外商投资,而 1980—1989 年的 10 年,利用的合同规定的客商直接投资额为 9.11 亿美元,实际利用 2.99 亿美元;1984—1989 年的 6 年,海南全社会固定资产投资总额为 105.8 亿元,是前 28 年的 2.5 倍,其中,1988—1989 年的两年为 48.94 亿元,占 46.3%。对此,最简单明了的解释就是 5 个字:时代不同了。

历史是一面明镜。追溯两千年,回顾这 40 年,我们深深感到,是社会主义使新海南发生了翻天覆地的变化。在这 40 年中,在那么差的基础那么低的起点上,在那么艰难那么复杂的背景下,海南的社会主义建设尚能取得那么大的成绩,在已经发生和正在经历着伟大的历史性转变的今天,海南无疑会有更大的发展和进步。我们对海南应充满信心,正是因为有了求实的反思和正确的决策。

1988 年 4 月,中央正式决定海南建省办经济特区,是对海南经济战略地位进行充分认识、对海南 30 多年开发建设进行求实反思的基础上做出的正确决策。以此为标志,海南开始了新的历史性转变:一是由过去的国防前线,变为开放前沿,从而也就由过去的国家非重点建设地区,变为海内外投资者投资的热点地区,海南的经济形态也将由过去的自然半自然经济、"产品经济"变成为以发展外向型经济为主要特征的特区经济;二是由过去的省辖行政区变为直接由党中央、国务院领导的具有更大自主权、实行统一管理体制的省。

海南建省办特区已有两年时间,两年来,不但海南的经济发展快,基础设施建设取得明显进展,为吸引外资创造了较好的投资环境,更重要的是从特区建设实践中我们摸索出了宝贵的经验。主要是,在打基础中前进的指导思想,"用政策、打基础、抓落实"的工作方针,统一规划、利用外资、成片开发、综合补偿的建设路子。如果说,建省办特区改变了海南开发建设的体制等艰难背景的话,那么,指导思想、工作方针和建设路子的明确,则是给"从1958年的'大跃进'到1985年的'汽车事件',海南开发建设指导思想多次出现失误"这一背景画上了句号。海南也由此有了新的机遇和希望。

海南建省、办经济特区是中国改革开放总设计师的邓小平同志光辉思想的伟大实践,是建设有中国特色的社会主义的重要组成部分。邓小平同志一直关心海南岛的对外开放和开发建设,并作过一系列的重要指示。1987年6月,在会见南斯拉夫客人时,邓小平同志就明确宣布:"我们正在搞一个更大的特区,这就是海南岛经济特区。海南岛和台湾的面积差不多,那里有许多资源,有铁矿、石油,还有橡胶和别的热带、亚热带作物。海南岛好好发展起来,是很了不起的。"对于洋浦开发,邓小平同志早在1989年4月就指出:"海南省委的决定是正确的,机会难得,不宜拖延。"海南办特区是在一步一步地实践邓小平同志的思想。1990年5月,江泽民总书记在海南考察时进一步强调,中央关于办海南经济特区的战略决策是正确的;在海南实行的各项政策不变,要统一思想,一条一条地加以落实。海南省吸引外商投资,进行成片开发,党中央和国务院是支持的。海南要通过改革开放,加快经济开发,改变经济比较落后的面貌。

不必抱不切实际的幻想,不必有情绪性的抱怨,也不必有无根据的失望。海南这四十年的探索,变化是巨大的,经验是丰富的,教训是深刻的,前景是乐观的。让我们坚信反映海南经济社会发展客观趋势、反映海南600多万人民群众美好愿望和全省各级领导干部信心和决心的5个字:海南会更好!

　　　本文发表于《海南日报》1990年5月30、31日,6月2日,署名申皕。

海南对外开放十年与经济特区的建立

1988 年 4 月 13 日,第七届全国人民代表大会第一次会议,通过了设立海南省的决定和建立海南经济特区的决议,使海南翻开了具有重大历史意义的一页。海南的对外开放最早是从 1980 年开始的,到 1990 年整整经历了 10 年的时间。在这 10 年间,海南的改革开放与开发建设都取得了很大的成绩,但也有不少的失误和教训,对此进行回顾与总结,有助于海南特区社会经济的稳步发展。

海南对外开放的提出

历史上海南也曾经对外开放过。公元 1876 年海口设置琼洋海关、实现琼州开港,使海南岛的对外贸易得到很大的发展。在对外贸易规模、产品结构和地区结构等方面都趋于正常化,对于加强海南岛与外界的接触,促进生产力发展和生产方式的改革以及后世的经济贸易的开发都有很大影响,成为清代海南岛经济开发有别于历代的突出特点。

但是,海南岛真正意义上的对外开放是开始于 20 世纪 80 年代初期。1980 年 7 月 24 日,国务院批准《海南岛问题座谈会纪要》,正式拉开海南岛对外开放的历史序幕。

(一)海南岛对外开放的背景

海南岛的对外开放与 1980 年 6 月 30 日至 7 月 11 日在北京召开的海南岛问题座谈会密切相关。座谈会是根据国务院领导同志的指示召开的。这个座谈会认为,海南岛是我国少有的热带宝地之一,面积同台湾相近,解放 30

年来,经济有了较大的发展,特别是橡胶和其他热带、亚热带资源的开发利用,取得了显著成绩。现在海南岛植胶面积占全国植胶面积的56%,干胶产量占全国总产量的70%,已经初步建成了我国最大的天然橡胶生产基地,对社会主义事业做出了重要贡献。座谈会同时强调,由于历史的局限,在发展方针和一些政策上的问题长期没有解决好,社队经济的发展和群众生活的改善,步子都比较慢,当前仍然比较穷困,地方机构财力很少,发展生产的能力很薄弱。海南岛存在巨大的发展潜力,只要认真总结经验,调整好方针政策,把广大农民和职工群众的积极性进一步调动起来,自力更生,艰苦奋斗,加上广东省和全国的必要支持,海南建设事业的发展将是很快的。

为了促进海南的经济开发,这个座谈会提出对海南"当前主要靠发挥政策的威力,放宽政策,把经济搞活"。在给予海南的8条政策中,第一条就是:在进出口贸易上,主要是对香港的出口,应让海南有更大一些自主权。对外经济活动可参照深圳、珠海市的办法,给予较大权限。外贸和其他外汇收入的增长部分,可给海南留成多一些,以利于以进养出。其他的7条包括:调整粮食征购任务;农副产品的统派购要灵活一些;建议进行专拨扶持社队发展热带作物的长期低息贷款;在海南的中央和(广东)省属企业,其利润应适当留成一部分给海南地方使用;中央和(广东)省要多支援海南一些化肥,以提高热带作物和粮食产量;财政体制应适当放宽,多给海南岛以机动权;农场、社队和其他企业单位,都可以利用自己的条件,打破所有制界限和行业界限,同(广东)省内外的经济单位实行种种形式的联营,产品或利润按比例分成,有外汇收入的还可实行外汇分成等。

从海南对外开放的时间及实行的开放政策看,海南的对外开放是在进行了长达30年开发的基础上提出来的。海南是1950年解放的,已有过30年的开发。但由于开发的指导思想、体制及政策等方面的原因,使海南依然相当贫困落后。在这样的背景条件下,中央提出对于海南岛的开发"要从方针、政策上根本解决问题"。海南的对外开放也是在广东、福建两省实行特殊政策、灵活措施和试办经济特区的条件下提出来的。1979年4月,中央工作会议正式提出"试办出口特区"和广东、福建两省实行"特殊政策和灵活的措施"。经过一年多的实践,广东、福建两省的工作取得了很大成绩,证明中央决定两省在对外经济活动中,实行特殊政策和灵活措施是正确的,这为海南的开发提供了可供借鉴的思路。

(二)海南对外开放的历史影响

由于多种原因,海南第一次对外开放的局面没有真正打开,效果也不够理想。1980—1982 年 3 年时间中,海南全岛签订的外商直接投资项目数共 23个,协议规定的利用外资额为 5520 万美元,实际利用的只有 195 万美元。1980 年海南的出口总值为 1892 万美元,1982 年为 2027 万美元,年平均增长3.5%。1980—1982 年全岛接待海外游客 2.18 万人次,1982 年旅游创汇只有82 万美元。这都表明 1980 年海南的对外开放成效不显著,对外经济活动的规模不大、发展也不快。其主要原因大致有:

第一,我国的国民经济正处于调整时期,国家没有更多的资金投入海南。中央领导也难以有更多的时间和精力来考虑海南问题,未把海南的开发建设摆上重要议事日程。

第二,从全国的对外开放看,1979 年 7 月 19 日,中共中央、国务院正式批转《广东省委、福建省委关于对外经济活动实行特殊政策和灵活措施的两个报告》,两省试办经济特区(最先称为"出口特区")、实行特殊政策和灵活措施时间不长,经验不足,很多方面都在探索、调整之中,因此,未能在客观上形成促进海南加快对外开放的"环境"。

第三,长期的封闭历史,一方面,外界对海南的资源、发展情况及环境条件都缺乏应有的了解;另一方面,从海南本身看,长期以来处于"闭岛锁区"状态,一旦决定对外开放,思想观念上、组织上的准备不足就表现出来,特别是组织机构和领导班子的调整配备问题未解决,使各方面的工作不能适应对外开放的新形势,从而使海南的对外开放实际上处于学习、思考、准备和酝酿阶段。

第四,长期以来忽视了基础设施的建设,使投资环境极差。1952—1980年,国家投入海南的资金仅 43.38 亿元,其中,投向交通运输的只是 2.5 亿元,占 5.8%。投资环境状况如何,可想而知。正如谷牧同志 1982 年 12 月所说,海南的基础设施太差,港口、道路、电讯都不行,有心投资的华侨、外商到那里一看,大都摇头而去。

第五,更为重要的是由于各方面认识不一致,这个文件中有些重要规定(主要是有关对外经济活动方面)未能得到实现,直接影响到海南岛的开放与开发。

尽管如此,1980年海南第一次提出对外开放,毕竟结束了海南长达30年"闭岛锁区"的历史,开创了以对外开放的方式促进岛内开发的新路子,是海南百年、千年开发史的一个重大转折,在海南的经济开发史上具有特殊的意义。

开发方式的转换是海南的新生。从1951年党中央决定为了打破帝国主义的封锁禁运在海南岛建设我国的天然橡胶生产基地起,到1980年对外开放,海南岛的开发经过了几次大的热潮,包括50年代的"橡胶热"、70年代的"南繁育种热"等,但由于所采取的是封闭、单一的开发方式,使海南的经济发展十分缓慢。

世界上的很多国家早就探索以开放促进落后地区经济开发的路了。如1967年2月28日,巴西政府颁布28号法令建立玛瑙斯自由贸易区,以此带动和促进玛瑙斯及其周围落后地区的开发,玛瑙斯自由贸易区是世界上面积最大、也是经济落后的特区,总面积达219万平方公里。经过20年时间的开发取得了相当大的发展。巴西人自己骄傲地认为,玛瑙斯自由贸易区是全世界自由区的楷模,称世界上没有一个自由区像它那样拥有贸易、工业和农牧业三个都在迅速发展的部门。从这个角度来审视,我们也不难看出海南对外开放的历史影响。实际上,由于享有开展对外经济联系的特殊政策,在实际运作上又有深圳、珠海、厦门、汕头4个经济特区的做法可资借鉴,海南岛在当时中国的开放格局已处于"准特区"的地位。

海南对外开放的成效与挫折

海南真正对外开放是1983年。这年4月1日,中共中央、国务院批转《加快海南岛开发建设问题讨论纪要》(中发〔1983〕11号)给予海南较多自主权,同时,要求中央各部门从人、财、物上积极给予必要的直接支持。1984年5月4日中共中央、国务院批转《沿海部分城市座谈会纪要》中又提出,要搞好海南岛的开发建设,要求海南要抓紧制定全岛的建设规划和近期内的具体安排,运用中央给予的政策和权限,积极开展对外经济技术合作。

中央11号文件使海南的对外开放进入了新的有较大成效的阶段。

（一）海南对外开放的成效

1983 年海南进一步对外开放的主要背景按照当时的分析,是海南的对外开放具备了"天时、地利、人和"的有利条件。所谓"天时",是指中央对海南的开发非常关心,把海南岛的开发摆上了重要议事日程,真正下了决心,大力支持。同时,经过几年的国民经济调整,国家也已经有力量腾出手来更多地支持海南的建设。而且,广东、福建两省实行特殊政策和灵活措施以及开辟四个特区的经验,可供海南借鉴,使开发建设少走弯路;所谓"地利"是指海南地处热带、亚热带,资源丰富,且是个海岛,有利于实行更加特殊的开放政策;所谓"人和"是指加快海南岛开发建设是人心所向。

的确,党中央和国务院对海南的开放与开发是很关心的。早在 1982 年10 月至 12 月间,中央就已经认为,国务院 1980 年 202 号文件是很正确的。但是,由于有关方面认识不一致和组织措施方面的问题,使这个文件的有些重要规定,基本上没有具体落实和贯彻。为了贯彻党的十二大精神,充分利用国内外的有利条件,加速开创海南开发建设的新局面,1982 年 10 月中央领导同志作了"海南不作为特区,但对外合作可给以较多自主权""海南孤悬海外,政策可以从宽"等批示,加快海南岛的开发建设问题又提到中央和国务院的议事日程上来。1983 年 2 月 9 日、3 月 5 日和 12 日,谷牧同志召集国务院有关部门负责同志进行了讨论研究,3 月 18 日国务院召开常务会议,讨论通过了加快海南岛建设问题的讨论纪要。4 月 1 日,由中共中央、国务院批转了这个《纪要》。在这样的一系列背景下形成的《纪要》,充分认识到加快海南岛的开发建设,对于支援全国的"四化"建设,加强民族团结,巩固祖国的南海国防,促进台湾回归,完成祖国统一大业都具有重大意义。

由中共中央和国务院批转的这个《纪要》,明确了加快海南岛开发建设的方针是"以对外开放促进内部开发",并决定对海南岛放宽政策,从 8 个方面给海南岛在对外经济合作方面以较大的自主权,使海南岛成为"不是特区的特区"。这 8 个方面的自主权是:

第一,海南的某些重要的矿产资源,报经国家批准,可以由海南行政区同外商合作开发。

第二,利用外资的新建项目、技术改造项目,固定资产总投资在 500 万美元以下,不需要全国、全省平衡生产建设条件,不涉及国家出口配额的,授权海南行政区审批,报广东省人民政府和国务院主管部委备案。

第三,海南行政区内的中外合资、合作经营企业和外商独资企业的所得税,从获利年度起,第一、第二年免征,第三年起按15%的税率征收;工商统一税在投产后3年内纳税有困难的,授权海南行政区审批减免。对外商在行政区内设立机构所取得的股息、利息、租金和特许权使用费,按10%的税率征收所得税;外商从合营企业分得的利润汇往国外时,免征汇出利润的所得税。利用外资项目需要进口的建筑器材、机械设备、生产原材料和种子、种畜免征进口关税。海南行政区使用中国银行外汇贷款搞的新建项目、技术改造项目,同样享受上列利用外资项目的优惠待遇。

第四,海南行政区的产品,凡有国家和广东省安排上调和出口任务的,要核定基数,必须保证完成,超基数部分,凡不涉及国家配额的,海南行政区可以自行组织出口,或委托外贸部门代理出口。海南行政区可在香港粤海公司内设一精干的商务机构,办理进出口贸易业务。

第五,海南行政区可以根据需要,批准进口工农业生产资料,用于生产建设;可以使用地方留成外汇,进口若干海南市场短缺的消费品(包括国家控制进口的17种商品),以活跃市场,保证旅游和侨汇物资的供应的上列进口物资和商品只限于在海南行政区内使用和销售,不得向行政区外转销。对国家控制进口的商品,必须从严掌握审批,每半年要将这类商品进口的数额、销售情况和使用去向,报广东省人民政府和国家经委备案。

上列进口物资和商品的关税以及工商统一税,生产资料5年内免征;供应旅游、侨汇的商品按海关总署规定执行;国家控制进口的17种商品和烟、酒照章征收;其他商品试行减半征收。

第六,海南行政区可以采用种种有利方式,同外商合作发展海南的旅游事业。同外商合资、合作经营的旅游项目,进口建筑器材和营业用的设备、物品,免征关税。除由中国旅行社、国际旅行社组织游客外,海南行政区也可自行组织游客在岛内旅游。

第七,海南行政区的出口换汇成本,由广东省与海南行政区核定,贸易收汇按照广东省根据1978年实绩核定的包干基数与海南行政区对半分成,省下达出口计划内外汇增长部分,5年内全部留给海南行政区。海南行政区自己超计划组织出口的,外汇自用,盈亏自负。来料加工,来件装配,补偿贸易收汇,旅游外汇,华侨、港澳同胞赡家侨汇以及捐赠外汇,全部留给海南行政区。

第八,外商到海南进行经济贸易活动和旅游,由海南行政区审查批准其进入海南对外国人开放的地区和其他指定的地区,通知我签证机关核发签证。

这些规定充分反映了中央对海南岛开发建设要"放宽政策,把经济搞活","以对外开放促进内部开发"的指示精神。11 号文件的贯彻执行,使海南的开放与开发取得明显的进展,经济开发的规模和速度都是前所未有的。1983—1986 年的 4 年间,全岛签订的客商直接投资项目有 265 个,协议规定的利用外资额 1.99 亿美元,1983 年的出口总值为 1577 万美元,1986 年为 3840 万美元,年均增长 34.5%,1987 年海南的出口总值则首次突破 1 亿美元,达到 1.24 亿美元。旅游业在这 4 年间总共接待的海外游客达 12.56 万人次,年平均增长 43.7%,旅游创汇 2494 万美元,年平均增长 84.6%。1980—1983 年海南工业总产值年平均增长仅 7.5%,而 1983—1986 年则为 13.6%。

(二)海南对外开放的挫折

1983 年以来的对外开放,使海南岛的经济发生迅速的变化。但是海南在对外开放中,由于没有很好地执行中共中央、国务院关于开发建设海南岛的方针,没有摆正整体与局部利益的关系,导致"汽车事件"的发生,使海南的对外开放遭受到严重的挫折。中央 11 号文件明确规定:"海南的开发建设必须立足岛内资源优势,充分挖掘内部潜力,讲求经济结构。""积极稳妥地利用外资,引进先进技术,发展进出口贸易和旅游事业,以对外开放促进内部开发。""对国家控制进口的商品,必须从严掌握审批","只限于在海南行政区使用和销售,不得向行政区外转销。"然而,从 1984 年 1 月 1 日至 1985 年 3 月 5 日,海南共批准进口汽车(包括组装件)8.9 万多辆(90%以上是轿车、面包车),已到货 7.9 万多辆;批准进口电视机(包括组装件)280 万台,已到货 34.7 万台;批准进口录像机(包括组装件)25.2 万台,已到货 13.4 万台;批准进口摩托车 12.2 万辆,已到货 4.5 万辆。在这些进口的物资和商品中,已有 1 万多辆汽车被卖出岛,其他的物资也大部分被倒卖出岛。海南"汽车事件"冲击了市场,违犯了国家的外汇管理规定,造成了较大的损失和不好的影响。从而,相对延缓了海南的开发进程。

海南大量进口和倒卖汽车等物资的事件被查实和正式披露后（1985 年 7 月 31 日），原先享有的优惠政策被"收回"，宏伟的规划变成"一纸空文"，海南的开放与开发陷入全面性的"大萧条"之中。1986 年海南签订的外商投资协议为 777 万美元，只相当于 1984 年的 6.48% 和 1985 年的 13.2%。1986 年的出口总值（3840 万美元）也只是 1984 年的 93.3%，1985 年的 47.33%。1986 年，海南的工农业总产值仅增长 8.9%。

海南"汽车事件"发生的背景和原因都很复杂，但它对海南开发建设的不利影响却是相当严重的。它至少告诉我们，海南的开发建设要靠扎扎实实地工作，没有"捷径"可走。

海南经济特区的建立

"汽车事件"发生后，中共中央和国务院仍然对海南的开发建设给予关怀和支持。中央领导同志重申中央 11 号文件，国务院 202 号文件的精神不会改变，强调海南要总结经验，重新振作精神，坚持开放搞活，扎扎实实把海南的开放建设搞好。

（一）海南经济特区的建立

海南岛开发建设的路子应该怎样走，这一直是人们认真思考和探索的课题。从 1984 年 5 月 31 日，第六届全国人民代表大会第二次会议审议并通过国务院关于成立海南行政区人民政府的议案，决定海南行政区设人民代表大会和人民政府，是一级地方国家政权机关，到 1986 年 8 月 21 日，国家计委受国务院办公厅委托，同意海南行政区在国家计划中单列户头，赋予相当省一级的经济管理权限，人们越来越清楚地认识到，海南只有单独建省，在这个基础上采取更加开放、更加特殊的政策，海南的开发才大有希望。

经过多方面的努力，1987 年 8 月 28 日举行的第六届全国人大常委会举行第 22 次会议，审议国务院提出的关于撤销海南行政区、设立海南省的议案。议案说，海南岛是我国第二大岛，面积 3.4 万平方公里，人口 605 万，海域广阔，资源丰富，雨量充沛，是一块热带、亚热带宝地。建国 30 多年来，特别是党的十一届三中全会以来，海南岛的经济有了很大的发展，但由于受很多条件的限制，海南的优势没有充分发挥出来，与全国其他沿海地区相比，还有较大差距。议案认为,建立海南省有利于集中全国力量支援海南;有利于海南实行更加开放、灵活的政策;有利于简政放权、减少中间环节,提高办事效率。

9月5日,六届人大常委会决定将设立海南省议案提请七届人大审批,授权国务院成立海南建省筹备组开展工作。9月24日谷牧同志在北京宣布,海南岛比其他经济特区更加开放,在坚持四项基本原则的前提下,准备在海南岛积极采用国际上先进的科学管理经验。1988年4月13日,七届人大一次会议通过设立海南经济特区的决议,最终从立法形式上"规定海南岛为海南经济特区"。1988年4月14日,国务院批转《关于海南岛进一步对外开放加快经济开发建设的座谈会纪要》(国发〔1988〕24号),同年5月4日,国务院发布《国务院关于鼓励投资开发海南岛的规定》(国发〔1988〕26号),在很多方面给予海南经济特区以更大的自主权和更特殊的政策。

海南的面积相当于深圳等四个经济特区的65倍左右,人口也相当于4个特区总人口(包括农业及非农业人口)的近4倍(1985年末),实行的政策比深圳等经济特区都更加开放、更加特殊、更加灵活,因此,海南经济特区是我国最大的也是最"特"的特区。大特区的建立,翻开了海南对外开放和开发建设的新篇章。

(二)建立特区是海南开放改革的重大选择

海南以正式建立经济特区为标志的对外开放,是在全国深化改革,进一步对外开放的大气候下提出来的。党的十三大提出,当今世界是开放的世界。我国的对外开放已经取得了重大成就,今后,我们必须以更加勇敢的姿态进入世界经济舞台,进一步扩大对外开放的广度和深度,不断发展对外经济技术交流与合作。之后,中央和国务院又提出了沿海地区发展战略。海南办大特区,就是我国进一步对外开放的重大部署,是我国对外开放的重要组成部分。开放模式的模糊不清导致政策的不稳和走样,是海南近年开放的一个重大教训。因此,在建省的同时,把海南岛规定为经济特区,是非常重要的明智之举。"名正言顺利于行"。海南岛在近10年曲折的开放过程中,从"准特区""不是特区的特区"到"大特区",使人们更加认识到加快开放建设海南的重要意义,它充分说明了像海南岛这样具有特定意义的发展区域,不管发展过程多么曲折,但政策更加特殊、对外更加开放是其唯一的选择。

建省、办经济特区一年多来的实践充分说明了这一点。1988 年是海南建省办特区的第一年,在建省办经济特区新形势推动下,这一年的经济发展迅速,主要表现在:

1. 工农业生产稳定增长。全年完成工农业总产值 50.7 亿元(按 1980 年不变价格计算。按当年价格计算 88.7 亿元)。完成年计划的 100%,比上年增长了 11.1%。

农业在上半年严重旱灾,下半年部分县受台风影响的情况下,由于各级政府和广大农民群众积极采取措施,抗灾补救,尽量减少生产损失,农业仍有所发展。全年总产值 26.7 亿元,比上年增长 1.1%。乡镇企业发展迅速,全年预计,乡镇工业企业总产值比上年增长 50% 以上。

工业方面,努力克服电力、原煤等能源不足的困难,实现增产增收。总产值 24 亿元,超额 6.7% 完成全年计划,比上年增长 25%。工业企业经济效益有所提高,企业扭亏增盈成效显著。一是亏损面缩小,全省 255 家国营工业企业,预计到年底,亏损面将由上年的 37.8% 降到 20%。二是实现税利增长幅度较大,1 至 10 月全省国营工业企业实现税利 2.65 亿元,比上年同期增长 24.5%,其中完成利润 6.803 万元,比上年同期增长 1.4 倍。

2. 外引内联进一步扩大,发展势头很好。国务院关于鼓励投资开发海南的规定和省人民政府“30 条”相继公布后,海南合作、合资、独资经济出现了前所未有的好形势。全年间外商签订合同 463 项,比上年增加 408 项,比 1988 年前 8 年的总和还多 109 项。协议合同规定外商投资额 3.82 亿美元,比上年增长 25.6 倍,比 1988 年前八年的总和还多 38.5%,实际利用外资达 1.14 亿美元,比上年增长 11.5 倍。外商投资方向已从非生产型转向生产型。在新签订合同中,工农业生产项目占 60%,外商来源已从港澳台地区、东南亚国家,扩展到美、英、法等经济发达国家。全国绝大多数省、市、区都到海南寻求合作、合资或独资兴办企业。

3. 对外贸易有大幅度增长。全年进出口总额 6.71 亿美元,比上年增长 130%,其中进口总额 3.9 亿美元,增长 1.2 倍,出口总额 2.8 亿美元,增长 1.4 倍。外汇结汇收入 1.63 亿美元,增长 92.6%。

4. 重点基础设施项目建设加快,改善投资环境初见成效。全年完成固定投资 14.56 亿元,比上年增长 27.2%。其中生产性建设占 61%,比上年增长

37. 3%,非生产性建设占 39%,比上年增长 24. 9%。能源、交通、通讯等基础设施,全年完成项目投产 3. 2 亿元,比上年增长 1. 29 倍。经过几年的建设,已有部分项目投产,显著改变了能源工业、交通、通讯落后的状况。能源方面,海口燃气轮机发电厂和火电厂第一期工程已建成投产,新增发电能力 15 万千瓦,使全省发电装机容量达到 53 万千瓦,比上年增长 39. 5%,年发电量 8. 69 亿度。初步缓和了电力供应紧张的状况。交通方面,海口港、八所港改造工程已部分投产。洋浦港、清澜港正在抓紧建设。东干线高速公路正在加快建设进度。三亚国际机场正抓紧前期施工准备工作。新辟了海口至北京、上海、昆明、成都、沈阳、贵阳、武汉、长沙、福州、重庆等空中航线。全年全民所有制港口货物吞吐量 827 万吨,增长 7. 5%;社会货物运输量 3950 万吨,增长 5%;社会旅客运输量 6540 万人,增长 4%。通讯方面,海口市 7000 门程控电话和东方县 1000 门自动拨号电话已交付使用,三亚市 3000 门继电式自动电话即将竣工,城镇通话有了很大改善。

5. 财政收入有较大增长。全年收入 4. 2 亿元,为预算的 120%。

6. 商业繁荣。全年商品零售额 37. 47 亿元,增长 32. 6%。

7. 旅游业有较大的发展。全年接待旅游过夜旅客 118. 5 万人次,增长 57. 9%,其中接待国际旅游者 20. 5 万人次,增长 18. 2%。旅游外汇收入 5759 万元外汇券,增长 40. 2%。

8. 人民生活水平有所提高。全年全部职工人均工资 1399 元,比上年增长 13. 5%;农民人均生产性纯收入 538 元,比上年增长 19. 3%。

本文是本书作者为《中国经济特区十年丛书·海南分卷》(香港中文大学当代亚洲研究中心中国经济特区资料研究室 1990 年 6 月版)所写的第一章内容。

全面认识开发建设海南经济
特区的战略意义

一、为什么必须全面认识开发建设
海南经济特区的战略意义

全面认识开发建设海南经济特区的战略意义,不是一个常识性话题。

区域经济开发的诸多实践经验说明,一个国家中的一个地区的开放、开发和发展程度,往往与其对国家的政治经济直接或间接、有形或无形的作用和贡献程度成正比,因而也与中央政府所给予的人力、财力、物力的支持度及政策倾斜度成正比。发展经济学理论中有一句通俗的话:"穷国(地区)的任何问题都可以通过发现油矿来解决。"一个地区某一项对国家政治经济和国防建设具有重大战略意义资源(如矿山、油田、煤炭等)的发现和开发,使该地区经济迅速发展的例子可谓俯拾皆是。如我国大庆油田的发现和 1960 年的大庆会战一声令下,使它很快成为一个拥有几十万人口的新兴石油工业城市。

海南岛本身也是一个典型例子。共和国刚刚成立就面临美帝国主义进行封锁禁运的极为不利的国际环境,为了打破禁运,中央决定开发橡胶这一战略物资。1951 年中央人民政府政务院《关于扩大培植橡胶树的决定》说:"橡胶为重要战略物资,美英帝国主义对我进行封锁,为保证国防及工业建设的需要,必须争取橡胶自给。"1959 年,中央决定从该年到 1962 年内,动员 30 万人去开发海南岛建立我国的橡胶基地。到 1980 年,海南岛的橡胶种植面积和干胶产量分别占全国的 56% 和 70%。海南岛的橡胶事业对我国国民经济的发展和国防建设作出了重要贡献,对海南本身的经济开发也产生了巨大作用。

这种常规性的资源开发对国家的作用是直接的、有形的。随着和平与发展时代和以经济建设为中心、走改革开放之路时代的到来,随着我国社会主义建设事业的伟大奠基和走向世界,一种间接的、无形的作用也就益显重要。深圳等经济特区就是这方面的典型。由于"地利",正如中央一位领导同志当时所说:"深圳、珠海等于港澳的郊区",1979 年 4 月中央工作会议决定深圳、珠海两地先行试办特区,把它们"作为华侨和港澳商人的投资场所"。对外开放确定为国策,它需要最具体和生动的实例。深圳、珠海等很自然地成了我们向世界举起的建设有中国特色的社会主义的一面旗帜。邓小平同志说:"特区是个窗口,是技术的窗口,管理的窗口,知识的窗口,也是对外政策的窗口。""特区将成为开放的基地,不仅在经济方面,培养人才方面得到好处,而且会扩大我国的对外影响。"[1]这种高度的评价与期望,与中央、全国人民对特区建设的巨大支持,可以说是相得益彰。

进入 90 年代,中央决定开放开发上海浦东,其意义不只在于借此恢复和再造上海作为中心城市和国际城市的活力和功能,而且着眼于带动长江三角洲地区的对外开放,推动长江流域经济发展,这对我国的现代化建设意义极为重大。江泽民同志在庆祝深圳经济特区建立十周年招待会上的讲话指出:党中央、国务院从我国经济发展的长远战略着眼,作出了开发与开放上海浦东新区的决定。这将充分发挥上海和长江沿岸腹地的经济资源优势和科学技术优势,使我国的对外开放出现一个新的局面。理论界认为,90 年代开发浦东与 80 年代开发深圳具有等同意义。80 年代的深圳带动广东、推动珠江三角洲流域走向外向型经济,90 年代以浦东带动浦西,也必将推动长江流域走向世界。

很明显,不是就海南论海南,而是全面地深刻地认识加快其开发建设的重大战略意义,是现实的需要。无论是从理顺海南与中央的关系、争取中央和全国最有力的支持看,或是从增强全省人民及海内外投资者的信心看,这都是必需的。在建设海南经济特区两年多的实践中,出现的诸如海南与中央

[1]《建设有中国特色的社会主义》(增订本),人民出版社,1987 年版,第 41 页。

的关系未能理顺、政策难以全面落实的现象,海南在中国的改革开放地位和中央给予海南的特殊政策要变、海南没有发展前途的认识和疑问,以及在实践中有意或无意地把海南当作中国的一个常规省而不是最大的经济特区,缺乏加快建设海南经济特区应有的特区气氛、特区意识和自豪感、紧迫感、责任感,都与没有全面深刻地认识开发建设海南经济特区的重大战略意义密切相关。

江泽民总书记今年5月来海南考察,在听取省委、省政府领导汇报后讲话的第一点就是要求我们对中央发展海南、建设特区的战略的重要意义要充分认识,要统一思想、统一认识,这可说是意味深长。

二、建立海南经济特区是建设有中国特色的社会主义的重要组成部分

海南岛就其土地面积和人口来说都远不及中国的百分之一,但在当代中国的政治天平上,在改革开放和现代化建设的总体战略部署中,在“一国两制”的宏伟构想里,都占有极为重要的位置。最先看到这一点的,当推当代中国改革开放的总设计师邓小平同志。凭借高瞻远瞩的眼光、博大开阔的胸怀,早在1984年2月24日,在视察广东、福建等地回京后同几位中央领导同志谈关于经济特区和增加对外开放城市问题时,邓小平同志就指出:“我们还要开发海南岛”,并预言:“如果能把海南岛的经济发展起来,那就是很大的胜利。”[1]可以说,自那时起,一项开发建设海南岛石破天惊的计划,就在他的计划和运筹之中了。

4年多之后的1988年4月13日,七届人大一次会议正式通过了设立海南省的决定和划定海南岛为经济特区的决议。而在此之前的1987年6月12日,邓小平同志在会见南斯拉夫共产主义者联盟中央主席团委员科罗舍茨时,就已发表重要谈话:“我们正在搞一个更大的特区,这就是海南岛经济特区。海南岛和台湾的面积差不多,那里有许多资源,有铁矿、石油,还有橡胶和别的热带、亚热带作物。海南岛好好发展起来,是很了不起的。”邓小平同志不但主张建立海南岛经济特区,而且非常关心和支持海南特区建设的探索

---

[1]《建设有中国特色的社会主义》(增订本),人民出版社,1987年版,第42页。

与实践。海内外瞩目的"洋浦风波"发生之后,1989 年 4 月 29 日,邓小平同志对洋浦问题作了批示:我最近了解情况后,认为海南省委决策是正确的,机会难得,不宜拖延。但须向党外不同意者说清楚,手续要迅速周全。这表明,海南建省办全国最大的经济特区是实践邓小平同志的光辉思想。正如江泽民同志所说,海南建立经济特区,实行对外开放,这个决心是小平同志下的。有人建议,应把在海南建省办特区作为"邓小平计划",看来不是没有根据、没有道理的。

自 1980 年以来,围绕海南岛的开发建设所进行的运筹和决策,实际上就是一步一步地走向和实践"邓小平计划"。在对外开放方面,在不到 10 年的时间,中央对海南作出 3 次重大决定:1980 年 7 月,提出海南岛的"对外经济活动可参照深圳、珠海市的办法,给予较大权限",从而拉开海南对外开放的历史序幕;1983 年 4 月,正式提出加快海南开发的方针是"以对外开放促进内部开发",并决定放宽政策,从 8 个方面给海南岛在对外经济合作方面以较大的自主权,使海南的对外开放进入新的高潮;1988 年 4 月决定建立海南经济特区,进一步对外开放,加快海南经济开发,使海南步入建设特区经济的新时代。在管理体制方面,也是在不到 10 年的时间,作了 3 次重大调整:1984 年 5 月,决定成立海南行政区人民政府统一领导全岛工作;从 1987 年度计划起对海南行政区实行计划单列,赋予相当省一级的经济管理权限;1988 年 4 月正式设立海南省。

现在回过头来看,我们对此的体会应是更深刻了。我国创办经济特区是邓小平倡议的。1979 年 4 月中央工作会议期间,他提出办特区问题。他说:"可以划出一块地方,叫做特区。陕甘宁就是特区嘛。中央没有钱,要你们自己搞,杀出一条血路来。"经济特区在邓小平的建设有中国特色的社会主义思想中占有很重要的位置。他把特区看成是对外开放的"基地""窗口"。正因为这样,创办特区以来,他多次给予肯定的评价。他说:"我们建立特区,实行开放政策,有个指导思想要明确,就是不是收,而是放。""深圳的发展和经验证明,我们建立经济特区的政策是正确的。"要"把经济特区办得更快些更好些。"①

邓小平同志 1984 年 6 月 30 日在和日本人士谈"建设有中国特色的社会

---

① 《建设有中国特色的社会主义》(增订本),人民出版社,1987 年版,第 40 页。

主义"问题时,既分析了中国为什么要坚持社会主义的道理,又阐述了建设有
中国特色的社会主义就是要走改革和开放的道路。① 经济特区是中国改革开
放的载体,是建设有中国特色的社会主义的重要内容和标志。正因为这样,
江泽民同志在庆祝深圳特区建立 10 周年招待会上提出,希望经济特区在建
设有中国特色的社会主义的宏伟事业方面,创造更多好的经验。

在我国的特区建设有近 10 年的实践历史之后正式建立海南经济特区,
中央指出:"在海南岛实行特殊经济政策,建立经济管理新体制,把海南岛建
设成全国最大的经济特区,是贯彻沿海经济发展战略,进一步扩大对外开放
的重要措施。"这无疑是中国特色的社会主义的又一光辉灿烂的一页。海南
建省、办全国最大的经济特区确是英明之举,其意义远远超出海南自身。

三、海南岛的经济发展起来
是社会主义制度的伟大胜利

海南办经济特区,是在中国共产党的领导下,在坚持社会主义制度的前
提下,在贯彻执行中华人民共和国宪法和其他法律的基础上,采取更加特殊
的政策和灵活的改革措施,更充分地利用国内外的资金、技术和管理经验,在
较低的基础上和较短的时间内,实现经济的高速发展。"海南岛的经济发展
起来,那就是很大的胜利",特区的性质决定了海南特区经济建设的成功,首
先是社会主义制度优越性的充分例证,从而也就是社会主义制度的一个伟大
胜利。

从当今的国际形势看,虽然局部的战争和激烈的争夺依然存在,但从战
后开始总的趋势是国际关系趋向和平,和平与发展以及表现在不同制度国家
之间、不同发展程度国家之间的合作与竞争,是当代国际格局的一个重要方
面。近二三十年的实践使很多国家意识到,寻求对话、交流和合作,在合作和
竞争中求发展,符合各自的长远利益。国家的国际地位更大程度上取决于经
济实力,因而不同制度国家和不同发展程度国家之间的合作与竞争将是长期
的。在我国,"一国两制"宏伟构想的提出与实行,同样意味着两种不同社会
制度之间的合作、比较、竞争也将是长期的。这就向我们提出了一个严峻的

①《建设有中国特色的社会主义》(增订本),人民出版社,1987 年版,第 51—56 页。

问题:在两种不同制度的竞争中,必须表现出社会主义制度应有的优越性和旺盛的生命力。

邓小平同志说:"我们一定要、也一定能拿今后的大量事实来证明,社会主义制度优于资本主义制度。这要表现在许多方面,但首先要表现在经济发展的速度和效果方面。没有这一条,再吹牛也没有用。"①"社会主义优越性就是体现在它的生产力要比资本主义发展得更高一些、更快一些"②。海南是在较低的起点上进行特区经济建设的,如果能在较短的时间内实现经济的起飞,这无疑是社会主义制度优越性的最具体最生动的表现。

我们要看到,经过解放后40年的开发建设,海南的经济社会面貌发生了巨大的变化,人民的生活水平得到了很大的提高。海南目前的经济发展水平比之其他沿海地区要低,这有很多的原因。这些原因笔者在《怎样看海南这四十年》③已从海南岛与台湾岛经济开发的"四大反差"和解放后海南岛经济发展的"四个艰难背景"等两个主要方面作了全面的分析。这里想再补充一下,江泽民同志1987年6月写了一篇分析香港、台湾经济发展的因素及与上海比较的文章,他在文章中说:"列宁指出:'在分析任何一个社会问题时,马克思主义理论的绝对要求,就是要把问题提到一定的历史范围之内。'④因此,上海与台湾比,首先应看到两者的起点和条件是不同的。"⑤万里同志1985年1月来海南岛视察在谈到海南与台湾的比较时,也是运用这种认识问题的方法。他说,海南岛比台湾条件好,然而比台湾发展大大地落后了,什么原因?主要是海南岛这里始终处于前线,尤其是越南打仗时,国家在这里的投资主要是为了国防。台湾那里,有一美国、有一日本,它始终是开放的。台湾的基础,国民党到以前一直都比较好,那是日本搞的。海南岛落后要怪首先要怪国民党,他在这里没办一点好事。共产党来了以后有了很大的进步,很大的成绩。这个补充是想进一步说明,海南经济发展水平较低,并不是社会主义制度本身造成的。这也是我们认识海南岛的经济发展起来是社会主义制度的伟大胜利,所应持有的基本共识。

---

① 《邓小平文选》(1975—1982年),人民出版社,1983年版,第215页。
② 《建设有中国特色的社会主义》(增订本),人民出版社,1987年版,第53页。
③ 《海南日报》,1990年5月30日、31日,6月2日。
④ 《列宁选集》第2卷,人民出版社,1960年版,第512页。
⑤ 《广角镜》,1989年7月号。

　　我们同样要看到,海南实行比其他特区更特殊的开放政策和更灵活的改革措施,与国内的其他任何一个地区相比,它都有责任和条件在当代两种不同制度的竞争中发挥更有意义的作用。海南经济特区可以根据中央制定的或批准给予的特殊政策,采取若干不同于其他特区或地区的做法。例如,我国总体上坚持以社会主义公有制经济为主体,海南特区"除了举办中外合资经营、中外合作经营、外资企业(统称外商投资企业),采用经济特区等行之有效的方式以外,其他国际上通行的经济技术合作好办法"都可以试验,因而非公有制经济成分所占比例可以比内地更大;我国在总体上实行计划经济与市场调节相结合的经济体制和运行机制,海南"要在国家宏观计划指导下,建立有利于商品经济发展、主要是市场调节的新体制框架",因而,海南特区在发挥市场调节的作用方面更具灵活性;我国在全国范围内进行改革开放,但"海南省的改革可以有更大的灵活性",从中央给予的特殊政策和自身的条件出发,海南进行"小政府、大社会"的政治体制改革实践和"成片开发"新路子的探索等。

　　优惠的开放政策,构成吸引海内外资金的有利条件,促使更为活跃的投资格局的形成;多样化的经济结构和商品经济运行机制,同样更有利于国际资本的运行;"小政府、大社会"的体制,将更有助于改善投资的"软环境",促使更多的海内外资金流入海南,加快经济开发和社会进步。所有这些都是在不改变社会主义制度的条件下,为加快经济开发而采取的灵活做法。它既坚持了社会主义的原则,又充分采用国际上发展经济的行之有效的合作方式和管理方法,这是社会主义的原则性与灵活性的有机结合。这必将大大有助于形成充满活力的社会主义政治经济体制,从而使海南特区的开发建设充分显示出社会主义制度的优越性。

四、海南岛的经济发展起来是我国改革开放方针政策的伟大胜利

　　10年来的实践表明,只有坚持改革开放的方针、政策,才能有助于形成社会主义充满活力的政治经济体制,从而有力地促进生产力的发展和现代化的实现。这正如邓小平同志早已说的:"进行社会主义现代化建设必须实行对

外开放、对内搞活经济的政策。"①实践也同时告诉我们,改革开放是一个极其艰难复杂的过程,客观上要求我们既要有实践中的不断探索,又要有宏伟的发展规划,以期做到目标明确、步子稳妥。特别是,随着改革开放的进一步深入和扩大,更需要从实践中抽象出用来指导实践的理论和实践的载体——改革开放的先行试验区。

海南建省、办全国最大的经济特区,成为我国改革开放的先行试验区,这应该说不是偶然的。中央提出,海南建省后的机构改革要符合经济体制的政治体制改革的要求。要坚持党政分开、政企分开。机构要小,要多搞经济实体。机构的设置,要突破其他省、自治区现在的模式,也要比现在的经济特区更精干、有效一些,使海南省成为全国省一级机构全面改革的试点单位。可以预见,总结过去的经验教训,海南将在进一步的改革开放中创造出新的政治经济体制,探索开发建设的新路子,充分运用国际上行之有效的方式加快特区经济建设,其意义不只是在于自身经济社会的发展和进步,而且有助于为我国改革开放的理论和实践的探索提供思路,直接或间接地影响我国改革开放的整体进程。

改革开放不断推进的海南,经济社会和人民生活水平不断发展和提高的海南,又是中国改革开放方针政策不变的具体而有力的表现。我们面对的是开放的世界,改革开放是我们的强国之路,因此我国改革开放的方针政策不会改变。如果说"要变的话,只有变得更好。对外开放政策只会变得更加开放"②。但是,由于这样或那样的原因,改革开放的某些具体政策会有相应的调整和变化,这往往引起海外投资者的误解和疑虑,极大地影响其投资积极性。自实行改革开放的政策以来的实践已说明,保持政策的稳定性、连续性对吸引外商投资至关重要。

应该看到,我们要宣传我国改革开放的政策不变,同时又要使"政策不变"有具体的表现;还要看到,某些具体政策的调整往往是与国民经济发展的大气候相关的,当国民经济发生困难或好转时,具体的政策必然要做相应的调整。在这种情况下,至少是保持小区域内的"政策不变",使其不受"大气候"变化的影响,必将有助于树立起良好的国际形象,争取国际舆论,增强投

①《邓小平文选》(1975—1982 年),人民出版社,1983 年版,第 364 页。
②《建设有中国特色的社会主义》(增订本),人民出版社,1987 年版,第 16 页。

资者信心,促进外资持续流入,加快社会主义的现代化建设。海南处于亚太经济圈的腹地,处于我国改革开放的最前沿。自宣布建省、办经济特区以来,海南已成海内外人士瞩目的敏感地区。海南的动向也已成为海内外人士看中国改革开放的晴雨表,这说明,积极稳妥、坚定不移地推进海南特区的改革开放,对于证明我国改革开放政策的稳定性、连续性,具有特殊的意义。

海南改革开放、特区建设的成功,又是我国改革开放方针、政策成功的具体例证。我国地域辽阔,人口众多,地区经济发展很不平衡,由此决定了我国的改革开放只能走区域推进的路子。对外开放 10 年来,我国已经形成了从经济特区、沿海开放城市、沿海经济开放区到内地的多层次,由东到西、从沿海到内地逐步推进的格局。既然我国的改革开放是分区域推进,毫无疑问,作为改革开放先行试验区的海南,其特区建设成功与否必然直接影响到我国改革开放的全局。中央给海南比其他经济特区更优惠的政策,就是要以此加速经济发展,显示我国改革开放方针政策的伟大胜利。

五、海南岛的经济发展起来
是"一国两制"构想的伟大胜利

"一国两制"是邓小平同志提出的实现祖国统一大业的一个宏伟构想,它的提出和实施,使香港、澳门问题得到圆满顺利的解决,在国际社会上引起极其广泛的反响。

我们要认识到,"一国两制"的胜利还应表现为:保证和促进香港、澳门经济的持续增长和繁荣;实现台湾的回归及其经济的继续发展;显示社会主义制度的优越性、增强社会主义的吸引力。这样,"一国两制"的伟大胜利,实际上就表现为:一是实现祖国的统一,二是促进港澳台资本主义经济的增长,三是增强社会主义的吸引力。海南岛的经济发展起来,对此意义重大。

海南岛作为一个特定的开发区域,它的开发很自然地引起人们将其与台湾对比。可以这样说,今天来认识开发建设海南经济特区的战略意义,已不是一般的经济问题,与台湾的比较,使海南的开放、开发对于证明社会主义制度的优越性和"一国两制"宏伟构想的实施具有更直接、更特殊的政治意义。用社会主义的制度和党的方针政策来发展海南,使经济社会发展达到更高的

水平,在我国实行"一国两制"的条件下,海南与台湾共同合作开发,这将进一步证明"一国两制"构想的正确性及影响力。邓小平同志不但有"一国两制"的构想、"造几个香港"的思想,还有"共同开发"的思想。他在谈到用和平方式解决争端问题时说:"有些地方可以采取'一国两制'的办法,有的地方可以用'共同开发'的办法。不只是'一国两制'一个方式,还有'共同开发'的方式。"①海南与台湾可以本着"互利、互补"的原则,通过土地使用权有偿转让或建立投资促进区、转口贸易区等方式进行共同开发,这对海南岛的经济开发或台湾经济的增长和回归都将产生重大的积极影响。也就是说,经济上的共同开发有助于政治问题的解决。这里有一个问题,就是不只是海南需要台湾,台湾也需要海南。由于岛内生态环境、投资环境的日益恶化和人口问题,使台湾发展的"有利条件都丧失了,不利的条件都彻底暴露",连台湾的"国策顾问"赵耀东也认为:"台湾已不可能再创一次经济奇迹。"台报则直截了当地指出:"海南岛尚待开发,未来的可塑性大,充满机会,对于台商或许是另一片新天地!"

更进一步说,海南岛在亚太地区占有独特的地理位置,海外有200多万琼籍华人、华侨和港澳台同胞,与国内众地区相比,海南与港澳台在自然景观、气候条件、生活环境、语言文化、传统习俗等方面很相似,且又作为中国最大的经济特区来建设,实行特殊政策和灵活体制,这些因素都使海南有必要也有可能在实施"一国两制"的构想中,发挥积极的独特作用。

——促进港澳台经济的稳定和繁荣。在自然资源、劳动力资源及资金、技术和管理经验等方面,海南与港澳台各具优势。海南岛自然资源、劳动力资源丰富,但由于缺乏资金、技术和管理经验,未能很好地进行开发利用。而港澳台人多地少、资源缺乏、劳动力短缺、市场狭小和资金过剩,再加美国等贸易保护主义的打击,使经济的进一步发展面临不利的外部条件。海南岛与港澳台之间在经济合作与开发方面具有强烈的互补性。在海南岛实行特殊政策,促进琼港澳台的长期经济合作,港澳台可以通过海南岛的直接或间接作用,更大程度地利用大陆丰富的资源和广阔的市场,这必然有助于降低生产成本,促进港澳台经济的稳定和繁荣。

——有助于按"一国两制"的模式解决台湾问题、实现祖国的统一大业。

---

① 《建设有中国特色的社会主义》(增订本),人民出版社,1987年版,第72页。

海南岛的经济更快地发展起来,必将消除"台琼比较"所带来的负面影响。改革开放政策的不变,特区建设的加快,海南经济的迅速起飞,这些都有利于增强港人对"一国两制"的信心,从而对台湾的回归产生直接的正面影响。正因为这样,早在 1983 年 4 月 1 日,由中共中央、国务院批转的《加快海南岛开发建设问题讨论纪要》就指出:加快海南岛的开发建设对于"促进台湾回归、完成祖国统一大业,都具有重大意义",因而是"全党全国的一项重大任务"。1988 年 4 月 14 日,国务院批转的《关于海南岛进一步对外开放加快经济开发建设的座谈会纪要》又同样强调,尽快把海南经济搞上去,对于"完成祖国统一大业,有着深远的意义"。的确可以说,"海南岛好好发展起来,是很了不起的。"

——海南岛的经济发展起来,是以经济上的奇迹增强社会主义的吸引力。"一国两制"反映了现实要求,更重要的是我们要以社会主义制度的优越性增强吸引力,让人们感到和看到社会主义最有希望、最有前途。就海南特区的经济模式本身看,它可以容纳不同制度、不同经济发展水平以及不同经济成分的人来共同投资开发,从而有利于传导信息,促进生产要素的充分流动,加快经济的开发。正基于此,更多的人希望看到海南岛出现社会主义制度下的经济奇迹。

六、海南岛的经济发展起来
是我国社会主义现代化建设的伟大胜利

在我国的社会主义现代化建设中,海南岛也发挥着重要的作用。

从解放后海南经济开发的历史看,五六十年代,由于帝国主义对社会主义的封锁、禁运,这一特定的外部环境,再加上海南岛地处国防前线这一特定的地理条件,使海南的经济开发服从国防、备战的需要,其开发方式也是封闭式的。尽管如此,党中央于 1951 年决定在海南岛建设我国的天然橡胶生产基地之后,到 80 年代初已初步建成了我国最大的天然橡胶生产基地。1980年 7 月 24 日,国务院批转的《海南岛问题座谈会纪要》作了这样的评价:海南岛"对社会主义事业做出了重要贡献"。除此之外,海南在其他热带、亚热带作物资源的开发、南繁育种及铁矿等矿产资源的开发上,也都有力地支持了

全国的社会主义现代化建设。

　　1980年对外开放以来,海南岛作为我国对外开放的一个地区,在我国对外开放格局中的作用也是特殊的。我国的经济特区、开放港口城市和经济开放区,总体上,它们有较强的经济基础、较高的科技文化、较发达的商品经济、较悠久和广泛的对外经济往来,这样的条件使得加快这些地区的经济发展,可以在吸收先进技术、推广科学管理经验、培养输送人才等方面,支援和带动内地的发展,从而有力地推动我国社会主义的现代化建设。但海南岛却是我国沿海开放地带的最落后地区,经济技术文化水平较低,决定了在一定的时期内,海南岛难以通过为内地转移资金、技术或输送人才等方面来支援我国的社会主义现代化建设。但是,海南却是我国唯一的一块大面积的热带地区,热带、亚热带作物生产在全国具有不可替代的地位。这表明,生产力等因素使得海南岛的对外开放对我国的现代化建设不起决定性的作用,其影响力远不及其他开放地区,但它却在特殊的领域以特殊的方式发挥着特殊的作用。这就是,通过提供物质产品如橡胶、铁矿、白糖等,而非转移资金、技术、设备和输送人才来支援我国的社会主义现代化建设。

　　现在的问题是,由于经济技术的长期落后,加之在国家的"保护伞"下生产的热带、亚热带产品的质量与价格都缺乏竞争力,这使得一方面海南岛的橡胶产品大量积压、生产能力不能充分发挥;另一方面,国内不少地区(企业)却花费大量外汇进口同类产品。本来海南岛发展国家"进口替代"产品的潜力很大,只要充分给予重视,进行战略上的规划和政策上的扶持,产品的产量和质量可以得到很大的提高,可以减少甚至不进口国外同类产品,节约外汇,发展民族经济。因而可以说,海南岛的经济发展起来,"很了不起"的另一个表现就是资源会得到充分的开发和利用,对国内所起的"进口替代"作用也就越大,对社会主义现代化建设的贡献也就越大。

　　海南岛的经济发展起来,其重要意义还表现在可以有力地带动粤西、雷州半岛以及北部湾沿岸一带地区经济的开发,形成南中国又一块充满活力的发展区域。对于浦东开发,理论界认为,香港是自由港,珠江流域的对外开放是以它为中心扩展起来。在长江口附近没有现成的"香港",因此,要在上海"造香港",并以此为"龙头",带动苏浙以至长江中下游地区,推动中国西部、中部的改革和开放。实际上,粤西、雷州半岛以及北部湾沿岸一带地区以及海南岛,都是我国沿海的落后地区,海南岛对外更加开放,经济发展起来,对上述地区的意义也会有如香港带动深圳、澳门带动珠海及至整个珠江三角洲那样。仅此而论,海南岛的经济发展起来,在中国的区域发展战略中具有极为重要的现实意义。

在我国的经济建设总体战略中,根据国情和各地区经济发展的条件与水平,把全国划分为东、中、西三大部分,在国民经济的发展计划中确立不同的发展策略。总体上说,大西南、大西北将是我国本世纪末下世纪初经济开发的一个重点地带。如果把海南岛的经济发展起来,带动和促进我国南部沿海落后地区的经济开发,这种局面一旦出现,对于大西南、大西北的开发,对于推进我国社会主义现代化建设的整体进程同样具有重大的战略意义。当我们考虑到海南特区与中国西部的经济合作已日趋密切,尤其是邻近这一大片区域的越南正由战场变为"商场"热情为外商铺"红地毯"时,我们便不会相信上述局面的出现会是一种天方夜谭。

任重而道远。只有认清我们所从事的事业的价值所在,才能真正肩负起历史的重托。江泽民总书记今年5月来海南考察时指出,中央决定把海南作为经济特区,实行对外开放,这是正确的。在11月的庆祝深圳特区建立十周年的招待会上,他进一步阐明:"经济特区建设所取得的成就充分证明,创办经济特区的实践是成功的,实行改革开放的总方针是完全正确的。它从理论与实践的结合上,丰富了我们对建设有中国特色的社会主义的认识。"现在,我们已没有理由对海南特区的改革开放和前途失去热情和信心,面对这样一个伟大的时代、一个伟大的时刻,海南最需要的是探索的智慧和实践的光辉。

唯其如此,才不会辜负党中央、国务院和全国人民的大力支持和热切期望。

本文发表于《海南日报》1990年12月6日、13日、20日。

探索自己的发展路数

——海南特区成片开发的现状、问题与出路

　　国务院 1988 年 4 月 14 日批转的《关于海南岛进一步对外开放加快经济开发建设的座谈会纪要》指出："要结合海南实际,探索自己的发展路数,不要盲目照搬其他地区的模式。要作好通盘的长期规划和分步骤的实施计划,先从沿海开始,搞二、三块地方,一块一块地分片开发,开发一片收益一片,切忌急于全面铺开。"建省办经济特区 3 年来,海南正是循着这个的思路来进行特区经济建设的。"成片开发"成为海南特区有别于其他经济特区的经济发展模式的重要内容和特征。经过几次调查,现就海南特区成片开发的现状、问题及出路做一些初步的研究。

成片开发:并非偶然的选择

　　海南建省、办全国最大的经济特区是邓小平同志倡议、中央决定的,是我国进一步扩大对外开放和深化改革的重要战略部署,是建设有中国特色的社会主义的重要组成部分。海南建省办经济特区最主要的任务是发展生产力。从建省办特区的重要战略意义出发,中央对海南的经济发展提出了更高的要求,就是争取在三五年之内赶上全国的平均经济发展水平,到本世纪末达到国内发达地区的水平,进而赶上东南亚经济较发达国家和地区的水平。

　　海南是在较差的经济基础上进行特区经济建设的,要实现这样的经济发展战略目标,客观上要求在实践中不断探索,走出一条经济发展较快的路子。海南发展路数的探索,离不开从实际出发。与国内其他的经济特区相比,海

南的"实际"主要表现为：一是地域大，土地和自然资源十分丰富，而其他特区面积小，资本集约度较高。二是海南基本上仍是一个"农业社会"，而其他特区则是"城市社会"。社会经济形态的不同又决定了经济开发的重点和对象也不相同。城市型特区集中发展城市经济如工业、商业、金融、服务以及熟练的人力资源开发等，而海南则更多地开发常规农业和自然资源，如热带作物、矿产、旅游、海洋以及土地资源等。三是海南有支援我国社会主义现代化建设的"特殊任务"。海南是我国面积最大也是最主要的热带、亚热带作物生产基地，30多年来在橡胶及其他热带、亚热带作物资源、铁矿资源的开发和南繁育种等方面对社会主义的现代化建设起到了不可替代的作用。随着我国社会主义现代化建设的进程不断推进，这种作用必然进一步加强。

这些"差距"表明，海南作为特区，与国内的其他特区同样有着艰巨的改革开放任务，同时又有更重要的对土地资源和自然资源进行有效开发和建设的任务。这也表明，海南要走一条不同于其他经济特区的经济发展路子。这条路子可概括为"成片开发"。

成片开发：常规与非常规方式

在调查的过程中，我们发现，对于成片开发的概念人们的认识并不一致，导致有人把一般性的开发做法也认为是"成片开发"，从而影响到海南成片开发的进程。这既是一个理论问题，也是一个实践问题，因此，在没有对海南成片开发的现状和问题作一番透视之前，有必要对成片开发的内涵做一个界定。

国务院1990年5月15日发布的《外商投资开发经营成片土地暂行管理办法》把成片开发界定为："在取得国有土地使用权后，依照规划对土地进行综合性的开发建设，平整场地、建设供排水、供电、供热、道路交通、通讯等公用设施，形成工业用地和其他用地条件，然后进行转让土地使用权、经营公用事业；或者进而建设通用工业厂房以及相配套的生产和生活服务设施等地面建筑物，并对这些地面建筑物从事转让或出租的经营活动。"《办法》还特别提出："成片开发应确定明确的开发目标，应有明确意向地利用开发后土地的建设项目。"这和"以项目带土地"的提法是一致的。

从《办法》对成片开发的界定可以看出,成片开发是一种开发经济活动。首先就是对取得国有土地使用权的土地,根据统一规划的原则进行综合性的开发建设。然后进行以转让为主要特征的经营活动。这种转让具体包含两个方面,一是对已形成工业用地及其他建设用地条件的土地的转让,二是对通用厂房及其配套设施的转让。可以说,这一界定是对成片开发较为规范的解释。目前,海口所进行的成片开发基本上也是采用上述解释的开发方式。

海口目前有4大开发区,即海甸岛东部开发区、滨海大道金融贸易区、港澳国际工业开发区和金盘工业开发区。以金盘工业开发区为例,其做法及特点是:

(1)划地为区。划定金盘为开发区,在海口市的发展规划中这块地是用于发展工业。

(2)成立总公司。海口市政府指定海口市工业开发建设总公司为开发金盘工业区的骨干企业,受市政府直接领导和管理。

(3)有偿征地。市工业开发建设总公司向市国土局征地,征地后即把地价款付给国土局。开发区就在此基础上奠基。

(4)向银行贷款。政府没有对开发区进行投资,而是总公司向银行贷款,搞负债经营。该公司开始向银行贷款700多万元用于征地。但由于开发区建设之初有很多公司投资买地,使市工业开发建设总公司收到的预付款项(土地订金)就达4000万元,一次就还清了银行贷款。

(5)有偿出让。总公司在对开发区进行以"五通一平"为内容的基础设施建设后进行转让。开发区的土地(生地)价格由政府定(工业用地每平方米60元,生活用地每平方米100元),总公司进行基础设施建设后的转让价格是土地费加上开发费。比如,每平方米土地的开发费为180元,那么转让费工业用地为每平方米240元(60元+180元)、生活用地每平方米为280元(100元+180元)。

港澳国际工业开发区、金融贸易区也是采取这样的开发方式。港澳国际工业开发区是由海南港澳投资有限公司进行成片承包开发,金融贸易区由海口市城市建设开发总公司负责开发。这种成片开发的方式一般是:开发总公司与政府的关系是土地买卖的关系,而与其他开发企业的关系是建立在土地买卖转让基础上的合作与服务关系。

　　这种方式也是国内其他经济特区和地区所常见的一种成片开发方式。它一般是在市区或市郊划出一定的范围,由政府指定的开发公司承包开发,但如果承包开发的公司是外商,且承包开发的区域是在港口围边,并采取相应的封闭措施,那么,上述常规的成片开发方式就演变为非常规(或超常规)的成片开发方式,海南设想和筹划中的"洋浦模式"以及深圳的保税区就是非常规的成片开发方式。非常规成片开发方式,实际上就是上述《办法》所界定的成片开发方式的特例。这种特例在《外商投资开发经营成片土地暂行管理办法》中也可找到依据,《办法》的第15条规定:"以举办出口加工企业为主的开发区域,需要在进出口管理、海关管理等方面采取特殊管理措施的,应报经国务院批准,由国家有关主管部门制定具体管理办法。"

　　因此,对"外商成片承包开发"这一非常规开发方式我们可以作这样的解释:主权国家根据经济社会发展的总部署,以低地价或土地入股等方式,划出一定的区域,在这一区域中实行特殊的管理体制和灵活的政策措施,实现"商品、资金、人员"的自由流动和投资者生产经营权的充分享有,吸引外资,达到成片开发土地资源及促进区域经济发展的目的。它是一种经济行为,是主权国家对经济开发方式的一种探索。

　　由此也可以看出,常规与非常规的成片开发方式有着一定的区别:

　　(1)区域位置不同。非常规方式要求开发区设置在有较好封闭条件的港口、码头附近,而常规开发区没有这一特别要求。

　　(2)承包主体不同。非常规方式的承包开发者一般应是国际大财团,它们应有较好的资信、资金实力和较丰富的经营、管理经验,而常规方式的承包开发者则一般是国内的国营企业。

　　(3)政策要求不同。非常规方式要求从税收减免、出口配额及许可证直至商品、资金、人员进行等方面,都要有"一揽子"具体的特别政策,而常规方式的政策等同于一般的开发区政策。

　　(4)管理体制不同。非常规方式下的开发区,政府要派出专门的管理机构,负责工商、税务、海关、边防、公安等直接涉及主权的活动,而常规开发区却没有这种特别"关照",而由企业开发经营。

　　(5)管理条件不同。非常规开发区的管理条件或前提是"一线放开、二线管好",建立特别关税区。依据上述认识,我们便可对海南近年来的成片开发作进一步的审视。

成片开发：发展与问题

建省办经济特区以来，海南对成片开发的方式从理论和实践上都进行了有益的探索，虽然起步艰难，但实践效果是好的。目前，海南各种类型的开发区已达20多个。其中，海口规划区9个，三亚旅游区4个，儋县、东方、万宁、文昌、定安、临高、澄迈等县各1个。这些开发区中面积在10平方公里以上的大型开发区有8个，面积在1平方公里以上的中型开发区也有10个，其余的为面积小于1平方公里的小型开发区。这些开发区虽然规模、类型、层次不同，但由于机构精简，投资环境好，对海内外投资有较大吸引力，从而促进了开发区的开发。

——海口4大开发区初具规模。到去年11月份，海甸岛东部开发区已投资2.13亿元，和平大桥和4公里的四条市政干线已通车，600立方米储气能力的石油液化气罐站建成使用，2000门电话已开通。港澳国际工业区的基础设施投资迄今为止也已达1.2亿元，开发"六通一平"土地面积1300亩，建成路网8.5万平方公里。到去年底，该区已注册登记工业项目29个，立项3个，已兴建投产15个，在建13个，这些项目合同投资总额为人民币3亿多元，美元1.34亿，港币3550万元。金盘开发区这两年来已投入资金1.5亿元进行基础设施的建设，签约项目43个，30个用地单位进场施工，10个工业项目投入生产。滨海大道金融贸易区已投入资金2.2亿元，目前已完成了已征地的平整及通路、通水、通电、排放、通讯等基础设施工程，大规模的开发建设正在全面展开。

——建立中国最大的农业综合开发试验区。该试验区总规划面积370多万亩，初步在东方、乐东、儋县、琼山县境内划出5个作业区，集中发展种植业、养殖业和农副产品加工业。其目标是通过采取成片开发的方式和"农工贸一体化，产供销一条龙"的方法，建立起高投入、高科技、高效益的现代化农业。建设农业综合开发试验区是国务委员陈俊生同志倡议的，是海南进行的利用外资发展现代化大型农业新路子的探索。试验区已成立管委会，负责试验区内的一切行政和经济管理事务。到1月上旬止，已有20批国内外客商前来试验区洽谈项目。试验区管委会已立项 9 个,项目投资总额达 9.37 亿元。

——国际科技工业园奠基。这个工业园由国家科委、海南省政府、四川省政府和香港港澳国际投资有限公司共同兴办,于今年 2 月 20 日在海南港澳国际工业区奠基。该区规划占地 1780 亩,主要从事一种或多种技术密集、知识密集的高技术新技术产品的研究、开发、生产和经营业务。目前有关兴办科技工业园的首批项目、资金及首期开发用地、政策法规等已基本落实。四方协议首期筹措资金 1 亿元人民币已基本落实。该区首期开发计划用地约 830 亩,其中一部分已做到"六通一平",随时可供利用。

——洋浦港第一期起步工程已通过验收。洋浦开发区,根据"成片承包,系统开发,综合补偿"的思路进行建设。设想实行"自由港"的政策,由海外大财团进行承包开发。1989 年 4 月发生的"洋浦风波",影响了洋浦的开发进程。洋浦港第一期起步工程已通过验收,于今年 2 月正式交付使用,这对洋浦的成片开发起到积极的推动作用。洋浦开发区的总体规划已通过论证,目前,《洋浦开发条例》正在酝酿起草,有关外商成片承包开发的谈判正在加紧进行之中。

两年多来海南的成片开发应该说是开局良好,不只是各个开发区形成了较好的投资环境,使海内外投资者纷至沓来,增强了海南的吸引力,更重要的是它使海南探索出了一条在"地域大、起点低、目标高"的条件下,办好经济特区的切合实际的路子。我们现在要肯定这条路子,要坚定不移地走这条路子,同时,要正视和解决发展中的问题,只有这样,才能加快成片开发的步伐,以较快的速度实现海南特区的经济发展目标。

海南的成片开发虽然取得了较好的进展,但根据前文的分析,我们只能认为,取得较好进展的是常规的而不是非常规的成片开发。就常规的成片开发而论,目前也遇到影响开发区进一步发展的问题,如有的开发区的领导感叹"开发区发展到今天已有很多事不好办",担心已进入开发区的企业撤退等。这些问题,归纳起来主要有两方面,一是体制问题,二是政策问题。

关于体制问题,管理体制不健全,关系没有理顺是最突出的方面。其一,海南省、海口市都没有对开发区进行管理的机构。这使开发区内的企业有意见难沟通,有问题难反映,有困难难解决。其二,开发区缺乏自主权。在土地成片征下、拥有土地使用权的状况下,只要不违反有关规定(如环境保护),开发区可自主决定项目的上马,但目前的状况仍是每上一个项目都要一个部门一个部门地报,影响了效率。其三,开发总公司所具有的一种职能不能完成两种职责。开发总公司是开发区的骨干企业,负责对开发区进行统一规划、统一开发、统一经营,作为企业它不具有行政管理职能,但是,开发区作为一个"社会"又有很多行政管理事务,由于开发总公司只有经营职能而不具有行政管理职能,因而,出现有的开发区基础设施(桥梁、道路等)建设搞好了,却不知道由谁来管理的状况。有家公司在换发执照时,虽经清理整顿核准可以保留,但一个换照手续两个月还未办好,一个部门一个公章,一个部门一份材料,循环往复跑了数次仍然不行。有一家企业为了问清产品退税问题,到几个有关部门询问,一个部门一种说法,甚至同一部门的人说法也不尽相同。所有这些不合理现象,都与开发区没有相应的行政管理机构密切相关。其四,部门之间难以协调。开发区的开发、项目的建设、企业的发展,涉及很多部门,比如计划、工商税务、经济合作、国土等部门,开发区的某一纠纷,比如土地纠纷就不只是国土局问题,还涉及公安局,但由于开发区的体制不健全,职责不清,再加上有些部门的"衙门"作风,影响到部门之间的协调和联系,也直接影响到开发区的办事效率。

关于政策问题,主要是开发区内没有特殊政策,甚至地价、水电、通讯价格比开发区外还高。特别是出口配额问题不易解决,开发区主要发展外向型企业,但产品出口面临的问题是,需要出口配额的产品得不到配额,不需出口许可证的产品在出口退税问题上得不到明确答复,有的需要出口权的找不到进出口权审批部门,使企业感到非常为难。某公司在金盘工业开发区生产的产品是 1989 年曾获国家金质产品奖章、在国际市场上走俏的产品,其产品全部出口,然而由于得不到出口配额,去年出口的配额不得不靠内地总厂提供。本来在海南投资是为了享受海南特区的优惠政策,但反而要依靠内地,这不能不说是一种反常现象,除此之外,开发区在买地入户、流动资金、贷款、出国考察等方面也缺乏明确的鼓励政策。

成片开发:努力的方向

海南特区成片开发面临的问题虽然集中地反映在体制上,但它所折射出的问题是多方面的,因此,要进一步办好开发区,推动海南特区的成片开发和经济建设,我们必须多方面进行努力。

——进一步认识成片开发对海南特区经济建设的重大战略意义,统一认识,集中力量,把开发区办得更快更好些。成片开发要求对开发区统一规划管理,统一配套建设,但目前各部门缺乏统一规划开发的概念,开发区管理体制不健全,政策不落实,投资"软"环境差,所有这些都说明,成片开发虽然已成为海南特区开发建设的新路子,但人们对此的认识并不足,才导致没有切实可行的措施出台。要真正集中力量把开发区办好,推动成片开发和促进海南特区经济建设,就必须从战略的角度充分认识成片开发是海南的唯一出路,是海南特区经济发展模式的最主要也是最具特色的内容,从而进行战略上的统一规划、合理布局、加强管理、适时配套,与海南的整体经济社会发展战略有机地协调起来。

——进一步推动非常规成片开发区的建设。海南常规开发区建设近两年来已取得很大成绩,现在我们要寻求的是非常规开发区建设能有突破性进展。这不仅是因为这方面发展得缓慢艰难,更重要的是,非常规开发区建设对成片开发和海南特区经济建设的意义最为重大。只有非常规成片开发有突破,海南的成片开发才具有特色和广泛的影响作用。为使非常规开发区建设取得突破性进展,当前要解决好两个问题:一是在开发方式上要求采取非常规成片开发的开发方式,而不是套用常规成片开发的开发方式;二是在管理方式上要采取封闭条件下的管理即"放开一线、管好二线",建立特别关税区。中央领导同志来海南考察工作时都谈到,特区是开放的封闭地区,不搞"封闭"就不像特区。"封闭"是建设非常规开发区的前提条件。建设"大特区"也好,建设"小特区"也好,都涉及"放开一线、管好二线"、建立特别关税区这一海南特区的方向性选择。因此,现阶段我们必须寻求非常规开发区建设能有突破性进展,争取洋浦开发区早日全面动工,按照"自由港"模式进行建设,以及在沿海适宜的地区建立保税工业区,是近期的主要努力方向。

——进一步完善常规开发区的管理体制。加快常规开发区的建设,重要的是建立和完善管理体制,以加强对成片开发和开发区建设的统一领导。建立和完善开发区的管理体制,有三个方面的选择。一是成立省、市(县)开发区管理委员会。由于目前开发区的很多企业家看不到、读不到文件,有问题也不知道向哪里反映,开发区变成"世外桃源"。随着开发区的发展,投产企业的增加,这样的问题将越来越突出。对此,开发区里的企业也提出需要管委会这样的一个"婆婆"。二是实行联合办公制度。在开发区建立一个集工商税务、经济合作、金融、保险、外汇管理、海关、商检、环保、国土以及水、电、通讯等部门的"窗口",实行"一个窗口,一条龙"服务,让投资者在一个屋顶下办完手续。这有利于协调各方面关系、减少手续、提高办事效率。三是赋予开发总公司行政管理职能,对开发区的行政事务进行管理。但是,赋予公司行政管理职能,使企业不能做到政企分开,由此带来的问题会更多。我们认为,从目前状况来看,实行联合办公制度较切实可行,即使是不定期召集各有关部门在开发区现场办公,也会解决不少问题。但从长远来看,从根本上完善开发区的管理体制还是应建立开发区管委会。以此理顺关系,既加强了政府对开发区的有效管理,又使开发总公司集中力量开展经济经营。为了进一步提高开发区的办事效率,也可以考虑建立政府信任的、有能力的服务公司,由服务公司来"一揽子"解决成片开发区企业遇到的问题。

——进一步制定和落实鼓励对开发区进行投资开发的政策。一方面要很好地研究如何解决开发区开发建设所需要的资金问题,一方面是制定政策。目前有关海南开发区的开发政策还没有系统配套,现在应开始着手根据开发区类型和层次的不同,制定不同的开发政策。除了洋浦开发区的政策外,还要重视工业开发区、科技工业园及农业综合开发区的政策制定。政策的内容除了海关、税务、土地等方面外,就业及移民政策也很重要。现在海口一些开发区面临买地易、入户难,招工易、不稳定等问题,解决这些问题需要有相应的政策规定。比如,对于进行实业投资高技术投资规模较大者,可以在入户、农转非等问题上予以优惠。这种政策规定,在我国深圳、珠海、福建海沧等地的开发区,已有效地实施。

——进一步加强对开发区的管理和立法。目前,政府对开发区的管理还有待改进。由于没有相应的管理机构,开发区的很多情况也无法向上反映,连开发的各种统计数字也很不准确,从而反过来影响了政府对开发区的决策管理。从这个意义上说,我们对开发区的管理还有很多基础工作要做。加强开发区的立法也是一项重要的基础工作,从现在开始就要进一步抓紧抓好。

　　——开发区要进一步"上水平,求效益"。发展海南的开发区,推动成片开发,不仅要优化开发区发展的外部环境,开发区本身也要有正确的开发战略,做到"上水平,求效益"。目前,海南一些工业开发区引进的项目大多是劳动密集型的,技术水平不高,出口创汇能力不强。进一步调整开发区的开发方向,就是要促使开发区企业向资金技术密集型发展,把我们的开发区建设成高水准的开发区。

　　　　本文是本书作者 1991 年 3 月"海南成片开发与管理
　　学术研讨会"发表论文,收在钟业昌著《海南经济发展研
　　究》,中国科学技术出版社 1991 年版。

海南省的经济发展与开发展望

1988年4月建立的海南省、海南经济特区,是中国政府为了进一步加快海南的开发建设作出的重大决策,是海南开发建设史上崭新的里程碑。建省使海南从过去广东省辖的一个行政区变为直接受中央政府领导的具有更大自主权、实行统一管理体制的省;建立经济特区使海南从过去的农业社会经济形态向以发展外向型经济为主要特征的特区经济形态转变。本文将从3年多来海南所发生的历史性变化,看看3年多前发生的这两个令人难忘的动作的历史影响,并信心百倍地展望未来。

实行灵活的经济体制和特殊的对外
开放政策,经济和社会发展迅速

海南建省最主要的任务是发展社会生产力,实现办特区的经济社会发展战略目标。加快发展海南的生产力,必须使改革更具灵活性。其目标是:要在国家宏观计划指导下,建立有利于商品经济发展、主要是市场调节的新体制框架。

围绕这一改革目标,海南在3年中采取一系列动作,使经济体制形成了这样的格局:一是各种经济成分在平等竞争的基础上竞相发展。1990年"三资"企业和内联企业产值分别达3.2亿元和4.2亿元,占全省工业总产值的比重由上年的23.8%上升到25.6%。二是市场调节的范围不断扩大,市场价格机制正在逐步形成。目前,国家规定的16种主要生产资料的市场调节比重已达到72.8%,其中钢材的市场调节量达94%以上。粮食、猪肉、食用油等生活资料,不仅市场调节的比重不断加大,而且价格也随着供求关系的变化逐步稳定下来。三是各类生产要素市场初步建立并逐步健全和规范化。建省以来资金市场的活跃尤为引人注目。如外汇调剂市场从 1988 年到 1990 年 6 月,调剂总量达 7.4 亿美元,成为全国几个主要的外汇调剂市场之一。此外,几年来技术市场、劳务市场、房地产市场等也有极大发展,初步显示了海南特区以市场调节为主的新体制效能。

　　海南的优势是开放,海南工作的重点是开放,要把各项工作纳入开放的轨道。随着中国领导人李瑞环同志 1990 年春节对海南的考察,上述思想越来越成为共识。海南 3 年多来的对外开放是围绕实施和落实中央政府所给予的特殊优惠政策来进行的。"用政策、打基础、抓落实、求效益"是一个时期以来海南工作的指导方针。为了加快海南的开发建设,中央政府在很多方面给予海南省优惠规定,比如,税收政策方面,在海南省创办的外商投资、内地投资企业(国家银行和保险公司除外),从事生产、经营所得和其他所得,从 1988 年 7 月 1 日起,均按 15% 的税率征收企业所得税,免征地方所得税。企业应缴纳的企业所得税,按行业不同还分别给予优惠照顾;出入口政策方面,在海南岛举办的外商投资企业和外商持有 25% 以上股份的企业均享有进出口经营权;人员出入境政策方面,凡与中国有外交关系或者官方贸易往来的国家或地区的外国人,到海南岛洽谈、投资、贸易,进行经济技术交流、探亲、旅游,停留时间不超过 15 天的,可临时在海口或三亚口岸办理入境签证手续,港澳台同胞和华侨,凡持有国务院主管部门及其授权机关签发的有效护照或其他有效证件,前往海南岛及转往境内其他地区或者出境,无须办理签证。台湾同胞可以直接在海南岛的口岸申领《台湾同胞旅行证明》,等等。

　　改革开放对海南最直接的意义是经济社会的发展。可以说明的结论是:建省办经济特区 3 年来是海南开发建设史上经济发展最快最好的时期。1987—1990 年中国国民生产总值年平均增长速度为 16.8%,而海南省达到 21.9%;1987 年海南省人均国民生产总值 845.42 元,为全国 1010.18 元的 83.7%,而 1990 年的这一指标海南省为 1418.23 元,是全国 1522.31 元的 93.2%,基本上接近了全国的平均发展水平。工业方面,1990 年总产值为 28.89 亿元(1980 年不变价),比 1987 年增长 50%,平均每年递增近 15%。增长比较迅速的主要工业品有发电量、轮胎外胎、电视机、化学纤维、卷烟、合成

洗涤剂、饮料、罐头、皮鞋等。1990 年工业产品出口创汇达 4360 万美元,比
1987 年增长 2.23 倍。农业方面,1990 年总产值 29.94 亿元(1980 年不变
价),粮食总产量 169 万吨,均比 1987 年增长 13.5%、26.6%。1990 年海南的
地方财政收入比 1987 年增长 149%。另据中国社会科学院等单位的有关研
究资料,1989 年社会发展水平,全国平均总分 59.55(标准分 100),海南总分
为 51.6,居全国第 18 位。而 1978 年至 1989 年,全国社会发展速度平均每年
增长 4%,海南省则达 6.2%,列居全国第 6 位。

超前建设基础设施,投资环境不断完善
资金流入和对外经济规模日益扩大

　　"目标高、起点低"是海南建省办经济特区面临的最突出的矛盾,因而"打
基础"一开始就成为海南省的决策意识,并实行"倾斜"政策,投入大量资金于
基础设施。据统计,1988 年至 1990 年的 3 年累计,海南省全社会固定资产投
资完成 84.47 亿元(其中,1988 年 20.13 亿、1989 年 28.8 亿、1990 年 35.54
亿),是 1952 年至 1985 年全省全民所有制单位固定资产投资的总和。3 年中
仅用于能源的投资就达 8.27 亿元,到 1990 年底,全省发电装机容量由建省前
的 38.8 万千瓦增加到 81.5 万千瓦,年发电量近 14 亿千瓦小时,使海南由一
个严重的缺电省一跃成为全国少有的电力富裕省。总投资 7 亿元的大广坝
水电枢纽工程将于 1993 年 7 月建成发电。空中航线由建省前的 3 条增加到
20 多条,每周航班 103 个,航线除联结国内大中城市外,海口至香港班机及海
口至曼谷、新加坡、吉隆坡的包机已相继开通。1990 年海口民航站的发运收
入和进出港旅客量均居全国第 10 位,使它进入全国 10 大航空大港的行列。
利用法国政府 2.2 亿法郎贷款的三亚凤凰国际机场正在加紧施工,明年底可
望通航。利用 71 亿日元贷款的环岛东线高速公路,海口、三亚、八所等港口
的扩建、新建工程也正在加紧施工之中。3 年来,海口市电话容量从 8240 门
发展到 41200 门,可直通世界各地。海口、三亚两市移动电话通讯 1991 年底
即可投入使用。

　　在加强基础设施建设的同时,海南省还致力于改善投资软环境。从建省
以来到 1990 年底,全省已颁布了 16 件地方性法规和 96 件行政规章制度,为

依法治省、依法办经济特区奠定了基础。此外,在提高办事效率,加强政府官员的廉政、勤政建设,维护社会治安等方面,也做了很大努力并取得较好效果。

投资环境的改善极大地促进了海内外资金的流入、对外贸易的拓展及旅游业的开发。据海南省经济合作厅的资料,到1990年末,全省共审批"三资"企业1387家。这样,合同规定外商投资额7.91亿美元,是建省前的3倍多,实际利用客商投资4.11亿美元。实际上,1980年至1990年对外开放的11年中,海南利用合同规定的客商投资额10.4亿美元,实际利用4.89亿美元,而同一数字,1988年至1990年分别为7.91亿美元和4.11亿美元,也就是11年中70.06%的协议规定客商投资额和84.05%的实际客商投资额,是建省以后签订和利用的。如加上"三来一补"、国外借款等,海南省实际利用的外资额已达5.8亿美元。内联方面,到1990年末累计批准内地投资企业4809家,合同规定投资总额73.4亿元,实际利用外省资金累计约32亿元。这样,建省3年来通过外引内联吸收的资金折合人民币约55亿元,相当于1952年至1987年36年间全省全民所有制固定资产投资总额的半数以上。

海南省的外引内联在最近出现了一些新的变化。表现为,生产性项目增多。1991年1—8月新批准的外商投资企业中,工农业项目194个,占项目总数的73.2%,投资额26008万美元,占投资总额的65.7%;项目平均投资额也在不断增加。外资企业由1990年同期的67.6万美元提高到134万美元,内联企业由218.5万元提高到358.1万元。1991年1—8月,投资额超过300万美元的大中型项目达25家,是1990年同期的12.5倍。问题的另一个方面是,目前海南的资金引进还存在诸如下列一些问题:有些外引内联企业履行合同不严肃,引起纠纷;有些企业资金不落实;有些项目缺乏可行性研究,投资后效益不甚理想等。

建省3年海南省对外贸易迈出三大步。1988年全省对外贸易商品出口总值为2.94亿美元,1989年为3.6亿美元,1990年达4.71亿美元,是1987年的4.1倍,平均每年递增达60%。与海南省发生直接贸易的国家和地区已从22个增加到48个,出口商品从100多种增加到619种。海南省外贸部门生产出口商品的年能力已达到3000万美元的规模。

旅游方面,海南省旅游资源丰富,1986年被定为全国7个旅游重点城市和地区之一。建省以后,旅游业被列为海南的重点产业,3 年来共投资 12.9 亿元。3 年间海南省接待的海内外游客达 320 万人次,其中国际游客 50.4 万人次,旅游创汇 1.32 亿美元,分别是建省前 7 年总和的 3 倍、3.5 倍和 3.6 倍。1990 年海南省接待的国际旅游者 18.87 万人次,旅游创汇 6159 万美元,分别居全国第 10 位和第 8 位。国家旅游局在 1991 年的全国旅游工作会议上宣布:海南旅游业是近两年迅速崛起并跃居全国前茅的省份之一。1991 年上半年,海南旅游业又取得振奋人心的好成绩:1—6 月份,全省共接待国际旅游者 15.04 万人次,旅游创汇 3392.48 万美元,分别比 1990 年同期增长 84.3% 和 81.3%。

开发区建设初具规模,成片开发成为开发建设的 新路子和大规模吸引投资的重点方式

海南特区与中国其他经济特区的情况相差甚远,加快实现特区经济建设的战略目标,客观上要求从实际出发,在实践中不断探索,走出一条经济发展较快的新路子。海南的"实际"主要表现为:一是地域大,土地和自然资源丰富,而其他特区面积小,资本集约度较高。二是海南基本上仍是一个"农业社会",工业化程度很低,而其他特区则是"城市社会"。社会经济形态的不同决定了经济开发的重点和对象也不相同。城市型特区集中发展城市经济,如工业、商业、金融、科技、服务和熟练人力资源的开发等,而海南必须同时强调开发农业和自然资源,如热带作物、矿产、旅游、海洋和土地资源等。三是海南有支持中国现代化建设的"特殊任务"。海南是中国面积最大也是最重要的热带、亚热带作物生产基地,在橡胶及其他热带、亚热带作物资源、矿产资源的开发等方面对中国的现代化建设起着不可替代的作用。随着中国现代化建设进程的不断推进,这种作用也要进一步加强。

从海南的实际出发,中央政府在确立海南省的经济开发方针时就指出:要结合海南实际,摸索自己的发展路数,不要盲目照搬其他地区的模式。要作好通盘的长期规划和分步骤的实施计划,先从沿海开始,搞两三块地方,一块一块地分片开发,开发一片收益一片,切忌急于全面铺开。3 年多来,海南省正是循着这样的思路来进行特区经济建设。现在,海南的开发区建设已初

具规模,"成片开发"正成为海南大规模吸引投资的重要方式,也是海南特区有别于其他经济特区的经济发展模式的重要内容和特征。

海南省开发区建设所取得的进展有三个方面。

一是农业综合开发试验区创办一年开局良好。1990年8月经海南省政府批准成立的这个试验区,由琼山、澄迈、东方、乐东、儋县划出6片总规划面积为300多万亩的土地作为开发区域,由于按"贸工农一体化,产供销一条龙"的经营管理模式进行开发,而引起国内外客商的关注。目前,已申请立项的项目45个,已批准立项18个,计划投资额3.5亿元人民币。一年来,这个开发试验区按照办科技型、外向型、创汇型现代农业基地的要求进行开发,1991年6月,试验区第一个项目——狮子岭加工区正式动工。这个海南第一个现代化的农业加工区,将按照规划进行"三通一平",以转让、出租土地使用权或以使用权入股等形式,吸引国内外资金、技术、设备,建立起高水准的农副产品加工基地,形成大批量的商品生产能力,这标志着开发区建设取得实质性进展,也标志着海南传统农业向现代农业迈出了关键性的一步。这个加工区位于琼山县永兴镇,总面积3500多亩,中央拨出2000万元无息贷款,作为基础设施建设的启动资金。目前,已经签订合同和近期准备上马的项目有10多个。

二是海口4大开发区的开发已初具规模。位于海口四周的金盘工业开发区、滨海金融贸易区、港澳国际工业区、海甸岛东部开发区,在没有国家投资的情况下,靠优惠政策和优质服务来改善投资环境,吸引国内外资金,到1991年8月底止,4个开发区已累计投资14.47亿元人民币、5064万美元和468万港币,共开发土地6518亩,引进投资项目303个。其中已建成项目98个,在建项目195个。金盘和港澳两个工业开发区引进的工业项目有99个,已有36个项目建成投产,1991年前8个月完成产值近4亿元。

三是海南国际科技工业园开发拉开序幕。这个由国家科委、海南省政府、四川省政府和香港港澳国际投资有限公司共同兴办的科技工业园,1991年2月在港澳国际工业区奠基。该区规划占地1780亩,主要从事多种技术密集、知识密集的高技术、新技术产品的研究、开发、生产和经营业务。四方协议首期筹资1亿元人民币。目前,首期开发的800多亩土地已开始平整,首批18个项目将在近期入园。

现在,成片开发正成为海南省大规模吸引外资的重要方式。1991 年 5 月下旬,美国华盛顿投资集团与琼山县签订海基基开发区 500 亩土地使用权出让合同,规定基础设施开发投资标准每平方公里不低于 2.5 亿元人民币。这是目前海南较大的外商投资成片开发项目。首期基础设施建设计划两年内完成。一座年产 5 万吨的镀锌焊管厂与一座年产 5 万吨的小型轧钢厂的建厂奠基仪式已于 7 月在海口市永桂开发区进行,使这块昔日默默无闻的土地一跃引人注目。这是 1990 年中国 500 家最大工业企业中排名第二(按销售额)的鞍山钢铁公司在海南兴办的长期工程项目。

"成片开发"已在海南展现魅力。其最瑰丽的一页是洋浦。

投资开发洋浦意向书的签字使海南经济特区步入大规模开发建设的新阶段

海南省省长刘剑锋在 1991 年 5 月海南的一次重要会议上称:今后 10 年,海南省将从目前起步打基础的阶段进入大规模开发建设的新阶段。这一阶段将是海南经济特区更加重要的一个发展阶段,是一个真正的中国最大经济特区形成的阶段。这种看法,随着洋浦开发意向书的正式签字,而更趋明朗。

洋浦位于海南省西北部的儋县境内,是一个面积约为 150 平方公里的半岛,离省会海口市公路距离为 140 公里。由于港湾深阔,风平浪静,不聚泥沙,被专家视为"中国少有、世界难得"的天然良港,可建 26 个万吨级以上的泊位码头,最大泊位可达 10 万吨。这里地处亚太经济圈的中心地带和国际海运航道中心,可以发展为国际货物的重要集散地。洋浦半岛附近资源丰富,据勘探确定,其南部和西部海域有储量相当丰富的天然气和开采潜力很大的石油。半岛一带还有丰富的石英砂、盐和钛矿资源,发展高级玻璃、石化工业、盐化工业、钛工业前景广阔。

海南通过一年多办经济特区的实践,在 1989 年初提出了外商成片承包、系统开发、综合补偿的开发建设的新路子。洋浦被确定为吸引外资、成片承包开发、体制创新的"示范区",旨在通过它的开发带动八所、海口、三亚、清澜等开发区及全省的开发建设。洋浦开发区将按自由港的模式进行开发。规划中的开发区总面积 100 平方公里。日本熊谷组(香港)有意承包开发洋浦开发区中的 30 平方公里,价格每亩为 2000 元人民币,租期为 70 年(期满后,双方同意的话还可续租 70 年)。在第一期工程中,熊谷组将投资 170.6 亿港币搞基础设施建设。此外,还将在承包区内兴建 500 万吨炼油厂、3 万吨钛白粉厂、50 万吨尿素厂、50 万吨合成氨厂等一大批大型石化、盐化和建材项目。熊谷组拥有承包开发区的开发、建设、生产、经营和产品出口等方面的自主权。海南方面则负责开发区内的公安、检察、司法、税务、海关、工商等事务。外商在开发区内经营的项目及经营活动要遵守海南建设的总体规划和有关法律。洋浦开发区的开发计划于 1989 年 6 月动工。

但是,让外商成片承包开发的"洋浦模式"的提出,围绕"主权""租界""卖国"等问题的争论,在 1989 年 4 月前后引发了一场始料未及、令海内外瞩目的"洋浦风波"。1989 年 8 月 8 日,天津开发区向美国 MGM 商业公司出让一块面积为 5.3 平方公里的土地用于成片开发,可以说是为"洋浦风波"画上了句号。中国领导人对洋浦的开发持支持态度。在发生"洋浦风波"那年的 4 月,邓小平做了批示:"我最近了解情况后,认为海南省的决策是正确的,机会难得,不宜拖延。但须向党外不同意者说清楚。手续要迅速周全。"1990 年 5 月,江泽民视察海南,指出中央关于兴办海南经济特区的战略决策是正确的,在海南实行的各项政策不变。海南吸引外商投资进行成片开发,中央是支持的。洋浦这个地方,港口条件好,有发展前途,应该很好开发。同年 12 月,李鹏在海口考察工作时强调:经济特区的政策不变,海南经济特区起步迟,目标高,发展速度可以快一点,要继续本着"以引进外资为主"的方针建设特区。他肯定了海南"统一规划,引进外资,成片开发,综合补偿"的开发建设思路,要求通过洋浦的开发,探索成片开发的路子,并为海南题词:海南经济特区前程似锦。

现在,《洋浦开发区总体规划纲要》已通过专家评审,洋浦港第一期起步工程已于 1991 年 2 月正式交付使用。《洋浦开发条例》正酝酿起草,中央有关部委和海南省有关部门已共同完成洋浦开发区项目建设书起草工作。经过多次谈判,中外双方对设立开发区必须遵循的基本原则和前期准备工作进程达成一致意见。1991 年 9 月 16 日,《关于投资开发经营洋浦开发区 30 平方公里土地项目意向书》签字仪式在海口举行。海南省省长刘剑锋在签字仪式上说:投资开发洋浦意向书的签字,使海南在成片开发的路上迈开了重要的一步,对进一步贯彻改革开放的总方针将起到很大的推动作用。熊谷组(香港)有限公司总经理兼副董事主席于元平先生在签字仪式后也发表讲话称:双方都本着不屈不挠的精神,充满自信终于取得今天的成果,双方有了真正的信赖和友好,相信必会有震惊世界的成果。

建省3年来在经济开发方面所取得的成就,以及最近一个时期来的一系列动作,我们确信海南经济特区已进入大规模开发建设的新阶段,也就是一个真正的中国最大经济特区的形成阶段。

五年计划和十年规划已经拟就,深化改革扩大开放,海南经济特区前程似锦

1991年5月召开的海南人民代表会议第五次会议,审议和批准了海南省政府提出的《海南省国民经济和社会发展"八五"计划和十年规划》。这个《规划》提出今后10年全省国民经济和社会发展的基本指导思想是:贯彻执行以改革开放促进开发的方针,大力发展生产力,以外引内联、成片开发为重点,巩固农业基础地位,加强工业主导作用,加快旅游、贸易和社会各项事业的发展,基本形成以外向型经济为主、各项产业协调发展、市场机制比较健全、人民生活达到国内富裕水平的经济特区,为21世纪海南国民经济和社会事业的进一步发展奠定坚实的物质和技术基础。

《海南省国民经济和社会发展"八五"计划和十年规划》已成为海南人民今后开发建设宝岛的具有法律效力的行动纲领。根据这个纲领所描绘的蓝图,海南省将在1995年人均国民生产总值超过全国平均水平,1997年提前达到"小康"水平的标准,2000年达到全国先进地区水平。为此,海南经济必须以超常规的速度发展。到1995年,海南要比全国提前5年实现国民生产总值再翻一番的第二步战略目标,国民生产总值每年平均增长15%以上,工业每年平均增长20%以上。

正如前面所述,建省办经济特区3年来,海南的开发建设迈出了重要而坚实的步伐,经济社会发展有了长足的进步。尤其令人难忘的是,这些成绩是在很多预想不到的困难的环境与条件下取得的。1988年建省前后,海南省

遇到连续 23 个月的大旱；1989 年在 10 天内又遭受 5 次海南历史上罕见的强台风袭击；1988 年 4 月建省，9 月份全国就开始进行治理整顿，实行紧缩银根、压缩投资规模的政策，许多内地企业抽回了资金；1989 年又发生了"洋浦风波"，外商对投资海南顾虑重重。

现在，令人充满信心的是人们对于加快开发建设海南的认识比过去任何时候都更加全面、更加系统、更加成熟，也更富于实践；对于加快海南特区改革开放和开发建设的一系列重大战略、方针、政策的认识已越来越一致。人们也比任何时候更加坚信，深化改革，扩大开放，海南经济特区前程似锦。

今后 10 年是海南深化改革的重要时期。进一步深化改革应围绕这样的目标：按照有计划商品经济的要求，从实际出发，进一步建立和完善有效的市场机制和强有力的政府宏观调控体系，形成在国家宏观计划指导下有利于商品经济发展的、主要是市场调节的新体制。

——建立健全适合商品经济发展要求的市场体系。坚持计划经济与市场调节相结合，建立国家宏观计划指导下的，以市场调节为基础的新的运行机制，最重要的是要建立健全适应商品经济发展的市场体系。海南省的市场体系，应当有别于内地，必须是开放型的，因而也就必须采取国际市场的通行规则，以便于与国际市场相衔接。

——进行价格体制改革。要积极稳妥和不失时机地进行价格改革，尽快取消"双轨制"，放开消费资料和生产资料价格，培育市场要素，促进市场发育。要在加强计划指导和宏观管理下，抓住有利时机，逐步放开价格，为市场经济的发育和市场体系的建立创造条件。

——深化企业改革。重点是通过承包制、股份制、兼并、租赁等各种改革措施，改造国有企业的经营机制，使绝大多数国营企业走上自主经营、自负盈亏、自我约束和自我发展的道路，从而使国营企业真正成为独立的商品生产者和经营者。同时，积极鼓励和扶持"三资"企业、内联企业、集体企业和私人企业的发展，使其在同样的政策下，平等竞争，竞相发展。

——建立和完善以间接调控为主的政府宏观调控体系。要运用价格、税率、利率、汇率等手段调节经济，搞好计划、财税、金融和外贸等方面的改革，正确发挥计划、财税、金融、物价等各经济职能部门在调节经济中的作用，加强经济监督，避免经济生活中出现混乱现象。要积极探索和实践用间接宏观调控手段来管理经济,努力减少直接的行政干预。

——进行社会保障制度改革。社会保障制度是整个改革体系中十分重要的一环。它成功与否,对企业改革、市场机制的发育和社会稳定有着直接的影响。要扩大开放,大力发展外引内联,也迫切需要尽早推行社会保障制度改革。商品经济的发展必然要求改变目前由国家、企业统包统管的体制,实行国家、企业、个人三者合理负担、社会保障与个人自我保障相结合的社会保障制度,提高社会保障的社会化程度,使其与市场机制有机地融为一体。今后要在社会保险制度、社会分配制度、社会福利制度和社会救济制度等方面进行改革,按照先易后难,分步到位原则进行。

海南经济特区的工作重点在于对外开放,优势也在于对外开放。扩大海南的对外开放,应遵循这样的思路:建立以洋浦为重点的利用外资成片开发的若干对外开放区域,大力发展"三资"企业和内联企业,实现海南同国际市场的对接,形成大规模吸引资金、以外资为主的新的经济格局。

开发区建设方面,一是集中建设好几个经济开发区。工业上建立若干技、工、贸相结合的综合型对外开放区域,以大力发展地下矿产资源、海底油气资源深加工为主,以出口创汇为导向,知识密集、技术密集、资金密集和劳动密集相互兼顾,从而取得高效益;在农业开发方面,建立农工商一体化、产供销一条龙的综合型农业开发试验区,以大力发展热带种植业、养殖业和加工业为主,以外向型创汇农业为导向,从而以高投入、高科技取得高效益。农业综合开发试验区最终要建成一个大规模的高商品率的现代化农业示范区域。要重点抓好洋浦开发区的开发建设,以此作为几个经济开发区和海南进一步扩大对外开放的突破口。洋浦开发区是一个封闭式的综合性对外开放区域,主要发展资源利用型的外向型工业和出口加工、对外贸易及转口贸易、港口、仓储、金融服务等业务。承包开发的外方企业必须依照经批准的建设规划,在规定期限内完成对承包土地的综合性开发建设,同时从事招商活动,招商对象主要是境外的投资者。

与此同时,要建立若干个保税区,并加快设立海南特别关税区。建立若干个保税区与海南发展外向型经济的要求是一致的,从方便管理的角度出发,可考虑在沿海地区选择几个合适的地方设立保税区。应组织力量对建立海南特别关税区问题进行详尽、科学的论证和规划,在条件成熟的情况下,尽早设立海南特别关税区,把海南岛从国家海关、关税体制中划出来,实行特别关税制度,坚持"一线放开、二线管严"的原则,基本做到境外人员、货物、资金进出自由,从而把海南岛建成亚太地区对国际资本最具吸引力的地区之一。

本文作者以海南商会代表团顾问的名义出席1991年10月在泰国曼谷召开的第二届世界海南乡团联谊大会,这是向大会提交的介绍海南经济发展形势的演讲稿,收在钟业昌著《海南特区改革开放与发展》,中国社会科学出版社1995年版。

从六大转变看海南经济发展

　　分析和研究经济发展的变化,对于政府经济政策的调整或是企业投资策略的确定,都具有十分重要的意义。就处于大规模经济开发、经济形势不断变化,开发热情和建设气氛亟须不断增强的海南来说,尤其如此。

　　6年以前笔者在《海南经济起飞问题探讨》①一文中作过这样的分析:目前海南人均收入水平低,产值和就业结构很不合理,技术落后,而中央给予优惠政策,现在所进行的以交通、能源为重点的建设,全国人民和海外侨胞的支持以及本岛人民的同心协力,这说明海南正处于从传统社会到经济起飞之间的过渡阶段,或者说是"起飞"的前夜。因为是探讨经济起飞问题,因而此一分析借助了发展经济学关于经济"起飞"的理论。美国著名经济学家罗斯托提出,社会经济成长可以依次划分为传统社会、过渡、起飞、向成熟推进(持续增长)、高额群众消费和追求生活质量6个阶段。现在我们又应怎样来分析其变化及影响呢? 我认为,如果借助发展经济学的理论来解释,那么可以说海南开始进入经济起飞的阶段;如果引用官方的讲话来说明,那么可以说海南开始进入中国真正最大经济特区的形成阶段。刘剑锋省长在今年5月召开的海南省人民代表会议第五次会议上称:今后10年,是海南经济特区更加重要的一个发展阶段,是一个真正的中国最大经济特区形成的阶段。

　　我们无疑有足够的理由相信上述判断。可以这样说,经过80年代的改革开放和开发建设,尤其是建省办经济特区3年多来的努力,海南已在基础设施建设、新体制构建、资金流入规模、经济发展水平等方面基本完成了从传统社会到经济起飞之间的过渡阶段,从而使海南具备了进入经济起飞阶段的条件。

————————————

①见《海南日报》1985年1月28日。

——基础设施超前建设适应大规模开发建设需要。"目标高、起点低"是海南建省办经济特区面临的最突出的矛盾，因而"打基础"一开始就成为海南省的决策意识，并实行"倾斜"政策，投入大量资金于基础设施。据统计，1988—1990年的3年累计，全社会固定资产投资完成84.47亿元，是1952—1985年全省全民所有制单位固定资产投资的总和。3年中仅用于能源的投资就达8.27亿元，到1990年底，全省发电装机容量由建省前的38.8万千瓦增加到81.5万千瓦，使海南由一个严重的缺电省一跃成为全国少有的电力富裕省。空中航线由建省前的3条增加到20多条。3年来，海口市电话容量从8240门发展到41200门，可直通世界各地。

——以市场调节为主的新体制初步形成。海南建省最主要的任务是发展生产力。加快发展海南的生产力，必须使改革更具灵活性。其目标是：要在国家宏观计划指导下，建立有利于商品经济发展、主要是市场调节的新体制框架。围绕这一改革目标，海南在3年中采取一系列动作，使经济体制形成了这样的格局：一是各种经济成分在平等竞争基础上竞相发展；二是市场调节范围不断扩大，市场价格机制正在逐步形成。目前，国家规定的16种主要生产资料的市场调节比重已达72.8%，其中钢材的市场调节量达94%以上。粮食、猪肉、食用油等生活资料，不仅市场调节的比重不断加大，而且价格也随着供求关系的变化逐步稳定下来；三是各类生产要素市场初步建立并逐步健全和规范化。建省以来资金市场的活跃尤为引人瞩目。如外汇调剂市场从1989年到1990年6月，调剂总量达7.4亿美元，成为全国几个主要的外汇调剂市场之一。此外，农产品批发市场、技术市场、劳务市场、房地产市场等几年来也有极大发展，海南特区以市场调节为主的新体制效能已初步显示。

——资金流入形成"气候"。据省经济合作厅的资料，到1990年末，全省共审批"三资"企业1387家，如加上"三来一补"、国外借款等，海南省实际利用的外资额已达5.6亿美元。内联方面，到去年末累计批准内地投资企业4809家，合同规定投资总额73.4亿元，实际利用外省资金累计约32亿元。这样，建省3年来通过外引内联吸收的资金折合人民币约55亿元，相当于1952—1987年36年间全省全民所有制固定资产投资总额的半数以上。

——经济发展基本接近全国平均水平。建省办经济特区3年来是海南开发建设史上经济发展最快最好的时期。3年中主要经济指标平均每年递增国内生产总值8.3%、工农业总产值8.9%（其中工业总产值14.5%）、全社会固定资产投资31.0%、外贸出口总值59.8%、实际利用外资175.2%、旅游外汇收入46.8%、地方财政收入35.7%。1990年海南人均国民生产总值1458.96元，是全国1521.87元的95.87%，基本接近全国的平均水平。另据中国社会科学院等单位的有关研究资料，1989年社会发展水平，全国平均总分59.55（标准分100），海南总分为51.6，居全国第18位。但同期全国社会发展速度平均每年增长4%，海南则达6.2%，列居全国第6位。

前述条件和背景促使海南经济发展出现和正经历着新的转变。从对海南经济发展所产生影响的程度看，这些转变主要是6个方面。为了使我们对这些变化及影响有足够的估计，我认为有一个问题需要达成共识，即海南怎样才能算是中国真正最大的经济特区？从办特区那天起，"海南是中国最大的经济特区"的说法就流传开来，其依据是在中国的经济特区中海南面积最大、人口最多，但如果我们考虑问题是重内容而不是重形式的话，那么决然不会陶醉于此。按这种最简单的标准，一夜之中就可出现另一个"最大"，但也只能是最大的"面积特区""人口特区"，而不会是最大的"经济特区"，面积最大也好、人口最多也好，只能说明经济特区的"体形"大而不能表现其质的内容，最大的经济特区更重要的是经济发展的速度最快、经济发展的规模最大。这应是中国真正最大经济特区"真正"两字的准确内涵。目前正发生的下述6大转变将有助于海南"经济发展速度最快、经济发展规模最大"，形成真正的中国最大经济特区。

——指导思想从"打基础"到"求发展"的转变。经过建省办特区3年多来的打基础，海南具备了进行大规模开发建设的条件，虽然海南打基础的任务还未完成，但现在更为重要的是"求发展"，身边的事实是：如果不是生产用电太少，海南不会成为全国少有的电力富裕省。经济建设不能只停留于打基础，经济不发展对打基础也是一种障碍。在海南省的国民经济和社会发展"八五"计划和10年规划中，已显示"求发展"的基调：加快发展生产性项目，形成主导产业，产生规模效益。正如刘剑锋省长在省人代五次会议所预言：今后10年海南将从目前起步打基础的阶段进入大规模开发建设的阶段。

　　——成片开发从规划到实施的转变。海南通过一年多办经济特区的实践，在1989年初提出了外商成片承包、系统开发、综合补偿的开发建设的新路子。这种新路子的探索与中央提出的海南省的经济开发要结合海南实际，摸索自己的发展路数，不要盲目照搬其他地区模式，先从沿海开始，一块一块地分片开发，开发一片收益一片的要求是一致的。3年多来，海南正是循着这样的思路来进行特区经济建设，去年8月经省政府批准成立的农业综合开发试验区，由琼山、澄迈、东方、乐东、儋县划出6片总规划面积为300多万亩的土地作为开发区域，由于按"贸工农一体化，产供销一条龙"的经营管理模式进行开发，而引起国内外客商的关注。现在，已申请立项的项目45个，已批准立项18个，计划投资额3.5亿元人民币。今年6月，试验区第一个项目——狮子岭加工区正式动工。这个海南第一个现代化的农业加工区，将按照规划进行"三通一平"，以转让、出租土地使用权或以使用权入股等形式，吸引国内外资金、技术、设备，建立起高水准的农副产品加工基地，形成大批量的商品生产能力，这标志着开发区建设取得实质性进展，也标志着海南传统农业向现代农业迈出了关键性的一步。位于海口四周的金盘工业开发区、滨海金融贸易区、港澳国际工业区、海甸岛东部开发区，在没有国家投资的情况下，靠优惠政策和优质服务来改善投资环境，吸引国内外资金，到今年8月底止，4个开发区已累计投资14.47亿元人民币、5064万美元和468万元港币，共开发土地6518亩，引进投资项目303个，其中已建成项目98个，在建项目195个，金盘和港澳两个工业开发区引进的工业项目有99个，已有36个项目建成投产，今年前8个月完成产值近4亿元。

　　现在，成片开发正成为海南大规模吸引外资的重要方式，也是海南特区有别于其他经济特区的经济发展模式的重要内容和特征。令人尤为感奋的是其最瑰丽的一章是洋浦。今年9月16日，投资开发经营洋浦开发区30平方公里土地项目意向书的签字，使海南在成片开发的路上迈开了重要的一步，海南经济特区进入一个更加重要的发展阶段、一个真正的中国最大经济特区的形成阶段的看法，随着签字仪式的举行而更趋明朗。

　　——经济主体从农业为主向工业为主的转变。工业占工农业总产值的比重超过农业，并成为国民收入的主要来源以及工业、商业、服务业就业比重超过农业，这是衡量经济起飞的重要指标。现在农业仍是海南国民收入的主要来源(占60%),但一个重大的变化是在海南的工农业总产值中,工业所占比重由1981年的33.8%上升到1987年的42.2%,农业则由66.2%降为57.8%。去年海南工农业总产值为58.82亿元,其中农业29.9亿元、工业28.88亿元,各自所占比重基本持平(分别为50.9%和49.1%)。人们也许不久会第一次发现,在海南的统计公报中,工业所占工农业总产值的比重超过农业的年份是1991年。这和海南所确立的"以工业为主导"的战略要求是一致的。根据已公布的发展计划,在工农业总产值中农业所占比重1995年和2000年将分别降为38.3%和33.5%,工业则分别上升为61.2%和66.5%。在就业方面,第一产业所占比重已由1980年的80%降为1990年的70%,第二、第三产业则由20%上升为30%,这也是可喜的变化。

　　——经济结构从单一形式向多种形式转变。这种转变使中外合资、合作、独资企业和内联企业在海南经济中所占比重不断扩大。投资来源的多样化对经济结构的形成有直接的影响。建省办经济特区使海南成为海内外投资的热点地区,统计资料表明,在海南的基本建设投资中,利用外资的比例1980年仅为0.46%,1987年为8.72%,1990年则上升到18.99%,同期国家投资所占比重则由59.66%降为28.86%和14.53%。这使"三资"企业产值由1987年的1.06亿元,增加到1990年的3.2亿元,所占海南工业总产值比重也由5.5%上升为11.1%。如果再考虑内联企业的产值(去年为4.2亿元),那么两者占海南工业总产值的比重达25.6%。此一变化对海南特区有双重意义:促进新经济体制的形成和加快经济的开发建设。

　　——投资规模从小向大的转变。总投资10.56亿元的东线高速公路工程、7亿元的大广坝水电枢纽工程、2.2亿法郎的凤凰国际机场陆续动工,结束了海南地方经济建设史上上亿元的投资项目是一种空白的历史。今年全省确立的外引内联重点项目89个,总投资25.84亿美元、10.9亿人民币,现已全面铺开。由于今年外引内联重点转向与国内外大公司、大企业的合作,促使许多国际国内的著名大财团、大企业开始移师海南。一座投资上亿元巨资的小型轧钢厂建厂奠基仪式已于7月在海口市永桂开发区进行,这是1990年中国500家最大工业企业中排名第二(按销售额)的鞍山钢铁公司在海南兴办的长期工程项目。美国华盛顿投资集团以每平方公里基础设施不低于2.5亿元人民币的标准,开始开发琼山县首期500亩土地。海口今年立项兴建的 100 多家企业中有 4 个大中型企业,投资额达 7.55 亿元,已破土动工的帘子布厂投资达 3 亿元,另外的子午线轮胎厂等 3 个项目投资也均在 1 亿元以上。至于投资上千万元的项目更是数以百计。与此同时,项目平均投资额也在不断增加。外资企业由去年同期的 67.6 万美元提高到 134 万美元,内联企业由 218.5 万元提高到 358.1 万元。今年 1—8 月,投资额超过 300 万美元的大中型项目达 25 家,是上年同期的 12.5 倍。经济起飞应具备一个条件是要有较高的投资率,几年之后我们就会看到今年所出现的规模化投资项目在海南所产生的"乘数效应"。

　　——经济形态从"农业社会"向特区经济转变。特区社会不是农业社会、特区经济也非农业经济。海南是在农业经济形态上建立特区的,因而这一转变过程也就是真正最大经济特区的形成过程。发展经济学家在强调发展工业生产力时,曾作这样的分析:处于农业经济形态的人民精神不振,一切习惯与方法必然偏于守旧,而着重工商业则其人民充满增进身心与才能的精神。实际上,从海南比深圳等特区更加需要增强"特区意识""特区气氛",进行"特区教育"看,就不难窥见"农业社会"对办特区的影响。经济特区应是工业、商业、出口、旅游、金融、房地产、科技、文化、教育以及农业都全面发达的地区。这些方面,去年、今年海南都有令人难忘的记录:"科技兴琼"由决策转入实施,国际科技工业园开发已拉开序幕;去年房地产业的投资达 4.14 亿元,占海南全社会固定资产投资完成额的 11.65%。在海口金融开发区,目前正在施工和计划今年动工的 20 层以上的高层建筑分别为 22 幢和 7 幢;按当年外汇牌价折算,去年出口占国内生产总值的比重由 1987 年的不到 1%,上升到 26.3%。在特区社会,"特区人"将更多地把债券、股票、房产、现货和期货价格而不只是"老天爷"(气候)当作经济生活的"晴雨表"。这种变化,在今年的海南业已出现,在农村人们的商品经济意识、价值观念也日益增强。

　　需要指出,这些转变还未完成,但凸显出海南经济特区的活力和走向,推动海南经济向新的阶段发展,增强人们的投资信心和开发热情。

　　美国著名经济学家萨缪尔森在解释罗斯托的经济"起飞"理论时说,这显然是拿飞机作比喻,因为飞机只有达到某一临界速度才能飞行。以此来解释可以说现在海南的经济发展达到了起飞的"临界速度",开始进入起飞状态,而不是说已经完成了飞行过程、到达了"目的地"。这好比说我们从海口去北京,已经坐上开动的汽车、轮船或飞机,但由于这样或那样的原因,可能要花更长一些时间甚至换乘交通工具、变更路线才能到达。经济的发展也是如此。如何选择适宜的"交通工具"、确定合理的"路线"、疏通必要的"环节",不受"气候"或人多买不到"票"等因素的影响,以"第一时间"的速度到达目的地——经济的起飞、真正的中国最大经济特区的形成,应是我们在本世纪所剩不到十年时间内所应全力以赴的事情。

前述条件和6大转变无疑增强了我们的信心,泰国、马来西亚正在争当亚洲的第五条"小龙",柬埔寨问题得到和平解决,中越关系已实现正常化,1997年后香港、澳门将回归,所有已经发生或正在发生在海南四周的这些事件,给我们的仍是那句老话:既是机会,又是挑战。所谓机会应包含两层意思,一是发现,二是抓住,未来的八九年对海南来说却是至关重要。如何使海南在已经发生的上述6大可喜转变的基础上,尽快形成中国真正最大的经济特区的问题应时刻萦绕我们的脑际。比如海南的优势是开放,海南工作的重点是开放,但海南开放的重点又是什么? 从海南的实际考虑,要使"经济发展速度最快、经济发展规模最大",必然还要有"经济体制最特、经济政策最优",读了刘剑锋省长在中国(海南)改革发展研究院成立大会暨海南对外开放战略研讨会上的讲话,人们的感觉似乎应是:海南特别关税区呼之欲出。

本文发表于《海南日报》1991 年 12 月 4 日。

建立海南特别关税区"十最"

从建省办经济特区时起,关于海南建立"特别关税区"的议论就已开始,1988 年初笔者也曾在《亚太经济时报》上发表《关于"海南第二关税区"的构想》的文章。时至今日,刘剑锋省长 1991 年 11 月在海南对外开放战略研讨会上,有关"在海南设立特别关税区只是一个时间问题"的发言公开见报后,对此再作议论看来非常有必要。结合几年来海南办经济特区的实践和个人的反复思考,笔者认为,建立海南特别关税区既是理论问题又是操作问题,而下面所要阐述的"十最"无论如何是必须予以优先考虑的问题。

一、最充分的理由

"中国有一个海南问题,海南问题是政治问题",这是海南能建立"特别关税区"最充分的理由。

"海南问题"是经济发展问题、是社会主义的形象问题。1980 年 7 月 24 日,国务院批转《海南岛问题座谈会纪要》,就使人感到"海南问题"的存在,及至 1984 年 2 月 24 日中国领导人邓小平提出"我们还要开发海南岛,如果能把海南岛的经济发展起来,那就是很大的胜利",1987 年 6 月邓小平又发表重要谈话指出:"我们正在搞一个更大的特区,这就是海南岛经济特区。海南岛和台湾的面积差不多,那里有许多资源,有铁矿、石油,还有橡胶和别的热带、亚热带作物。海南岛好好发展起来,是很了不起的。"所谓的"海南问题",我们可以把它看作是主观愿望与客观现实的反差现象,实际上就是我们知道加快海南经济开发意义重大,而且为此也的确作了很多决策,但经济发展却不尽如人意的一种矛盾现状。

"海南问题"的解决将意味着社会主义制度下出现了经济奇迹。这是中国改革开放方针政策的伟大胜利,是"一国两制"构想的伟大胜利,而这不是发展国内别的任何地方所能产生的"伟大胜利",这是海南的"唯一"。

只有把在海南建立"特别关税区"上升到"政治意义",我们的愿望才能变成现实。让我们相信"中国有一个海南问题"的魅力。

二、最不应有的认识

对于"特别关税区"的理解还没有一致的认识,但笔者要提醒大家注意千万不要直观地、简单地、狭隘地把"特别关税区"看成是"免征关税的地区"。

把"海南问题"看作是"政治问题",不是要构建一种政治制度,寻求解决问题的"政治方法",相反,是要建立一种新的经济体制,由于这种"划分"出来的经济体制首先涉及海南与中央的关系,因而它包括三个基本也是重要的因素,即贸易政策、货币政策和海关政策(包括关税制度)。很明显,关税制度只是海南建立新的经济体制的三大要素之一,由于减免关税对于建立新经济体制有特殊意义,因而称"特别关税区"人们较容易理解,但不能由此认为在海南建立的是免征关税地区,否则,无论在理论上或实际操作上都不利于海南建立起新的经济体制(包括"特别关税区")。

称其为"特别关税区"较为直观和容易理解,但从海南建立新经济体制的特殊的政策体系看,更准确的说法应是"自由经济区",或者是相对于"香港特别行政区"的"海南特别经济区",从"区"与中央的(外部)关系看,这些政策是贸易政策、货币政策、海关政策;从"区"本身(内部)看,包括政府宏观调控政策(财政、工商、税务、物价等)、鼓励投资政策、企业发展(包括所有制)政策。

三、最主要的策略

这里所说的"策略"是指从更广阔的背景上来确定建立"海南特别关税区"的目标。这既是争办"特别关税区"的理由,也是我们建立"特别关税区"

的方向和动力。其"策略"可表述为:"抓住'97,整体设计,适时公布,分步到位。"抓住'97是以1997年香港、1999年澳门实现回归祖国,作为建立海南特别关税区的契机或时间目标,至少到1997年海南"特别关税区"要建成,以便和香港自由港一起运行;"整体设计"是把包括香港(澳门)、台湾和海南在内的"环南海自由经济区",作为建立海南"特别关税区"的发展目标,设计出"一揽子"方案,以便进行建区的实际操作;"适时公布"是在理论准备和操作方案都充分的条件下,正式公布海南建立特别关税区,这对于刺激投资、寻求支持、提升信心都有特别意义;"分步到位"是建区的实际操作过程。建立海南特别关税区不可能一蹴而就,因而必须分步推进。比较大的步骤和阶段有:与大陆人员来往的"隔离"、与中央贸易政策的"界定"、海关设置、货币发行等。

建立海南"特别关税区"既是时间问题,但更重要的是如何操作的问题,我们除了表态,还需要具体实在的行动。

四、最应采取的动作

实行像深圳那样的"边境通行证"制度,是建立海南"特别关税区"所应采取的第一个动作,也是"建区"最起码的动作。随着"特别关税区"的建立和发展,这一动作还将进一步表现为实行类似于"签证"那样的制度。

在1988年8月召开的海南省人民代表会议第一次会议所举行的记者招待会上,曾有记者问及海南是否实行"边境通行证"以实现"封岛"问题,得到的回答是:海南向国内外开放。这其实是两个问题。特区是"开放的封闭地区",没有相应的"隔离"就不会有特区。海南在建特区之始就没有实行"边境通行证"制度,这是一个重大失策。直到1989年初大量"盲流"的冲击,以及不实行"隔离""大特区"之"大"体现不出来的呼声越来越高,"封岛"之议才引起决策当局注意。1990年上半年国务院在深圳召开的特区工作会议上,海南向国务院提出了实行"边境通行证"的强烈要求,据说当时中央对此是支持的,并要求国务院一位副秘书长具体负责协调解决此事。但也许是由于没有"抓落实",使这一动议还是"动议"。

不管怎么说,海南实行"边境通行证"制度是非常必要的,越早实行越有利,越能为建立"特别关税区"积累管理经验。"边境通行证"制度是"建区"的前期工作,是为"建区"做准备,一旦实行了此制度,我们便可宣布海南"特别关税区"进入操作阶段。海南"特别关税区"全面运行后将进一步实行"签证"制度。

五、最重要的政策

贸易政策是海南建立"特别关税区"的最重要的政策。因为"特别关税区"说到底,它是一个自由贸易区、自由经济区。

"建区"的贸易政策涉及的主要方面是海南与中央的贸易关系。海南建立经济特区时,对于贸易政策中央已有明确规定,比如说海南省生产的商品,除属于国际被动配额和属于销往港澳地区实行配额、许可证的(品种可以适当减少,由经贸部与海南省商定),实行国家配额、许可证管理外,其余商品由海南放开经营。但是,诸如上述等贸易政策由各种各样的原因,非但没有落实,反而被有关部门"特区也不例外"的文件给"取消"了。建立"特别关税区"与建立特区相比,贸易政策更"特",特到可以"另搞一套",比如说海南省生产的商品出口只属国际被动配额限制而不属国家配额限制,此外,还有进出口商品总量、品种、减免税程度等方面的"自主"政策。

因为是自由贸易区,因而中央对海南贸易政策如何"切块"及其协调,是搞活海南"特别关税区"首要的政策问题。

六、最特别的制度

关境(又称"关税境界""关税领域"或"关税国境")是指执行统一海关法令的地域范围。关境和国境通常是一致的。但如一国内设有自由港或自由区,或设有海关保税仓库,则这些港口、区域、仓库就不属于关境,这时国家的关境小于国境;当几个国家缔结关税同盟时,关境包括几个国家的领土,这时关境便大于国境。很明显,建立海南"特别关税区"将使我国的关境小于国境,我国现行的一些海关法令不适用于海南"特别关税区",从这个意义上来说,海南"特别关税区"之"特别"就在于特别的海关制度和关税制度。

海关制度方面,主要是海南应设立什么样的海关及如何设置的问题。建立特别关税区毫无疑问要设置海关,但那时海关的职能及作用与现时将大不相同,其中一部分职能将移至海安、北海、湛江乃至广州的海关,比如说,海关监管的主要对象不是海南向国外进口(或出口)的运输工具、货物及其他物品,征收关税的主要对象是海南与大陆的"进出口";查缉走私也主要是海南与大陆之间,在海关统计方面也有特殊处理。

关税制度方面,必须考虑海南实行什么样的关税税则。关税税则是一国政府对进出该国关境的物品所制定公布的条例和税率分类表。特别的"关税税则"是特别关税区的最基本"元素",没有这一条便不会有所谓的"特别关税区"。

另外,建立海南特别关税区,形成"环南海自由经济区",实现台港琼经济一体化,必须建立"关税同盟",这也是需要进一步研究的"特别"制度。

七、最关键的难题

建立海南特别关税区难题很多,但最难的莫过于货币问题。

有关海南的货币问题,建省以来已有了有益的讨论,提出了各种可供选择的方案。比如,"深圳模式"。此模式是以人民币为本位货币,设立外汇调节市场。如果进一步深化,就是放宽限制,使黑市外汇市场合法化,即岛内的人民币成为可自由兑换的货币。"纯粹的深圳模式"或"发展的深圳模式"对于建立特别关税区意义显然都不大。后者在实际操作中还难以找到措施防止大陆人民币到岛内挤兑外汇。而此一问题不解决,上述方案便没有实施的可能性。

因此,发行海南自己的货币(简称"琼币")仍是最理想的。而发行"琼币"需要解决两个主要问题:一是中央要拨付给海南相当数额的外汇储备。除了中央拨付一定数额的准备金外,也可通过实行特殊政策吸引外资来解决问题。二是处理好"琼币"与人民币的关系。可进一步研究的解决方法是,海南与大陆实行协定贸易制度(至少在开始时),大陆到海南有公干、旅游、探亲的人按规定用人民币兑换和使用"琼币"。

问题很清楚,不发行自己的货币,不建立独立的货币体系,海南不可能在经济上与大陆"独立",也不可能与旧的经济体制"脱钩",因而也不可能建立真正意义上的特别关税区。但是,发行自己的货币有相当大的难度和风险,深圳对发行特区货币已准备多年但一直未能发行,就说明了这一点,这也可说是建立海南"特别关税区"的"两难"处境。问题在于,要建立真正的特别关税区,必须发行货币,舍此别无他途。因此,我们的任务是加强研究,完善方案。

八、最有意义的保证

对建立海南特别关税区最有意义的保证不是在口头上,而是在法律和组织方面。

只有明确海南的法律地位,才能使海南的政治和经济气氛有一个较长的稳定期,以确保特别关税区的有效建成和运行。因此说,从立法上建立海南特别关税区,明确海南与中央在经济管理方面的关系,以及海南与中央所属各部门、大陆各省(市、自治区)之间的关系,是建立海南特别关税区最有意义也是最为有效的保证,为此,要由全国人大通过和颁布有关在海南建立特别关税区(或"特别经济区""自由经济区")的"基本法"(或"条例")。此一"基本法"的制定可以参考《香港特别行政区基本法》的有关条款。

正如前面所说,"中国有一个海南问题",因此要由中央一级的专门机构来直接处理"海南问题"。如同中央的"港澳办""对台办""侨务办""特区办"一样,海南建立真正的特别关税区,中央应该有"海南办"。这就是本文所说建立海南特别关税区最有意义的组织保证。

九、最容易失败的因素

主张海南建立特别关税区的人认为,海南"建区"最有利的条件是四面环海,"天然屏障"便于建区后的"封锁",这是海南比深圳优越的条件。而反对者则同样认为,海南的海岸线太长,很难有效地加强管理、防止走私。笔者曾多次和一些专家探讨这一问题,他们最大的顾虑也是这一点。从1980年海南对外开放至今所查获的一桩桩触目惊人的走私案件看,管理好海南的海岸线谈何容易!

"一线"易放开,"二线"不好管,这就是最容易导致海南特别关税区失败的因素。"二线"管不好,其后果是:"洋货"冲击国内市场,冲击民族工业,扰乱国内金融和物价秩序,腐蚀干部,败坏党的威信……所有这些,都不会让我们安心去操作特别关税区更具体也更重要的项目。

因此,当我们准备建立"特别关税区"时,我们必须同时拿出一套详尽的令人信服的"海岸管理方案"。

十、最需要处理的关系

在讨论建立海南特别关税区问题时,一种主导性意见认为,由于80%以上的日用生活消费品需要从大陆调进,因此海南建立特别关税区的条件还不成熟。因为是"主导性"意见,因此影响甚大。笔者认为,其实是这种"意见不成熟",而非"条件不成熟"。不过,它告诉了我们,海南建立起真正的特别关税区,首先需要处理的是与大陆的贸易关系。

由于建立特别关税区,发行"琼币",实行特别的海关制度和关税制度,因此海南与大陆的贸易原则上等同于进出口,在这种情况下,海南与大陆的贸易方式、结算方式、支付方式和统计方式都要随之改变,如何采取合理的方式处理两地"突变"的贸易关系便显得尤为突出和迫切。

这里还有更复杂的问题,海南大量的日用工业品要从大陆调进,一旦海南与大陆的贸易等同于进出口,那么海南哪有大量"外汇"来支付? 不过,只要我们想做,方法是会有的,正所谓"有条件上,没有条件创造条件也要上"。比如,我们至少可以比较两种方法:一是海南输入大陆的日用消费品等同"进口",而海南向大陆输出的原料、初级产品(包括今后石油天然气产品)等同"出口"。通过精密计算,确定外汇"缺口"及我们的支付能力;二是海南大量产品从大陆调入,但其中主要是广东货和上海货,一旦建立特别关税区,我们要与上述两地签订记账贸易、易货贸易协议(在一定的时期内)。待条件成熟后,过渡到正常的进出口贸易状态,这也就是真正的特别关税区的运行状态。

本文发表于《投资与合作》1992年第1期。

海南:先行一步实现现代化

　　江泽民同志在十四大报告中提出:"加速广东、福建、海南、环渤海湾地区的开放和开发。力争经过二十年的努力,使广东及其他有条件的地方成为我国基本实现现代化的地区。"在党代会的报告中,提出有条件的地方先行实现现代化,这是第一次;在党代会报告中,提出加速海南的开放和开发,这也是第一次。全省各族人民和来琼的海内外投资者深感自豪,备受鼓舞。欣喜之余,我们应更深层次地看到,报告中虽然没有直接说海南应成为我国先行实现现代化的地区,但那段话语意是相关的,海南无疑应属于"其他有条件的地方"之列。学习贯彻十四大精神,我们现在必须有这样的雄心壮志:力争经过20年的努力,使海南成为我国基本实现现代化的地区。

海南先行一步实现现代化,是邓小平同志的战略意图,是党中央的战略决策,是建省办经济特区的战略目标

　　我国社会主义改革开放和现代化建设的总设计师邓小平同志,对加快海南的开发建设一直寄予厚望。他在 3 次重要谈话和批示中,都表达了这种愿望。1984 年 2 月 24 日,在谈关于经济特区和增加对外开放城市问题时,他指出:"我们还要开发海南岛,如果能把海南岛的经济发展起来,那就是很大的胜利。"[1]1987 年 6 月 12 日,在谈到"改革的步子要加快"时,他又提出:"我们正在搞一个更大的特区,这就是海南岛经济特区。海南岛和台湾的面积差不多,那里有许多资源,有铁矿、石油,还有橡胶和别的热带、亚热带作物。海南

---

[1]《建设有中国特色的社会主义》(增订本),人民出版社,1987 年版,第 42 页。

岛好好发展起来,是很了不起的。"①在举世瞩目的"洋浦风波"发生后不久,
也就是 1989 年 4 月 29 日,他作了这样的批示:我最近了解情况后,认为海南
省委的决策是正确的,机会难得,不宜拖延。手续要迅速周全。这三次谈话
和批示有三个显著特点:一是把加快发展海南和加快我国的改革开放联系起
来;二是把加快发展海南的思想和具体构想联系起来;三是把加快发展海南
和台湾联系起来。今年初在视察南方时,邓小平同志指出,现在周边一些国
家和地区经济发展比我们快,如果我们不发展或发展得太慢,老百姓一比较
就有问题了。这个"比较"就有海南与台湾的比较。由此可以看出小平同志
一再提出要加快发展海南的用心了。

从"还要开发海南岛"到"正在搞一个更大的特区",从"很大的胜利"到
"很了不起",从"卖国"的纷纭论争到"海南省委的决策是正确的",海南岛在
邓小平改革开放和社会主义现代化建设宏伟战略中占有多么重要的位置。
从 1984 年到现在,8 年多的时间过去了,海南的开发建设取得很大的进步,但
我们不能不承认,海南所取得的成绩离邓小平同志的设想和要求还有很大的
差距。如果不尽快使海南基本实现现代化,实现经济的迅速起飞,使人民群
众的生活水平得到更大的提高,就不能取得小平同志所希望的"很大的
胜利"。

建立海南经济特区是邓小平同志倡议的,为了体现和实现他所提出的战
略意图,党中央作出了在海南岛实行特殊经济政策,建立经济管理新体制,把
海南岛建设成全国最大的经济特区的战略决策。从海南建省办特区的重大
战略意义出发,在建省办特区之始,中央就对海南提出了这样的经济发展战
略目标:争取在三五年内赶上全国平均经济水平,到本世纪末达到国内发达
地区的水平,进而为赶上东南亚经济较发达国家和地区的水平而努力。建省
以来的成就是初步实现了中央提出的争取三五年赶上全国平均经济水平的
目标。现在,我们应进一步明确提出,这个"努力"的目标和日程就是要在下
世纪前 10 年使海南基本实现现代化,使海南成为亚太地区环境优美的地区、
社会文明的地区、经济繁荣的地区、人民安居乐业的地区。刘剑锋省长近日
提出,要结合十四大提出的 90 年代 10 大任务,重新修订我省"八五"计划和

---

① 《邓小平同志重要谈话》(1987 年 2—7 月),人民出版社,1987 年版,第 37 页。

10 年规划,就要有这个气魄。

海南先行一步实现现代化,在基础设施建设、投资优惠政策、经济运行机制以及发展路子等方面已初步具备条件

　　基础设施条件。建省以来海南取得的一个重大成就是使基础设施建设基本上适应大规模开发建设的需要,使实现现代化有了新的起点。目前的电力装机容量已达 80.6 万千瓦,比建省前增加了一倍多;万吨级以上泊位由建省前的 2 个增至 9 个;扩建后的海口机场现已进入全国 10 大空港之一;三亚凤凰机场和环岛东线高速公路等重点工程也在紧张施工。全省现代通讯设施已形成较完整的体系。海口无线电话寻呼系统、三亚及洋浦卫星通讯地面站已建成;全省市话装机容量从建省前的 1.9 万门发展到 8.68 万门。但基础设施建设中,有些重大工程建设项目进展缓慢,解决的方法就是必须确定新的现代化日程表,来全面加速建设。

　　政策条件。加快实现现代化,需要有更加开放的政策做保证。现在有一种看法,认为随着“四沿”(沿海、沿江、沿路、沿边)的开放,海南已没有多少政策优势,甚至有人说海南的政策优势已经消失。这种看法我认为有失偏颇。首先,中央给海南的投资优惠政策,已经形成了一整套完整的政策体系,它包括税收、金融、贸易、土地、基本建设、投资保护、用人用工、境外人员出入等一系列内容,国内众多地区获得的政策往往较单一且实施范围小,海南有的就是在全岛都可以实行的“包罗万象”的综合政策优势。其次,我国已经形成了经济特区—沿海开放城市—沿海经济开发区—内地,这样一个多层次的梯度推进的开放格局。今年 8 月宣布的一批沿江内陆城市实行的也只是沿海开放城市政策,包括“具备条件的,经国务院批准可以兴办一个经济技术开发区”。而海南全岛也形成了不同的开放层次,包括全岛是经济特区、海口的保税区、三亚的国家旅游度假区和洋浦自由贸易区。海南的开放格局是从全国最深的开放层次(经济特区)往前推进,这怎么能认为是没有政策优势呢?再次,为支持海南进一步扩大对外开放,加速经济发展速度,今年 8 月国务院决定从 6 个方面进一步放宽、放活对海南的政策。其中包括对实行出口许可

证的商品,由经贸部根据海南省的实际需要从宽切块给海南,对海南省的国家银行贷款规模从明年起实行切块管理等。这些政策中还包括一条:"对中央统一管理的事务,如海南省确有特殊需要,国务院主管部门可根据情况,制定具体的专项管理办法,由国务院核准实施。"很明显,海南特区建设的一个重要问题还是如何用好、用足、用活政策。

体制条件。建省以来海南取得的又一成就是,初步建立了中央提出的在国家宏观计划指导下,有利于商品经济发展、主要是市场调节的新体制框架的要求。主要表现为:一是市场调节范围不断扩大,市场价格机制正发挥越来越大的作用。今年7月1日,我省决定放开16种主要生产资料的价格,至此,除煤炭、成品油、化肥外,全省生产资料、生活资料价格已基本上放开。今年底,上述三种生产资料的计划价格和市场价格也将并轨。正如《人民日报》所说,海南省是在全国各省市中,率先完成价格并轨改革的。二是各种所有制企业在平等竞争的基础上,不受比例限制地竞相发展。到今年8月底为止,已批准的外商投资企业2761家,内地投资企业6874家,私营企业和个体工商户也分别达2700家和10万多家。三是覆盖全省的社会保障制度改革已经全面推行。今年1月1日,海南正式出台了职工养老保险、职工待业保险、职工工伤保险、职工医疗保险四大社会保险的暂行规定,全省不分所有制、不分固定工或是临时工都以同一标准统一加入社会保障行列。四是"小政府"通过转变职能,下放权力,对经济的管理初步实现直接管理向间接调控的转变。

资金条件。现代化的实现,需要有大量资金的投入。在这方面,海南现在也有了较好的起点。截至今年8月底,全省直接利用外资合同金额24.4亿美元,外商已实际投入7.57亿美元;内地投资协议总额150.4亿元,其中外省投资137.3亿元,实际已利用外省投资51亿元。这些外引内联资金主要是建省办特区以后引进的。特别是今年以来,外商投资和内地企业投资呈大幅度增长,最保守的估计今年海南的投资规模也不少于80亿元之巨。已成为海内外投资者竞相投资的热点地区的海南,必将继续"热"下去,并成为现代化建设有效的"第一推动力"。

"模式"条件。建省以来海南取得的另一成就是,遵循中央建省之始就提出要结合海南实际,探索自己的发展路数,不要盲目照搬其他地区的模式,从沿海开始,一块一块地分片开发,开发一片收益一片的要求,探索到成片开发这一自己的发展路数。现在海南的成片开发已初具规模,全省已批准的成片开发区有40多个,面积约400平方公里。开发区的类型除了农业、工业、金融贸易外,还有旅游、乡镇企业、高新技术产业的成片开发区,开发区从布局上也正由沿海和城市向内陆推进。海内外投资者也热衷于采用这种方式,因而海南的成片开发区的突出特点是政府"引鸟筑巢"、企业自行招商,而不再是政府花钱办开发区。成片开发对海南的重要意义在于,它是海南由"农业社会"过渡到现代化社会的必由之路、希望之路。

海南先行一步实现现代化,必须以解放思想为先导,以经济建设为中心,以发展完善社会主义市场经济体制为重点

以解放思想为先导。解放思想是一个法宝,一个帮助我们在思想上和工作上永远保持蓬勃生机与活力的法宝。解放思想现在应从理论认识和思想认识这两个层面来着手。诸如姓"社"与姓"资"、计划与市场、"左"与右、稳定与发展等理论认识问题,从邓小平同志年初视察南方,到3月中央政治局全体会议,再到这次十四大,应该说是达成了共识。而在实际工作中,顽强地纠缠着我们的是小生产的习惯势力和官僚主义、形式主义的习惯势力。特别是海南在农业社会的基础上建设经济特区,自居而安、因循守旧、墨守成规的传统意识和自然经济观念大大不利于人的现代化和特区现代化。因此,我们必须把解放思想深入到这样的层面:改革开放到底应像"小脚女人"还是要"敢为天下先",经济建设到底是"求稳怕乱"还是认死"发展才是硬道理"、到底是"高起点,大手笔"还是小打小闹、低水平重复,消除"短缺"到底是跑"官场"还是跑"市场",寻求发展到底是自我封闭、自成体系还是打开大门、优势互补,对投资者到底是"雁过拔毛"还是"欲取之,先予之",干事业到底是苦于"无功便是过"还是满足于"步子不大年年走,成绩虽小年年有",等等。诸如此类实际的思想认识问题不解决,解放思想便只是一个"名词",不能做到真正"换脑筋",成为伟大实践活动的先导。

以经济建设为中心。早在1980年1月,邓小平同志就明确指出:"离开

了经济建设这个中心,就有丧失物质基础的危险。其他一切任务都要服从这个中心,围绕这个中心,决不能干扰它,冲击它。"①要尽快实现现代化,必须始终扭住这个中心不放,并切实体现在实际工作中。现在的问题是,各种各样的会议、学习、检查、考试、剪彩及其他大量的非经济工作,非但分散党政机关且也分散企业的时间和精力。这的确是一个可以说得很响亮,但具体落实又很困难的问题。我们有必要进一步明确,到底怎样才能体现以经济建设为中心? 用什么具体标准来衡量以经济建设为中心? 若不这样,以经济建设为中心就会是报纸上、电视里、会议中的一般性口号。在海南特区的改革开放和现代化建设过程中,坚持和体现以经济建设为中心,一个重要方面是必须一切为企业服务,为开发区服务,为投资者服务,为招商活动服务,切实做到"扶一把、送一程"而不是"卡一下、要一点"。同时,必须真正下大力气搞好国营企业的扭亏增盈、提高效益这个"老大难"问题,必须真正下大力气解决市县经济发展问题,必须真正下大力气解决扶贫问题,必须真正下大力气加强对成片开发区的领导、管理和服务。

以发展和完善社会主义市场经济体制为重点。建立社会主义市场经济体制,既是海南建省办特区以来的基本实践,也是在党的十四大精神指引下先行一步实现现代化的关键。

其一,发展要素市场。市场调节范围的扩大,计划价格同市场价格的并轨,使海南的市场经济体制建设迈开了关键的步伐。但要使市场机制在经济运行中充分发挥作用,必须建立完善的市场体系。除了商品市场外,重点应进一步发展职业和劳务市场、金融市场、技术和信息市场、地产和房产市场、期货市场等。海南商品市场和各要素市场的发展,都要注重提高其组织化、社会化和现代化程度。

其二,深化企业改革。企业是市场的主体,建立社会主义市场经济体制,企业必须成为自主经营、自负盈亏的独立的商品生产者和经营者。十四大报告中第一次使用"国有企业"的提法,这将大大有利于实现企业所有权与经营权的分离。海南不少国有企业长期以来亏损严重,现在是到真正动大手术的时候。有的应通过转换经营机制来推向市场,有的则应直接转移经营权,进行股份制改造,或采取承包、出租、兼并等经营方式。不管采取何种方式,搞

---

① 《邓小平文选》(1975—1982 年),人民出版社,1983 年版,第 214 页。

好国有企业都要解决企业办社会的问题,都要转移企业所担负的诸如住房、教育、医疗、娱乐以及计生、普法等社会职能。海南已进行了社会保障制度改革,接下来就应开展住房制度改革。做不到这些,就很难转换企业经营机制,就很难把企业推向市场,就很难让职工走向"大社会"。深圳早已开始按国际惯例划分和评价企业,企业现在也与住房问题脱钩。以经济建设为中心,重要的一条就是要表现为切实搞好国有企业改革与发展问题。

其三,改革和完善"小政府、大社会"体制。"小政府"要"小"必须转变职能、下放权力;"大社会"要"大"必须是企业要大、市场要大。广东的做法富有启发。前不久该省对省级商业体制进行重大改革,取消省商业厅、粮食局、供销社3个省级商业部门,将其职能划归财办,组成5个企业集团,实行企业化经营,干部职工也转向企业集团,这一改革被认为是向"小政府、大市场、大企业"目标迈进,是该省机构改革的起点。我们现在就应在现代市场经济的基础上来考虑"小政府、大社会"体制的改革和完善问题,同时要把这种改革深入到市县一层。今年5月召开的全国第一次全国县级综合改革经验交流会,提出要建立"小政府、大服务"的县级经济管理体制,这种体制改革近几年来国内很多县都已试验,体现以经济建设为中心,海南市县"小政府、大社会"的体制改革没有理由再拖下去了。

其四,把特别关税区作为建立社会主义市场经济体制的先行试验。建立特别关税区实际上是要建立一种与国际市场对接而不是"隔层"的全新的市场经济体制,这种体制是从内地"划分"出来的,因而它涉及的首先是"区"外也就是海南与中央的关系,它包括三项基本政策,即贸易政策、货币政策、海关政策。其次是"区"内也就是政府与社会经济主体的关系,它也包括三项基本政策,即政府宏观调控政策、企业发展政策、鼓励投资政策。由此可见,建立特别关税区的试验,也就是建立市场经济的试验,而且是最佳的试验。应采取抓住时机、整体设计、适时公布、分步到位的策略,把建立特别关税区这一建立市场经济体制最生动的试验,写在建设有中国特色的社会主义的伟大旗帜上。

任重道远,团结奋进。行文至此,笔者想用毛主席一段很精彩的、也很适合于我们谈论海南先行一步实现现代化的话,作为本文的结束。毛主席在谈到革命高潮快要到来时说,它"决不是如有些人所谓'有到来之可能'那样完全没有行动意义的、可望而不可即的一种空的东西。它是站在海岸遥望海中已经看得见桅杆尖头了的一只航船,它是立于高山之巅远看东方已见光芒四射喷薄欲出的一轮朝日,它是躁动于母腹中的快要成熟了的一个婴儿"①。

本文发表于《海南日报》1992 年 10 月 27 日。

①《毛泽东选集》第 1 卷,人民出版社,1991 年版,第 106 页。

海南"再造香港"的内涵及其运作

"再造香港"的背景与意义

"再造香港"的设想是中国改革开放的总设计师邓小平,1988 年 6 月 3 日在会见参加"九十年代的中国与世界"国际会议的中外代表时首次提出来的。他说:"中国发展战略所需要的时间是下个世纪五十年。现在不仅有个香港,我们在内地还要造几个香港。"

由此可以看出,"再造香港"不是权宜之计,因为它结合中国的长期发展战略,着眼于保证和促进香港经济的长期稳定和繁荣。在阐述这一观点时邓小平说:"我们讲五十年不变,五十年后也不变,是不需要变,不是信口开河。"他接着说:"我们说五十年不变不是为了安定香港人心,而是考虑到香港的繁荣和稳定同中国的发展战略有着密切的关联。"

"再造香港"的意义就在于:不只是要通过"一国两制"的方式解决历史遗留问题,还要通过"再造香港"的创造性实践,促进中国大陆与香港经济社会的共依共存共荣。或者可以这样说,保证香港经济社会的繁荣和稳定、实现中国经济发展的长远战略目标有两个方式,一是"一国两制"的方式,二是"再造香港"的方式。两个方式都体现实事求是的思想,但前者着眼于解决历史遗留问题,后者着眼于新的经济开发,"再造香港"其实是经济开发的一种方式。

"再造香港"战略设想的提出,显示了邓小平作为中国改革开放总设计师所具有的那种高瞻远瞩的胆识和气魄。"再造香港"是中国改革开放往深层次推进的形象说法和具体的实践方式。

"再造香港"的内涵

我认为,"再造香港"不是照搬香港社会的基本制度,更不是简单学习香港的"经验",而是在中国共产党的领导下,在坚持社会主义制度的前提下,在贯彻执行中华人民共和国宪法和其他有关法律的基础上,充分借鉴和移植促使香港经济迅速发展和繁荣的政府经济政策、经济社会管理体制、企业经营方式与管理方法。

再造香港的"再造"其实是"机制"的再造。"自由港"的经济政策、政府对经济活动"积极的不干预"以及自由企业制度、自由择业制度,无疑是现代香港形成与勃兴最主要的"机制"。"再造香港"就是再造促使香港经济社会繁荣的那种形成机制、稳定机制、发展机制。体制的再造是"再造香港"最深层次的内容。

较为"表层"的再造香港是"学习"。即学习和采用在香港那种经济体制下形成的、体现市场经济特征的、我们不需要改变自己的体制也能运用且有益的做法,比如开放"第三产业""先登记公司、后上项目"、招标投标、土地拍卖、炒"楼花"、经纪人制度、"赛马"等等。

海南"再造香港"的运作

必须进一步明确,"再造香港"重在"移植"。因为,"再造香港"最直接、最具体的"参照系"就是香港,如果停留于"学习"这样的浅层次行为,"再造香港"就有可能形成一般性口号。再造香港,就必须明确直接"移植"香港现成的对我们有益的成功的做法,并学会直接去操作。

——再造宏观政策环境。香港是一个单独关税地区,海南"再造香港"的前提就是要形成一个单独关税地区,就是我们讨论多时的"特别关税区"。通过建立单独关税区,使海南岛由独立的经济地理单元,变为相对独立的经济发展区域。从金融政策、货币政策、贸易政策、税收政策、海关政策等方面,理顺同中央的关系,确立海南稳定的经济发展环境。

　　——再造（优化）政府经济行为。"积极的不干预"是香港政府经济行为的显著特征。这对海南"再造香港"的启示是,政府要尽可能减少对经济活动尤其是企业的经济活动的直接干预。海南的开发建设尚处于较低层次,社会秩序、经济秩序尚不规范,因此,再造或者优化政府经济行为,必须使政府的干预更有效,也即"积极的有效干预"。

　　——再造企业制度。企业是经济的主体,政府对经济活动积极不干预,再加上自由灵活的企业制度,这就是香港经济迅速发展和繁荣的关键因素。香港是典型的"百姓经济"（法人和自然人经济）,而不是"政府经济",企业自主、自由经营,百姓自主、自由择业。海南"再造香港",再造企业制度是一个关键环节。海南要在"造"香港过程中,建立起现代企业制度,其突出特征是股份化或"无主管"企业。这里要解决的一个认识问题是,在海南特区,"国有"企业或者说"国有国营"企业占主导地位,而占主体地位的,应是民营企业（主要是"三资"企业、股份制企业）,包括国有民营及民有民营企业。十四大把"国营"改为"国有"意义很大。

　　——再造要素市场。最主要的是金融市场和劳动力市场。香港是市场经济的一个典型。"再造香港"是要使海南由计划经济体制转向市场经济体制。实行市场经济要明确这样一个问题:市场经济≠市场调节。海南经济市场（价格）调节的比重已达80%以上,但为什么人们还认为市场经济的发育还处于较低层次呢? 关键就在于要素市场（最主要是金融市场和劳动力市场）没有真正放开,没有真正形成。资金、劳动力这些生产要素不能充分流动,百姓不能成为"投资者""有资者",以及劳动力的流动停留于"劳务市场"这样的低级形式,不可能有真正的市场经济,不可能造出"香港"。

　　——再造文化环境。形成发展市场经济的氛围,应从香港的传媒上更多更快地获取经济信息,改变海南"信息落后"的局面,并学习人家快节奏、讲时间、讲效率的先进的工作和生活方式。

　　　　本文是本书作者1992年12月在海口召开的"海南'再造香港'研讨会"上的发言,发表于《海南日报》1993年1月5日。

海南人力资源发展研究

一、海南人力资源发展的基本状况

人力资源系指人口资源中已进入劳动年龄且有劳动能力的那部分人口。人口被认为是社会生产的基础和主体,没有一定量的人口和劳动力的供给就不会有任何经济活动的产生,也就不会有经济发展。因此,一个国家(地区)劳动力资源丰富,就为该国家(地区)的经济发展提供最基本的条件和保证;反之,劳动力资源贫乏,促进经济发展所必需的人力得不到保证,就必然阻碍经济的发展。

海南 40 多年来人力资源发展的基本状况,表现为以下四个方面。

(一)人力资源丰富

人力资源的丰富或贫乏,最终取决于人口的总量及其结构变化——性别、年龄、区域分布的变化。应该说,海南人口的增长速度是相当迅速的,但这是发生在最近 40 多年中的事情。

中国史籍对海南岛居民数量最早的记载,是公元前 110 年海南岛正式划入中国版图时,有居民 2.3 万余户①,如以每户 4 人计算,则近 10 万人。至清朝乾隆三十九年(1774 年),全岛人口达 118 万,这是海南岛人口第一次超百万的历史记载,它经历了 1800 多年的漫长时期。自那以后,海南人口每增加 100 万人,所需时间便一次比一次缩短。民国十七年(1928 年)户口调查人口 219.56 万人,第二个超百万用了 150 多年;1958 年报统计总人口 302.79

---

① 《后汉书·贾捐之传》。

万人,第三个超百万用了 30 年;1969 年报统计总人口 408.21 万人,第四个超百万用了 11 年;1976 年报统计总人口 505.15 万人,第五个超百万用了 7 年;1986 年年报统计总人口 605.62 万人,第六个超百万用了 10 年;1994 年年末海南人口达到 701.16 万,第七个超百万所需时间便缩短为 8 年;到 2000 年,海南人口将发展到 800 万人左右,这样第八个超百万所需时间便为历史上最短——6 年。

　　上述一组数字印证了在最近的 40 多年中,海南人口急剧增长的情形。1952—1992 年的 40 年中,海南人口由 259.4 万人发展到 671.32 万人,平均每年增长 2.4%,高于全国(不包括台湾及港澳地区,下同)1.8%的增长速度。由此,海南人口占全国的比重也由 1952 年的 0.45%,上升为 1992 年的 0.57%;人口密度也由 1952 年的 77 人,增加到 1992 年的 198 人,同期全国由 60 人增加到 122 人[1]。

　　观察一个地区人力资源是否丰富,主要看劳动适龄人口占总人口比重的多少。根据 1990 年第四次人口普查,海南 0—14 岁、15—59 岁、60 岁及 60 岁以上各年龄段人口,分别占总人口的 33.08%、58.72%、8.2%,这种年龄结构属于成年型。这表明海南的人力资源很丰富。实际上,随着海南人口数量增长快,因而进入劳动年龄的人口数量也多。1982 年第三次人口普查时,海南的劳动人口[2]有 329.34 万人,占总人口的 58.11%;而 1990 年第四次人口普查时,劳动人口增加到 403.43 万人,占总人口的比重上升为 61.52%。8 年间总人口增长 15.71%,而劳动人口则增长了 22.5%,远高于总人口的增长。

　　战后的台湾人口增长迅速,而且也是劳动人口比总人口的增长速度快。以 1952 年为 100%,1984 年的总人口指数为 233.9%,而劳动人口的指数则为 283%;劳动人口占总人口的比重也由 1952 年的 55.14%,上升为 1984 年的 66.7%[3]。由于劳动人口增长比总人口增长快,从而保证了经济发展对劳动力的不断需求。急剧膨胀的台湾人口没有成为经济发展的阻力,其重

①许士杰主编:《海南省——自然、历史、现状与未来》,商务印书馆,1988 年版,第 92 页。
②正常的统计口径是,劳动适龄人口的年龄为男性 16—60 岁、女性 16—55 岁,但本文为了便于和台湾
　　比较,这里使用的"劳动人口"系指 15 岁以上、64 岁以下的人口。
③金泓汛等著:《台湾经济概论》,时事出版社,1986 年版,第 289 页。

要原因就在这儿。

海南现时劳动人口占总人口的比重,同台湾经济迅速增长时期(60年代以后)的比重是相一致的。所以说,海南人力资源丰富。

(二)人力资源成本低廉

经济学中有一种"后发性利益"论。它认为,国际资本、技术是运动的,"落后"的本身就包含着一种巨大的潜在优势及吸引力。其主要表现是产业技术结构的差距,劳动力数量、质量及工资竞争力,鼓励及保护直接投资的优惠政策等。亚洲"四小龙"就是抓住战后发达国家调整产业结构的机会,主动地提高其享受后发性利益的条件(最主要是低工资),促进了国外资金、技术的流入,从而实现了经济的迅速起飞。

但是,随着生产成本费用的上涨,"四小龙"已丧失劳动力低廉的优势,也就丧失了竞争的优势。在最近的两年时间内,"四小龙"的劳动力费用上升了1/3强。这就使得其生产成本比一些东欧国家或拉丁美洲的新兴工业化国家(如墨西哥)要高得多。如果以西德为100,那么,1992年一些国家和地区的劳动力成本是:台湾21.4、葡萄牙21.3、新加坡19.7、香港16.0、墨西哥10.4、匈牙利8.8、前捷克斯洛伐克5.3、波兰4.9。由于失去劳动力成本优势,"四小龙"现在已向高技术领域发展,并扩大对海外的投资,尤其是对东南亚及其周围低工资国家的投资。由此又轮到泰国、马来西亚和印度尼西亚等国家向外国资本提供更有利的劳动力费用,以低工资等手段,比其他国家更好地抓住享受后发性利益的机遇。

海南不但人力资源丰富,而且人力成本低廉。这是海南经济发展的优势,也是海南人力资源发展的又一特征。1992年,海南职工平均货币工资2720元(人民币,下同),仅比全国平均的2711元高出9元。作为全国最大的经济特区,这样的货币工资额显然是偏低的。由于海南的平均职工工资仅相当于全国的平均水平,因而比国内的很多省区市都低,1992年高于海南省的依次是:上海市(4273元)、广东省(4027元)、西藏区(3448元)、北京市(3402元)、天津市(3118元)、青海省(3098元)、甘肃省(2902元)、浙江省(2884元)、江苏省(2800元)、福建省(2777元)、新疆区(2742元)、宁夏区(2722元)。

需要指出的是,海南的外商投资及港澳台投资企业职工平均工资分别高于全省职工的平均工资,1992年为4366元和4897元,分别是全省平均水平的 1.6 倍和 1.8 倍。即便如此,也仍然是偏低的。若按现时人民币对美元 8.7 元的汇价,仅分别折合 501.8 美元和 562.9 美元。还不及"四小龙"的 1/10。

(三)人力资源地区结构变化缓慢

海南历史上的开发是从北部向南部、从沿海向山区演变的过程。这就使得海南人口集中在北部、东部及沿海地区;而南部、西南部及中部山区,尽管自然资源丰富,但人口稀少,开发得不很充分。虽然 40 多年来,海南的开发建设不断地从沿海向中部地区推进,但这种推进也是缓慢的,由此导致人口及人力资源的上述分布差异仍然很大。根据 1990 年的第四次人口普查,海南人口密度最高的是北部沿海的海口市、琼山县、临高县,分别是 2000 人、276 人和 269 人,是全省人口密度 193 人的 1036.3%、143% 和 139.4%;而人口密度最低的是中部山区的琼中县、白沙县、通什市,分别是 76 人、77 人和 80 人,只相当全省的 39.4%、38.9% 和 41.5%。

人口密度的这种格局,直接影响到人力资源的地区分布。以 1992 年为例,海口市、琼山县和临高县,它们的土地面积仅为全省的 10.4%,但社会劳动者人数却占全省的 22.1%;而琼中县、白沙县和通什市,土地面积是全省的 17.3%,但社会劳动者人数只占全省的 0.45%。

这种人口和人力资源地区分布的差异性,是由人口赖以生存的自然、社会和历史因素造成的,因而其存在具有客观性和合理性。作为地理经济现象,除却一些特殊情形外,没有哪个国家(地区)做到人口和人力资源的均衡分布。一般而言,生产要素是向自然条件和社会环境优越的地方聚集。从这个意义上说,我们不要为海南人力资源分布的这种差异性有太多的担忧。而真正要担忧或应加以改变的,是海南人力资源城乡分布变化缓慢的状况。

长期以来,海南处于农业经济形态社会,城市极不发达;乡村人口占总人口绝对多数,比例在几十年间居高不下。从表 1 可以看出,1957 年海南乡村人口占总人口的比重是 88.53%,23 年后的 1980 年非但没下降反而上升为 91.07%,1992 年仍高达 81.15%。是年全国乡村人口占总人口的比重为 72.37%,海南比全国高出 8.78 个百分点。根据 1980 年世界人口资料,全世界平均城市人口占总人口的比重为 39%,其中,发达国家为 60%,发展中国家为 29%。1992 年海南城镇人口占总人口的比重仅为 18.85%,比世界最低水平还低 10 个百分点。

表1　按城乡分的海南人口变化(1952—1992)

（公安户籍统计年底数）　　　　　　　　　单位:万人

年　份	总人口	按城乡分		比　重(%)	
		市　镇	乡　村	市　镇	乡　村
1952	259.40	20.75	238.65	8.00	92.00
1957	290.81	33.19	257.62	17.47	88.53
1962	335.18	45.16	290.02	13.47	86.53
1965	365.79	34.48	331.31	9.43	90.57
1970	428.89	36.34	392.55	8.47	91.53
1975	496.82	38.49	458.33	7.75	92.25
1980	552.53	49.35	503.18	8.93	91.07
1985	597.51	70.95	526.56	11.87	88.13
1990	651.23	118.33	532.90	18.17	81.83
1992	671.32	126.53	544.77	18.85	81.15

资料来源:《海南统计年鉴1993》,中国统计出版社,1993年版,第45页。

　　人口城乡分布的结构状况是由生产力发展水平决定的,由此也反映出一个国家(地区)的经济发展水平特别是工业化、城市化的发展水平。海南乡村人口比重高、城市人口比重低,这是由海南生产力发展水平低所决定的。国民生产总值是衡量经济发展水平的最重要指标。一般而言,平均国民生产值是随着城市人口比重的提高而增加的。城市人口比重在50%以下的国家,一般平均国民生产总值1000美元,比重在50%以上为2000美元,比重在60%以上一般可达4000—5000美元以上;1979年城市人口比重在70%以上的11个国家,其平均国民生产总值都在1万美元以上,而比重在20%以下的多数发展中国家,其平均国民生产总值都在500美元以下。现时海南城市人口比重在20%以下,平均国民生产总值是300多美元。

　　由于海南城市化水平低,发展缓慢,直接导致人力资源的城乡分布是农村多、城市少,且变化缓慢。从表2可以看出,海南农村劳动者比重从1980年至今的10多年中,都保持在61%左右,变化是极其缓慢的。但是,同全国相比,海南农村劳动者比重低于全国(1992年为73.7%),而全部职工比重高于全国(1992年为24.9%),原因在于海南的"职工"中农垦系统占有相当大的比重。如果不包括农垦系统,职工所占比重则降为20.8%,比全国低4.1个百分点。

表2　海南社会劳动者结构变化(1962—1992)*

单位:万人

| 年份 | 社会劳动者年末人数 | 绝对数 | | 构　成(%) | | 附:职工中不包括农垦的构成(%) |
		职　工	农村劳动者	职　工	农村劳动者	
1962	150.34	31.15	118.53	20.7	78.8	
1965	156.94	37.48	119.46	23.9	76.1	13.8
1970	184.54	57.23	127.31	31.0	69.0	13.0
1975	202.02	65.81	136.21	32.6	67.4	14.1
1980	230.37	84.13	144.93	36.5	62.9	18.2
1985	266.78	97.99	164.25	36.7	61.6	16.0
1988	291.11	102.64	180.94	35.3	62.1	18.5
1989	297.58	103.99	185.95	34.9	62.5	18.7
1990	303.71	105.93	190.10	34.9	62.6	19.3
1991	316.07	108.06	195.11	34.2	61.7	19.3
1992	321.74	111.85	196.19	34.8	61.0	20.8

资料来源:《海南统计年鉴1993》,中国统计出版社,1993年版,第57、90页。

*全部职工及农村劳动者是社会劳动者的主要组成部分,1992年他们占海南社会劳动者的比重分别为34.77%和61%;除此之外,社会劳动者中还包括城镇个体劳动者及城镇私营企业的从业人员。

　　由于海南人力资源城乡分布变化缓慢,农村劳动力的比重高,而这部分人受教育机会少,文化水平不高,文盲、半文盲占有一定的比例,从而对提高海南人力资源的质量构成了根本性影响。如何从海南的实际出发,加快城市化进程,促进人力资源开发利用,是当今海南经济发展面临的重大问题。有关这些问题,将在本文后半部分讨论。

(四)人力资源来源变化大

　　海南人力资源来源变化大,主要是指人口的机械变化大而直接导致人力资源增长加快,更确切地说,是省外人力资源流入量大。这是海南人力资源发展的显著特征。

　　海南历史上就是一个移民地区。由于漫长的历史长河中,海南的经济社会发展缓慢,使得人口的自然增长也缓慢,因而大量增加的人口主要就是来自大陆的移民。据抗日战争期间日本人在海南岛的调查统计,来自闽地的移民150万人,占当时全岛人口235.1万人的63.9%;中原汉裔40万人,占17%;客家人(包括临高人)20万人,占8.5%;黎族人20万人,占8.5%;苗族人5万人,占2%;回族人1000人,占0.04%[①]。

　　最近的40多年,海南人口的迅速增长,一方面是自然增长快。40多年来海南人口的自然增长一直处于较高的状态。比如说,1962年全国人口自然增长率是24.6%,海南是43.73%;1980年全国是11.87%,海南是19.41%;1992年全国是11.6%,海南是15.25%[②]。另一方面是人口机械增长快。40多年来海南至少经历了3次大的跨年代的人口机械增长过程。第一次是五六十年代,以开发橡胶为主的人口迁移。为发展中国的橡胶产业,50年代末60年代初,国家决定在广东、广西、云南等省区建设橡胶生产基地。采取的是兴办国营橡胶农场的形式,动员一大批有文化懂得一定技术的复员军人和移民作骨干,投入基地建设。1959年国家决定从该年到1962年间,动员30万人去开发海南岛建设橡胶生产基地。这30万人中,每年从复员军人中动员4—5万人,不足时则由移民补充[③]。第二次是六七十年代,以知识青年"上山下乡"为主的人口流动。这期间大陆各地城镇(主要是广州、汕头等)的青年,在"上山下乡"运动中来海南参与农村、教育等方面的建设。这一次的人口迁移还包括海南新建的一些厂矿企业,成批地从各省区引进管理人员、技术人员和熟练工人;还包括广东沿海一些人口稠密和人多地少的地区(如汕头和梅县地区)的部分移民;还包括一些自发性流入的人口。第三次是八九十年代,随着海南改革开放和建省办特区而引发的大量人口迁

①许士杰主编:《当代中国的海南》(上),当代中国出版社,1993年版,第15页。
②最近的40多年中,海南人口自然增长率高有三个原因:一是受全国影响。五六十年代,由于受"人多力量大""人多好办事"思想影响而导致全国人口政策失误,使那个时期全国人口的增长实际上处于无政府状态。二是海南自身条件决定。海南是一个农业社会,由于农村人受诸如"结早婚发早财""多子多福"的传统观念影响大,而导致早婚多育现象相当普遍。三是生活和医疗卫生状况的改善。由此使出生率高,死亡率低,人均寿命延长,决定了人口不断增长的趋势。1957年海南人口死亡率为9.1‰,1965年为8.07‰,1975年为5.7‰,自此以后一直保持在4‰左右。目前,海南人口的预期寿命是72.93岁,其中男69.63岁,女76.20岁。
③田方等主编:《中国人口迁移》,知识出版社,1980年版,第73页。

入,1988 年海南出现过所谓的"十万人才过海峡"的景象。

根据 1982 年第三次人口普查,1950 年以来从岛外迁入的人口达 83 万人(尚不包括他们在海南出生的第二和第三代),占当时本岛总人口的 15%,平均每年增加 2.6 万人。根据《海南统计年鉴》有关海南历年总人口、自然增长的资料,本文作者推算 1983—1990 年,岛外迁入的人口共计 20.44 万人,其中最多的年份是 1988 年,计有 5.61 万人。这样,1950—1990 年的 40 年间,海南人口的机械增长至少在 100 万人以上。这就是海南人力资源的重要来源,对海南的开发建设产生了重大作用。

二、海南人力资源的开发利用

丰富的人力资源只有通过开发利用,提高劳动力的素质与技能,才能充分挖掘其潜质、释放其潜能,为社会创造财富,带来进步。人力资源的开发利用,主要包括这些方面的内容:劳动力的充分就业,劳动力在产业及行业结构间的合理分配,劳动力素质与技能的提高,劳动力的职业结构与社会流动。下面我们想从这些方面来考察海南人力资源开发利用情况。

(一)就业规模不断扩大

建省办经济特区以来,海南的就业量不断扩大。一是国有和集体单位就业量扩大。1988—1992 年,安排在国有和集体单位的就业人员共计 21.76 万人,其中统一分配的大中专及技校毕业生 3.54 万人,城镇待业青年和其他人员 18.22 万人[1]。二是城镇个体劳动者保持着增长势头。表现为各年末人数不断增加,1988—1992 年各年末人数依次为:7.53 万人、7.64 万人、7.68 万人、9.66 万人、9.51 万人。三是城镇私营企业从业人员增加迅速。1991 年 3.24 万人,1992 年 4.19 万人。四是"其他各种所有制"[2]就业人员大量增加。1988—1992 年年末人数依次为 0.73 万人、1.13 万人、1.54 万人、2.35 万人和 3.26 万人。

社会劳动者人数由此迅速增加。1988—1992 年不包括农村劳动者的

---

[1]根据海南省统计局各年间国民经济和社会发展统计公报整理。
[2]包括国有与集体合营、国有与私人合营、集体与私人合营、中外合作、港澳台工商业者经营、外资经营等所有制形式。

社会劳动者年末人数依次为：110.17 万人、111.63 万人、113.61 万人、120.96 万人、125.55 万人。

由于就业总量不断增加，而且增幅各不一样，因而就业构成也发生了变化。主要表现为，全部职工所占比重由 1988 年的 35.3% 下降为 1992 年的 34.8%，同期城镇个体由 2.6% 上升为 2.9%，城镇私营企业由 1% 上升为 1.3%[①]，农村劳动者由 62.1% 下降为 61%。在全部职工中，全民所有制的比重则由 1988 年的 90.4% 下降为 1992 年的 89.1%，同期集体所有制也由 9% 下降为 8%，唯有"其他各种所有制"比重上升且升幅较大，由 0.7% 上升为 2.9%。此数字高于全国 1.9%。

另据国家统计局的数字，1992 年海南包括农村的个体从业人员占社会劳动者比重为 4.92%，高于全国的 4.15%；私营企业从业人员的比重 1.42%，也高于全国的 0.39%[②]。

海南就业的这种构成变化，主要是因为改革开放使外来资金迅速增加，经济建设规模急剧扩大，由此创造了各种就业机会。同时，海南从建省办经济特区开始，就实行"小政府、大社会"的体制，经济结构上不主张以哪一种为主，而是鼓励各种经济成分并存，共同竞争，并相发展。各种经济成分的发展，带动了就业量的增长及构成的变化。此外，海南和全国一样，较早地进行劳动就业制度改革，在国家统筹规划的指导下，既依靠国家下达的招工指标进行招工，又依靠社会力量和社会资金安置就业；所实行的是劳动部门介绍就业、自愿组织起来就业和自谋职业相结合的政策。

"条条大路通罗马。"上述情况对海南就业问题产生了较大的影响。一个具体表现是，城镇待业率逐年下降。1985 年海南城镇待业率为 3%，1991 年和 1992 年分别降为 2.6% 和 2.4%；而全国同期分别为 2.5%、2.3% 和 2.3%[③]。

尽管如此，海南的就业问题仍十分突出，压力非常大。由于经济发展速度赶不上劳动力增长速度，使得很多人口的就业需求不能够满足，海南实际上出现劳动力的大量剩余。关于劳动力剩余的情况，历来有不同的估计。城

---

① 系 1991 年和 1992 年的数字。
②《中国统计年鉴 1993》，中国统计出版社，1993 年版，第 113、114 页。
③ 同②，第 120 页。

镇待业方面,由于就业的计划性强,管理较规范,因而剩余劳动力情况比较确切。海南的城镇(包括农垦)待业人数就构成来说,包括了上年结转人数及当年新增人数。1989—1992 年,海南上年结转的待业人数分别为:4.51 万人、4.7 万人、6.08 万人和 4.8 万人;当年新增的待业人数分别为:5.22 万人、7.5万人、6.81 万人和 6.52 万人,由此构成的待业人员总数,1989 年 9.73 万人、1990 年 12.2 万人、1991 年 12.89 万人、1992 年 11.32 万人。由于当年只能安排一定量的人员就业,比如,1989 年 5.5 万人、1990 年 5.97 万人、1991 年7.93 万人、1992 年 6.95 万人,因而每年尚结存一定量的待业人员留待下年安置,这个数字是实际上的待业人数。由上可推算,建省以来海南全省每年的待业总人数在 10—12 万人之间;而实际待业人数在 4—6 万人之间,其中城镇待业人数在 3—4 万之间,农垦系统在 1—2 万之间。

但是,对农村剩余劳动力的估计出入就大了。第一种较早的估计认为,1986 年海南从事第一产业的社会劳动者 200.87 万人,其中农村劳动力有169.17 万人,占 84.2%。这种估计指出,海南虽有丰富的土地资源,但耕地面积并不多,1986 年全岛仅有耕地 41.42 万公顷,人均 0.07 公顷,低于全国平均水平。农村劳动力如此之多,必然会产生劳动力过剩现象。据此论者引证有关专家的估算,海南至少有 30%—40%的农村劳动力需要寻找新的出路[1]。1992 年海南农村乡镇劳动力资源总数为 210.69 万人(其中劳动力 196.19 万人),如果按 30%的最低标准推算,海南农村现在的剩余劳动力超过 60 万人。第二种估计透过调查认为,农村改革使生产效益大为提高,同一单位面积内所需劳动力明显减少,农村中出现了前所未有的劳动力过剩状况。到目前为止,全省农村外流劳动力约占农村劳动力总数的 10%,计 18 万人[2]。这种估计还考虑到,1988 年海南全省城镇待业人员 4.96 万人,企业进行改革出现的多余人员 2.29 万人,这样海南全省的剩余劳动力就有 25 万人,这就是境内外投资者开发利用的主要劳动力资源[3]。第三种估计则认为,从 1988 年开始,海南全省有农村剩余劳动力约 20 万人。由于考虑到城镇待业劳动力等情况,

---

①许士杰主编:《海南省——自然、历史、现状与未来》,商务印书馆,1988 年版,第 97 页。
②这种估计采用的应是 1988 年的数字,该年海南农村劳动力 180.94 万人,1989 年为 185.95 万人。
③董之民主编:《海南劳动力资源开发指南》,广东省《开拓者》编辑部督印,1989 年 10 月内部出版,第 5—6
    页、第 14 页。

因而认为通常情况下,海南每年有 30 万新劳动力需要寻找就业机会①。

上述估计或从平均耕地面积或从农村改革的角度,说明海南农村劳动力大量剩余的现象。本文作者认为,上述第一种估计的数字偏高,而第二、第三种估计偏低。海南全省劳动力资源总数 1990 年为 357.28 万人、1991 年为 366.15 万人、1992 年为 371.57 万人;劳动力资源利用率② 1990 年 84.94%、1991 年 86.32%、1992 年 86.5%。如果 100% 是劳动力资源的充分利用率,那么,海南可开发利用的劳动力资源总数 1990 年就是 53.8 万人、1991 年 50.1 万人、1992 年 50.16 万人。因此,海南剩余劳动力 50 万人左右应是接近实际的,其中,农村 38 万人左右,城镇 10 万人左右,农垦系统 2 万人左右。仅此就可看出海南的就业问题多突出,就业压力有多大了。

(二)就业结构进一步优化

劳动力的就业结构(主要是指在业人口的产业结构、行业结构和职业结构),是社会生产力发展水平和社会分工状况的反映。在业人口在国民经济各个部门中的分布和变动,主要由国民经济结构及其变动所决定,并反过来影响国民经济结构的演变。

由于海南是一个农业社会,乡村人口占总人口的绝对多数;又由于长期以来经济发展缓慢,因此,经济结构十分落后。直到建省前的 1987 年,按西方口径计算的国内生产总值构成是:第一产业 53.3%、第二产业 19.5%、第三产业 29.2%③。这种落后的经济结构直接导致就业结构的落后,主要的表现是第一产业就业人数所占比重大。以 1987 年为例,第一产业占 72.37%、第二产业占 9.47%、第三产业占 18.16%。

尽管如此,我们还是认为,自 1980 年对外开放以来,尤其是 1988 年建省办经济特区以来,随着经济的发展和产业结构的调整,海南的就业结构还是不断地得到优化,也就是第一产业的就业比重逐年下降,第二、第三产业的比重不断上升。从表 3 我们可以看出,自 1980 年以来,海南社会劳动者在三次产业中的比重是不断调整的,1992 年与 1980 年相比,第一产业下降 13.08 个

①海南人力资源开发研究院等:《海南人力资源开发计划纲要》(1993 年 6 月)。
②社会劳动者人数占劳动力资源总数的比率。
③如果采用"国民收入"的指标,当年的构成是:农业 61.37%、工业 16.01%、建筑业 6.83%、运输邮电业 4.97%、商业 10.82%。

百分点,而第二、第三产业分别上升 3.12 和 9.96 个百分点。

我们说海南的就业结构进一步优化——尽管这种优化很缓慢,就是因为它朝着合理的方向演变。经济发展的过程,实际上就是工业化、城市化的进程,表现在就业上是在业人口中第一产业(农业)的比重不断下降、第二产业(工业)和第三产业(服务业)比重不断提高的过程。以台湾为例,在 40 多年的时间里,随着农业、工业和服务业在国民经济结构中的调整加速,就业结构发生了根本性的变化。农业、工业和服务业在总就业劳动力中所占比重,1952 年分别为 56.1%、16.9% 和 27%;1964 年为 49.5%、21.3% 和 22.9%;1973 年为 30.5%、33.7% 和 35.8%;1990 年则调整为 12.84%、40.87% 和46.29%[1]。这些演变最终使台湾由一个农业社会变为工业化地区,并进而迈入服务业经济时代。

表3　海南社会劳动者在三次产业中的演变,1980—1992

年份	合计（万人）	第一产业		第二产业		第三产业	
		人数（万人）	比重（%）	人数（万人）	比重（%）	人数（万人）	比重（%）
1980	230.36	184.15	79.94	17.26	7.49	28.95	12.57
1985	266.79	197.58	74.06	24.27	9.10	44.93	16.84
1987	279.61	202.34	72.37	26.48	9.47	50.79	18.16
1988	291.11	207.51	71.28	27.85	9.57	55.75	19.15
1989	297.58	211.13	70.95	28.10	9.44	58.35	19.61
1990	303.42	213.23	70.27	28.99	9.56	61.20	20.17
1991	316.07	217.61	68.85	31.52	9.97	66.94	21.18
1992	321.74	215.12	66.86	34.15	10.61	72.47	22.53

资料来源:《海南统计年鉴1993》,中国统计出版社1993年版,第58页。

很明显,海南的就业结构仍然不合理,甚至可以说是落后——它实际上相当于台湾五六十年代的水平。农业在业人口比重过高,工业和服务业比重过低,说明海南的工业化、城市化水平低。为了适应和促进特区经济的发展,必须不断地调整和优化海南的就业结构。

――――――

[1]新华社参考新闻编辑部:《四小龙经济起飞之路》,1992年版,第5、32页。

(三)劳动力素质有一定的提高

海南劳动力无论是身体素质或是科学文化素质,最近的 40 多年中都有了较大的提高。但是,由于农村人口比重大、农村教育基础太差等原因,劳动力素质比国内发达地区要低,难以适应现代化建设的要求。

文化教育水平是反映一个国家(地区)人口素质、也是劳动力素质的重要标志之一。根据 1990 年的人口普查,海南人口的文化教育水平有较大的提高。1982 年海南每万人中拥有大学文化程度的 38.1 人、高中 947.5 人、初中 1663.3 人、小学 3331.5 人,到 1990 年提高到大学 124.4 人、高中 1034.5 人、初中 2252.8 人、小学 3458.3 人;1990 年与 1982 年相比,大专文化提高 226.51%,高中提高 9.18%,初中提高 35.44%,小学提高 3.81%。这样的增长速度(尤其是大专人口的增长速度)是很快的,由此拉近了海南文化教育落后于全国平均水平的距离。

表 4   海南各种文化程度人口与全国比较,1990 年

(1990 年人口普查资料)

	人数(万人)		比重(%)	
	全国	海南	全国	海南
6 岁及 6 岁以上人口数*	99408.99	567.14	100.00	100.00
大学本科	613.85	1.99	0.62	0.35
大学专科	961.90	6.19	0.97	1.09
中专	1728.37	10.37	1.74	1.83
高中	7260.38	57.55	7.30	10.15
初中	26338.49	147.55	26.50	26.02
小学	42020.53	226.93	42.27	40.01
不识字或识字很少	20485.48	116.57	20.61	20.55

资料来源:《海南统计年鉴 1993》,中国统计出版社 1993 年版,第 85—86 页。

*各数据相加如果在尾数上与统计数略有差异,系四舍五入的缘故。

从表 4 的比较中可以看出,1990 年海南各种文化程度人口占 6 岁及 6 岁以上人口的比重为 79.45%,与全国的 79.4%相一致;大专以上文化程度人口的比重 1.44%,与全国的 1.59%也相差不大;而中专和高中文化程度人口比

重均高于全国。即使文盲、半文盲的比例,海南和全国也相一致,分别是
20.55%和20.61%。

从劳动力的智力素质也可以看出海南劳动力素质提高的情况。文化构
成被看成是劳动力智力素质的重要标志。从表5可以看出,海南在业人口中
各种文化程度人口比重为82.4%,略低于全国的83.08%,但是大专以上文化
程度人口的比重海南高于全国,分别是1.93%和1.87%;除此之外,中专及高
中文化程度人口的比重海南也高于全国。因此可以说,海南在业人口的文化
构成略优于全国平均水平,这是很大的进步。

表5 海南在业人数文化程度与全国比较,1990 年

（1990 年人口普查资料）

	人数(万人)		比重(%)	
	全国	海南	全国	海南
合计	64724.47	333.53	100.00	100.00
大学本科	430.15	1.50	0.66	0.45
大学专科	781.83	4.94	1.21	1.48
中专	1342.44	8.23	2.07	2.49
高中	5824.16	44.87	9.00	13.45
初中	20913.86	111.45	32.31	33.42
小学	24483.38	104.23	37.83	31.25
不识字或识字很少	10948.65	58.22	16.92	17.46

资料来源:《海南统计年鉴1993》,中国统计出版社1993 年版,第87—88 页。

但是,海南人力资源的质量水平,与国内外发达地区的差距还相当大,远
远不能适应特区现代化建设的要求。比如,高中以上文化水平的人口占总人
口的比重,早在1970 年时美国就为54.13%、加拿大55.11%、日本26.14%,
而直到1982 年海南仅为9.85%,1990 年为11.6%。在本文的下一部分,我们
会看到重视教育是被广泛认为的经济迅速发展的最基本原因。比如,台湾教
育相当普及,职工素质普遍高。据统计,在80 年代初,识字的人占总人口的
91%,不识字的占9%,而直到1990 年海南不识字或识字很少的人口仍占总人
口的17.78%。1990 年人口普查时海南15 岁及以上的人口有438.88 万人,

其中文盲、半文盲有92.87万人,占21.16%。这就是说,在海南的15岁及以上人口中,每五个人中就有一个是文盲、半文盲。可见,发展教育,普及教育,提高人力质量,对海南来说真正是任重而道远的事情。

三、海南人力资源发展的教育问题

前文的论述,使我们可以得出这样的结论:海南人力资源丰富,但开发利用得不很充分。究其原因,在于海南人力资源发展有三大难点问题。一是人力资源质量难以适应经济发展要求。二是农村剩余劳动力多。三是外来劳动力增长快。这些都是今后海南人力资源发展应优先解决的问题。

(一)教育是日本经济发展的原动力

人力资本的价值远远超出物质资本的价值,因而人力资本投资在经济发展中非常重要。这是经济学家们的观点。一个地区的经济发展取决于自然资源、物质资源和人力资源。在这三种资源中,哪一种重要呢? 在大多数情况下,自然资源的拥有量是最不重要的因素。许多经济学家甚至这样指出,最终决定一个国家或地区经济发展速度的,不是物质资源,而是人力资源。因为,人们现在看到第二次世界大战后,西德和日本的大量物质资本都遭受到严重的破坏,但它们还是以世界上最高的生产率成功地重建了国家,就是因为他们都拥有雄厚的人力资本①。而人力资本通过投资形成和增加,更确切地说,通过教育、培训和医疗卫生保健,来提高人的生产能力。因此,提高人力资源的质量,最主要的途径,就是发展教育和加强知识训练。

以日本为例,它现已成为超级经济大国,但从某种意义上说,它是先发展教育,后发展经济;先成为"教育大国",后成为"经济大国"。日本对教育的重视的确令人叹为观止。早在明治时代,日本的领导者就认识到教育的重要性,认为要使国家富强,必须增进一般民众的知识,因而不惜一切努力提高就学率,普及国民教育。到了明治末年(1912年),日本的就学率就超过95%。日本前首相吉田茂在回忆这段历史时,不无自豪地述说:"直到今天,人们到

①美国邹至庄教授认为:"他们成功的最重要原因是这两个国家有可资利用的人力资本,包括管理方面、科学方面和技术方面的人力,以及熟练的勤勉的劳动。"——《中国经济》,南开大学出版社,1984年版,第2页。

乡村旅行时仍然可以看到,小学校的校舍大多是村中最好的建筑物,这也表明日本人对教育的尊重。"①他认为:"为了实现现代化而如此重视教育事业,这是日本近代化的一大特点。"②战前,日本一直把教育、纳税和服兵役定为国民的三大义务,且将教育放在第一位。即使在战后初期一片混乱,千百万人不得温饱,在死亡线上挣扎时,也始终没有忘掉教育。1945年的教育经费,仍占政府预算总支出的3.01%,占地方财政总支出的25.25%,全国学龄儿童的就学率仍然保持在99.7%以上③。更令人感叹的是,就在战后的第二年8月(即1946年8月),日本政府就设立教育革新委员会,确定把义务教育时间从六年延长到九年,即小学六年和中学三年。当时日本国民对此表示热烈拥护,纷纷写信——包括那些食不果腹的人——表达一样的心情:"要使日本复兴,除教育以外别无他途。我们由于进行战争而使国家荒芜,没有任何东西可以留给子孙后代,但是至少希望他们受到卓越的教育。"吉田茂在回忆起那个时候的情形时说:"因为没有教室而在露天授课的教师们也是最热心的教师。那是由于他们深信只有教育才是重建日本的原动力。"④"这种态度就是使日本得到复兴的日本国民的素质。"⑤

战后日本经济的高速发展,实际上是一个多世纪以来日本在发展教育方面所作艰苦而踏实的努力的结果。仅以地方财政支出中教育费所占比重为例,在有记录的近百年中,所占比重几乎都保持在20%以上。各年的具体数字为:1880年20%、1890年19.1%、1900年26.1%、1910年26.76%、1920年27.34%、1930年22.7%、1940年21.06%、1950年26%、1960年27.1%、1965年25.42%、1970年23.9%、1975年25.83%、1976年25.33%、1977年24.72%、1978年24.6%。到1954年经济起飞前夕,日本不但普及了初中教育,高中教育的普及率也达到50%。1973年,高中和大学教育普及率分别达到90%和40%。1977年在全社会就业人口中,大学毕业的比例超过了15%,

①周斌先生也有这样的描述:"去过日本的人都知道,日本在教育方面确实是很舍得投资的,日本人民重视教育的热情是十分感人的。在全国许多地区,包括最偏僻的山乡、渔村,条件和设备最好的建筑物,肯定是中、小学校舍。在全国各行各业中,教师、特别是中、小学教师,是非常受人尊敬的,待遇也高于其他行业。"——《战后日本的崛起——经济迅速恢复和发展的政治考察》,人民日报出版社,1984年版,第114页。
②吉田茂著:《激荡的百年史——我的果断措施和奇迹般的转变》,世界知识出版社,1980年版,第11页。
③同①,第113页。
④同②,第87、59页。
⑤矢野恒太纪念会编:《日本100年》,时事出版社,1984年版,第449页。

1984 年估计已接近 20%①。一切都正如吉田茂所言:"日本人是最富于好学精神的国民。而且无论是明治时代也好,还是战后也好,教育给予日本人以巨大的力量","教育在现代化中发挥了主要作用,这大概可以说是日本现代化的最大特点","高超的教育程度成了战后复兴的巨大力量。日本人由于战争而损失了许多财产,可是最为重要的能力——人的能力却没有丧失。"②

有"日本第二"之称的亚洲"四小龙",所走过的是和日本相同的路。"四小龙"的一个突出特点是地小人多、人口压力大,但这种人口压力没有成为经济发展中严重的消极因素,其重要原因就在于他们十分重视教育,在提高人力资源素质方面效果显著。

以台湾为例,战后台湾经济迅速发展,是得益于教育的发展。战后台湾在资金极其匮乏的情况下,还是保证了教育经费的增长率快于经济增长率。1952—1981 年,台湾的国民生产总值从 16.74 亿美元增至 459.20 亿美元,增长 24.43 倍;同期教育经费却增长 90 多倍。其中,1953—1962 年国民生产总值平均增长 7.2%,而教育经费则增长 17.85%;1973—1981 年,这一组数字又演变为 9.6% 和 20.4%③。台湾的这种增长格局,是符合规律的。联合国教科文组织的统计资料表明,教育投资的增长速度应高于国民生产总值和国民收入的增长速度,这是国际上教育投资的一般规律。

(二)海南的教育状况令人堪忧

海南的开发建设有很多优势,比如地理区位优势和自然资源优势。自然资源中又包括土地资源、热带作物资源、矿产资源、石油天然气资源、旅游资源等,唯独人力资源没有构成优势。海南经济发展缓慢,资源优势未能转变为经济优势,问题的关键就出在人力资源上。在有关海南经济发展的讨论中,人们大都提出海南要扬长避短发挥优势,其实,对海南来说,"长"可以扬,但"短"万万不能避。准确地说,应是"扬长克短",就是要克服而不是避开自己的短处或劣势。只有不断提高人力资源质量,地理和自然资源优势才能真正发挥出来。而提高人力资源质量的根本出路在于教育。

经过几十年来的努力,海南的教育已有了相当大的发展,这从本文第二

---

①周斌著:《战后日本的崛起——经济迅速恢复和发展的政治考察》,人民日报出版社,1984 年版,第 114 页。
②吉田茂著:《激荡的百年史——我的果断措施和奇迹般的转变》,世界知识出版社,1980 年版,第 88—89 页。
③魏杰等:《四小龙腾飞之谜》,人民出版社,1992 年版,第 123—125 页。

部分的论述中已经可以看出。但下面的种种状况,仍然令人无限忧虑。

　　第一,校舍简陋,教学设备差。1992 年海南通过多渠道集资 0.94 亿元,用于中小学校舍建设,共新建钢筋混凝土结构校舍约 25 万平方米,使截至该年底的全省中小学校舍总面积达 432 万平方米,其中钢筋混凝土结构校舍面积 283 万平方米,占 65.5%;危房面积由上年的 65 万平方米减少到 46 万平方米,比例由 15.4%下降为 11%①。这种事实既是可以宣传的成绩,也是问题严重性的表现。就是说,经过几十年的努力,直到今天海南中小学的校舍中,还有 10%左右是危房。这还不包括几万平方米的草房。

　　而校舍之简陋,简直不能说是学校。在今年 3 月召开的海南省政协二届二次会议上,来自昌江县的委员说,少数民族地区的中小学校条件非常落后。这个县七差乡已捞小学,有 8 名教师,只有两间宿舍、3 张睡床、3 张办公桌。男女教师只有挤在这两间简陋的房子里休息②。

　　至于教学设备,那就更差了。在少数民族地区,乡镇以下中小学,绝大部分没有图书室、实验室和体育设施。就是一个县的重点中学,图书馆也不过是一个藏书室加一个阅览室而已。

　　第二,教师队伍人员不足,质量较低。由于没有解决好教师的待遇问题,再加上拖欠教师工资和津贴等原因,海南的师资不断流失。在少数民族地区,原有的外地教师几乎完全调离,师范院校毕业生又不愿进去,本地教师又培养不出来,使教师队伍人员出现调不进、留不住的不稳定局面。据 1990 年统计,少数民族地区代课的中小学教师占中小学教师总数的 11.2%。在中小学教师中,尚未达标的小学教师占 23.5%、初中教师占 39.6%、高中教师占 58%③。已经达标的,有一大部分也只是学历达标,实际教学能力还未达到要求。也就是所谓的"高学历、低水平"现象。

---

①廖逊主编:《海南社会事业年鉴》,海南年鉴出版社 1993 年 10 月第 1 版,第 9 页。

②海南省著名作家晓剑对此作了更令人心酸的描述。他所举的三个例子之一是,黎母山学区的一所小学位于一个山包上,有三间石头墙瓦顶的阴暗小房间作为教室,边上另有一间仍在使用的教室墙壁已经坍塌,枯烂的茅草为顶。这所小学为一个苗村服务,三间勉强还叫房子的教室是村民们从牙缝中省出来的钱集资而盖起来的。他们再没有能力来翻修那间濒于倒塌的教室。这个苗村有 80 多名学龄儿童,领导介绍有 70 多人上学,但一个老师讲,实际坚持上学的只有四五十人,数字不很精确,而且不少孩子都是八九岁才来上学,笔者了解到村里一些哺乳婴儿的女性年龄仅仅 19 岁,大都没有文化。——《正视另一个真实——海南腹地教育实况采访札记》,《中国青年报》,1994 年 2 月 17 日。

③《发展海南民族教育问题的思考》,《海南日报》,1991 年 2 月 6 日。

第三，招生起点低，教学质量也低。由于上述两个问题的影响，使不少地方教育的发展失去了良好的条件，有些地方可以说是失去了基本的条件。因此，从小学开始，新生中绝大部分没有经过学前教育。目前，全省3—6周岁儿童入园率仅为25%；入学后又得不到应有的教学手段和辅助教师，加上落后的生产方式、生活习惯的影响，学习兴趣不浓，质量必然低。

从统计数字上看，海南学龄儿童的入学率是高的。1991年全省校内外学龄儿童911192人，其中在校学龄儿童总人数为900193人，入学率98.8%；1992年这些数字演变为954997人、937924人和98.2%。但由于生活贫穷，许多家庭交不起学杂费，使入学率、巩固率、毕业率很不稳定，实际的入学率可能还要低①。1992年的入学率比1991年降低也能说明这个问题。

上面所说的教育状况，很多是发生在少数民族地区。但海南少数民族地区有七县两市，土地面积占全省的近一半，人口占全省的1/3，由此就可知少数民族地区教育落后的状况对全省的影响。更何况，汉区不少地方教育同样不理想。

海南的教育状况不尽如人意，原因是多方面的。概括地说，最重要的原因还是"两多一少"。

"历史欠债多"。历史上自唐宋开始，尤其是到了明代，海南教育发展很快，但在漫长的历史长河中，如同经济的发展极其缓慢一样，教育的发展也相当缓慢，教育的普及程度十分有限。到1950年，全岛仅有小学2960所，学生16.3万人；中学37所，学生1.2万人；大学2所，学生219人，平均每100人只有学生7人。除了文昌、琼海、琼山等县教育有一定的发展外，其他地方教育的发展都很缓慢。尤其是一些少数民族地区，90%以上的人口是文盲②。

"发展失误多"。50年代初期，海南的教育是稳定发展的，但之后发生的反右派斗争、"大跃进"运动、"文化大革命"等政治运动，对教育的发展冲击巨大。尤其是"文化大革命"不仅贻误了一代人的培养，还使整个教育水平下

---

① 晓剑先生在他的《正视另一个真实》文中这样记述：乡镇和村干部们更希望就学率能达到百分之一百，每到开学之前，不少基层干部挨家挨户去宣传义务教育法，动员家长送学龄孩子来上学，甚至允许一部分实在交不起书杂费的孩子打借条，分期还钱，这样做的结果，是使入学率提高了，但欠款时间到了，一向家长要钱，他们的孩子就又退学了，所以巩固率不高。实际上，当笔者看到一些村寨中到处是学龄儿童在砍柴、抱孩子、玩泥巴、洗衣服时，就从根本上不相信那个就学率98.7%的数字了。
② 许士杰主编：《当代中国的海南》（下），当代中国出版社，1993年版，第162—164页。

降。这有两个方面,一是学生质量下降。由于大量的小学和初中升级为初中和高中,使中学生急剧"机械增长",1978 年全岛中学生增加到 27.25 万人,是"文化大革命"以前的 5 倍多①。二是教师质量下降。表现为将小学和初中的教师层提拔高级学校任教,大量增加民办教师,1978 年全岛中小学民办教师占当时中小学教师总人数的 51%②。

表 6　海南地方财政支出中教育的比重变化,1980—1992

年份	财政收入（万元）	财政支出（万元）	教育事业支出（万元）	教育支出占财政支出%
1980	11877	20994	4954	23.60
1985	31613	58994	10886	18.45
1986	25894	66305	14706	22.18
1987	29588	67221	14721	21.90
1988	48236	92475	18923	20.46
1989	62481	138090	23608	17.10
1990	73894	174247	27385	15.72
1991	93064	193876	29308	15.12
1992	149728	253642	35613	14.04
平均每年增长(%)				
1980—1992	23.50	23.10	17.90	
1980—1987	14.00	18.10	16.90	
1988—1992	32.70	28.70	17.10	

资料来源:《海南统计年鉴 1993》,中国统计出版社 1993 年版,第 535—536、29 页。

　　教育投入少。从表 6 我们看到,从 1980 年至 1992 年,海南地方财政支出中,教育事业费有较大的增加,从不足 5000 万元,增加到 3.5 亿多元。但是,至少有两个指标说明海南对教育的投入还是不够的。一是教育支出占地方财政支出的比重,不是随着经济的发展增加,而是减少。比重由 1980 年的 23.6%,降为 1992 年的 14.04%,下降的幅度相当大。1988 年 8 月海南省人民

①②许士杰主编:《当代中国的海南》(下),当代中国出版社,1993 年版,第 162—164 页。

代表会议《政府工作报告》提出："1988 年省政府要拿出较多的资金投资教育,以后教育经费在财政支出中的比例要逐年增加。"现在来看,实际上只有当年做到了。1988 年教育支出在财政支出的比重是 20.46%,为建省以来最高。达到日本近百年中的最低水平。二是教育支出的增长大大低于地方财政收入的增长。1980—1992 年,地方财政收入年平均增长达 23.5%,而教育支出的增长仅 17.9%,其中,自 1988 年建省至 1992 年,海南地方财政收入年均增长高达 32.7%,而教育投入的增长则低至 17.1%。这是不符合教育投入增长应高于财政增长的教育发展规律的。而且,海南的教育支出中,"人头费"占了很大的比重,达到 80% 左右。因此,教育基本设施建设便无法顾及了①。

面对起点低的教育基础和失误多的教育历史,1980 年以来教育投入占地方财政支出的比重又不断下降,海南教育状况令许多有识之士忧虑不已,实不足奇。历史已经无法改变,我们有的是把握现在和未来的机会。

(三)发展教育是海南人力资源发展的战略任务

海南教育的上述状况表明,我们并非已经充分认识了人力资源发展对海南开发建设的重要性和紧迫性,并没有为此进行统筹规划且做出艰苦卓绝的努力。

对教育的投入最能直接地反映对教育的关切度,也是对人力资源发展的关切度。有钱发展教育,没有钱更要发展教育。从日本重视教育令人叹为观止的情形,可以看出这才是真正重视教育的态度。因为,不这样做,对一个地方来说,就会陷入"落后→没有资金发展教育→劳动者文化素质低→发展生产能力低→落后"的恶性循环;对于个人来说,同样陷入"贫穷→没有钱读书→没有文化→缺少致富本领→贫穷"的恶性循环。1988 年海南的教育支出在地方财政支出中所占的比重为建省以来最高,当时的省政府领导视察海南大学时就是这样说的:要勒紧裤带办教育。建省以来教育支出在财政支出中的比重不断下降,我们不认为这是真正重视教育的表现。

---

① 也许正是这样,每年的人大、政协会议,代表、委员们几乎都没有忘记为发展海南的教育呼吁。就在 1994 年 3 月召开的海南省政协二届二次会议上,就有委员指出我省教育投入太少,已成了突出问题。几年来全省教育基建经费基本上保持 2000 万元,没有相应增加,使得教学设备严重不足。1994 年的教育经费比 1993 年增加的幅度不大,如果算上物价上涨这笔账,可能是跟 1993 年持平,也可能是负增长。——《海南日报》,1994 年 3 月 6 日。

与此同时,社会对教育的重视也不能说是足够的。一个例子是,新建的开发区没有学校的规划。海南现在一个个开发区正在建设中,一幢幢高楼大厦拔地而起,一幢幢别墅成群落成,但人们就是看不见学校的影子,甚至在规划图上也没有学校的标记。另一个例子是,一些学校的校园,被划出转让给商人①。所有这些,都反映出人们的教育意识淡薄。

忽视教育就意味着忽视一个地区一个民族的前途。不重视教育,不普及教育,一代新的文盲必将随着人口的大量增加而增加,这样海南要在 20 年内基本实现现代化是不可能的。只要正视海南的真实情况,看看日本、台湾等经济发达国家和地区的做法和经验,便可知这绝不是故作惊人之语。实际上,教育问题,涉及海南几百万劳动大军的质量问题。十年树木,百年树人;百年树人,教育为本。面对海南令人堪忧的教育状况,面对难以适应经济发展的人力资源质量,面对经济发展迅速对经济技术人才的需求,面对省外劳动力源源不断流入的冲击,唯有勒紧裤带发展教育②,全面提高人力资源的素质,才能在现在和未来的竞争中不处于被动的地位、尴尬的局面。"再穷不能穷教育,再苦不能苦孩子"。本文用大量的篇幅来旁征博引谈论海南的教育问题,这就是唯一的用心。

海南必须把发展教育作为人力资源发展也是经济发展的重要战略任务。要透过各种渠道,各种方式,唤起社会重视教育,关心教育,从政府到民间都要想方设法增加对教育的投入。政府对教育的投入,必须实行经费保证和法律保证。要借鉴发达国家和地区的做法,对教育经费在政府预算中所占比例

---

① 晓剑先生在他的《正视另一个真实》一文中谈到这种状况。无独有偶,在 1994 年 3 月的省政协二届二次会议上,有的政协委员举了具体的例子,在琼海市某镇学校的土地被割让给个体户,设卡拉 OK 歌舞厅、商场,学校大门被堵。市里派人去解决,结果却不了了之,而学校被占的情况却越来越严重。——《海南日报》,1994 年 3 月 6 日。

② 更何况社会上大量挥霍公款、奢侈消费的现象,表明并不需要我们勒紧裤带。晓剑先生在他的《正视另一个真实》一文中谈到贫困地区的孩子渴望读书而又没有钱读书的情形时说,笔者并不想回避另一些现象,就在那些距贫困地区并不遥远的海口、三亚,甚至就在那些贫困地区的政府所在地,豪华餐厅内杯盘狼藉,赴宴者腹满肠肥,宴请者潇洒大方,结账时服务员送来一张供报销用的发票,上面写着餐饮费 11888 元,另附有 5 条"三五"香烟。笔者对数字不很麻木,略加思索,则知道送一次孩子上下学的轿车的汽油费、折旧费、人工费合计是够一个失学孩子一年的学杂费;抽一条外国烟可以使两个失学孩子重返课堂;住一夜星级酒店能让 10 个失学孩子再获读书机会;吃一餐潮江春或杭龙能够在一个偏远小村盖起红砖青瓦的两间教室;进口一辆轿车,能让一个穷困乡镇盖起一所水泥结构的教学楼;购买一幢别墅则相当于琼中县一年的教学经费……

做出硬性规定[①]。可以考虑,省级财政预算内教育经费的支出比例不得低于20%。县市一级不得低于40%。与此同时,还要制定一系列的教育法规,使教育的发展有法律的保证。与此同时,政府要大力鼓励社会办学。尤其要鼓励那些先富起来的地区和个人,对教育的发展多一些"道德投入"。

四、海南人力资源发展的城乡互动问题

如果说教育问题是海南人力资源发展的最基本问题,那"城乡互动"问题则是海南人力资源发展的最实际问题。这个问题解决不了,也就是说城市的发展不能带动农村的发展,农村剩余劳动力不能有效转移,它至少会带来这样的负面影响:不能保持海南社会的稳定,不能推动海南经济的发展,不能促进未来海南人力资源质量的提高。

(一)"城乡互动"是海南人力资源发展的现实出路

这个问题的提出是基于以下两个判断:

第一,省内劳动力的大量剩余与省外劳动力的大量流入,由此构成海南人力资源发展的矛盾越来越突出。从 1988 年建省到 1993 年,海南的固定资产总额达到 386.55 亿元,大量的投资创造了大量的就业和赚钱机会。据有关人士估计,仅海口地区这样的机会就有 30 万个。但是,这众多的机会基本上为内地来海南求职打工的农村剩余劳动力所用,本省的农村劳动力资源并未得到合理开发利用。事实上,这些年来海南乡镇劳动力中,外出的合同工、临时工是呈递减趋势。1985 年 2.18 万人、1987 年 3.07 万人、1988 年 3.26 万人、1989 年 3.77 万人、1990 年 1.62 万人、1991 年 1.91 万人、1992 年 2.62 万人[②]。如果按目前的态势,本省大量剩余的农村劳动力不能有效转移,就不能经过不同形式的培训,从传统的农业耕作中解放出来,转向第二、第三产业,

---

① 比如,台湾就规定,省一级不得少于 25%,市县一级不得少于 35%。1980 年台湾省教育经费支出占省财政支出的 25.02%,县市教育经费支出占县市财政总支出的 46.62%。——魏杰等:《四小龙腾飞之谜》,人民出版社,1992 年版,第 125 页。
②《海南统计年鉴 1993》,中国统计出版社,1993 年版,第 102 页。

必将使矛盾越来越突出,并由此引发更严重的社会问题①。

第二,按平均年收入 300 元的最低标准,目前海南省有 40 多万的贫困人口,如果把标准提高一些,贫困人口还有更多,这就是说海南扶贫的任务还相当艰巨。与此同时,这几年总共流入海南的外省劳动力也有 40 多万人。按照廖逊先生的估计,这 40 多万人的流入劳动力,至少直接带动内地 40 万个家庭、120 万人脱贫,间接影响面还要更大②。

这就形成了非常鲜明、寓意非常深刻的对比。这些判断告诉我们:在大量的就业和赚钱机会被省外劳动力占用的情况下,本省剩余劳动力的出路何在? 告别贫困的出路又何在?

根据本文作者的分析,省外劳动力的流入还会加快。这除了海南的高速发展带来更多的就业和赚钱机会的原因外,还有下列三个方面的原因:

第一,中国农村劳动力大规模流动的影响。据有关学者测算,在现代化建设的进程中,中国农村将有 1.2 亿剩余劳动力从土地分离出来。而官方负责人称,我国目前每年从农村涌向城市的农民人数大约 5000 万人,其中跨省市流动的约有 2000 万人③。在"东西南北中,赚钱到广东(浦东)"的口号诱惑下,他们主要流向经济迅速发展的沿海地区,包括海南。

第二,在海南求职打工的"蜜蜂效应"作用。由于内地许多农村农民收入相当低,且劳动力又大量剩余,海南的高速度发展又提供了许许多多就业和赚钱的机会,这种"落差"吸引了大量来自四川、贵州、湖南、湖北等邻近省份的劳动力。到处大兴土木的海南,的确是个只要能吃苦耐劳,舍得流汗水,就有钱赚的地方。哪怕是补鞋、擦鞋,一个月收入几千元并不是神话,而海南农村(包括本文作者的家乡)很多人辛苦干一年收入未必能达到这个数目。省

---

①廖逊先生把这个问题说得更具体也更严重,他在谈到海南本省人不想出去打工,而别人就会来占领这些岗位时说,那样久而久之就会酿成社会问题。难道我们就不怕将来变成"外地人的城市,本地人的农村"? 倘若果真如此,我们要想社会稳定就要比现在困难得多。——《易地造血》,《海南特区报》,1994年 1 月 27 日。

②他认为,他们到海南来至少使家乡得到三笔收入:其一,在海口工地上工作一天的收入,相当在家乡务农一周;其二,剩余劳动力转移出去后,村里的人地矛盾缓和,增加了农民收入;其三,出外打工者积蓄小额资本再回乡投资,哪怕是盖房也能带动左邻右舍致富。——《易地造血》,《海南特区报》,1994年 1 月 27 日。

③《新民晚报》,1994年 3 月 13 日。

外劳动力大量涌入海南，就是因为很多人尝到了"甜头"而产生了"蜜蜂效应"①。廖逊先生在1994年元月下旬，也就是春节前的海南省理论研讨会上说，只要我们现在到任何一家邮局去，就会看到大陆民工正在排着队往家寄钱。本文作者所知道的数字是，1993年他们汇往内地的钱不少于6个亿。正因为这样，春节前后一些银行的储蓄存款大幅下降；也正因为这样，每年春节前后都形成一股强劲的民工潮。今年正月十五刚过，每天过海入琼的民工就达到3万人。

　　第三，省外劳动力在建设海南中显示了其存在的"合理性"。客观地说，省外劳动力在海南赚的大多是"血汗钱"，也就是说他们为海南的开发建设是出了大力的。尤其在城市和开发区建设方面，凡是活儿累、脏、重的地方（比如建筑工地、码头等），看到的大都是外省劳动力的身影。海口市市政建设有七八成的工程就是靠省外民工完成的。海口市的市政设施维修，比如下水道的清理，靠的也是省外民工。而普遍市民家庭的扛煤气罐、搬家、清洁房屋、维修或装修房子，也离不开外省民工。尤其是搬家，几乎没有人不想到请"盲流"。充足的劳工、诚恳的服务、低廉的价钱，这些就是省外劳动力在海南存在的"合理性"。

　　这些情况，再次表明省内劳动力的大量剩余，大量的就业、赚钱机会被省外劳动力占用，这样的矛盾的确将越来越突出。面对这种情况，的的确确要问一问本省劳动力的出路何在！把省外劳动力"卡"在琼州海峡那边而对自己实行"保护"吗？看来是不可能的。对岛外劳动力的流入历来就有争议。最早在1984年，继1980年之后海南又一次对外开放时，海南制订了一个个既区别于经济特区，又区别于14个沿海港口城市，以赶超台湾为目标的《海南行政区社会经济发展规划》，规划对海南的人口问题提出"坚持计划生育，控制人口发展"。就这个问题，有人认为，目前海南人口密度是166人，比全国的107人还多59人，因此，今后应控制人口的机械增长，主要控制从岛外非正常流入。与此相对立的观点则认为，按照海南岛的自然条件、物质资源，是不

①一个具有代表性的例子是：一位年过半百、满脸敦厚的民工，他家居湖北麻城，一家7口人，有5个劳动力，由于人多地少等原因，一年的收成仅够温饱，想盖新房，为儿子娶媳妇也无能为力。1993年他大儿子来到海南，在一家砖厂打工，赚的钱除穿衣吃饭外，春节回家时还带回4000元。于是，他把家里的几亩田交给小儿子和几个妇女管，自己和大儿子一起踏上了来海南的路。——《日夜潮声下琼州——关于海南民工潮的报告》，《海南日报》，1994年2月27日。

能用全国平均的人口密度来对比的;尤其是按照规划提出的二十年翻三番半实行高投资、高速度发展的要求,预测到2000年时,全岛所需劳动将大为增加,靠本岛劳动力资源是远远不能满足需要的。因此,像海南岛这样的新开发区,是不能把由岛外自动流入岛内的机械增长人口当作消极因素来对待的。问题是如何加强对自流人口的组织领导,使之纳入有组织有计划的轨道,成为开发建设海南岛的积极因素①。

争论总归是争论,事实却是真的。这些年来,省外劳动力无论是有组织的流入还是无组织的流入,都是不断地增加而不是减少。看来,问题在于管理,而不是"卡死"。实际上,大量流入的省外劳动力,虽然有"合理性",但是它又带来很多问题。最突出的是导致社会治安恶化,给社会的稳定构成威胁。1993年全省发生的案件有33.6%系外省上岛人员所为。有1000多名外省人员在海南从事了偷盗、抢劫等违法犯罪活动②。他们中除少数是混杂在民工中的惯犯外,大部分是因为生计无着落而萌发犯罪意图的民工。因此,对省外流入劳动力进行管理已引起有关部门的重视。1994年1月海南省人事劳动厅、海南省公安厅就发布《关于加强外省人员进琼就业管理的公告》。《公告》共有七条,其中第一条是:对外省人员进琼求职、就业实行统一管理,发放全省统一使用的《外省人员进琼就业许可证》。这样做既有助于对省外劳动力的流入实行宏观控制,也有利于维护上岛民工的权益。今后的问题在于如何使管理真正落实,使省外劳动力的流入真正做到合理、有序。

省外劳动力流入成了大势所趋,加强管理则是势在必行。而本省劳动力的出路又何在呢?本文作者认为,必须通过"体外造血",实现海南人力资源发展的城乡互动。即以城市的发展带动农村的发展,以农村的发展支持城市的发展,形成城乡发展的良性循环。表现在人力资源的发展上,就是有计划地动员和组织农村剩余劳动力走出山门、走出村口,到城市、开发区求职打工。为此,政府要制订和实施"一揽子"计划,农民要改变传统的旧观念。

(二)"城乡互动"的"一揽子"计划

海南人力资源发展要做到"城乡互动",必须依靠政府的作用。更确切地说,政府应制订"一揽子"计划,来促进海南人力资源城乡互动、也是经济发展

①田方等编:《中国生产力的合理布局》,中国财政经济出版社,1986年版,第201—202页。
②《海南日报》,1994年2月27日。

的城乡互动。

这里首先需要明确两个基本问题：

第一，是不是本省农民不愿意出去打工？本文作者非常赞成廖逊先生提出的，本省农民"出山进城，上工地打工"必须移风易俗的观点。他提出的"吃大户""请长假"等现象①，确实耐人寻味。实际上，"本土人"与"移民"的一个巨大差别，在于前者没有后者的目的性强和"轻装"上阵。正因为这样，本文作者经常认为，"本土文化"实际上是"过日子"文化，而"移民文化"是"创业"文化或"捞世界"文化。但是，本文作者不认同"本省农民不愿意出去打工"的观点。这种现象存在，但不普遍，也不典型。它实际上存在于两小部分人之中：一是上了岁数的劳动力。这部分人受"病死不下床，饿死不离乡"的传统观念影响笃深。另一是处于交通十分落后、信息十分闭塞的中部山区的劳动力。作者所接触到的是，海南相当多的青壮劳动力愿意出来打工，只是苦于没有人组织、没有人带头②。现在乡镇一级政权，很多在这方面实际起不了作用。

第二，是不是政府没有责任？有一种议论认为本省农民不出去打工原因在于农村劳动力本身，而不在于政府。为了促进海南劳动力市场的发展，政府的确做了大量的工作。最主要的是三个方面：一是建立平等竞争的就业制度。在上海、广东、深圳等地，对外来打工都有各种限制，而海南则打破了省内外之间、城乡之间、农业与非农业人口之间的界限，实行平等竞争的就业制度③。二是

---

① 廖逊先生说，石碌铁矿历年来招收过许多农村青年，他们的表现也确实很不错，但是刚刚站稳脚跟，村子里的亲戚朋友就来"吃大户"，害得他们只好回村；在通什市也出过不少农民个体户，小酒店本来办得挺红火，没想到农村的男女老少进城来"吃大户"，于是小酒店也倒闭了，店主也只好回农村去，来海口打工的姑娘，老板承认她们又听话又肯吃苦，但是就怕她们因三亲六故婚丧嫁娶请长假，有时一请就是两个月，工厂受不了。——《易地造血》，《海南特区报》，1994年1月27日。

② 海南省省长阮崇武，在1994年3月的省一届人大二次会议上也曾这样谈到，我到海南农村去看了看，觉得小姑娘就比小伙子行。海南农村很多小姑娘外出打工，而小伙子却呆在家里。现在海南外来民工很多，那么多的工作，咱们海南人为什么不去做？解决剩余劳动力问题，就是政府要出面组织。我上次到通什谈起这个问题，当地政府一下子就组织了200多人，其中大部分都找到活儿干。——《海南开发报》，1994年3月8日。

③ 海南省职业介绍服务中心认为，海南已建起了三个"一体化"的劳动力市场格局。即打破了专业技术人员、管理人员和生产工人之间的界限，在统一的劳动力市场求职、择业，实现劳动力市场专业技术人员、管理人员和操作工人就业的一体化；打破城镇居民和乡村农民之间的界线，本省农民凭身份证平等进入劳动力市场，实现了劳动力市场城乡一体化；省外人员、境外人员依据国家和省的有关规定进入劳动力市场，实现了劳动力市场境内外人员一体化。

建立统一的社会保险制度。1992年海南就在全国省级率先对旧的社会保障制度进行了改革,将集体、外资、私营和全民等各种经济成分和企业化管理单位,以及党政机关和事业单位、合同制工人和临时工,实行统一的养老待业和工伤保险制度。1993年底,又将全省党和国家机关、事业单位、社会团体的所有从业人员和所有城镇个体经营者,都纳入社会保险对象,进一步扩大了社会保险覆盖范围。三是制定录用"三区"青年的规定。1992年省政府发布《关于组织老区、少数民族地区和贫困地区青年参加开发区建设的实施办法》。《办法》规定:在"三区"范围内取消限制招收农村劳动力的现行规定,全面放开"三区"劳动力;向用工单位(主要是新建扩建单位)下达在从业人员总数10%的范围内招收"三区"青年的指导性计划;凡招用"三区"青年达到一定比例的,按省政府有关规定减免企业的所得税。

所有这些都大大活跃了海南的劳动力市场。但面对急剧扩大的劳动力市场,本省劳动力反应迟钝,所占份额不大,为什么呢?上述第一、第二条措施,其实质是为劳动力的流动创造了条件;而在同等条件下,本省农村劳动力竞争能力低,必然导致所占份额少。正因为这样,有人认为外省劳动力之所以能占领海口市场,是得益于海南在中国独一无二的就业制度。虽然有第三条的"特殊"照顾,但它带有更多的"指导性",再加上组织领导、培训及信息服务工作跟不上,也就不可能产生"特殊效应"。

这种政策规定多、组织实施少的情况表明,政府对本省农村劳动力的流动除了尽"扶上马"的责任外,还必须尽"送一程"的责任。海南的就业问题,从根本上说是农村劳动力的就业问题。过去、现在的事实证明,将来的事实也将证明,海南农村劳动力如果得不到有效的开发利用,社会的稳定,经济的发展,人的进步,现代化的实现,都将是"纸上谈兵"。而要促进本省农村劳动力的有效转移,既不能采取"单打一"的方式,也不能有毕其功于一役的想法,而是必须制订和实施"一揽子"计划,做长期艰苦的努力。

"一揽子"计划除了通常所说的发展乡镇企业外,还应至少包括下列内容:

——建立农村劳动力进城制度。根据海口等城市和洋浦等开发区的需要,每年分期分批组织农村劳动力进城当工人。此项工作要有周密详细的计划安排,形成制度化,每年实行。

——建立就业组织网络。要在各市县或人口密度高的乡镇、农场总部建立就业辅导站之类的组织并形成网络,为农村劳动力的流动提供信息等方面的服务,改变目前农民出去打工靠道听途说、盲目性大的状况,做到合理引导和分流。

——建立"体外造血"的开发区。海南农村以及落后贫困地区,由于"先天不足",如交通不便,能源不足,信息不灵,人才缺乏,管理落后,流通渠道不畅等,总之是投资与发展的基本条件不具备,由此影响了"体内造血"。这就必须选择一些经济环境良好、交通较为便利的地方作为"体外造血"基地,以优惠条件,吸引外商和外地企业与农村乡镇合资开发,按股分利。为了避免开发区"走样",政府必须加强领导和管理。

——实行经济移民,按出资对象的不同,包含两种形式:一是农民出资的经济移民。就是实行带资金进城的做法,在把好文化素质关的前提下,让部分农村劳动力带资金进城,成为城市人口,促进海南的城市化。二是政府出资的经济移民。就是政府出资把一批交通十分不便、生存和发展条件都非常差的地方的人口,向生产和生活条件较好的乡镇迁移,或建立新村。这就叫作"三十六计,走为上计"。由于受传统习俗的影响,此项计划实施起来难度较大。但只要真的想实行,办法总是有的。

——建立新的户籍制度。随着市场经济的发展,劳动力市场的建立,越来越有必要按国际惯例来建立新的户籍制度。自50年代一直沿用到现在的户籍制度,实质是限制农村剩余人口的流动,人为地形成了城乡隔离制度。在这种制度下,人们难以获得统一的社会身份,难以真正做到在发展机会面前人人平等。如果不按国际惯例建立城乡统一的户口制度,实际上不能形成城乡统一的劳动力市场。对众多的海南农村人来说,户口问题是他们向城市流动的最大障碍。为了获得城市户口,也就是所谓的"跳农门",参加普通高考是正道,但真正能考上的毕竟是少数,因此,大多数人只能依靠"走后门"。

户籍制度将是继就业制度、社会保障制度改革之后,为建立劳动力市场而必须进行的第三项改革。海南应在这方面先实行一步。改革的方向应像已进行的工商登记、税收征管、交通规费的改革那样,向国际惯例靠拢。人口管理的国际惯例,是实行注册人口登记制。只要有稳定的工作和收入,且居住期达到一定的年限,可发户籍卡,自然转为城市户口。但为了保证城市人口的素质,这就要有一个最低的教育水准。比如美国的正式移民就要经过智力测验。海南应在这方面进行探索。可让一些小城镇先实行,鼓励农民建新城或按新的户口制度迁居城市。

——建立培训制度。提高海南人力资源的质量主要靠发展教育,但作为一种"应急"办法,加强培训是必不可少的。培训极为重要,但限于篇幅,本文没有对这个问题进行专题讨论。这里要特别指出的是,这几年来海南建立了不少的开发区,有些开发区虽然没有动工兴建,但地已经卖了。土地是农民生存和发展的根本。农民离不开土地,所以要"把根留住"。而大量开发区的建设,使不少农民失去了"根",他们虽然获得可观的土地补偿费,但没有人组织他们把这些钱用于再生产,相反,不少人由于"一夜致富"而肆意挥霍,长此以往,用不了多久就会酝酿出新的社会问题。因此,除了引导他们进行合理生产与消费之外,还必须由开发区组织培训,以求他们有一技之长,以便将来谋生与发展。

——建立劳动监察制度。由此对企业用工进行监察,看是否按政府的有关规定用工,以此保障本省劳动力和省外流入劳动力的合法权益。

(三)"城乡互动"与传统观念的变革

海南还有大量的贫困人口,更有大量的农村剩余劳动力,而特区经济迅速发展所提供的大量就业机会却与之无缘,这个问题一直令不少人士困惑。这就是疑问:为什么外来劳动者从几千里之外来挣钱,而本地劳动者却不肯走出几百里甚至几十里? 为什么高速公路都修到了家门口,还是省外民工挣这份工钱①? 究其原因,本文作者认为,主要是农村劳动力文化素质不高、旧的传统观念根深蒂固(这就直接影响了在劳动力市场上的竞争能力),再加上政府未能直接"插手"进行有效的动员和组织所致。如果还有其他原因,那就是投资者方面了。经济的发展、人力资源的发展,还受到"非经济因素"的影响,比如"地缘关系""裙带关系"等。

事情是明显的。如果农民不改变传统的旧观念,"城乡互动"是"动"不起来的。对于传统观念问题,本文作者这几年来也进行了一番思考,并认为,

①廖逊先生在海南省理论研讨会上还举了更具体的例子。他说,想想看,海口建起了那么多高楼大厦,但是我们自己究竟从中赚到了什么钱? 设计人是外地的,施工队伍是外地的,原材料大多数是外地的,施工机械设备还是外地的……;而我们自己,只赚到了一份烧砖头的钱。那么大一个金融贸易区,我们也只赚到了几个烧砖头的钱。要是把这350多亿投到上海浦东,看有几个外地人能赚着钱! 我们复杂的干不了,壮工总可以吧? 可是壮工也是外地来的。

海南传统文化的一个重要特性是对自然依赖、对天依赖的心理强于对人本身,反映出一种"安贫知足"的心态。这种心态不利于生产力发展。有弱点并不可怕,可怕的是不认识弱点,不承认弱点。不敢正视自己弱点的民族是没有前途的民族。看不到自己的弱点,安于现状,不求变革,处危境而不自知,这才是真正的无望。因此,本文作者把1988年6月写的《海南传统文化特征及其发展战略导向》[①]一文的部分内容抄录于后,作为本文的结束。目的只有一个,就是我们要加速改变传统的观念和风俗。要有面对现实的勇气,把正视自己的弱点、缺点当作有信心的表现。说到底,只有自己解放自己。尤其是新一代的农民,一定要改变那种"怕苦怕累不怕穷""安贫知足"的旧观念[②]。不受"病死不下床,饿死不离乡"观念的影响,表现出敢于"闯世界""捞世界"的品格,在如火如荼的大特区建设热潮中,提高自己的参与感和竞争力。

本文作者1988年写的下文,几乎是针对当时海南文化是"蓝色文化""海洋文化"或"岛山海文化"等抽象争论而写的。因而,把文化看成是促进或阻碍生产力发展和社会进步的人的价值观念、行为准则以及社会道德风尚、生活方式。文章这样写道:

对于海南文化,既可以从其本身特点、也可以从比较角度来分析。首先从比较分析的角度看,海南虽然是中国的一个组成部分,但是,对于祖国悠久、丰富、灿烂的文化来说,可以说它的地位或影响都不突出。这也许与海南远距中华民族文化的摇篮——中原地区,开发滞后,生产力发展水平低以及没有形成区域发展中心有关。

相反,海南作为中国的落后的地区,它的文化与国内很多落后地区的文化很相似。海南既有惊人的富饶,也有惊人的贫困,作为"富饶的贫困"的矛盾体,海南文化的很多情形与《富饶的贫困》[③]一书所描写的是一样的。该书写道:"在云南,许多山区视放火烧山为人类行为之正宗,至今把做买卖、商品交换当成不光彩、不道德的勾当。""在贵州,农村从事技术活的手艺人,大多为外省人。上至修桥铺路、烧砖盖房,下至修皮

①钟业昌著:《海南经济发展研究》,中国科学技术出版社,1991年版,第249—255页。
②本文作者也曾这样认为:台湾是"笑贫不笑娼",海南是"笑苦不笑贫"。
③四川人民出版社,1980年版。

鞋、弹棉花,几乎全被湖南、四川、广东等省来的人包了。本地人学手艺、学技术的寥寥无几。有些必不可少的工程,也甘心年复一年地请外省包工队来干,甚至连小工都不出,要外省包工队带来,安心作甩手掌柜,看着人赚钱"。这几乎也可以说是描写海南。

　　在海南农村,放火烧山、刀耕火种仍然存在,在一些地方甚至还很普遍和严重。其情形如《人民日报》1983 年 12 月 8 日发表的一篇题为《富海南》的记者述评说:海南岛的生态解放后遭到严重破坏。解放时整个岛有天然林 1295 万亩,现在只剩下不足 4 万亩了。这些年靠出卖木材过日子,补栽量远远小于砍伐量。岛上的机关、工厂和广大农村的社员,全烧木材。就连设备比较高级的宾馆——海南招待所,院子里也堆着大垛准备烧火的木材。著名的兴隆华侨农场,也是大块大块的木材往灶膛里填。整个岛,一天烧多少,一年烧多少,解放以后共烧多少,如果统计出一个数字来,该是多么惊人啊!在海南城乡,我们也随处可见从木工、修鞋、建筑工到各种各样的手工艺活都是外地人来干,这反映出怎样的一种文化心态及现象呢?至少可说,它是人们缺少从事商品生产和经营的素质,缺乏进取性、竞争性和发展商品经济的冲动性的表现。也正如上述《富海南》一文所说的,河北省张家口地区有个县很穷,可是人们很会做生意,他们从路边挖一块土,揉成泥巴,再捏成小人、小动物之类,就可以卖钱,很多人就是靠此谋生。可海南不这样,比起泥巴来,海南的贝类、珊瑚要贵重得多,但却没有在这些小东西上打主意。对于个中的原因,海南人本身也应是有所体会的。海南农村有句话叫作:"肥田出农夫,瘦田出富主。"很能说明问题。越是缺乏资源、越是生活没有保障的地方,人的生存、谋生欲望就越强烈。遗憾的是,海南得天独厚,资源太富,"半月青菜,三月番薯",种啥得啥,生活在这个岛上,尽管活得不好,但绝对死不了,就是因为随便种点什么都可够糊口①。在海南,几乎没有饥荒、饿死人的现象。

---

①用一句更通俗的话说是:"往地上插上一根扁担,也会长出叶子来。"因此,本文作者一向认为,过于对自然资源的依赖,实际上是对"天"的依赖,而不是对"人"的依赖。这样,就达不到海南农村人说的"逼仔成才"的境界。实际上,越是人多地少、资源贫乏的地方,越出人才出"富主"。无论是海南文昌、广东的潮汕或是亚洲"四小龙",莫不如此。

因此，在海南的传统文化中，一个重要的特性就是对自然依赖、对天依赖的心理强于对人本身，也反映出人的"安贫知足"的心态。很明显，这种心态或者说文化现象，是不利于生产力发展的。1985 年中山大学有几个老师和研究生来搞调查发现，珠江三角洲的农民是抢着要技术，而海南的农民，却是送技术给他都不要。如果认识到这一点，对于海南农业中表现出的强烈的"二元结构"（"两院"先进的技术，农村落后的生产）就不难理解了。《富海南》的记者述评说："光说海南富于天，解决不了实际问题。自然条件不能充分利用，就不会变成社会财富。还是应该说，海南岛要富，得富于人。"从海南的经济落后中，我们便不难窥见传统文化的负面影响了。

在海南，你可以发现有人做"贼"，但绝少发现有人当乞丐。海南农村吓唬小孩的话经常是"不要去做乞丐"或"乞丐来了"，把做"乞丐"当作最不光彩的事。这是不是说，海南人比起别的地方的人来说，更爱"面子"呢？

既怕苦、且爱"面子"，那就只好穷了①。

　　　　本文是本书作者 1994 年 4 月在台北召开的"海南经贸发展及人文建设研讨会"上所宣读的论文。

---

① 在文章的后半部分还谈到这样的问题：令人感到欣慰的是，海南文化很容易接受外来影响，具有强烈的"外向性"和"可塑性"。

共同开发论

共同开发：一个跨世纪性的话题

海南岛与台湾岛是我国海上两颗耀眼的明珠。很早以前，有人把中国比作东方巨人，琼台两岛是巨人的"双目"；也有人把中国比作是一只雄鸡，琼台两岛是雄鸡的"两足"。无论是哪一种比喻，给人的想象都是丰富而美好的。也正是这种想象，使人们不只是单纯地比较琼台两岛的自然、地理、环境、风俗，而是进一步比较它们经济发展快慢的原因，提出发挥优势、加强合作、促进开发的种种构想。

中国改革开放的总设计师邓小平同志，对海南岛的开发一直抱以满腔热情。早在 1984 年他就提出海南的经济发展要赶上台湾的问题。他说："我们还要开发海南岛，如果能把海南岛的经济迅速发展起来，那就是很大的胜利。"[1]邓小平同志既看到海南岛与台湾经济发展的差距，也看到海南岛经济发展较之台湾的优势，为把海南岛"迅速发展起来"，他提出了把海南岛办成中国最大经济特区的宏伟构想。1987 年 6 月他在会见南斯拉夫客人时宣布："我们正在搞一个更大的特区，这就是海南岛经济特区。海南岛和台湾的面积差不多，那里有许多资源，有富铁矿，有石油天然气，还有橡胶和别的热带亚热带作物。海南岛好好发展起来，是很了不起的。"[2]

海南的经济发展落后于台湾，有很多方面的原因，其中一个重要原因是

---

[1]《邓小平文选》第 3 卷，人民出版社，1993 年版，第 52 页。
[2]同[1]，第 239 页。

台湾早在 100 多年以前的清光绪十一年(1885 年),就被清政府正式划为单一行省;而海南则在 103 年之后的公元 1988 年才得以单独设省。建省办全国最大的经济特区是海南开发建设的历史里程碑。自此以后,海南迎来了历史上经济发展最快的时期;也是自此之后,关于琼台两岛发挥优势、加强合作、促进发展的议论从未间断。论者的提法虽各不相同,但都有"异曲同工"之妙。就是怎样发挥海南的地理优势、资源优势和市场优势,配合台湾的资金优势、技术优势和管理优势,共同开发海南岛。可以说,无论是两岸直接联手或是通过别的国家(地区),"共同开发"海南岛将是中华民族和国际社会的一个跨世纪性话题。

笔者 1988 年 4 月间撰文认为,由于海南岛与台湾各方面情况相似,自本世纪初以来,琼岛与台岛的开发就不断地引起人们的注意与比较。现在,人们只注意到海南岛的开发建设应该借鉴台湾的成功经验,却忽视了透过直接加强两大岛的经济与贸易合作,来促进海南岛的开发。而这种合作开发,无论是对于加快海南岛的经济发展,还是促进祖国的统一大业,意义都极为深远。为此,提出海南岛与台湾岛要通过经贸合作,探索"共同开发"的模式;并提出 10 条建议,其中包括在海南岛内开设直接以台湾命名的"台湾投资促进区"或"台湾加工出口区",以及使海南岛成为台湾与大陆的"转口贸易区"等①。

1988 年 8 月海南省正式宣布:为了鼓励台湾同胞投资开发海南,"我们将在适宜的地区,设立若干台湾投资区,以更优惠的政策和便利的条件,鼓励台湾投资者在区内成片承包,综合开发,采取多种形式促使台湾的资金、技术同海南的资源、市场相结合,进一步加强中国两大岛屿间的经济往来,使我国的两大宝岛相互取长补短,共同为中华民族振兴作出更大的贡献"②。

1989 年初,有的学者提出,应让岛外的行政法人和经济人同时成为海南岛开发、建设主体的设想。认为,应特别欢迎台湾当局作为行政法人直接参与海南的开发建设。既然大陆和台湾全面接触与合作在短期内办不到,那就应不失时机地以海南为中间过渡地带,通过在本岛联合开发、合作管理,建立

---

①钟业昌:《海南岛与台湾岛的经济合作:形势分析与 10 条建议》,《海南风》杂志,1988 年 9 月创刊号。
②梁湘:《海南建省的形势、目标与任务——在海南省人民代表会议第一次会议上的报告》(1988 年 8 月 25 日)。

起良好的社会经济关系,并为今后台湾回归祖国的方式、方法探索新的道路。此论者并认为,如果海南岛真能成为海峡两岸重归统一的先行试验区,那将是全海南人民在中国历史上所做下的一件无量功德①。

上述话题,更是这些年来台湾学者及政界人士谈论的热点,也是台湾媒体关注的焦点。比如,1988年3月,就如何因应海南建省办经济特区和大陆土地买卖等之新形势,台湾学者及政界人士就建议政府主动协助民间企业或公办民营公司,到海南岛承租土地,进行投资开发。

1989年4、5月间,随着海南洋浦开发政策的出台,台湾的许多政界人士及经济学者纷纷发表谈话或撰文,吁请当局积极参与海南岛的开发建设,认为参与开发海南岛,不仅对大陆有利,实质上对台湾的经济发展亦裨益甚大。侯家驹先生发表题为《海南岛能否代为开发》的文章认为,台湾参与开发海南岛可以从中获得较大经济效益。贸易上,由于增加海南岛居民的市场,再加上开发投资所导致的需求,将可为台湾减少对外贸易的依赖;在生产上,台湾很多业者正寻觅对外投资机会,参与开发海南岛,厂商们可以组团方式,作上、中、下游配合性投资,可提高获利水准及机会。黄主文先生则提出,台湾目前资金泛滥,劳力密集产业经营日趋困难,若由当局指导民间筹组有规模、有计划的投资开发公司,以海南岛为目标,将有助于上述问题的解决。而台湾参与开发海南岛的方式,可透过第三者或国际机构之担保,以承担海南岛土地或接受委托开发或共同开发等。边裕渊先生在他的文章《台湾开发海南岛的可行性》中同样认为,参与开发海南是台湾"应走的一步棋"。这是解决台湾"面临资金泛滥""疏解各种压力"之途径。至于台湾参与开发海南的方式,也是承担、委托或共同开发。而共同开发海南的合作方式是:大陆负担部分人才、资金,其余不足部分由台湾提供,但需采用台湾的制度、管理、经营方式,而大陆亦参与②。

1994年1月,连战先生建议台湾和新加坡合作开发海南岛的石油和矿产等自然资源。台湾将提供资金而新加坡提供专门技术,主要将用于开发石油、天然气、矿产以及旅游业等项目。这些项目将由以新加坡名义建立的合

①韩康:《联合开发　联合管理　划区而治——海南社会经济发展新构想》,《海南开发报》,1989年1月6日。
②转引自《海南日报》1989年5月6日。

资企业来实施①。由于有前述"承租""委托开发""共同开发"等设想作铺垫，且台湾和新加坡联手开发是"共同开发"设想的具体化，具有很强的可操作性，因而一经提出，在海峡两岸乃至国际社会上都产生很大反响。它再次表明，"共同开发"海南岛将是中华民族和国际社会的跨世纪性话题，而且最终也将冲破各种阻力成为中华民族和国际社会的跨世纪性行动。

共同开发：一种非一般的经济开发方式

"共同开发"是由共同需求而引发的共同投资、共同管理、共享利益的经济开发方式。邓小平同志在谈到"共同开发"设想时这样说，它最早是从我们自己的实际提出来的。我们有个钓鱼岛问题，还有个南沙群岛问题。"这样的问题是不是可以不涉及两国的主权争议，共同开发。共同开发的无非是那个岛屿附近的海底石油之类，可以合资经营嘛，共同得利嘛。"②

"共同开发"的理论基础在于"大市场"理论。其核心是通过扩大市场以获得规模经济，从而实现经济技术利益和刺激经济扩张。以台湾参与投资共同开发海南岛来说，单就海南市场还难以给台湾带来"大市场"的规模经济利益，但海南的背后是令众多外商垂涎三尺的 11 亿多人口的大陆市场，因而，通过"共同开发"，台湾就可以获得海南岛"腹地"广阔的廉价原料来源地和商品销售、资本输出地，由此使台湾经济和企业发展能在相同的起点上，与美国、日本、香港、新加坡、韩国等国家和地区展开竞争。

这表明，"共同开发"是一种经济开发方式。但是，由于它具有以下两个显著特点，因而，"共同开发"又是一种非一般的经济开发方式。

第一，它是一种政府经济行为。和一般的以企业法人为主体的经济开发方式不同，"共同开发"是一种政府经济行为或者说是行政法人的经济行为。以台湾投资开发海南岛的"共同开发"来说，它是双方本着"中华民族的利益高于一切"的宗旨，从各自的有利条件出发，依据经济上的"互利、互补"原则，据以制订共同的投资计划和签订长期投资协定，通过土地使用权有偿转让、建立投资促进区或转口贸易区、投资某一产业或综合开发某项资源等方式，

①据路透社台北(1994 年)1 月 4 日电。
②《邓小平文选》第 3 卷，人民出版社，1993 年版，第 87 页。

所进行的广泛的经济合作。我们也可以这样说，琼台两岛的"共同开发"，实际是以海南岛为基地的"国共经济合作"。据此来衡量，不能把单个外资企业的投资行为看作是"共同开发"；而前述一些学者和政界人士的构想，虽然提法各不相同，但基本内容是"共同开发"。

第二，它是国家和平统一的一种方式。经济上的"共同开发"，必然导致政治上的"和平统一"。人们普遍认为，海南与台湾两岛开展经济合作具有强烈的互补性。台湾自然资源匮乏，但资金充裕，劳动力素质高，产业结构高级化；海南正好相反，有丰富的待开发的自然资源，但资金却严重短缺，劳动力素质较低，产业结构落后。因此，海南的开发如有台湾的资金、技术、管理参与，将是"如虎添翼"。很多论者认为，台湾经济持续发展的出路在于与大陆的结合。而千里之行，始于足下，台湾与海南先行结合，以海南优越的地理位置、丰富的自然资源、待开发的岛内市场、最具潜力的大陆市场和特区的优惠政策，结合台湾的资金、技术、人才和灵活体制、创业精神、管理经验、行销能力，这样的共同开发所产生的整体力量，无论是对海南的经济发展、台湾经济的持续增长，还是对中华民族和平统一和整体振兴，都将产生巨大影响。正因为这样，有人断言：中国统一的契机在海南。正是从这样的意义上说，"共同开发"是国家和平统一的一种方式。以经济上的"共同开发"为起点，人们必将探索到理想的国家和平统一的具体的或过渡的方式、方法。

台湾与海南"共同开发"之所以可行，之所以能产生巨大作用，有一个最基本的问题是：不只是海南需要台湾，台湾也需要海南。由于岛内生态环境、投资环境的日益恶化和人口问题，使台湾发展的"有利条件都丧失了，不利的条件都彻底暴露"，连赵耀东先生也认为："台湾已不可能再创一次经济奇迹。"台报则直截了当地指出：海南岛尚待开发，未来的可塑性大。充满机会，对于台商或许是一片新天地！

以下是笔者分析的 5 个原因：

第一，特殊的地理条件和在中国的特殊地位构成"共同开发"的基本条件。台湾岛和海南岛"孤悬海外"，早被人们称为中国的"兄弟岛""姊妹岛"。海南改制为省后，台湾和海南则成为中国绝无仅有的两个"海外省"。它们同处于中国"黄金海岸"的"外围"，具有良好的国内其他地区所没有的开展经济合作的独特的地理条件。台湾无论是现在还是未来都将作为中国的一个特殊的发展区域而存在,而海南作为中国的一个"海外省"、一个"特区省",也是中国最具特殊意义的发展区域。由于两地的特殊条件和特殊地位,"共同开发"必将使她们成为中国最有潜力和魅力的发展区域。

第二,自然资源、劳动资源以及资金、技术和管理经验等的各具优势构成"共同开发"的物质基础。海南岛拥有很丰富的热带作物和南药资源、矿产和建材资源、石油和天然气资源、海洋和旅游资源,以及丰富的土地资源和大量廉价的劳动力资源。但由于资金缺乏、技术和管理水平落后,因而没有得到充分的开发,有着很大的发展潜力。与此正好相反,台湾人多地少、资源缺乏、劳工短缺和资金过剩,再加上美国等国贸易保护主义的打击,使台湾经济的进一步发展面临不利的经济环境。因此,海南丰富的自然资源和劳动力资源是台湾所需要的,而台湾的资金、技术和经济力量也正是海南所需要的,这种经济合作强烈的互补性,使"共同开发"能建立在"互信、互惠、互利、互补"的基础上。

第三,大陆的依托构成"共同开发"的重要保证。以大陆为依托,实际上也就是以中国11亿多人民的智慧和力量、中国的国力和广阔的市场为依托,以此构成琼台"共同开发"的强大引力。由于有大陆为依托,"共同开发"才能使台湾得到来自"大市场"的规模经济利益。

第四,海南岛实行特殊的政策和体制构成"共同开发"最现实的条件。海南岛是我国最大最特的经济特区,国际上行之有效的具体制度、合作方式和管理方法都可以采用。建省办特区6年来,海南不但在对外开放中形成一整套特殊的政策体系,而且在改革中市场经济发展迅速,从而使海南岛成为国内在政策和体制上,最有条件也最容易与台湾进行"共同开发"的地区。

第五,海南寻求发展经济的强烈愿望构成"共同开发"的良好社会基础。在落后的基础上建省办特区,海南面临的突出矛盾就是"目标高、起点低",正是这种严峻的现实和强烈的发展欲望,使海南勇于从现实出发,寻找发展生产力的有效方法,由此构成"共同开发"的社会基础和推动力。尤其是经过1989年的治理整顿和1993年下半年开始的宏观调控,海南各界越来越意识到吸引外资的重要性。现在,无论是政府或企业界,都非常希望有来自台湾的庞大投资计划。用海南省省长阮崇武的话说,就是:"我们已经打扫好了房间,准备好了茶水,就等客人来。"①

----

① 《海南日报》,1994年2月4日。

共同开发:台湾可以投资海南的三大领域

"共同开发"的构想要变成现实,必须通过双方的共同努力。这方面涉及的问题非常多,也非常复杂,比如最基本的问题是如何做到"两岸未通,两岛先通"。不过,本文不打算讨论这些问题。而是想指出台湾在共同开发"基地"——海南岛所应投资的领域。本文把这概括为以下三个方面。

(一)以基础设施和基础产业为主的重大建设项目

由于历史的"欠债",如1952—1980年的30年内,海南交通运输、邮电建设所得到的投资仅2.5亿元,致使海南的基础设施和基础产业建设严重滞后,投资环境甚差。建省办特区以来,这种状况有了很大的改变。仅1992年和1993年海南的基础设施和基础产业的投资额就达59亿元,1994年计划安排的是70亿元。

为加速海南的开发建设,海南省政府确定了30个外引内联重大项目。这些项目包括两大部分,一部分是已批准立项、正在开工建设尚未投产经营的实施项目14个。它们是:年加工原油600万吨炼油厂、年产30万吨水泥厂、年产50万吨水泥磨粉厂、年产10万吨镀锡薄板厂、年产10万吨冷轧薄板厂、年产500万套模糊控制器开发项目、农业综合开发项目、美亭农业综合开发区、洋浦经济开发区、太阳湾旅游城、东方明珠旅游城、华航综合开发区、三亚海辉度假村、深海城。这14个实施项目总投资为100.4582亿美元。另一部分是近几年、特别是1993年海南国际招商年签订意向、协议或合同,尚未登记注册企业或批准立项的前期项目16个。它们是:东水港综合开发工程、海口美兰民用机场、西线高速公路、琼山至文昌高速公路、海口美兰机场专用公路、海口至通什中线高速公路、海南钢铁厂、年加工原油1000万吨的海南恩康海华炼油厂、年加工原油600万吨的海南东方炼油厂、装机容量60万千瓦的八所电厂、装机容量2×30万千瓦的文昌电厂、装机容量15万千瓦的清澜燃气输机发电厂、年产15万立方米的中密度纤维板厂、海南浮法玻璃厂、海南综合化工厂、海南西线铁路通道。这16个项目总投资为108.8592亿美元和105.622亿人民币。这样,实施项目和前期项目投资总额达200多亿美元和100多亿元人民币。

这批重大项目符合海南的产业政策,体现为基础设施项目 10 个,以旅游或工业为主的综合开发项目 6 个,工业项目 12 个,农业项目 2 个。为吸引国内外客商参与这些重大建设项目的开发,海南对重大基础设施项目业主进行规范化股份制改组,实行综合补偿的优惠政策,以鼓励社会各界投资重点工程。目前,正准备制定和实施《海南经济特区基础设施建设综合补偿条例》等。自建省以来,台商投资海南逐年增加。到 1993 年底,全省已有台资企业902 家,协议总金额 9.6 亿美元,其中协议台资金额 7.69 亿美元,在海南仅次于港资,占全部境外投资的第二位。但台商投资海南以中小型项目为主。从注册资本看,902 家台资企业中,只有一家注册资本在 1000 万美元以上,100万美元以下的有 671 家,占总数的 74.4%①。这表明,台湾投资海南的空间还相当小。海南一系列重大建设项目的确立,已引起国内外一大批财团的关注。不失时机地实施"共同开发"计划,使台湾大举投资海南重大项目,才能形成两岛经济合作的新阶段。

(二)以自然资源开发为主的资源开发产业

海南岛自然资源十分丰富,但由于资金、技术和人才缺乏,资源的开发利用程度很有限,资源开发产业不很发达,这为台湾参与"共同开发"留下了"空隙"。以下 4 个资源开发产业具有巨大开发潜力。

石油、天然气工业。海南陆地和海上石油、天然气的储量令人震惊。海南陆地北部福山凹陷具有良好的生油和储油条件。据中国石油开发公开海南公司与石油财团 CSR 等 4 家石油公司,自 1985 年至 1989 年间探明和测算出福山凹陷金凤构造的油气分层储量,其天然气可采储量 4.2 亿立方米,原油可采量 21 万立方米。十年前美国阿科公司在莺歌海的崖城 13-1 合同区钻预探井时发现了目前已开始建设将于 1996 年向香港送气的崖城 13-1 气田,1993 年中国海洋石油总公司在莺歌海—琼东南盆地又发现了两个气田,一是乐东 15-1 气田,一是东方 13-1 气田。崖 13-1 气田的储量约为 1000 亿立方米,相当于原油储量为 1 亿吨的油田。与国内已发现的天然气田相比,崖城 13-1 的储量相当于整个四川地区已探明剩余储量的一半左右,储量的大小、丰度(指每平方公里含气面积)、产能都明显优于陕甘宁气区。从单个气田来说,是迄今为止我国已发现的最大的气田。1993 年新发现的两个气田

①据新华社海口(1994 年)2 月 17 日电。

储量也相当可观。1993 年,中国海洋石油总公司还在崖城 21—1 构造上打了两口探井。两口井都打到了相当丰富的气层,有关方面认为将有可能会发现一个储量比崖城 13—1 还要大 1—2 倍的大气田。中国海洋石油总公司还在这一带发现了一个和崖城 21—1 类似的崖城 23—1 构造。

莺琼盆地可供勘探面积达 26 万平方公里以上,地质家已发现了 100 多个构造。这个盆地生成、储存天然气的构造共有四种类型,目前已有三种类型找到了气田,这无疑大大拓宽了找气的领域,展示了十分喜人的前景。天然气既是优质、洁净的燃料,又是重要的化工原料。世界各国一次能源生产总量和消费总量中,天然气约占 30%,一些发达国家已达 50%,而国内仅占 3%。因此,天然气工业发展的潜力很大,特别是,南海大气区恰好面对的是经济发达,同时能源又十分紧缺的东南沿海地区,市场前景十分看好。这也就是说,台湾投资"共同开发"海南的石油、天然气资源,发展的前景十分喜人。

旅游业。海南旅游资源丰富为海内外所瞩目。建省以来,尤其是最近两年确立了"以旅游业为龙头"的发展战略后,海南旅游业发展十分迅速。1993年接待的国内外旅游者达 249.4 万人次,其中国际旅游者 24 万人次。为了进一步加快发展海南的旅游业,1992 年海南编制完成了《海南省旅游发展规划大纲》,并通过了专家论证。规划建设以海口、三亚、石梅湾、五指山、尖峰岭、西沙 6 大各具特色的旅游区为中心的旅游系统。确定全省 10 个重点旅游开发区。其中,省重点的是白沙门、桂林洋、高隆湾、石梅湾、牙龙湾等 5 个滨海旅游区;市县重点是五指山、铜鼓岭、南湾猴岛、万泉河、红树林等 5 个参观游览区。白沙门游乐中心面积 200 亩,总投资 1 亿元人民币,拟建"海鲜一条街""海上俱乐部""海洋博物馆""海景度假村"等一批旅游娱乐服务设施。桂林洋海滨旅游区面积 800 亩,计划投资 5 亿元人民币,拟建一座融体育、娱乐于一体的具有国际先进设备和管理水平的大型游乐场及其必要的配套设施,使之成为海口市附近最大规模的滨海旅游娱乐城。高隆湾海滨旅游开发区面积 3000 多亩,计划投资数亿元人民币,将建成与东郊椰林风景区相映成趣的海滨度假别墅区。石梅湾旅游开发区由海南新能源股份有限公司投资 3亿多元人民币,将建成与东山岭风景区、兴隆温泉旅游区相配套的海滨娱乐度假区。三亚牙龙湾旅游开发区,按总体规划要求将建成以热带滨海风光、中国传统文化、地区民族风情为特色的国际一流避寒度假胜地。牙龙湾和大东海旅游景区被列入"中国旅游胜地十佳"。

1994年2月在海口召开的有台湾学者参加的海岛旅游开发研讨会上,台湾代表认为,海南独具魅力的自然景观,尤其是三亚的海景风光对台湾游客有很强的吸引力。可以说,台湾投资"共同开发"海南旅游业,前景相当迷人。旅游业上的"共同开发",可采取"成片开发、滚动作业"的方式,但最基本也是最重要的是,1994年7月三亚凤凰机场通航时,琼台两地也能实现通航。

橡胶加工业。海南是我国主要的橡胶生产基地。1992年,海南橡胶产量18.72万吨,占全国(不包括台湾)总产量30.933吨的60.52%。但是,海南的橡胶加工业很不发达。表现为:一是企业规模小。1992年全省有橡胶制品工业企业21家,但工业总产值仅3.68亿元,其中独立核算企业17家,总产值3.62亿元,固定资产原值2.11亿元,固定资产净值1.76亿元。这样的规模未及现时海南一个大中型的股份制企业。二是产品单一低级。主要产品是轮胎、运输带、胶管、线动带、三角带、乳胶手套、胶布气床等。三是经济效益差。1992年4个盈利企业仅盈利310万元,而7个亏损企业则亏损1169万元,盈亏相抵后净亏859万元。台湾以先进的橡胶加工技术,"共同开发"的海南的橡胶资源,并进行综合加工利用橡胶木,效益将十分可观。

制糖业。糖业曾经是海南地方财政收入的重要来源,但建省后随着产业结构的调整,加上制糖业本身发展的萎缩,使糖业对地方财政的贡献已大大降低。海南的糖厂普遍是规模小型化、布局分散化。1992年海南省糖厂36家,职工2.18万人,当年完成的工业产值是11.21亿元。由于没有形成规模作业和综合开发,企业效益状况堪忧。列入统计的34家企业,盈利的17家,盈利额1400.21万元,而亏损企业也有17家,亏损额则达2413.28万元,盈亏相抵后亏损1013.07万元。

从国内外需求看,糖业是很有前途的产业。人们对糖的需求量在不断增加。目前,我国人均食糖消费量为8公斤/年,按这个水平计算,目前国产食糖缺口为298万吨;到本世纪末我国大陆居民生活要达到小康水平,那么就按目前国际人均消费糖水平来衡量,届时年产3600万吨食糖才能满足需要,相当于现时全国产糖量的5倍多。这样的"缺口"给糖业发展带来了机会。海南人均土地相对较多,气候适宜,有大力发展甘蔗种植的条件。1992年海南产甘蔗453.13万吨。但由于技术落后,海南甘蔗的亩产量低,目前为2.5

吨,全国平均3.6吨,珠江三角洲已达5吨。台湾制糖业发达,技术先进。早在1885年台湾就改革旧式制糖法,引进技术先进的制糖法,并派员到美国购买制糖机,招聘外国技师,促进台湾旧式制糖业向新式制糖业发展。商业资本家沈鸿杰从德国引进新式制糖机取代旧式制糖机,这在台湾糖业近代化中具有重要意义。由于不断引进先进技术设备,促进了台湾现代制糖业的发展。因此,以台湾发展制糖业的技术和经验,"共同开发"海南的糖蔗资源,促进海南制糖业的现代化,将带来相得益彰的效果。

(三)以土地资源开发为主的成片开发项目

丰富的土地资源是海南的巨大财富,也是经济发展的巨大潜力所在。海南土地总面积339.08万公顷(3.4万平方公里、5086万亩),按适宜性划分,可以分为6类:宜农地101.59万公顷,占30%;宜热作地81.14万公顷,占23.9%(其中宜胶地68.01万公顷,占20%);宜林地92.5万顷,占27.3%;宜牧地(草山草地)31.1万公顷,占9.2%;水面地(河、渠、水库占地)13.69万公顷,占4%;其他地(居民点、特用地、道路、大片滩地等)19.05万公顷,占5.6%。

海南土地目前已开发利用的有186万多公顷,占总面积的约55%,其中耕地总面积43.7万公顷(1991年)。未被开发利用的土地约占总面积的45%,其中可供大农业开发的土地约133.33万公顷。海南荒地荒坡比较平缓,大部分在15度以内,不少荒地集中连片,宜于开垦和机耕。由此可见,海南土地后备资源较丰富,开发潜力巨大。

海南岛的土地面积为3.4万平方公里,台湾岛是3.6万平方公里,海南岛是台湾岛的94.4%;海南岛人口为701.16万人(1993年底),而台湾岛是2055.7万人(1991年底),海南岛现时的人口其实还未及台湾1950年的人口(755.4万人),只相当于现时台湾人口的1/3。土地面积相差无几,而人口相差如此之大,也说明海南土地资源开发的潜力巨大。可以这样说,台湾的土地开发、人口生长和经济发展已达到了"发展的上限",而海南还处于"发展的下限"。

建省办特区以来,海南从土地资源丰富等实际出发,积极探索自己的发展路线。这条路线是:"成片开发,综合补偿。"1992年底,全省由政府批准的各类成片开发区有24个,规划总面积8082公顷,开发面积2250公顷,投资计

63亿元,占全省几年来固定资产投资的30%,从而大大加快了海南开发建设的进程。又由于海南人口相对少,因而土地征用成本低,由此又促进了"成片开发"进程。1992年以来,"成片开发"已成为海内外很多投资者投资海南的重要方式。现在越来越可以看出,"成片开发"为海南的开发建设描绘了美好前景;也为台湾投资"共同开发"开辟了基本的"路向"。

我们相信,台湾投资"共同开发"海南岛,必定以大面积土地(包括国营农场)的承租开发为重要起点和标志。

本文写于1994年4月,收在钟业昌著《海南特区改革开放与发展》,中国社会科学出版社1995年版。

海南："釜底抽薪"式的改革

前　言

　　近年来海南进行了几项在国内外都产生了较大影响的改革,比如企业法人登记由审批制改为登记制,海口市率先建立现代税收征管制度、全省建立新的公路交通规费管理制度等等。我认为,这些改革有两个最显著的特点:方向明确,方式正确。方向明确是向国际惯例靠拢,方式正确则是采取从根本上解决问题的"釜底抽薪"式,釜:锅;薪:柴火。北齐·魏收《为侯景叛移梁朝文》:"抽薪止沸,剪草除根。"意思是从锅底下拿走柴火以阻止水的沸腾,锄草要从根本上除掉。《三国演义》第三回:"臣闻扬汤止沸,不如去薪;溃痈虽痛,胜于养毒。"叶圣陶《城中》:"不过,根本的对付方法,还在釜底抽薪。""扬汤止沸"与"釜底抽薪"这就成了两个意思完全相反的成语。前者比喻办法不彻底,不能从根本上解决问题;后者比喻从根本上解决问题。古人劝谕做事情应当从根本上解决,那么,改革能否如此? 10多年来改革的经验教训和海南今天的实践都给予肯定的回答。海南进行的上述几项重大改革之所以能产生很大影响,根本的原因就是通过制度的建立来从根本上解决旧体制的问题与弊端。由于这些改革对于我们认识市场经济,对于海南及国内今后迈向体制创新阶段的改革极富有启发意义,因此很有必要进行总结、概括和探讨。

海南:改革的"釜底抽薪"式

　　改革的方向与方式问题,是改革的最基本问题。关于这一点,我们可以从改革多年来关于姓"社"姓"资"的争论和对"渐进"式或"激进"式(这种方式的最初设计类似于俄罗斯后来所实行的"休克疗法")改革的不同态度中得到认识。尽管市场取向的改革被当作姓"资"来批判,但最终它还是成为改革的目标模式;尽管不断有人对"渐进"式的改革进行指责,但它还是成为我国这些年改革的基本方式。迄今为止,不少海内外人士在比较"渐进"式改革和"休克疗法"后,认为中国改革成功是因为采取了"渐进"的改革方式。因为它避免了社会的剧烈动荡,使改革能在较为稳定的社会环境下循序渐进。这说明,方向的确定和方式的选择于改革何等重要!

方向只有一个,方式却有多种。在改革的速度上,有"渐进"式与"激进"式之分;在解决问题的程度上,有治本的"釜底抽薪"式与治标的"扬汤止沸"式之分。人们通常也把"扬汤止沸"这种不彻底的办法说成是"换汤不换药",这一点在机构改革问题上表现得很典型。

海南"釜底抽薪"式的改革,企业法人登记制度是一例。建省办特区以来,投资者反映最强烈的一个问题是办企业难,无论申办什么企业,都必须先立项、写可行性报告,再经过政府许多部门层层审批,由于环节多、手续繁琐,一方面是降低了行政效率,使投资者投资成本增加;另一方面是助长了以权谋私,索贿受贿等腐败风气有刹不止。为改变这种状况,改善投资的软环境,海南1988年尝试过成立投资服务中心的改革,把与外来投资相关的机构(如经济合作、工商、税务、海关、银行、国土等)集中在一个屋顶下实行"一站地"办公,1992年又尝试实行外引内联项目联合办公审批制度,但由于要么是效果不彰,要么是好景不长,使投资者依然感到"关卡"并未减少,拖拉、刁难、索贿受贿等不正之风依然。不少投资者对此只能苦笑:卡拉OK,"卡"(关卡)而不"拉"(拉关系)不能"OK"。为了改变或打击各种行业不正之风,这些年中我们还搞过多次"打击运动",但往往事隔不久,不正之风又有如死灰复燃,甚至愈演愈烈。究其原因,"一站地"也好,"联审办"也好,搞"运动"也好,都是满足于改变形式的"换汤不换药"的做法,其结果必然是"野火烧不尽,春风吹又生"。

根本解决问题的办法是"釜底抽薪",是对权力的"剥夺",是对制度的建立。1993年海南按国际惯例改革企业法人登记制度,把计划经济的"审批制"改为市场经济的"登记制"。这是与过去迥然不同的做法:第一,先登记公司,后办理项目。企业法人登记不要主管单位,不要政府部门的批文,"审批制登记"变成"直接登记制"。第二,淡化所有制性质,鼓励平等竞争。对国营、集体、私营、个体及"三资"企业,一视同仁。第三,放宽经营范围,放开经营方式。除了国家明令禁止的,什么都可以经营。把原来受到控制需要主管机关审批方可涉及的120多种行业和项目,减少到包括金融、保险等在内的24种,且经营方式不受限制。第四,减少证明文件,减少办照时间。原来申办企业要提供10多种证明文件,现在只需提供法定代表人的合法资格证明和符合规范的组织章程即可;过去办理企业执照需要1个月的时间,现在是在一个星期之内。

这种被看成是"先上车、后买票""先吃饭、后买单"的改革做法,是从"剥夺"政府的一些权力着手的,反映出"宽审批、重管理"的改革原则,从根本上体现了转变政府职能、改变工作作风、提高办事效率、方便企业投资、促进廉政勤政建设的改革要求,由此而受到国内外投资者的普遍欢迎。国家工商局局长刘敏学对此给予肯定评价,国家工商局将在全国逐步推行海南的这一做法。

"釜底抽薪"式改革,税收征管制度又是一例。全国连续九年开展税收财务物价大检查,税收方面的问题最突出。企业单位偷漏工商各税和"两金"("能源交通重点建设基金"和"预算调节基金")的情况相当严重。1993年查出92.2亿元,占查出违纪总金额的63.4%。据有关统计和专项调查,有50%以上企业存在违法违纪问题,有不少地方的企业,特别是个体工商业户,几乎是逢查必有偷税漏税问题。由此造成国税的大量流失,也成了长期困扰我国社会经济生活的顽疾。

为什么会造成如此严重的状况呢?人们纳税观念的薄弱无疑是一个原因,但不是主要的原因。同是一个香港歌星,他(她)在香港会规规矩矩地照章纳税,而在大陆却可以肆无忌惮地偷税漏税,这不能说他(她)本人纳税观念薄弱,只能说是我们的"气候"有问题。本来偷税漏税可说是国际性的普遍现象,因此偷税漏税与反偷税漏税力量一直在较量,所不同的是国际社会是靠建立起一整套以计算机为征税手段的纳税人自动报税、社会代理办税的高效率、低成本的制度来反偷税漏税,而我们则是靠宣传口号、重申"纪律"、上门"追税"和一年一度的"大检查"来对付偷税漏税行为。正因为这样,海口市在国内率先按国际惯例改革税收征管办法,初步建立起纳税人主动报税、中介机构代理办税、电脑系统照章计税、司法机关依法办税的现代税收征管制度才有特殊意义。

海口的做法是取消国内几十年一贯制的税务专管员管户制度,改由纳税人直接纳税或通过社会中介机构代理办税。这种与国际惯例接轨的做法同计划经济下的"独特"做法有明显的区别。第一,征税的方式不同。过去是税务征管员挨门挨户上门"服务",对纳税人实行"保姆式"征税,是"被动式";现在是每月的7日之前,纳税人自觉到各税务所主动申报纳税,是一种"主动"式。第二,征税的中介不同。实行税务专管员管户制度,税务机关与纳税人之间的征税中介是专管员,一个专管员管理若干企业,从纳税辅导、纳税鉴定、纳税申报、税款缴纳、发票购买、纳税检查等全由其"包办",而实行社会代理办税制度,征税的中介不是个人而是社会中介机构,如税务代理中心、会计师事务所、税务咨询事务所等。由于实行社会中介机构进行税务代理,税务部门包揽一切的管理职能得到转换,在征税人与纳税人之间形成了互相配合、互相制约的机制。在这种制度下,税务人员除必要的调查和稽查外,一般不下企业,这不但大大节省了人力,也相应减少税务人员以权谋私的机会。这就叫作从制度上防止腐败。第三,征税手段不同。专管员管户制度依靠落后的人工手段进行征税,由此造成错征、漏征、偷税、逃税现象相当严重。新的税收征管制度是以现代化的计算机作为征税手段,以计算机代替手工操作,计算机集税款征收、管理、检查为一体,从而大大提高了工作效率,降低征税成本,减少工作的随意性,而且有效地避免"人情税"。第四,治税原则不同。与过去靠宣传号召、纪律检查甚至靠关系治税的做法不同,新的税收征管制度实行的是以法治税的原则,强化税务稽查,设立税务审判庭,对违法逃税者课以重罚。

上述改革取得了十分明显的效果。表现为纳税人纳税意识大大提高,按期主动纳税率达96%以上;偷税漏税的"顽疾"得到遏制,税收收入大幅度提高;又由于"抽薪"抽掉了以权谋私的权力和机会,税收部门的廉政勤政建设得到加强。改革试验取得良好效果。国家税务总局副局长金鑫认为,海南的这一改革是全国税收征管改革的方向。

为了对付偷税漏税的难题,海口市也曾经按"征、管、查"三分离模式进行了一系列税收征管的改革,但还是未能医治税收征管中普遍存在的错征、漏征、偷税、漏税等"顽症",收受贿赂、收"人情税"等腐败现象有禁不止。前后对比,改革的方式与做法不同,效果大相径庭。与其"扬汤止沸",不如"釜底抽薪"。这就是近年来海南改革的最大启发。

"釜底抽薪"式的改革:实践的启示

理论来源于实践。近年来海南为寻求体制优势而进行"釜底抽薪"式的改革,以其生动的实践大大丰富了社会主义市场经济理论。对于我们认识什么是市场经济、怎样发展市场经济提供了生动有益的启示。这种启示的总题目是:发展市场经济究竟意味着什么、究竟意味着应做些什么。

第一,政府要给自己定位,要在权力问题上舍得"忍痛割爱"。

海南"釜底抽薪"式改革的最大特点,可说是以市场为取向,以国际惯例为参照,"剥夺"计划经济体制下长期形成的由政府拥有的、过多的、直接干预经济的、限制市场作用和企业自主经营的那些权力,还权于市场,还权于企业。以企业法人登记制度为例,长期实行的企业审批登记制,人为地把审批企业作为一种职权分解给几个政府部门,为"吃、拿、卡、要"提供了方便。办一个企业要盖几十上百个公章,廉政从何而来? 行政效率又从何而来? 实行登记制一下子就取消 100 多个审批单位,这是直接从权力上开刀,是从制度上保证廉政勤政。几十年来实行的税务专管员管户制度,同样为以权谋私提供方便。改革同样从取消权力开始。海南其他一些改革也是循此道。比如把市场竞争机制引入干部的任用制,对一些国营工商企业公开招聘厂长经理,取消企业政府主管部门负责制,取消企业的行政级别;对大学毕业生分配实行供需见面,双向选择,市场就业等。这些其实是由计划经济转向市场经济所必须做的事情。

计划经济其实是"政府经济""权力经济"。计划经济条件下的资源配置是以权力为基础,由政府统一配置的;而市场经济是"企业经济""自主经济"。市场经济条件下的资源配置是以市场为基础、由市场调节的。因此,由计划经济转向市场经济,必然要求转变资源配置的主体与方式,过去人、财、物大多由政府计划分配,现在改为主要由市场调节。这就是说,过去很多需要政府审批的、需要政府计划安排指标的、需要政府核准的都要取消或改变方法,转而由市场调节,让企业自主决定。这样,发展市场经济就意味着政府的权力有些必然要受到限制、有些必然要受到"剥夺"。不认识到这一点,或者认识到了但不敢正视这一点,不敢于在权力问题上"忍痛割爱",就谈不上转变政府职能,就谈不上发展市场经济。

但是,要做到这一点却不容易。因为,改革涉及的是权力调整和利益再分配问题。掌握实权的人和既得利益者,最不愿看到的是权力的削弱、转移和利益的减少;对他们来说,丧失权力等于丧失了一切。于是改革就有阻力,他们或是不愿意放弃权力,或是故意刁难、设置障碍,"门难进、脸难看、事难办"由此衍生。因此,没有全局观念,没有把党和人民的利益放在首位,是不会主动在权力问题上"忍痛割爱"的。从这个意义上说,海南进行"釜底抽薪"式的改革是难能可贵的。它表明,进行市场取向的改革,政府必须给自己定位,通过还权于市场、还权于企业来转变职能,避免对经济活动的直接干预。

第二,要创造企业平等竞争的条件,要创造生产要素自由流动的环境。

计划经济之所以称为"统制经济",是因为它的很多做法、制度,实际是限制生产要素流动、鼓励不平等竞争的,而各种经济成分平等竞争,生产要素自由流动,恰恰是市场经济的最基本要求。市场经济条件下,企业和个人根本利益最大化的原则开展经济活动,什么时候进入市场、什么时候退出市场,完全依靠自主决策。因此,人员、商品等生产要素的自由流动是市场经济的基本特征,也是基本要求。但是,计划经济下长期形成的很多规定和做法,是限制生产要素自由进入、自由退出、自由流动的。因此,发展市场经济要求简化或取消这些规定和做法,是促进而不是人为地干扰生产要素的自由流动。这可以说是市场经济条件下政府的责任。也可以说是海南进行"釜底抽薪"式改革的基本考虑。

以经营范围来说,国际上的做法是除了军火交易、走私和贩毒外,企业的经营范围几乎是无所不包。经营范围的调整也完全取决于市场的需求变化和企业自身的能力。但是,计划经济条件下对企业经营范围却有严格的规定,人为地限制了企业根据市场变化和自身生产经营能力来开展经济活动,从而也阻止了生产要素的自由流动和优化组合。海南企业法人登记制度放宽经营范围、放开经营方式,对各种经济类型企业一视同仁,一律"先上车、后买票",就是以创造平等竞争条件、促进生产要素自由流动为优先考虑。

以交通规费管理制度的改革来说,实行"四费合一"(即把公路养路费、过桥费、过路费和公路运输管理费合并,统一计征机动车辆燃油附加费),撤销一切路卡,这就为生产要素的自由流动、统一市场的形成,创造了最起码的条件。这项参照国际惯例进行的改革,由于改变了费种多、环节多的多头收费状况,且收费集中,较有效地防止了漏征、少征、逃征等现象,有利于集资维修公路、桥梁,建设新路;由于公路、桥梁收费站一律撤销,从而根本上解决了公路、桥梁设卡过多的问题,保证一路畅通;又由于燃油消耗实际上反映了车辆使用公路的程度,以此计征费用体现了"多用路多交钱,少用路少交钱"的公平原则。

海南所进行的诸如建立统一的劳动力市场、保障制度改革、住房制度改革等,无不是以促进生产要素的自由流动为第一考虑。阮崇武同志把海南近年来的改革总思路形象地概括为:"减少'看门的',增加'搞卫生的'。"原来政府部门管许多的审批环节,好像是"看门的",但市场经济最需要的不是看门的,而是规范化的管理和监督,也就是"搞卫生的"。"减少'看门的',增加'搞卫生的'",讲的就是政府要改变计划经济下管理经济的方法,更好地适应和促进市场经济的发展。其中,首要的任务就是根据生产要素自由进入、自由退出和商品自由流动这一市场经济的基本要求,去创造一个企业和个人在商品市场、服务市场、要素市场中能够自由流动的良好环境。这既是海南近年来进行改革的总思路,也是今天来总结这些改革实践的最富意义的启发。

第三,改革要以国际惯例为取向,与国际经济运行机制接轨。

改革以市场为取向,市场取向的"取向"又是什么?海南"釜底抽薪"式改革的实践给予了有力的回答:国际惯例。

国际惯例,从国际经济活动的角度看,是国际上大多数国家在经营管理方面的通行的习惯做法。国际上大多数国家实行的是市场经济,因而在国际经济交流与合作中逐渐形成了一系列适应市场经济运行的原则、准则和规则(即"惯例")。由于我国长期以来实行计划经济,由此逐渐形成的很多管理经济的手段、方式与独特做法,与国际惯例及国际资本、国际经济运行的要求是相背离的。再加上我们搞市场经济还相当缺乏经验,这就必须学习和借鉴搞了几百年市场经济的现代资本主义国家的做法。因为,他们在发展市场经济的几百年过程中,积累了相当丰富的管理经济的经验,在行政机构设置、经济手段运用、信贷运作、公共设施管理、城市建设、市场监管等等方面,有一套行之有效的规范做法。因此,搞市场取向的改革,必须以国际惯例为取向、为参照,按国际惯例办事,向国际惯例靠拢,与国际经济运行机制接轨。实际上,社会主义条件下的市场经济同资本主义条件下的市场经济都具有市场经济的共性,在运行规则上是相通和相似的。正如邓小平同志所说:"社会主义市场经济方法上基本上和资本主义相似。"

按国际惯例办事的口号早在六七年以前就提出了,但具体在哪些领域、哪些方面按哪些国际惯例办事,我们其实不甚了了。海南进行的"釜底抽薪"式改革的又一可贵之处是,它无不是以国际惯例为取向的。以申办企业来说,按国际惯例只要到工商管理部门提出申请,很快就可以领到开业执照。只要依法经营、照章纳税,不管办什么企业,不管资金多少,政府概不过问。为了保证政府有较高的行政效率,很多国家都实行一种叫作"自动核准制"的办法。如《加拿大投资法》规定:对所有建立新企业的外商投资在500万加元以下由原有企业直接接管的无须审查,外国投资者只需向加拿大投资局递交或邮送一份投资通知书即可被视为依法自动批准,投资者可径自向有关机构办理注册和实施投资;对少数必须审查的重要投资项目,审查机构应在接到投资者的申请后45天内完成审查并发出批复。如第45天未发任何批复或通知,则视该申请已被依法(自动)批准,外商可径自依法注册和实施投资等。

以国际惯例作为市场取向改革的取向,有十分重要的意义。当代国际经济所出现的一个特点是,很多国家经济发展的水平和结构越来越接近,使鼓励外来投资政策"趋同"。与此同时,困扰利用外资的主要问题又是投资行政手续复杂繁琐,投资行政机构重叠,各自为政,效率低下。因此,外商选择投资对象往往以当地的行政效率的高低为主要的考虑因素,也由此促使很多的国家,把吸引外商投资的努力放在提高"政治生产力"(即行政效率)上。加快审批速度就是一个方面。审批速度快,实施投资计划就快,这不但减少投资成本,还会赢得更多的市场机会。因此,对外国直接投资申请的审批速度实际成为外商判断一个国家投资环境优劣的重要因素之一。为此,为确保审批速度具有国际水平,这些年来许多国家都致力于以法律手段来对审批速度加以制约,以保证其具有国际竞争力。由此,可看出海南按国际惯例进行企业登记制度改革,实乃改善投资软环境的明智之举。

再以税收征管制度来说,各国都致力于建立严密的先进的税收征管制度和科学的管理方法来反偷税漏税。如建立严格的纳税登记、申报、核定、分户档案储存以及税款征收等制度。所有这些都是依靠先进的计算机进行科学管理而实现的。由于有科学的征管方法,可以随时反映出纳税进度和查阅任何一个纳税人完整的纳税档案资料,从而提高工作效率和降低征税费用。尤其是计算机的广泛使用,成了逃税者的"克星"。海南税收征管制度的改革向国际惯例靠拢,着重于建立科学的征管制度,改变过去以"运动"(宣传运动、大检查运动)治税的做法,的确是值得作为全国税收征管改革的方向的。

第四,要以法制经济取代"文件经济",要使市场取向的改革与市场经济立法同步进行。

海南进行"釜底抽薪"式改革的又一特点是,改革与立法同步进行,一项地方行政规章的出台,既是一项重大改革创举,又是一次重要的市场经济立法行动。比如,去年4月《海南省企业法人登记管理办法》的颁布实行,就是将改革措施和制定法规条件结合得很好的范例。今年1月1日起实施的《海南经济特区机动车辆燃油附加费征收管理办法》,5月31日颁布实施的《海南经济特区基础设施投资综合补偿条例》,也都是改革与立法同步进行的很好例子。

从计划经济转向市场政治,必须以法制经济取代"文件经济",这是"釜底抽薪"式的启示。在计划经济条件下,政府往往依靠发"红头文件"的形式管理经济,因此,计划经济又有"文件经济"的形象说法。市场经济崇尚竞争,公平竞争是市场经济的本质所在,是最基本的运行机制。而维护市场主体在市场竞争中的平等地位,维护市场公平竞争的秩序,需要公正的法律。与计划经济是"文件经济"相反,市场经济是法制经济。

我们可以举一些例子。比如,当投资规模失控时,政府便下达"文件",要求严格控制基建规模,这其实是"事后诸葛亮"。投资规模失控是由制度不严、管理不严造成的,根本的办法是进行事先管理,依靠立法来制约投资,依靠执法来监督投资,尤其要对"权力经济"下的"条子工程""首长项目"加以法律约束,对那些"拍脑袋定项目、拍胸膛上项目、拍屁股下项目"的人以法律约束。又比如,每当通货膨胀出现和要进行大反腐败的时候,政府便下达"文件"要求控制社会集团购买力。但每次都难以控制。如果是按照市场经济的做法,是制定政府采购法,在政府采购中引入竞争机制,实行公开、公平、公正的招标采购原则,提高透明度,使政府官员的行为接受社会监督,由此来防止腐败。计划经济与市场经济、"权力经济"与"文件经济"的区别由此可见。

海南的实践就是有这样的启发:今天的改革可以不通过政策的过渡而通过立法实现一步到位。

"釜底抽薪"式的改革:任重道远的改革

改革,不能一劳永逸,不能浅尝辄止。"釜底抽薪"式改革,以明确的方向、正确的方式取得较好的实践效果,但我们不能由此而有一劳永逸的想法。这一方面是因为,从政策优势转向体制优势,"釜底抽薪"式的改革提供了最好的思路和最有效的方式;另一方面是因为,改革在很多方面还需要完善,在很多领域还需要实践。

海南同国内的其他经济特区一样,目前都面临着共同而迫切的问题:如何增创新优势? 经过 10 多年来的建设,我国特区发展的优势正从最初的政策优势转向体制优势。这也就是说,在全国已经形成全方位对外开放的格局下,特区增创的新优势,最主要的应是体制的优势。江泽民同志上个月在视察广东时认为,经济特区的发展已进入了一个提高整体素质、增创特区优势的新阶段。就特区如何增创新优势、更上一层楼问题,江泽民同志首先指出的就是经济特区要为加快建立全国的社会主义市场经济体制,继续积极探索和创造更多的经验。现在倒回头来看,近年来海南进行"釜底抽薪"式的改革,不但保持和增创了特区的优势,扩大了海南的影响,增强了海南的吸引力;而且,为我们适时地进一步增创特区新优势,提供了很好的经验,奠定了很好的基础。既然我们的改革方向明确、方式正确,我们就应义无反顾地按这个目标、这条路走下去,在经济社会的更多领域实行"釜底抽薪"式的改革。

我们面临着进一步完善改革的问题。按国际惯例办事,向国际惯例靠拢,与国际经济运行机制接轨,有一个基本前提是要有较完备的法制基础,经济社会按规则、有秩序地运行。否则,尽管按国际惯例解决了旧体制下的问题,但它又往往容易以新的方式出现。比如,税收征管制度的改革,由于"不讲人情"的计算机的使用,使偷税漏税的"顽症"得到医治,但计征的"基础"是纳税人的"申报",由于缺乏一套严格的财务制度、社会代理征税的比例也还不高——这些无论对纳税人或一些另有想法的中介机构都是有机可乘的"漏洞",因此,偷税漏税便容易以"少报、漏报"等形式出现。实行税务专管员管户制度时,征多征少是专管员一人说了算,现在实行纳税人主动申报纳税,我们还必须再在制度上防止"报多报少"纳税人说了算。再比如,交通规费改革改变了多头收费的状况,较有效地防止了漏征、少征、逃征的现象,但由于法制不完备,执法不力,于是漏征、少征、逃征便以另一种方式出现,这种方式就是"走私",以及在发票上大做文章。海南公路、桥梁建设的主体不只是行政法人,因此由政府统一计征燃油附加费后,如何使其他建设主体获得合理的回报和更快地投资建设新路是要认真考虑的问题。从发展的趋势看,海南应大力鼓励社会参与公路、桥梁等基础设施建设,只有这样才能根本解决资金"瓶颈"问题,因此"回报"问题便显得极为重要。

上述情况说明,我们的确没有理由对改革有一劳永逸的想法。我们必须更多地深入调查研究,使改革更为完善。改革要以国际惯例为导向,但又要注意自己的"岛情"。国际上很多国家是在法制较完备的基础上实行工商、税收的国际通常做法的,国际上的很多国家也是在交通发达的基础上实行燃油附加费制度的,而海南法制不完备、交通也不发达,这是我们"岛情"的一个方面,由此使改革衍生出其他问题。认识到这一点,正视到这一点,我们就有完善改革的准备、智慧和对策。

改革不能浅尝辄止。总结近年来改革的经验,由于我们对发展市场经济、按国际惯例办事有了前所未有的认识,对比我们经济社会生活的各个方面,其实在很多领域可以继续进行"釜底抽薪"式的改革。小到广告行业实行广告代理制、建筑行业实行托管制,大到海南改革的最大项——"小政府、大社会",都需要以这种方式来继续改革。

如"小政府、大社会"的改革。建省时海南的政治体制改革开了国内的先河,但1989年之后这一改革非但没有继续完善,反而是走回头路(或者是在"完善"的名义下自觉或不自觉地走回头路)。面对撤销的机构纷纷恢复,合并的机构纷纷分立,没有的机构纷纷设立,我们再也没有当初与内地省份相比少多少机构、少多少人员之类的自豪。以至于现在要来说明政府"小",却找不出确切的能说服人的数字。为什么机构的改革总是跳不出"精简—膨胀—再精简—再膨胀"的怪圈呢？根本的原因在于改革走的是"合并—分开—再合并—再分开"的怪路;而机构的"分久必合,合久必分"的根本原因,又在于改革未能采取"剥夺"权力、转变职能和建立公务员制度这样的治本办法。为了政府"小",一方面是摘掉"××局"的牌子换成"××总公司",专业经济管理部门由此转为"集团公司"(有的是"一套机构、两块牌子");另一方面是通过办经济实体来分流富余人员。有人认为这就是政企分开,这就是转变政府职能。但实际并不是这样。因为,这些靠行政手段组织起来的"实体",一方面继续行使政府行政职能;另一方面把原来的隶属企业直接抓在手上并降其为"第二法人",由此便产生了政府机构改革的"变种"或"怪胎"——翻牌公司。由于"翻牌"公司有的是由原来的行政部门转过来的,有的是靠行政手段把原来的隶属企业捏合在一起形成的,因此它成立之后,对政府它是企业,而对企业它又是"政府"。针对改革后的"'婆婆'还是那个'婆婆','媳妇'还是那个'媳妇'"的现象,人们普遍认为这是"换汤不换药"的改革——主管局的名称取消了,但行政管理职能还在。国家经贸委在做一番调查后曾指出,"翻牌公司"是向旧体制的一种复归,不是改革,而是倒退。本来进行政府机构改革,专业经济管理部门向经济实体转化是非常正确的选择,因为这是精简机构、分流人员的最重要途径,问题在于,改革未能采取从根本上解决问题的"釜底抽薪"的做法,使新成立的实体同原部门在职能、人员、资金上完全脱钩,不再以行政权力作为经营手段,以致造成不平等竞争,与改革的初衷相背反。因此,要使机构改革跳出"精简—膨胀—再精简—再膨胀"的怪圈,就不能走"合并—分开—再合并—再分开"的怪路。必须借助"釜底抽薪"式的做法与经验,从"取消"权力、转变职能着手。只有这样,才能真正谈得上改革与完善"小政府、大社会"体制。

又如产权制度的改革。为了搞活企业,我们这些年来采取了很多做法,比如放权让利、承包经营、税利分流等,但真正解决问题的办法是改革产权制度、建立现代企业制度。"改到深处是产权",产权制度改革是深化企业改革的突破口,这是15年来企业改革经验的总结和借鉴国际惯例的结果。多年来我们一直想对长期亏损企业实行"关、停、并、转",但为什么总是关不了、停不了、并不了、转不了？关键是产权市场没有建立起来。产权不流动,不可能使资源优化配置。只有产权流动,产权主体才能在合法的范围内自主地运用产权,谋求自身利益的最大化,从而达到资源配置的优化。当然,我们要建立的是规范的产权市场。只有规范的产权市场,对国有资产存量的流动,资源的优化配置,产业结构的调整,才有积极作用。否则,不规范的产权交易,必然造成市场行为的扭曲,使国有资产大量流失。这也说明,产权制度的改革要在较完备的法制基础上进行。今年3月海南已公布了《海南经济特区产权交易市场管理办法》,这就为产权制度改革、产权市场的建立和发展,提供了必要的法制保证。我们应大力推进这个从根本上推动生产要素流动、搞活企业的改革。

又如实行招标拍卖制度。与计划经济条件下透明度极低的权力交易方式相比,市场经济条件下的通常做法——招标和拍卖,被认为是最难作弊、最难谋私的方式。以土地市场为例。在市场经济条件下,土地资源主要由市场配置,而不是由政府以行政手段来划拨。海南土地资源开发引入市场机制较慢,直到1991年底海口市才尝试进行一块土地的公开拍卖活动。当时位于海甸岛的一块土地拍卖价由于高达每亩98万元,而轰动一时。但由于各种原因,直到1992年11月,才又有三亚市采取同样方式拍卖位于该市中心的一块商业用地。这也就是说,海南大量土地的出让是以行政手段进行的。由于政府的出让价与市场价之间相差几倍甚至一二十倍,造成批地给谁、谁就发横财的现象,于是一些人不惜代价找门路、找关系、找后台,于是大量"条子地""关系地"出现,使不少人一夜暴富。很明显,以行政手段配置土地资源,使土地市场竞争不公、严重失序,其直接后果,一是助长权钱交易、腐败之风难以刹住;二是导致国有资产大量流失。解决这个问题,仅仅要求我们的干部自律不行,仅仅进行事后监督也不行,"釜底抽薪"的办法,也就是根本的办法、彻底的办法是用市场机制来配置土地资源。市场竞争机制是实现资源最优配置的手段,同样是优化土地资源配置的手段。只有在土地出让中引入市场竞争机制,把土地使用权的出让公开化、透明化,才能使发展商尽快获得土地使用权,使土地通过开发迅速增值。这种"剥夺"权力的做法有"一箭双雕"的效果:既可以增加土地收益,防止国有资产流失;又可以有效地避免以权谋私、防止腐败。因此,今后土地使用权的出让应多采取招标、拍卖的方式,尽量减少协议出让、政府批租的方式。不只是土地市场,在众多领域也应广泛推行招标、拍卖制度,比如各种指标、各种配额、汽车牌照等等。

又如户籍制度的改革。发展市场经济,必然要发展劳动力市场;而发展劳动力市场,已越来越有必要按国际惯例来改革户籍管理制度。因为自50年代一直沿用到现在的户籍管理制度,实质是限制劳动力流动的,从而人为地形成了城乡隔离制度。在这种制度下,人们难以获得统一的社会身份,难以真正做到在发展机会面前人人平等。如果不按国际惯例建立城乡统一的户籍管理制度,实际上做不到真正的劳动力的自由流动,不能真正形成城乡统一的劳动力市场。具体到对大量农村人来说,户口问题是他们向城市流动的最大障碍。为了获得城市户口,也就是所谓的"跳农门",参加普通高考是正道,但真正能考上的毕竟是少数,招工提干的机会也并不多。因此,很多人只能依靠拉关系、"走后门"。户籍管理制度将是继就业制度、社会保障制度、住房制度之后,为建立劳动力市场而必须进行的第四项改革。海南应在这方面先行一步。改革的方向应像已进行的工商登记、税收征管、交通规费的改革那样,向国际惯例靠拢。户籍管理的国际惯例,是实行注册人口登记制。只要有稳定的工作和收入,且居住期达到一定的年限,即可发户籍卡,由此自然转为城市户口或实现区域间的人口迁移。但为了保证城市人口的素质,必须有一个最低的教育水准。比如美国的正式移民就要经过智力测验。海南应在这方面进行探索。这样做的好处是促进劳动力的自由流动,促进海南的城市化进程,防止以权谋私。但户籍管理制度改革很复杂,涉及面广,要注意稳妥操作。可让一些小城镇先行,鼓励农民建新城或按新的户籍管理制度迁居城市。

结　语

正如前文所说,"釜底抽薪"式的改革为我们迈向体制创新阶段的改革和体制优势的形成,提供了最好的思路和最有效的方式,是海南最可贵的改革探索,本文对此做的是初步的总结、概括和探讨。为了加深我们对这一问题的认识,这里抄录邓小平同志的一段精辟论述,作为本文的结束。因为,海南的改革具体生动地体现了邓小平同志的思想。14年前,邓小平同志在中央政治局扩大会议上发表了长篇著名讲话《党和国家领导制度的改革》,这一讲话被党的十三大称作是我国进行政治体制改革的指导性文件。邓小平同志在讲话中谈到官僚主义滥用权力、机构臃肿、人浮于事、办事拖拉、不讲效率、不负责任、公文旅行、互相推诿、徇私行贿、贪赃枉法等等表现和危害后指出：我们现在的官僚主义现象，既不同于旧中国的官僚主义，也不同于资本主义国家中的官僚主义，"它同我们长期认为社会主义制度和计划管理制度必须对经济、政治、文化、社会都实行中央高度集权的管理体制有密切关系。我们的各级领导机关，都管了很多不该管、管不好、管不了的事，这些事只要有一定的规章，放在下面，放在企业、事业、社会单位，让他们真正按民主集中制自行处理，本来可以很好办，但是统统拿到党政领导机关、拿到中央部门来，就很难办。谁也没有这样的神通，能够办这么繁重而生疏的事情。这可以说是目前我们所特有的官僚主义的一个总病根。……还有，干部缺少正常的录用、奖惩、退休、退职、淘汰办法，反正工作好坏都是铁饭碗，能进不能出，能上不能下。这些情况，必然造成机构臃肿，层次多，副职多，闲职多，而机构臃肿又必然促成官僚主义的发展。因此，必须从根本上改变这些制度。当然，官僚主义还有思想作风问题的一面，但是制度问题不解决，思想作风问题也解决不了。所以，过去我们虽也多次反过官僚主义，但是收效甚微"。

本文发表于《海南日报》1994 年 7 月 12 日、14 日。

海口城市建设的"瓶颈"现象

　　城市规划落后于建设、建设未能严格按照规划进行,城市建设的商业功能、旅游功能、文化功能等不突出,城市公共设施严重不足,海口城市规划、城市功能、城市设施等方面存在的这些问题是本文谈论的话题。

　　人们通常把基础设施(比如交通、能源、通讯)的不足或落后,看成是经济发展的"瓶颈",也就是制约因素。那么,海口城市建设的"瓶颈"又是什么呢?把这个问题看清楚了,相信对于我们建设好"大海口"一定很有意义。

　　海口的市民目前可以说是生活在这样一个"让我欢喜让我忧"的城市环境之中,他们为海口天天在"长"高的城市景观而惊喜的同时,没有忘记抛下这样一种无奈的怨言:海口太乱! 海口太难! 等等。说"乱",是开发区建设乱、房子建设乱,还有乱停车、车乱停等等;说"难",是行车难、购物难、入学难等等。这一"乱"一"难",就是海口城市建设"瓶颈"现象的一种折射,是市民们对这种折射的真实感受。进一步分析"乱"与"难"的成因,我们可以看出海口的城市建设"瓶颈"现象问题之所在。至少有两个方面的成因我认为是至关重要的。

　　一是规划落后于建设,建设不遵循规划。海口是从一个滨海小城而变为省会城市的,几年中城市建设规模也由此呈倍数扩展,各种开发区、商住小区脱颖而出。几年后,人们便从旧城区与新城区来判断或感受城市建设的品质。这种感受可说是喜忧参半。城市规模扩大了,马路拓宽了,房子建得也漂亮了,但却给人一种乡村姑娘突然穿上时髦服饰所特有的那种蹩脚的感觉。城市主干道不像主干道(从南头检查站进入深圳市区,人们可以看到什么叫城市主干道),道路网络不完善也不发达,旧城区建设处处"见缝插针",

新城区"接吻楼""握手楼"比比皆是，人们自然由此感受到"乱"。特别是金融贸易区，本来是海口面向现代化、面向世界、面向二十一世纪的"窗口"，是特区建设的象征和骄傲，但由于偌大的开发区道路不宽敞、不流畅，建筑物过于密集略显凌乱，没有绿化带，也缺少学校、邮局、停车场等公共设施，再加上还未完全建成局部却快要进入"维修"阶段，人们虽然不据此认为是新建的"旧城区"，但对海口城市建设品质的感受与判断却委实大打折扣。所有这些，是由于规划落后于时代、落后于建设，再加上"规划规划、墙上挂挂"所致。

正反两个方面的经验教训都说明，任何一项优秀的建设，无不得益于高瞻远瞩的规划。不久前笔者曾参观了台湾新竹科学工业园区，对此的体会极其深刻。这个 1980 年开始建设的科学工业园区，占地 2000 公顷(合 3 万亩)，已开发面积 380 公顷(合 5700 亩)，由基隆经台北到高雄的南北高速公路贯穿其中，区内交通四通八达。从大门进入园区，仿佛是走进一个绿树掩映、鲜花盛开、鸟语蝶舞、空气怡人而景观别致的大公园，以至令人无法联想到"工业"这两个字。行车穿越宽敞平坦的花园大道，可见各式现代化建设、公共设施及室内外休闲设施应有尽有，错落有致，如公寓楼、实验中学、幼儿园和网球场、人工湖、中西餐厅、电影院、超级市场、银行、邮局、加油站、污水处理站等。这种建设环境，可说是充分体现了对人性的尊重，满足了人们对完美生活品质的追求。我们一了解，才知道当时规划建设这个园区时，就确定了园区建设的内涵由三个部分组成，即："科学""工业""公园"。在建设中所遵循的是"学院化、社区化、公园化"的要求。园区的建设是相当成功的。被称为是"人性化的优良的科技环境"。无论是台湾人士还是参观者皆认为，园区的成功无不得益于缜密完善的整体规划。

因此，突破海口城市建设"瓶颈"因素，必须从根本上改变规划落后于时代、落后于建设，而建设又"不理睬"规划的状况。

二是城市功能发育不全，城市公共设施严重不足。这与我们对海口城市性质缺乏明确的定位密切相关。海口城市的发展目标已确定为具有热带风光和滨海城市特色的外向型国际性城市，但对于城市发展的内涵，或者说是着眼点和支撑点，认识得并不是很清楚，由此影响了城市功能的发育及公共建设。

我们也许没有必要对海口的城市性质进行争论，也就是说没有必要对海口是建成"工业城市"或"商业城市""金融城市""旅游城市""文化城市""教育城市""科技城市"等进行争论,但是,至少海口城市的商业功能、旅游功能、文化功能等的不发达,应是不争的事实。人们说,海口购物"难",并有"在海南旅游,到广州购物"之说,就是因为海口城市的商业功能不突出、不发达,没有形成"商业城市",最突出的表现是没有大规模的现代化的购物中心。直到建省6年后的今天,像点样的商场(如施达、友谊、百货大楼等)皆为建省之前所建,我甚至无法理解,人们怎么把某些临时性的建筑、嘈杂而零乱的环境、单调的品种和必须讨价砍价的地方当成所谓的大特区的"购物天堂""商业中心"?海口城市的旅游功能也不突出。举一些简单的例子,海口及其周围地区直到今天还没有一个像样的度假村和成规模的大众化的旅游、娱乐、休闲景点;海口目前获得三星级称号的酒店(如泰华、海口宾馆、华侨宾馆、南天、滨海等)皆为建省前所建。三亚已有两家四星级酒店挂牌,海口则没有。海口城市的文化功能也不突出。建省的6年中,未能建设起像样的图书馆、体育馆、电影院、剧院、书店、公园、广场。建省6年召开了三届国际椰子节及无数次的经贸洽谈会,但由于没有建设一个像样的带有标志性的会议场所,每次开会都是"打一枪换一个地方",每每看到这种情景都使人在建省6年建设成就辉煌的宣传声浪中,多少有点黯然的感觉。

至于说城市公共设施的严重不足,人们现在看到的是停车场少和新开发区没有学校、邮电设施等。这里只想说一下行车难与停车难的问题。建省之前的1987年,有一位台湾人士来海南任教,笔者曾向他请教过台湾经济建设有什么经验教训可资海南借鉴的问题,他针对当时海口的高层建筑不设地下停车场的情况指出,这样很快就会带来停车难和塞车等问题。他说这是台湾的教训。海口不幸被他言中。笔者在台湾看到,台北塞车极其严重。台北几乎可说是无处不停(放)车,无论是马路边,还是机关、工厂、商店、餐馆、居民区、学校旁,都成排成排地停放着各种车辆,台北成了一个名副其实的大停车场。车多交通不畅,到处停车又加剧了交通的堵塞,交通堵塞严重又导致很多市民由汽车改用机车(摩托车),机车多又加剧了交通的堵塞。据说,台湾运转中的机车达650多万辆,按人口平均3人就拥有一辆。这个比例应是世界第一。造成这种交通严重堵塞状况的原因是多方面的,但重要原因,一是停车场少,尤其是地下停车场少;二是"地下"公共交通没有发展起来。台北曾规定达到一定高度的建筑物应设地下停车场,但地下停车场建好后大多改为经营美容院之类更有利可图的行业。台北和曼谷的塞车状况之严重是世界闻名的,其共同点是没有地铁,也就是"地下"公共交通没有发展起来。

海口交通目前遇到的问题与台北同出一辙。一是缺少停车场。大多数的高层建筑没有建设地下停车场,市内也没有建设大型公共停车场,致使大量的汽车停泊在马路两旁,加剧了交通的拥挤;二是"地上"公共交通不发达。海口市的公共汽车少而脏,线路短且乱。公共交通的畸形发展,使公务车、出租车、摩托车、自行车成为市民们主要的交通工具(这一点和国内其他城市相比也是海口的"特色"),尤其是摩托车、自行车的大量增加,使城市交通更为混乱。香港交通给人留下良好的印象,除了管理得好外,重要的还是香港地铁畅通和几乎没有摩托车和自行车。

依上所述,城市规划、城市功能、城市设施等方面存在的诸多问题,就是海口城市建设的"瓶颈"。这种"瓶颈"现象,或多或少地引起了政府官员和社会各界的注意,长流组团的开发拉开"大海口"的城市"骨架"、海口机场进行超前性的规划开发以及正在建设中的"金鼎新城"被海口市政府指定为海口城市建设的第一个样板小区等,都是很好的说明。"榜样的力量是无穷的"。相信城市建设在付出很多"学费"后,海口市会建设得更美丽。

本文发表于《海南日报》1994 年 8 月 9 日。

中国开放周期与海南特区发展前瞻

　　特区何去何从、海南何去何从，再一次引起了人们的关注。在人们更多不是谈论机遇、发展、沿海地区，而是谈论宏观调控、稳定、东西部差距的时候，这种关注是很自然和很正常的。此一时，彼一时。再也不是"特区人赚内地人的钱"的指责，也不是姓"社"姓"资"的论争，而是特区自己的事情——高唱增创新优势的主旋律。不过，我想谈论另外一个一直思考的问题：从中国的开放周期看海南，目的是想寻找展望海南发展的新视角。

四年一次的中国开放周期

　　中国的开放周期（我们同时可以把它看成是改革周期、发展周期）4 年出现一次，不是一种偶然的巧合现象，而几乎可以说是值得我们深思和研究的中国社会发展规律。撇开 1976 年"四人帮"倒台（1976 年至 1980 年是 4 年）不说，从 1980 年至 1992 年中国的开放就出现和经历了 4 个周期，即 1980 年开始的第一个周期、1984 年开始的第二个周期、1988 年开始的第三个周期、1992 年开始的第四个周期。

　　第一个周期　1979 年 4 月，在中央召开的工作会议期间，邓小平说："可以划出一块地方，叫作特区。陕甘宁就是特区嘛。中央没有钱，要你们自己搞，杀出一条血路来。"7 月，中央同意在广东省的深圳、珠海、汕头三市和福建省的厦门市试办特区。1980 年 5 月，中央决定将上述 4 个出口特区改称为经济特区；8 月，五届全国人大常委会第十五次会议决定，批准国务院提出的《广东省经济特区条例》。这是正式宣布中国在深圳、珠海、汕头设置经济特区。

经济特区是长期封闭的中国向国际社会打开的第一扇"窗口"、与国际社会接触的第一个"基地"。它的出现——国际社会的评论是国际共运史上首开先河的事件,是中国第一个开放周期出现的标志。

第二个周期 1984年3月,中共中央书记处和国务院召开沿海部分城市座谈会,支持邓小平提出的"除现在的特区之外,可以考虑再开放几个港口城市"的设想,决定进一步开放天津、上海、大连、秦皇岛、烟台、青岛、连云港、南通、宁波、温州、福州、广州、湛江和北海14个沿海港口城市,实行经济特区的某些政策,使它们和4个经济特区在沿海联成一片,形成中国对外开放的前沿地带。这是中国走向世界的重大决策、重大事件。国际社会对此的评论是,把沿海14个城市向外国商人和投资者开放,这是共产党政府接管大陆以来采取的最大胆的行动。事实上,开放整个海岸是开放半个中国。中国的开放由此出现第二个周期。

第三个周期 1988年4月,第七届全国人民代表大会第一次会议,通过了设立海南省的决定,同时通过了"划定海南岛为经济特区"的决议。邓小平关于"我们还要开发海南岛""我们正在搞一个更大的特区,这就是海南岛经济特区"的战略构想得以实现。在海南建立中国最大的经济特区,是中国实施沿海地区发展战略,进一步扩大对外开放的重大战略部署,是中央关于"我们必须以更加勇敢的姿态进入世界经济舞台"的重大行动。"1988,海南大开发",同时也是"中国大开发"。中国开放的第三个周期就这样出现。

第四个周期 1992年春,邓小平视察南方并发表重要谈话以后,中国新一轮的改革开放热潮从南向北、从沿海向内地掀起。"四沿"(沿海、沿边、沿江、沿路)开放,洋浦、浦东开发,是这一轮开放的热点。1979年、1980年点燃的中国开放的"星星之火"(4个经济特区),10多年后终成燎原之势。1984年开放的是半个中国,1992年开放的是整个中国,是故,我们看到特区政策优势似成明日黄花,看到人们期待特区何时再风光?

重大政治事件催生开放周期

经济特区发展的机会在于1996年。从1996年(至迟下半年或1997年上半年)开始,中国的开放将进入第五个周期,也是本世纪的最后一个周期。中国4年一个开放周期,而且下个周期由1996年开始,这不是偶然的巧合,也不是作者的数理推算。结论来自对事物发展规律的认识及对中国国情的观察、研判。毛泽东说事物的发展总是波浪式前进、螺旋式上升的。这就是事物发展的规律性:有高潮就有低潮,反之亦然。关键是要把握高潮—低潮—高潮这一周期变化的时间。邓小平为我们揭示了这个时间。他在视察南方的谈话中说:"看起来我们的发展总是要在某一个阶段,抓住时机,加速搞几年,发现问题及时加以治理,尔后继续前进。"他并满怀信心地希望:"我国的经济发展,总要力争隔几年上一个台阶。""从我们自己这些年的经验来看,经济发展隔几年上一个台阶,是能够办得到的。"邓小平深知事物的发展是波浪式前进而不是直线式前进的,因此他才提出对于中国这样的发展大国来说,经济要发展得快一点,不可能总是那么平平静静、稳稳当当。要注意稳定、协调发展,但稳定和协调是相对的,不是绝对的,发展才是硬道理。也因此他才提出隔几年上一个台阶而不是每年上一个台阶。这个"几年"是3、5年,也就是长是5年、短是3年,通常是4年。过去的10多年的经济建设实践已经印证了这一点。

4年一次的开放周期,同时又是由中国的国情决定的。更具体地说,常常是重大政治事件催生开放周期。1976年10月"四人帮"倒台,中国进入了新的历史发展时期。但由于此后的两年中,党的指导思想上的是非没有得到澄清,未能改正"文化大革命"中及其以前的"左"倾错误,使党的工作在徘徊中前进。这使得建国以来党的历史上具有深远意义的转折发生在1978年。这年12月召开十一届三中全会,中国共产党的政治路线由"以阶级斗争为纲"转向以经济建设为中心。这是中国社会走向开放的最重大的政治事件。中国由此开始进行建设有中国特色社会主义道路的艰难探索。探索的重要内容是1979年下半年开始,对广东、福建两省的对外经济活动实行特殊政策和灵活措施,试办出口特区(即后来的"经济特区")。一年后,给予封闭的海南岛以开放政策:"对外经济活动可参照深圳、珠海市的办法,给予较大权限。"中国开放的第一个周期由十一届三中全会催生。

我们可以把1982年9月召开的中共十二大和1984年1月邓小平对经济特区的第一次视察,看成是催生中国第二个开放周期的政治事件。十二大在政治报告中系统提出了中国经济建设的战略目标、战略重点、战略步骤和一系列方针。"翻两番"这一量化的战略目标,成为当时中国人民全面开创新局面的伟大政治任务。政治报告还第一次确认:"实行对外开放,按照平等互利的原则扩大对外经济技术交流,是我国坚定不移的战略方针。""要尽可能地多利用一些可以利用的外国资金进行建设。"1984年1月邓小平视察经济特区,就特区的发展和中国的对外开放来说,其重要性和影响力同1992年1月他视察南方无异。当时邓小平是在特区"搞资本主义""特区赚内地人的钱"的指责声浪中视察深圳等特区的。邓小平视察特区,肯定特区建设成就,不但为"时间就是金钱,效率就是生命"的争论画上句号,还明确指出建立经济特区的政策是正确的,要把特区办得更快些更好些。视察回京后,邓小平就同中央几位领导谈经济特区和增加对外开放城市问题。这是邓小平关于经济特区问题的一次最重要的谈话。经济特区在改革开放与建设有中国特色的社会主义中的重要地位,在这次谈话中第一次被突出出来。这样,从1984年到1988年——邓小平在1992年视察南方时称之为加速发展的五年——中国的开放经历了第二个周期。

1987年10月召开的中共党的第十三次全国代表大会,是催生第三个开放周期的重大政治事件。这次党的代表大会提出,进一步扩大对外开放的广度和深度,不断发展对外经济技术交流与合作。要以更加勇敢的姿态进入世界经济舞台,正确选择进出口战略和利用外资战略。之后,中央和国务院又提出了沿海地区发展战略。海南建省办全国最大经济特区,就是在全国深化改革,进一步扩大对外开放的大气候下提出来的,是中国进一步对外开放的重大部署。

无须再解释,1992年1月邓小平视察南方并发表重要谈话,3月中共中央政治局在京召开全体会议讨论改革和发展的若干重大问题,10月中共党的第十四次全国代表大会召开,都是催生中国第四个开放周期的重大政治事件。十四大的政治报告提出进一步扩大对外开放,更多更好地利用国外资金、资源、技术和管理经验。继续办好经济特区、沿海开放城市和沿海经济开放区。扩大开放沿边地区,加快内陆省、自治区对外开放的步伐。

下一个开放周期从1996年开始

基于以上分析,我们有足够的理由推论中国第五个开放周期出现于1996

年,甚至还可以推论第六个周期出现于 2000 年——中国跨入 21 世纪的门槛之时。

仅就重大的政治经济事件而论,以下三件是绝对可以催生一个新开放周期的。

第一件,1997 年 7 月 1 日,也就是中国共产党诞生 76 周年的纪念日,中华人民共和国恢复对香港行使主权。香港(及澳门)问题的解决,彻底洗去了压在炎黄子孙头上的历史耻辱,为国家的和平统一开辟了广阔的前景。香港回归祖国后,还有一个如何继续保持稳定和繁荣的问题。这个问题不但关乎香港,也关乎澳门、台湾,关乎全中国的统一和稳定、发展、繁荣。为此,中国必须以更加开放的姿态和更快的发展态势出现在国际社会面前。相信为了香港的稳定和繁荣,为了澳门的回归,为了国家的最终统一,届时中央会在开放方面做相应的战略部署。深圳与香港的对接,海南、福建和台湾的合作开发,都会构成为更加开放的姿态的重要内容。

第二件,按照中国共产党章程"党的全国代表大会每五年举行一次"的规定,1997 年将召开中国共产党第十五次全国代表大会。从十二大开始,每一次党代会都催生一个开放周期,我们有理由相信,在香港回归这一年召开的十五大,将是更加开放的大会。在开放方面,会有更大的举措和部署。

第三件,从 1996 年开始,中国将开始实施第九个五年计划。根据过去的经验,实施五年计划的头两年一般是"放",否则,难以体现实施计划的决心与行动;而后几年,往往是"调控"时期。这也许就是邓小平所发现的,我们的发展总要在某一阶段,抓住时机加速搞几年,发现问题及时加以治理,尔后继续前进。加速搞几年就是开放,出问题后的"治理"就是治理整顿,就是宏观调控。1989 年的治理整顿用了 3 年、1993 年开始的宏观调控所需时间相信也不会超过 3 年。届时,随着"九五"计划的实施,必将是新的一轮改革开放与发展的周期。

至于推论第六个开放周期出现于 2000 年,我们目前还难以估测届时会发生什么重大的政治事件,但 1999 年澳门回归祖国是真实的,海峡两岸开展面对面谈判或合作开发或实现统一不能说不可能,再加上有本世纪末人民生活达到小康水平的大背景,相信在跨进新世纪门槛的时候,为实现"更高程度的现代化"会成为我们宏伟的政治任务。

海南是中国开放周期中的"幸运者"

海南应该说还是很幸运的。在"以阶级斗争为纲"的年代,"备战、备荒、为人民"的年代,因为地处边陲而长期处于"闭关锁岛"的状态。而国门一旦打开,"劣势"变为"优势",于是走在开放的最前沿。在过去的中国四个开放周期中,海南一直扮演重要或比较重要的角色。仅此而论,我们完全可以期待在第五个开放周期中海南再度辉煌。

1980 年开始第一个开放周期时,中央重视"面积同台湾岛相近"的海南岛落后的事实,作出了海南"当前主要靠发挥政策的威力,放宽政策,把经济搞活"的战略决策。由于有海南的对外经济活动可以参照深圳、珠海、厦门和汕头四个经济特区的做法的规定,使当时的海南实际上成为局部开放的中国的"准特区"。为了贯彻党的十二大精神,充分利用国内外的有利条件,加速开创海南开发建设的新局面,1982 年 10 月中央领导作出了"海南不作为特区,但对外合作可给以较多自主权","海南孤悬海外,政策可以从宽"等批示。及至 1983 年上半年国务院召开开发建设海南岛座谈会,上述批示转变为宽松的开放政策,在某些方面比深圳等特区还要特。人们当时说海南是"不是特区的特区"。1984 年 4 月国务院召开沿海部分城市座谈会,决定进一步开发沿海港口城市时,没有忘记为海南带上一笔:"搞好海南岛的开发建设。"要求海南争取到 1985 年全岛的开发建设取得明显进展,到 1990 年全岛的经济面貌要有大的改观。从而在中国第二个开放周期出现时,海南的地位得到突出。1988 年海南建省办全国最大的经济特区,则是在中国第三个开放周期中唱了一回主角。在 1987 年 10 月党的十三大召开期间,当时海南建省筹备组的领导在新闻发布会上光彩照人。1992 年 10 月召开党的十四大提出:"加速广东、福建、海南、环渤海湾地区的开放和开发。力争经过 20 年的努力,使广东及其他有条件的地方成为我国基本实现现代化的地区。"在党代会的报告中,提出有条件的地方先实行现代化,这是第一次;在党代会报告中,提出加速海南的开放和开发,这也是第一次。当然,1992 年第四个开放周期出现时,中国开放的"星星之火"已成燎原之势。尽管如此,"搁置"了的洋浦开发,使海南在第四个开放周期到来时有了作为。中央正式批准了洋浦开发计划,这是中国第四个开放周期中海南最大的欣慰。至于到如今,洋浦还是"涛声依旧"那是另一方面原因。

由于在过去的 4 个开放周期中海南都是幸运者,使我们确信在第五个开放周期中海南还将是重要角色。这应该是没有疑问的。问题在于,到时海南将会是什么样的角色? 换句话说,海南是怎样一种开放法?

我们不妨这样想,1988 年翘首以待的 24、26 号文件的政策不"特",自己制定的"30 条"行不通,洋浦开发至今"涛声依旧",保税区、国家级旅游度假区也不过如此,"特别关税区"昙花一现……试问:海南还能怎样开放? 强化政策优势已无指望,但体制优势又怎样增创? 其实,就目前我们对社会主义市场经济的认识来说,海南的改革已经是很不错的了。

第五个开放周期中的海南"再造台湾"

开放时海南风光,调控时海南黯然。1994 年的人代会,李鹏总理参加海南代表团的讨论,还指出"海南是我国经济发展最有希望的地区之一"。江泽民总书记接见了海南代表团的全体成员。1995 年则不同,只有一位国务委员参加海南代表团的讨论。面对海口已经建到下世纪的房子,很多人一筹莫展。更多的人则希望政策有所调整。纵然如此,问题也不会得到根本解决。

依我看,伸手要政策是海南发展的"末",我们应寻找的是海南发展的"本"。退一步讲,要政策要的应是"大政策"。这个"大政策",这个"本",就是第五个开放周期来临时,海南"再造台湾"。也就是,国共两党共同开发海南岛,共同创造海南的经济繁荣,共同创造亚洲的另一个经济奇迹。(台湾已达到"发展的极限",已不可能再创一次经济奇迹。)这不仅是海南发展的"本",而且也是政策优惠无望、洋浦"涛声依旧"和"特别关税区"昙花一现后海南别无选择的选择。说它是海南发展的"本",是因为一旦国共两党共同开发海南,政策问题、洋浦问题、特别关税区问题都好商量,都好解决。

对于琼台合作的问题,从海南建省至今,海内外的很多有识之士都提过很多设想和主张。

中国改革开放总设计师邓小平,十分关注海南岛的开发和建设,并对此一直报以满腔热情。早在 1984 年他就提出海南的经济发展要赶台湾的问题。他说:"我们还要开发海南岛,如果能把海南岛的经济迅速发展起来,那就是很大的胜利。"我相信,并不是很多的人知道收在《邓小平文选》第三卷中的这句话做过3次修改。1984年邓小平的原话是:"如果用二十年时间把海南岛的经济发展到台湾的水平,那就是很大的胜利。"[①]这句话后来被人们缩短为"海南20年赶台湾"。邓小平这个讲话收录于公开发行的《建设有中国特色的社会主义》一书时,上句话改为:"如果能把海南岛的经济发展起来,那就是很大的胜利。"到《邓小平文选》第三卷出版时,加了"迅速"两个字,即"经济发展起来"改为"经济迅速发展起来"。由此可见邓小平对海南所寄予的厚望和良苦用心。邓小平关于海南问题的第一次谈话就把海南和台湾联系起来,到1987年再次谈海南问题时,同样把海南和台湾联系起来。他说:"我们正在搞一个更大的特区,这就是海南岛经济特区。海南岛和台湾的面积差不多,那里有许多资源,有富铁矿,有石油天然气,还有橡胶和别的热带亚热带作物。海南岛好好发展起来,是很了不起的。"我同样相信,并不是很多人知道这句话也做过修改。最早收入在公开出版发行的《邓小平同志重要谈话》(1987年2—7月)一书中的那句话是"那里有许多资源,有铁矿、石油,还有……",也就是后来把"铁矿"改为"富铁矿",同时在石油后边加上"天然气"。

正基于此,我一直认为海南赶台湾是"邓氏命题"。只可惜,这些年来我们没有好好地在这上面做文章。

"再造台湾"或者说"共同开发",不是一般的经济开发方式或经济行为,而是一种政府(政党)经济行为,一种行政法人经济行为。这样说是希望我们能对琼台经济合作有一个新的认识,不要只看成是吸引台商投资这样一种一般的经济行为。"再造台湾"或者说"共同开发"海南,说白了就是国共两党本着"中华民族的利益高于一切的"宗旨,从各自的有利条件出发,依据经济上的"互利、互补"原则,根据以制订共同的投资计划和签订长期投资协定,通过土地使用权有偿转让,建立投资促进区或转口贸易区,投资某一产业或综合开发某项资源等方式,所进行的广泛的经济合作。我们也可以这样说,琼台两岛的"共同开发",实际是以海南岛为基地的"国共经济合作"。据此来衡量,是不能把单个客商企业这种民间投资行为看作是"共同开发"的。

---

① 中共广东省委办公厅编:《中央对广东工作指示汇编》(1983—1985年),第126页。

　　当然,我们也可以把"再造台湾"或"共同开发"看成是国家和平统一的一种方式。经济上的"共同开发",必然导致政治上的"和平统一"。人们普遍认为,海南与台湾两岛开展经济合作具有强烈的互补性。台湾自然资源匮乏,但资金充裕,劳动力素质高,产业结构高级化;海南正好相反,有丰富的待开发的自然资源,但资金却严重短缺,劳动力素质也较低,产业结构落后。因此,海南的开发如有台湾的资金、技术、管理参与,将是"如虎添翼"。很多论者认为,台湾经济持续发展的出路在于与大陆的结合。而千里之行,始于足下,台湾与海南先行结合,以海南优越的地理位置、丰富的自然资源、待开发的岛内市场、最具潜力的大陆市场和特区的优惠政策,结合台湾的资金、技术、人才和灵活体制、创业精神、管理经验、行销能力,这样的共同开发所产生的整体力量,无论是对海南的经济发展、台湾经济的持续增长,还是对中华民族和平统一和整体振兴,都将产生巨大影响。正因为这样,有人断言:中国统一的契机在海南。正是从这样的意义上说,"共同开发"是国家和平统一的一种方式。通过经济上的"共同开发"为起点,人们必将探索到理想的国家和平统一的具体的或过渡的方式、方法。

　　1996 年,我们期待着。

　　　　本文是本书作者 1995 年 4 月 13—14 日在中政院和联合国开发计划署联合举办的"中国经济特区发展国际研讨会"上发表的论文,刊载于迟福林等编《中国经济特区向何处去》,新华出版社 1995 年版。

邓小平十分关注海南岛的开发和建设

——纪念邓小平同志诞辰 100 周年

一改谈话　迅速发展

"办特区是我倡议的,中央定的,是不是能够成功,我要来看一看。"1984年元月,邓小平到南方视察,在广州对来看望他的广东省委、广州军区的负责同志这样说。在看过了深圳又看过了珠海后,邓小平在会见港澳知名人士时说:"办特区是我倡议的,不晓得成功不成功!看来路子走对了。"

回到北京后,2 月 24 日,他就邀请几位中央领导同志座谈,明确指出:"我们建立经济特区,实行开放政策,有个指导思想要明确,就是不是收,而是放。"他所提出的"放"是:"除现在的特区之外,可以考虑再开放几个点,增加几个港口城市,如大连、青岛。这些地方不叫特区,但可以实行特区的某些政策。"讲完这些"放"的设想,邓小平话锋一转,说出一句注定会给海南岛的开发建设带来巨大影响的话:"如果用二十年时间把海南岛的经济发展到台湾的水平,那就是很大的胜利。"

时间回到 1980 年的夏天,一个直接命名为"海南岛问题座谈会"的会议在北京举行。这个进行了 11 天的座谈会,是拉开全面开发建设海南岛历史序幕的标志性重要会议。7 月 24 日,国务院批转的《海南岛问题座谈会纪要》,不但对海南岛解放 30 年来的开发建设进行了历史性的全面总结,而且明确了加快海南岛开发建设的方针和政策。座谈会纪要一开始就将海南与台湾比较说:"海南岛是我国少有的热带宝地之一,面积同台湾岛相近。"这是解放后首次把海南同台湾联系起来,是对加快海南岛开发建设对促进台湾回归重大意义认识的发端。1983年4月1日,中共中央、国务院批转的《加快海南岛开发建设问题讨论纪要》说,加快海南岛开发建设,"对于支援全国的四化建设,加强民族团结,巩固祖国南海国防,促进台湾回归、完成祖国统一大业,都具有重大意义"。时隔5年,1988年4月14日,国务院批转《关于海南岛进一步对外开放加快经济开发建设的座谈会纪要》,再次重申把海南岛的经济尽快搞上去,"对于实现社会主义现代化,加强民族团结,巩固国防,完成祖国统一大业,有着深远的意义"。

为了加快一个地区的开发建设,在8年的时间中,中央召开三次重要座谈会,下发三个重要文件,作出三次重大决策,这种情况在国内是鲜见的。而在中央文件中载明一个地区的开发建设对"促进台湾回归、完成祖国统一大业"有重大意义,也是绝无仅有的。查中央最早决定在广东、福建实行特殊政策和灵活措施,其重要意义也只是表述为"加速我国的四个现代化建设"。1985年3月,国务院同意此两省继续实行特殊政策、灵活措施,其意义进一步表述为,"不但对两省和全国的经济发展有重要意义,而且对稳定香港、对完成祖国统一大业也有积极意义"。这也只是联系到香港。只有我们的海南岛,才能让人们联想到台湾啊!

就是从1980年以后的两三年时间中,海南就酝酿"赶台湾"的问题了。那几年中央主要领导同志多次视察海南。当时任广东省省长并兼管特区和海南岛开发工作的梁灵光,后来在1996年出版的《梁灵光回忆录》中回忆起当时的情况说:"中央领导同志视察海南后,要求海南20年赶上台湾。这对海南的干部和群众来说,既是鼓舞,也是压力。"他说:"台湾和海南为我国的两个大岛,如果海南能在20年赶上台湾,将对台湾回归祖国,实现统一大业起到促进的作用。"

因为这样的背景,就有了邓小平同志提出的宏伟设想:"如果用二十年时间把海南岛的经济发展到台湾的水平,那就是很大的胜利。"8年后的1992年,他视察南方时又以同样的思维提出了这样的雄心壮志,就是广东要"力争用二十年的时间赶上亚洲'四小龙'"。

小平同志的上述谈话,收进人民出版社1984年出版的《建设有中国特色的社会主义》中,但修改为:"我们还要开发海南岛,如果能把海南岛的经济发展起来,那就是很大的胜利。"又收在人民出版社 1987 年出版的《建设有中国特色的社会主义》(增订本)中。1993 年,小平同志逐篇审定《邓小平文选》第三卷时,将这段谈话又作了修改,即增加"迅速"两字,变为我们今天经常引用的:"我们还要开发海南岛,如果能把海南岛的经济迅速发展起来,那就是很大的胜利。"《邓小平文选》第三卷出版说明中说:"在编辑本书时,作者逐篇审定了全部文稿。"

"把海南岛的经济发展起来"改为"把海南岛的经济迅速发展起来",加上"迅速"两字,既充分体现了小平同志"抓住机遇,加快发展"的一贯思想,又生动地体现了他倾情海南,对加快海南岛经济发展的热切盼望、热切期待的心情。

二改谈话　看准资源

1987 年 6 月 12 日,这是一个海南岛永远值得记忆的永恒日子。

这天,中国改革开放的总设计师邓小平,在北京对应邀来访的南斯拉夫共产主义者联盟中央主席团委员科罗舍茨说:"我们正在搞一个更大的特区,这就是海南岛经济特区。海南岛和台湾面积差不多,那里有许多资源,有铁矿、石油,还有橡胶和别的热带、亚热带作物。海南岛好好发展起来,是很了不起的。"

小平同志的上述谈话,最早见于人民出版社 1987 年出版的《邓小平同志重要谈话》(1987 年 2—7 月)的小册子中。

邓小平对外宣示搞一个"更大的特区",让海南岛赶上了开放的中国建立经济特区的末班车。这又有什么背景呢? 谷牧,被认为是在中国对外开放这项前无古人的事业上最有发言权的党和国家领导人之一。他的名字是同中国的对外开放连在一起的。20 世纪 80 年代,为加快海南岛的开发建设,他更是不辞劳苦,频频南下。他曾回忆说:"1988 年 4 月 13 日,七届全国人大一次会议通过成立海南省和海南经济特区的议案。这是在小平亲自关怀下建起的更大的特区。"显然,小平同志十分关注海南岛的开发和建设,谷牧的体会无疑最深。

1988 年 4 月,谷牧向七届全国人大一次会议作关于提请审议建立海南经济特区议案的说明,他指出香港地区的和外国的许多客商都有参与开发建设海南的意向。因此,国务院建议把海南岛建设成为我国最大的经济特区,加速开发建设。这就表明,国务院建议把海南岛建设成为我国最大的经济特区,同香港地区的和外国的许多客商都有参与开发建设海南的意向是有关的。谷牧后来的回忆更明确地说明了这一点。

1998年初,也就是在纪念小平同志逝世一周年的时候,谷牧撰写纪念文章《小平同志领导我们抓对外开放》①。这篇长文忆及海南建省办经济特区的决策经过。这是其中的一段:"我国第二大岛海南岛的开发,为小平同志所深切关心。1984年2月,他就说过,我们还要开发海南岛,如果能把海南岛的经济迅速发展起来,那就是很大的胜利。海南岛从1983年实行以开放促开发的方针以后,工农业生产和基础设施建设有了起色。但是,它是个行政区,属于广东省,下面有个黎族、苗族自治州,州下面又有县,行政层次繁多,管理体制需要进一步理顺,同时开放的力度也不够,需要加大。1986年底前后,国务院的领导同志多次就如何解决这个问题交换意见。1987年4月,香港有几位华商巨子提出建议:将海南岛辟为特别行政区,采取自由港的办法管理,由港商投资开发。国务院认为,这基本上是'一国两制'下的香港模式,缺乏可行性,责成我进一步研究提出新方案。5月,我专程前往广东,与有关同志共同商讨。大家也认为,香港几位人士所提办法,一是国内难以接受,二是海南经济技术底子薄,基础设施不健全,也不具备办自由港的条件,而比较赞成国务院几位领导同志酝酿过的意见,即将海南岛及所辖南海诸岛从广东划出,单独建省,省直接领导县;撤销自治州,设立若干个民族自治县;将整个海南岛办成经济特区;赋予更加开放的政策、更多的经济自主管理权限。我根据这个思路,写成报告,送请党中央、国务院有关领导同志审阅指示。小平同志表示完全赞同。6月12日,他对来访的一位外国贵宾说:'我们正在搞一个更大的特区,这就是海南岛经济特区。'他还高兴地说:'海南岛和台湾的面积差不多,那里有许多资源,有富铁矿,有石油天然气,还有橡胶和别的热带亚热带作物。海南岛好好发展起来,是很了不起的。'"

"事情很快就这样敲定下来。"谷牧这样说。

谷牧的回忆,说出了海南建省办大特区决策过程中一些鲜为人知的事

①《回忆邓小平》,中央文献出版社,1998年版。

情,而他引用的邓小平的这段谈话,就是邓小平逐篇审定《邓小平文选》第三卷时,修改了的版本。对照《邓小平同志重要谈话》(1987年2—7月)原文,发现修改的地方有三处:一是把"铁矿"改为"富铁矿"且加逗号,变为"有富铁矿,";二是在"石油"后边加上"天然气",变为"有石油天然气";三是去掉"热带、亚热带作物"一句中的顿号,变为"热带亚热带作物"。

"铁矿"改为"富铁矿",非常准确。据当时的背景材料表明,海南岛石碌铁矿,储量有近4亿吨,占全国富铁矿储量的71%,平均品位51.1%,最高品位达68%,品位居全国第一。且是低硫低磷微锰的优质矿,20世纪80年代前期年开采量近400万吨,分配到全国60多个钢铁厂使用。

而在"石油"后边加上"天然气",又更全面准确。邓小平很看重资源在经济发展中的作用。1986年9月2日,他在答美国记者迈克·华莱士问中,提出大陆在若干年内至少不会低于台湾的发展速度,道理就是台湾资源缺乏,而大陆有丰富的资源。海南岛的石油天然气资源非常丰富,南海三大油田,有两个就在海南岛附近海域。邓小平对海南岛天然气资源的了解,源于1983年12月1日他在会见美国大西洋富田(阿科)公司董事长安德森时,就海南岛莺歌海合同区天然气的合资开发利用问题交换过意见,表示:"应坚决地干,一年可以增加不少化肥,还可以发电。"此前的4月,中国海洋石油总公司和阿科公司合作发现崖13-1气田。它位于南海西南部莺歌海盆地,是国内发现的最大的海上天然气田。

1984年4月29日,在北京会见美国著名企业家哈默率领的美国西方石油公司代表团时,邓小平向哈默转告了"我们决定开发海南岛"的决定。哈默说:"现在做成了一个大项目,我们注意力转到另一个方面:肥料、海洋石油等,阿科石油公司在南海发现了大气田,运到海南岛建立合成氨厂。我将用磷、钾肥同你们交换,进行新的合作。"邓小平说:"我们决定开发海南岛。利用天然气还可带动其他行业。这里铁矿丰富,可以发展钢铁工业。"据《邓小平年谱(1975—1997)》,邓小平这次会见哈默,在谈到开采南海石油时指出:我们决定开发海南岛。海南岛自然条件不比台湾差,面积相当于台湾。

一个年近九十岁高龄的老人,对自己6年前关于海南岛问题的一段谈话,做如此细致、认真、准确的修改,甚至于标点符号也不放过,怎能不让人感动和钦佩?那段谈话短短不到百字,但言简意赅、话中有话,所包含的内容是非常之丰富,所寓意的思想是非常之深刻,所蕴含的情感是非常之饱满! 邓小平是何等倾情海南啊! 这印证了《邓小平文选》第三卷"注释"中的这句话:"邓小平十分关注海南岛的开发和建设。"

今天,我们可以告慰小平同志的是,一座规模化、现代化、具有国际竞争力的国内一流的天然气综合化工基地——东方化工城,已经在海南岛西部崛起,这里已建起全国规模最大的天然气尿素生产装置。利用崖 13–1 天然气发电的南山电厂,在 1996 年就已成为我国第一个天然气发电厂。天然气化工业也已发展成为海南省的支柱产业。

三次谈话　一脉相承

1984 年和 1987 年,邓小平有关海南岛的问题的三次重要谈话,思想内容,可谓一脉相承,互为联系,一以贯之。

联系台湾谈海南。1912 年孙中山先生领衔发布的《琼州改设行省理由书》中说:"以中国之大,仅有台湾及海南二大岛","台湾一岛,其幅员与琼州相等"。而邓小平 1984 年提出"如果用二十年时间把海南岛的经济发展到台湾的水平,那就是很大的胜利"和"海南岛自然条件不比台湾差,面积相当于台湾",1987 年又说"海南岛和台湾的面积差不多"。可见,中国的这两位历史巨人,是站在同样的起点上描绘开发海南、振兴中华民族的蓝图。在邓小平时代,"用二十年时间把海南岛的经济发展到台湾的水平"的宏伟设想,"海南岛和台湾的面积差不多"的丰富联想,最终催生建立"海南岛经济特区"的重大战略决策,海南人民得以圆了百年建省梦。而海南"那里有许多资源",这是邓小平对海南岛情的基本认识和准确判断,也是他对把海南岛的经济迅速发展起来的信心所在和希望所系。虽然海南和台湾的面积差不多,但海南的自然条件要比台湾优越,自然资源要比台湾丰富,可利用土地面积也比台湾大。海南有许多资源,邓小平独独指出具有巨大经济战略意义的富铁矿、石油、天然气资源,以及橡胶等热带亚热带作物资源。有这样具有巨大经济开发价值的资源作后盾,海南岛能不"好好发展起来"?

要加快中国的改革开放时想海南。邓小平总是在他要加快中国改革开放步伐时,想到海南、关心海南、支持海南。1984 年 2 月,他提出实行开放政策,"有个指导思想要明确,就是不是收,而是放",要求办好经济特区,增加对外开放城市,此时他即发出"我们还要开发海南岛"的号召。正是这个号召和设想,推动了海南的一次大开放。1987年6月,他提出"改革的步子要加快",说"最近我们中央正在考虑,在总结经验的基础上,加快一点改革、开放的步子",于是他便决定"搞一个更大的特区,这就是海南岛经济特区"。海南岛由此而成为最大的经济特区,使海南的对外开放和开发建设经历了历史性的跨越。

看到经济特区建设成就喜人时想海南。邓小平总是在谈到经济特区建设成就时谈到海南岛的。1984年在谈到"这次我到深圳一看,给我的像是一片兴旺发达"的印象,于是接着提出"我们还要开发海南岛";1987年他又是在谈到"最近有的同志告诉我,厦门经济特区的发展速度比深圳还理想"的情况后,向世界宣告"我们正在搞一个更大的特区,这就是海南岛经济特区"的。"更大的特区",这既是总设计师推进中国改革开放的重大决策部署,也是他对海南经济特区的崭新定位,是在我国改革开放大格局中的崭新定位。海南建省办特区同时进行,成了"特区省"。而早在对外开放之初,邓小平就设想特区是两个省。1980年秋,任仲夷、梁灵光奉命调广东接习仲勋、杨尚昆之职。临行前,邓小平等中央领导人先后接见他们,作重要谈话。邓小平说:"特区不仅是深圳、珠海那几块地方,是指广东、福建两个省。单搞那么点地方不行,中央讲的是两个省。你们要充分发挥这个有利条件。对于搞特区,你们要摸出规律,搞出个样子来。"①特区是"省",在海南终于得以实现。

可以这样说,邓小平自1984年提出"我们还要开发海南岛,如果能把海南岛的经济发展起来,那就是很大的胜利"的设想时起,一项开发建设海南岛的宏伟计划,就在他的计划和运筹之中了。正是因为"我现在可以放胆地说,我们建立经济特区的决定不仅是正确的,而且是成功的",因此决定在海南岛搞"更大的特区",以这种更有效的迅速发展经济的开放方式,把海南岛的经济迅速发展起来。

千叮万嘱都是"发展"海南。"把海南岛的经济迅速发展起来","海南岛好好发展起来",这是小平同志对海南经济特区的亲切鼓励、殷切要求、深情期望。小平同志建设海南经济特区思想的一致性就在于:只有迅速发展海

①《梁灵光回忆录》,中共党史出版社,1996年版。

南,才能取得"很大的胜利";只有好好发展海南,才能是"很了不起的"。这也就是发展是硬道理的道理。"海南岛好好发展起来,是很了不起的",这是小平同志对设立和建设海南经济特区重大意义的深刻表述、高度概括。这同他说的"如果能把海南岛的经济迅速发展起来,那就是很大的胜利"的思想是一致的、统一的。一个"很了不起的"、一个"很大的胜利",异常生动地说明了海南经济特区的建立和成功发展,对于我国的改革开放、对于社会主义的现代化建设、对于祖国的和平统一,具有深刻而特殊的意义。

洋浦批示　字字铿锵

　　"邓小平十分关注海南岛的开发和建设",这句话不是在《邓小平文选》第三卷的正文中,而是注释里,可见编者的宝贵用心。注释93说:"一九八四年四月,经第七届全国人民代表大会第一次会议批准,海南建省,全省成为经济特区。邓小平十分关注海南岛的开发和建设,一九八九年四月二十八日,他在中共海南省委关于设立洋浦经济开发区的汇报材料上批示:'我最近了解情况后,认为海南省委的决策是正确的,机会难得,不宜拖延,但须向党外不同意者说清楚。手续要迅速周全。'"

　　邓小平对洋浦问题重要批示,字字铿锵,是"邓小平十分关注海南岛的开发和建设"的最生动最具体的说明。值得注意的是,这时距"洋浦风波"发生才一个月时间,如果没有过人的思想胆识,没有"心底无私"的宽广胸怀,没有巨大的政治勇气,在全国政协委员联名在人民大会堂内斥责海南省"卖国",上海、西安等地的学生还在街上高呼"还我海南""收回洋浦港,严惩卖国贼"的口号,在国内的著名媒体著文要将借"开放"之名而干丧权辱国之事的人钉上历史耻辱柱上受人唾骂的话不绝于耳的时候,敢说"海南省委的决策是正确的"这样的话吗?

　　邓小平的批示只有短短48个字,但饱含着极其丰富的思想内容:"我最近了解情况后"——这是实事求是的思想作风;"海南省委的决策是正确的"——这是对海南省委决策旗帜鲜明的支持;"机会难得,不宜拖延"——这是鲜明的机遇意识;"须向党外不同意者说清楚"——这是伟人风范和宽广胸怀;"手续要迅速周全"——这是对海南无微不至的关怀、爱护,也是对"海南好好发展"的嘱托。

这是中国关键的人，在关键的时刻，为海南省委说了关键的话。邓小平又一次以巨大的政治勇气，实践了他做事的出发点和归宿："人民拥护不拥护""人民赞成不赞成""人民高兴不高兴""人民答应不答应"，邓小平批示前的3天，即4月25日下午，许士杰在海南省人民代表会议第二次会议上，以激昂的语调讲话："引进外资开发洋浦，我们在经济上没有风险，但政治上要冒风险，大概不会挨棍子，但'帽子'可能不会少，最吓人的'帽子'无非是'卖国'。为了改革开放，我们不怕戴'帽子'。想保险，就关起大门睡大觉，悠哉悠哉，让荒地继续睡觉，洋浦继续长仙人掌，但仙人掌不能当饭吃……"许士杰的一席话，引来人民代表雷鸣般的持续一分钟以上的掌声。这是人民的心声！

"决策正确""机会难得""不宜拖延""手续要迅速周全"……这些振聋发聩的声音，字字铿锵有力，邓小平这是又一次以他鲜明态度，关注海南，关注他亲手创办的中国最大的经济特区。

斯人已逝，音容宛存。小平同志建设海南经济特区的思想，是我们继续前进的宝贵精神财富；小平同志对海南岛开发和建设事业的始终关注，永远是我们奋勇前进的巨大精神动力。

谨以此文纪念敬爱的小平同志诞辰100周年！

本文发表于《海南日报》2004年8月18日。

对海南"黄金机遇期"的应有认识

胡锦涛总书记今年 4 月在海南考察时非常深刻地指出,中央已作出建设海南国际旅游岛的重大战略决策,国际旅游岛建设发展规划也已批准。对海南来说,现在的关键是要抓住机遇、狠抓落实。

最近一个时期,省委书记卫留成就贯彻落实胡锦涛总书记考察的重要讲话精神进行了多次深入的调研,指出海南迎来了加速发展的黄金机遇期。如果不抓住"十二五""十三五"这 10 年的黄金机遇期,把海南发展上去,那我们就对不起海南人民、对不起党中央! 省长罗保铭也多次在调研中要求,全省上下进一步贯彻落实胡锦涛总书记的重要指示精神,就是要把抓落实摆在头等重要的位置,要抢抓机遇,真抓实干。

抓住未来 10 年的黄金机遇期,是省委、省政府根据中央对海南的要求,在认真总结海南发展的经验教训,深刻分析和把握我省发展阶段性特征的基础上提出来的,是对国际旅游岛建设上升为国家战略的一种自觉回应和必然选择。深刻理解和认识黄金机遇期,这对于我们抢抓机遇,迎接挑战,加快推进国际旅游岛建设,加快推动海南又好又快发展,具有十分重要的意义。

一、海南正处于加快发展的黄金机遇期,是一种准确科学的判断

"海南迎来了加速发展的黄金机遇期",对当前海南的形势作出这样的准确而科学的判断,是有着充分的客观依据的。

机遇期是与危险期相对应的范畴。客观事物发展过程中,由诸多因素相

互作用、相互影响而出现的一个天时、地利、人和的最佳时期,就是机遇期。当"机遇期"前置上"黄金"两字,对一个地方而言,就是对发展带有长远、宏观、深刻影响的最好时期了。对于海南黄金机遇期的出现,卫留成同志有一个贴切的比喻:"当前的海南就好比一架蓄势待发的飞机,正在跑道上准备起飞。"

海南国际旅游岛建设正式上升为国家战略,是继建省办经济特区之后,中央对海南发展给予的力度最大、范围最广的一次支持,标志着海南发展迎来了"第二次机遇"。2009 年 12 月 31 日发布的《国务院关于推进海南国际旅游岛建设发展的若干意见》,提出了海南建设国际旅游岛的"时间表"——"到 2020 年,旅游服务设施、经营管理和服务水平与国际通行的旅游服务标准全面接轨,初步建成世界一流的海岛休闲度假旅游胜地。"这表明,未来 10 年将是海南经济快速发展的强劲"起飞期",是一个难得的加速海南崛起、实现强省之梦的黄金机遇期。

经过建省办经济特区 23 年的探索和发展,海南当前已具备了加快发展的基础和条件。特别是近五六年来,海南根据胡锦涛总书记提出的海南要突出经济特区的"特"字,努力构建具有海南特色的经济结构和更具活力的体制机制的指示要求,"重塑特区意识,重振特区精神",高高举起了"特"字旗帜。按照省第五次党代会的战略部署,海南着力构建特色经济结构,转变发展方式,打造更具活力的体制机制。东环铁路等基础设施建设取得重要成果,洋浦保税港区建设、农垦改革、完善省直管市县等重大改革顺利推进,国际旅游岛建设上升为国家战略,海南进入了健康、持续、快速发展的上升期,使得过去的"十一五"时期,成为海南贯彻落实科学发展观,实现科学发展最好最快的时期;成为海南经济总量提升最快、发展质量最好的时期;成为海南改革开放攻坚力度最大、体制机制创新最具活力的时期;成为海南人民得到实惠最多、生活水平提高最快的时期,被广大干部群众亲切称之为"黄金五年"。

"黄金五年"为"黄金机遇期"的到来,夯实了基础,创造了条件,起到了坚实的托底作用。如果没有"黄金五年"里高举"特"字旗帜带来的思想大解放,没有"黄金五年"里对海南发展重大战略思路的大胆创新,没有"黄金五年"里扎扎实实打下的经济社会发展基础,没有"黄金五年"里全省上下坚持不懈的积极争取,就不可能有国际旅游岛建设上升为国家战略的历史机遇,就不可能迎来加速发展的"黄金机遇期"。

从"黄金五年"到"黄金机遇期",充分表明海南黄金机遇期的到来,是必然性和偶然性的统一。从偶然性来说,它是各种有利发展的诸多因素综合作用所形成的,具有不确定性。从必然性来说,这既是中央关怀海南的生动体现,也是全省上下积极主动创造机遇的丰硕回报。

二、如果机遇意识缺失,"黄金机遇期"
就同样有错失之虞

在最近的调研中,卫留成同志多次告诫全省领导干部:要牢牢树立机遇意识,进一步增强发展的紧迫感、危机感、责任感。

为什么在黄金机遇期面前要突出这"三感"呢? 这里面包含着一个十分深刻而朴实的哲理,那就是看到机遇并不等于抓住了机遇,拥有机遇也不等于用好了机遇。这方面我们是经历过多次教训的。

翻检改革开放 30 多年来的海南历史,我们可以看到,海南有过抓住机遇、乘势而上的辉煌篇章,比如抓住股份制改造的机遇推进基础设施建设,抓住经济结构调整的机遇实施"一省两地"发展战略,抓住国际金融危机中国家扩大内需的机遇推进大项目建设,等等。但是,毋庸讳言,我们在发展历程中同样有过不少痛失机遇、贻误发展的沉痛教训。就大的方面而言,1985 年的"汽车事件",使海南岛的开发建设如同疾行的列车戛然而止,让任仲夷同志1983 年的海南"一年起步,二年跑步,三年飞步"的预言,成为可供我们缅怀的精神记忆;1989 年的"洋浦风波",几乎成为丧失机遇的代名词。1993 年 3月 17 日,《中国青年报》在《机遇意味着什么?》的大字标题下,依次发表该报记者采写的三篇文章《洋浦,曾经失去》《深圳,面临挑战》和《上海,一个话题》。"洋浦"一文说,洋浦风波已是旧闻,但由于"洋浦风波"使洋浦开发至少失去了三年时间。面对全国风起云涌的土地批租开发热,洋浦只有满脸苦笑。也是自那时起,"机遇"对于海南人来说,真正是"别有一番滋味在心头"。"一个洋浦的成功,就可以超过深圳",这曾经是我们的豪言壮语。1992年小平同志南方讲话带来改革开放新热潮,但是不久随着"泡沫经济"的出现,很快使海南陷入了"三年低迷",自 1995 年开始,连续 3 年海南的经济增

长率都低于全国的平均水平。也就是从那时起,泛起"特区神话"破灭的说法。

"天与不取,反受其咎;时至不迎,反受其殃。"我们很不情愿地以屡次错失机遇的代价,为古文添注脚。

区域发展的实践告诉我们一个道理,历史提供的每一次难得的发展机遇,都会形成一个残酷的选择机制。在这个机制的作用下,有强烈的机遇意识,就能抓住机遇,迅速发展起来;同样,如果机遇意识缺失,懈怠以对,就必然错失良机,使发展一蹶不振,造成历史性的被动,遗恨千古。

这方面,小平同志为我们树起了标杆。他高度重视抓住机遇、加快发展。1992 年在视察南方时说:"能发展就不要阻挡,有条件的地方要尽可能搞快点","低速度就等于停步,甚至等于后退。要抓住机会,现在就是好机会。我就担心丧失机会。不抓呀,看到的机会就丢掉了,时间一晃就过去了"。也是在这次谈话中,他提出了"台阶式"的发展理论,就是"看起来我们的发展,总是要在某一个阶段,抓住时机,加速搞几年,发现问题及时加以治理,尔后继续前进"。这告诉我们,抓住机遇,加快发展,就能实现隔几年上一个台阶。这里,抓机遇是发展的前提,上台阶是发展的结果,实质就是抓住机遇,加快发展。

可以这样说,机遇意识是改革开放以来中国共产党人倡导和树立起来的最重要的发展理念之一,是邓小平理论的重要理论成果,是更新观念过程中形成的最管用的,也是国家和人民受益最大的一个观念。

邓小平关于抓住机遇的思想在事关海南发展的重大问题上也有生动体现。1989 年 4 月,正当"洋浦风波"在国内沸沸扬扬之时,小平同志在关于洋浦问题的报告上明确批示:"我最近了解情况后,认为海南省委的决策是正确的,机会难得,不宜拖延,但须向党外不同意者说清楚。手续要迅速周全。""机会难得,不宜拖延"这 8 个字,生动体现了小平同志对迅速发展海南的紧迫心情及强烈的抓住机遇的意识。

时间到了 2007 年,温家宝总理在 3 月 9 日全国"两会"海南代表团审议会上,这样指出:"中央对海南是关心的……有些事不能再拖了,能办一件我们就尽快办一件,能多办几件就多办几件。"又一个"不能再拖",道出了总理对海南发展因"拖"而滞后的缺憾之意,也反映了总理对加快海南发展的迫切之情,闻之足以令人震撼,发人深省!

所以,"面对海南国际旅游岛建设的重大机遇,如果我们发展慢、发展不好将会成为最大的历史错误。"卫留成书记在最近调研时说的这番语重心长的话,值得我们用心掂量。

三、欠发达的省情对于抢抓机遇来说,更多的是挑战

海南是在极其落后的基础上建省办特区的。建省办特区,也是为了尽快改变海南贫穷落后的面貌。对此,1990 年 5 月,江泽民同志在海南视察时指出:"中央决定把海南岛整个岛作为经济特区,实行对外开放,这是正确的战略决策",作出这样决策的根本目的,"就是要通过改革开放来加快海南的经济发展,使海南尽快地从经济比较落后的省份变为先进的省份,进而达到比较发达的水平"。

20 多年过去了,海南经济社会发展取得了很大的成就,城乡面貌发生了历史性的变化。然而我们现在面对的一个严峻事实是:海南发展的底子仍然薄弱,经济总量仍然较小,处于欠发达地区的基本省情没有得到根本改变。2010 年我国 GDP 万亿元俱乐部已扩容到 17 个省区市,而海南则刚刚突破 2000 亿元。目前海南的人均 GDP 仍然较大幅度地落后于全国平均水平。这也就是国务院《意见》中所说:"由于发展起步晚,基础差,目前海南经济社会发展整体水平仍然较低。"

以欠发达的省情对接发展的大机遇,在低起点上按高标准建设国际旅游岛,这就注定了海南的国际旅游岛建设有着非比寻常的艰巨性和复杂性。

海南在抢抓机遇的过程中其实肩负着双重任务,面临着两难命题。今年 4 月,胡锦涛总书记在三亚欢迎金砖国家领导人致辞时,对海南有这样的描述:"海南正在迈开步伐朝着建设国际旅游岛和生态省的目标前进。"总书记在这里给海南提出了两大任务,那就是"建设国际旅游岛和生态省"。海南兼具生态功能区和欠发达地区的二重性,一方面要加快发展;另一方面要保护环境,这是一个两难命题。与发达地区相比,海南抢抓机遇加快发展有着更多的制约因素,面临着更大的环保与资源的压力。

欠发达的省情容易引发对优惠政策的"消化不良"。这些年来,许多兄弟省区市都不同程度上获得国家特殊政策支持,而它们大都具有比海南更高的发展起点和更优越的发展基础。根据经济学中的马太效应原理,同样的政策,对于发达地区来说,往往有"好马配好鞍"的效应,吸引更多的发展资源和生产要素,对发展起到加速作用;而对欠发达地区来说,由于自身经济结构不合理、基础薄弱、人才资源不足等,往往造成对政策的"消化不良",对各种发展资源和生产要素的吸引力有限,"政策机遇"也就难以抓住用好。在以往的发展历程中,有过不少优惠政策措施是"海南开花,内地结果"的例子,究其原因,就是由于海南经济发展基础差,政策利用能力有限,而同样的政策在经济发展基础好的地方其效应却能成倍放大。这方面的例子,如后起于海南经济特区的上海浦东新区、天津滨海新区,以及其他保税港区等,不胜枚举。

就当前来说,我们要看到上海等地正在研究复制海南"离境退税""离岛免税"政策,这就警示我们,在当前国内区域竞争千帆竞发、百舸争流的背景下,任何优惠政策都很难独享。面对国际旅游岛建设机遇的到来,我们丝毫不能有洋洋自得或歇一口气的想法。如果海南国际旅游岛建设不能抢时间争速度,让优惠政策尽快转变为发展成果,而是雷声大、雨点小,那么海南政策高地的地位,完全有可能被其他省区市所实际替代,国际旅游岛带来的发展优势就会失去。

改革开放以来很多事情都发生了变化,但不变的是"前有标兵,后有追兵"的格局。当前,区域竞争风起云涌,内地和沿边地区一些新特区、两型综改区纷纷获批,对海南的发展将产生长远而强有力的冲击与挑战。继上海浦东1992年成为首个副省级开发区之后,2009年以来,天津滨海新区、重庆两江新区、陕西西咸新区先后成为副省级经济区,还有像浙江、新疆、宁夏等地也在谋划类似的动作,这些新区被盖上了"国"字印,背后是强大的国家支持、实惠的倾斜政策、本地颇具吸引力竞争力的招商资本。这些"新经济特区"都对海南发展构成了现实的挑战。

形势逼人,不进则退,慢进也是退。面对区域竞争的新态势,我们如果不牢牢树立"机不可失、时不再来"的机遇意识,而是自我陶醉、固步自封、止步不前,就势必留下错失大好发展良机的历史遗憾。

早在改革开放之初的1983年3月,正在海南岛视察的胡耀邦同志同广东省委、海南区党委负责同志谈话时就说："时间就是速度,时间就是金钱,我们不能慢慢吞吞,无休止地扯皮,四个现代化扯没有了。时间不等人,不能再无穷无尽地扯,那样耽误时间,我们国家是再也耽误不起了。广东有一个海南岛、一个南海县,两个南海县的工农业总产值就超过海南岛,你们海南岛难道就耽误得起? 我看你们也耽误不起。"

那时的南海县已并入佛山市成为南海区,去年的生产总值达到 1792 亿元,而海南是 2052 亿元,仍然是两个南海县的生产总值就超过而且是大大超过(3584 亿/2052 亿)一个海南岛。估计用不了几年,一个南海区的生产总值就会超过一个海南省的生产总值。

所以,今天来回味胡耀邦同志的这些话,可以使我们对增强发展的紧迫感、危机感、责任感有更深刻的理解和体会。

如果说改革开放之初一穷二白的海南耽误不起,那么今天欠发达的海南同样耽误不起。看到欠发达的省情对抢抓机遇来说,更多的是挑战,就是要求我们比别人要更清醒,更有危机感,更有机遇意识。

四、一门心思、一股子气扭住"基本法"不放松,是抢抓黄金机遇期的不二选择

胡锦涛总书记在海南考察讲话中特别指出,中央已作出建设海南国际旅游岛的重大战略决策,国际旅游岛建设发展规划也已批准。这两句话包含了两个重要的文件,即《国务院关于推进海南国际旅游岛建设发展的若干意见》(国发〔2009〕44 号),以及 2010 年 6 月 8 日国家发改委正式批复的《海南国际旅游岛建设发展规划纲要》。

按照国务院第 44 号文件中的重点政策、重要部署、重大指导性意见的要求,《规划纲要》从空间布局、基础建设、产业发展、保障措施、近期行动计划等方面提出了具体工作安排,是 44 号文件的细化、具体化,更具操作性。

《规划纲要》又是国务院授权国家发改委批准的,是国家层面的区域性规划的重要组成部分,是从我国改革开放和现代化建设全局出发、着眼于发挥海南省情特点和比较优势作出的总体安排,其层次远高于省内各级、各层面的规划,高于以后我们将要编制完善的旅游岛建设各专项规划。

如果说国务院第44号文件是引领海南新一轮改革发展的总体部署和基本方略,那么《规划纲要》就是海南贯彻落实中央精神,推进国际旅游岛建设的基本蓝图和行动纲领。

《规划纲要》的重要性再怎么强调都不为过。从一定意义上说,这是海南建设国际旅游岛的"基本法"。衡量我们是不是抓住机遇的一个重要标志,就是能否顺利实现《规划纲要》所确定的各项目标要求。

我们不敢说海南国际旅游岛是"集百般宠爱于一身",但是《规划纲要》确定的国际旅游岛建设的"二区(我国旅游业改革创新的试验区、全国生态文明建设示范区)三地(世界一流的海岛休闲度假旅游目的地、南海资源开发和服务基地、国家热带现代农业基地)一平台(国际经济合作和文化交流的重要平台)"的战略定位,的确是前所未有的光荣而艰巨的"国家级"安排。背后是国家的意志,人民的瞩目。这当中的每一个定位,都是伟大使命,都是艰巨任务,非持之以恒、一如既往铆足劲干不足为功。

对海南来说,现在的关键是要抓住机遇、狠抓落实。胡锦涛总书记的这句话是一语中的,指出了海南发展的关键所在、要害所系。

抓机遇、抓好落实需要做的工作很多,但最核心、最根本、最重要的一条,我认为就是要一门心思、一股子气扭住《海南国际旅游岛建设发展规划纲要》这个建设国际旅游岛的"基本法"不放松,不能有丝毫的动摇、懈怠、折腾。

我们看到,海南国际旅游岛建设已经实现良好开局;但是,我们也要看到,《规划纲要》获批后,涌起了一股学习贯彻《规划纲要》的热潮,但时过一年,在一些同志的心里,《规划纲要》的内容已经淡忘了,贯彻落实《规划纲要》的热情在减退,这种"疲态"倾向值得引起我们高度重视。如果只有"三分钟热情",而很快将文件束之高阁,将精神置之脑后,那么再好的政策也是一纸空文,再好的机遇也是一片空谈。

政策重要,会用政策更重要。在过往的海南开放历史上,我们错失许多机遇,一个重要原因就是落实执行政策措施的环节出了问题,或是没有组织准备好;或是重部署,轻落实,执行力度不够;或是对政策理解有偏差,执行过程出现失误。

所以,抢抓黄金机遇期,迫切需要把落实《规划纲要》作为建设国际旅游岛的主任务、总抓手,将任务层层分解,将责任层层落实;采取进行式、动态式的管理手段,做到有部署,有进度,有评估,有监督,落实情况要定期汇总报告。各地各部门要把落实《规划纲要》列为抓发展的重要内容,进一步明确目标,理清思路,推出举措,用好用足各项政策,让政策发挥最大的效应。

五、多讲建设、多讲管理、多讲设计,
把海南国际旅游岛建设发展好

最近一个时期,卫留成书记在不同的场合都讲到海南国际旅游岛建设面临的七大挑战,就是:一是面临转变经济发展方式的艰巨任务和环境保护、资源紧缺的多重压力;二是国内外对国际旅游岛的期待和要求很高,但我们的建设水平、管理水平和素质能力还很不适应;三是旅游产业雷同,与旅游要素相配套的设施不完善、管理水平不够高,效益不突出;四是我们规划理念、思路不够完善,选择和引导投资的能力不够高;五是城市规划水平和执行力面临严峻挑战,尤其是一些年轻的旅游城市建设雷同,缺乏特色和品位;六是城市人口快速增长,挑战我们在交通、社会治安、污水垃圾处理、供水供气供电等多方面的管理能力和水平;七是领导干部的经验、知识和领导发展的能力与发展的需要还很不适应。

可以说,在重大历史机遇面前,把这七大挑战摆到海南在新的历史阶段亟须解决的问题的高度来看待,体现了省委对海南省情的清醒认识和深度关注。概要言之,这七大挑战,暴露出的是我们在建设水平、管理水平和领导水平方面存在的问题。

应对挑战,化解问题,需要做的事情很多。这当中,我认为迫切需要改变"重发展,轻建设;重投入,轻管理;重规划,轻设计"的弊政,真正把海南国际旅游岛建设发展好,把中外游客的度假天堂和海南人民的幸福家园建设发展好。

建设国际旅游岛,含义就在"建设"。国务院第44号文件的标题就体现了建设与发展有先后:"推进海南国际旅游岛建设发展。"建设是一个与发展既有联系,又有区别的概念。建设强调过程,发展强调结果,两者相辅相成,可以互为因果。建设可以促进发展,发展需要建设来体现。发展是硬道理,建设是真功夫。

前些年,中央领导同志对于海南城市建设中存在问题的批评犹在耳边:"老城区'见缝插针',新城区'包产到户'","城市不像城市,农村不像农村",等等。而这种局面还不同程度地存在与延续。现在游客来海南,对这里的优美的自然生态环境总是赞不绝口,而对我们的城乡面貌却颇有微词。问题就出在"建设"上。高水平的建设,才能体现高水平的发展。尤其我们讲的是建设国际旅游岛,是要建设世界一流的海岛休闲度假旅游目的地,是要按照国际标准来建设,更可见建设的难度,不讲建设不行。

管理中存在的问题同样突出。比如有的地方宾馆酒店建起来不少,但与旅游酒店相配套的设施却不完善,旅游行业管理能力跟不上,环境脏乱差、欺客宰客、交通拥堵、旅行社恶性炒房等现象依然存在;有的地方投巨资兴建公共设施,但由于管理不善,破坏严重;有的地方在城市管理上缺乏预见性,刚建好的马路很快就"开膛破肚"、反复开挖,马路边的绿化树木种了又移,移了又种;有的地方交通基础设施投入巨大,但由于路网规划不科学,交通组织不合理,管理不到位等原因,交通拥堵成为群众反映强烈的问题。

像海南的环境卫生差问题,一直是一个痼疾,它从表面上看是卫生问题,实际上是建设与管理的问题。近年来,我省大力开展环境卫生整治、旅游环境整治,取得很好的效果。特别是省委书记亲自挂帅,解决海南旅游厕所建设和管理问题。许多市县都把公厕建设列为"一把手"工程,公厕建设成效明显。从厕所这个老大难问题入手,带动整个旅游要素的国际化改造,在全国有非常好的示范意义。这些举措也说明,国际旅游岛重在"建设",功在管理。

建设和管理问题,一直是海南的软肋,而且必将还是海南的软肋。

与国际旅游岛建设的高标准相比,海南无论是基础设施、经济条件,还是干部能力、社会管理水平方面都不能完全适应。这也再次说明,在欠发达的省情条件下,抢抓黄金机遇期,更多的是挑战。

规划的重要性不言而喻。但是,海南这些年来城市建设日新月异,多少高楼大厦拔地而起,多少道路桥梁建成修通,然而能让人们眼前一亮的建筑物并不多见,而能让人们由衷赞叹的城市建筑,更是难寻踪迹。这既有规划上的问题,也有设计上的问题。

我们为什么称小平同志为中国改革开放的总设计师而不是总规划师?规划与设计的区别在这里得到很好说明。我们一些地方热衷于大拆大建,然而在道路、建筑、绿化、水系和公用基础设施等最能体现一个城市风貌的地方却考虑得不多,要么没有设计,要么设计水平太差。建筑雷同,景观雷同,千城一面,毫无特色等等问题的出现,都是忽视设计带来的。

不能不说,我们对将空间战略规划、城市总体规划与城市具体形态和形象进行融合衔接的重要环节——城市设计关注不够。城市设计是一种城市整体空间环境营造的手段,它对城市形态特色、功能布局、交通组织、建筑风格与色彩等作出较为明确、详细的引导,提出具体的控制方向和要求。通过城市设计能够更好地控制城市开发,提升环境品质,同时还能维护和延续城市文脉,使城市发展的经济、文化要素较好地协调发展,为人们营造适宜的城市环境,并更多地吸引游客和外地投资。

明确城市设计的法定地位,通过刚性机制来确保城市设计的约束力,推进城市规划的落实,已经成为发达地区做精做美城市的重要手段。如去年3月1日正式实施的《天津市城乡规划条例》规定,市人民政府确定的重点地区、重点项目,由市城乡规划主管部门按照城乡规划和相关规定组织编制城市设计,制定城市设计导则,从而明确了城市设计的法定地位。近年来,天津运用城市设计手段,在规划管理、建设项目管理、历史名城保护、市容环境景观提升等工作中,对城市形象和空间形态进行精细控制和有效引导,取得了令人瞩目的效果。借鉴先进地区经验来建设海南国际旅游岛,我们要把精力放在搞规划上,也要用心思在设计上。

大家都说,要"把海南作为一个大城市来规划",如果哪一天能把这个口号变成"把海南作为一个大城市来设计"的行为,那我们就可以额手称庆了。把规划的"蓝图"具体化为设计的"美景",通过设计来更好地落实规划,体现规划。让设计捅破规划这张纸,从而离建设、高水平的建设更近。

多讲建设、多讲管理、多讲设计,归根结底就是将国际旅游岛建设的工作具体化、精细化,最终落到实处,见到实效。国际旅游岛建设就是要于细节处见精神,于具体中见成效。通过建设来推动发展、体现发展成果,通过管理来提升投入效益,放大投入效果,通过设计来细化规划,约束规划的落实,以建设水平、管理水平、设计水平的全面提高,体现海南发展的水平与质量,展现国际旅游岛的美好形象。

"一个机遇的获得,往往千载难逢","一个机遇的丧失,往往就是一忽儿的事情"。这是《洋浦,曾经失去》一文中的精辟概括。机遇稍纵即逝,机遇失去不再来。能不能始终牢牢抓住黄金机遇期、积极用好黄金机遇期,是对执政能力的重大考验。对于处在黄金机遇期中的我们来说,必须更加奋发有为,昂扬向上,一天也不耽误,一点也不动摇,一刻也不懈怠,强化抢抓机遇意识,提高抢抓机遇能力,树雄心,立壮志,以排山倒海之势推进国际旅游岛建设,给世人一个令人刮目相看的海南国际旅游岛。

本文发表于《海南日报》2011 年 7 月 7 日。

新时代全面深化改革开放的宣言书
新起点全面深化改革开放的动员令

——学习习近平总书记在庆祝海南建省办经济特区 30 周年大会上的重要讲话

习近平总书记 4 月 13 日在庆祝海南建省办经济特区 30 周年大会上发表的重要讲话,是指导海南全面深化改革开放的纲领性文献,是指引海南全面深化改革开放的行动指南。

全神贯注聆听习近平总书记的重要讲话,反复学习理解讲话蕴含和折射的全球大视野、时代大智慧、复兴大谋划和民族大情怀,深深感到习近平总书记的重要讲话,是新时代全面深化改革开放的宣言书,宣示我国扩大对外开放、积极推动经济全球化的坚定信心;是新起点全面深化改革开放的动员令,动员举全国之力、聚四方之才,由中央和国家有关部门会同海南省做好顶层设计,共同推动各项政策落地见效;是全世界投资者投资兴业海南的"路线图",欢迎全世界投资者到海南投资兴业,积极参与海南自由贸易港建设,共享中国发展机遇;是海南全体人民投身争创新时代中国特色社会主义生动范例的"施工图",海南广大干部群众要不忘初心、牢记使命,保持历史耐心,发扬钉钉子精神,一张蓝图绘到底,一任接着一任干。只有真抓才能攻坚克难,只有实干才能梦想成真。结合学习《中共中央国务院关于支持海南全面深化改革开放的指导意见》,我认为,可以用 10 个"新"来理解。

时代新谋划

海南全面深化改革开放,是在中国特色社会主义进入新时代的大背景下,由习近平总书记亲自谋划、亲自部署、亲自推动的国家重大战略。海南在我国改革开放和社会主义现代化建设大局中,具有特殊地位和重要作用。谋划、部署、推动这一国家重大战略,赋予海南经济特区改革开放新的使命,必将对构建我国改革开放新格局产生重大而深远影响。对于完善和发展中国特色社会主义制度;对于我国主动参与和推动经济全球化进程;对于探索可复制可推广的经验,完善和发展中国特色社会主义制度;对于发展更高层次的开放型经济,推动我国主动参与和推动经济全球化进程;对于彰显中国特色社会主义制度优越性,增强中华民族的凝聚力和向心力,具有十分重大的现实意义和深远的历史意义。

复兴新动力

海南全面深化改革开放,是习近平总书记和党中央在贯彻党的十九大精神的开局之年、改革开放40周年、海南建省和兴办经济特区30周年的重要时刻作出的重大战略决策。作出这样的重大战略决策,就是要全面贯彻党的十九大精神和习近平新时代中国特色社会主义思想,在新时代新起点上继续把全面深化改革开放推向前进。这既是庆祝海南建省办经济特区30周年的最好方式,也是庆祝我国改革开放40周年的重大举措,更进一步凸显我国改革开放40年的重大意义。

40年前,为了推进我国改革开放和社会主义现代化建设,党中央决定兴办深圳、珠海、汕头、厦门4个经济特区,它们发挥了对全国改革开放和社会主义现代化建设的重要窗口和示范作用。40年后的今天,海南全岛建设自由贸易试验区和中国特色自由贸易港,努力成为新时代全面深化改革开放的新标杆,形成更高层次改革开放新格局,必将为实现"两个一百年"奋斗目标、实现中华民族伟大复兴的中国梦提供强大的新动力。

地缘新优势

海南岛的地理位置独特,在推动贸易和投资自由化便利化、经济全球化,以及建立亚太自由贸易区的时代大背景下,更是具有了新优势。2013年习近平总书记考察海南工作时指出,海南对外开放基础较好,具有面向东盟最前沿的区位优势,又是一个独立的地理单元,应该在开放方面先走一步,希望海南积极探索,实施更加开放的投资、贸易、旅游等政策,为全国发展开放型经济提供新鲜经验。这次他进一步指出海南地理位置独特,拥有全国最好的生态环境,又是相对独立的地理单元,具有成为全国改革开放试验田的独特优势。海南全面深化改革开放具备了前所未有的"天时、地利、人和"的良好条件。党中央审时度势,着眼于国际国内发展大局,深入研究、统筹考虑、科学谋划,作出海南全面深化改革开放的重大决策,是彰显我国扩大对外开放、积极推动经济全球化决心的重大举措。

战略新定位

着力打造全面深化改革开放试验区、国家生态文明试验区、国际旅游消费中心、国家重大战略服务保障区,这是党中央给予新时代新起点上的海南全面深化改革开放全新的战略定位。

全面深化改革开放试验区的定位要求是,大力弘扬敢闯敢试、敢为人先、埋头苦干的特区精神,在经济体制改革和社会治理创新等方面先行先试。适应经济全球化新形势,实行更加积极主动的开放战略,探索建立开放型经济新体制,把海南打造成为我国面向太平洋和印度洋的重要对外开放门户。国家生态文明试验区的定位要求是,牢固树立和践行绿水青山就是金山银山的理念,坚定不移走生产发展、生活富裕、生态良好的文明发展道路,推动形成人与自然和谐发展的现代化建设新格局,为推进全国生态文明建设探索新经验。国际旅游消费中心的定位要求是,大力推进旅游消费领域对外开放,积极培育旅游消费新热点,下大气力提升服务质量和国际化水平,打造业态丰富、品牌集聚、环境舒适、特色鲜明的国际旅游消费胜地。国家重大战略服务保障区的定位要求是,深度融入海洋强国、"一带一路"建设、军民融合发展等重大战略,全面加强支撑保障能力建设,切实履行好党中央赋予的重要使命,提升海南在国家战略格局中的地位和作用。

开放新高地

海南全岛建设自由贸易试验区,是要以制度创新为核心,加快形成法治化、国际化、便利化的营商环境,公平开放统一高效的市场环境。海南建设自由贸易港,是要在贸易、投融资、财政税务、金融创新、入出境等方面,探索更加灵活的政策体系、监管模式、管理体制,加强风险防控体系建设,打造开放层次更高、营商环境更优、辐射作用更强的开放新高地。海南将利用建设自由贸易港的契机,加强同"一带一路"沿线国家和地区开展多层次、多领域的务实合作,建设 21 世纪海上丝绸之路的文化、教育、农业、旅游等交流平台,在建设 21 世纪海上丝绸之路重要支点上,迈出更加坚实的步伐。自由贸易港是当今世界最高水平的开放形态。海南将以建设全世界最大的自由贸易区、全球最大的自由贸易港为崭新起点,打造开放层次更高、营商环境更优、辐射作用更强的开放新高地,争创新时代中国特色社会主义生动范例,充分展示中国特色社会主义的无穷魅力,成为展示中国风范、中国气派、中国形象的靓丽名片。

改革新标杆

当前,改革又到了一个新的历史关头,推进改革的复杂程度、敏感程度、艰巨程度不亚于40年前。在这样的重要关头,习近平总书记要求,海南要站在更高起点,谋划和推进改革,下大气力破除体制机制弊端,不断解放和发展社会生产力,多出可复制可推广的经验,带动全国改革步伐。这充分体现出党中央对海南改革开放发展寄予厚望,蕴含着海南发展面临的新的系列重大机遇。由此开始的海南全面深化改革,将具有先行先试、试验示范的标杆意义。

例如,在改革举措系统集成方面,加快推进城乡融合发展体制机制、人才体制、财税金融体制、收入分配制度、国有企业等方面的改革,设立国际能源、航运、大宗商品、产权、股权、碳排放权等交易场所,形成更加成熟、更加定型的制度体系。在深化党和国家机构改革方面,率先完成地方党政机构改革,为国家治理体系和治理能力现代化进行新的探索。在"放管服"改革方面,在进一步简政放权、放管结合、优化服务方面,走在全国前列,推动自由贸易试验区和自由贸易港建设。在推动经济高质量发展方面,海南既要走在全国前列,又要在现代服务业发展方面为全国发挥示范引领作用。在生态文明体制改革方面,海南要先行一步,建设绿色发展示范区、生态循环农业示范省、农业绿色发展先行区、海洋经济示范区、热带雨林国家公园等,为全国生态文明建设作出表率,为全国生态文明建设探索经验。

发展新业态

全面深化改革开放大背景下的海南发展,是高质量发展,不以转口贸易和加工制造为重点,而要以发展旅游业、现代服务业、高新技术产业为主导,瞄准国际标准提高水平,下大气力调优结构,重点发展旅游、互联网、医疗健康、金融、会展等现代服务业,加快服务贸易创新发展,促进服务业优化升级,形成以服务型经济为主的产业结构。要深化供给侧结构性改革,发挥优势,集聚创新要素,积极发展新一代信息技术产业和数字经济,推动互联网、物联网、大数据、卫星导航、人工智能同实体经济深度融合,整体提升海南综合竞争力。

在推动海南建设具有世界影响力的国际旅游消费中心背景下,要培育旅游消费新业态新热点,提升服务能力和水平,推进全域旅游发展,为国内外游客和当地群众提供更多优质服务,使海南国际旅游岛这张名片更亮更出彩。实行最严格的生态环境保护制度,提供更多优质生态产品,谱写美丽中国海南篇章。

人才新呼唤

事业因人才而兴,人才因事业而聚。海南全面深化改革开放是国家的重大战略,必须举全国之力、聚四方之才,加快形成人人渴望成才、人人努力成才、人人皆可成才、人人尽展其才的良好环境,使海南成为人才荟萃的沃土,再现海南建省办经济特区初期的"十万人才过海峡"壮举。习近平总书记强调,海南要坚持五湖四海广揽人才,在深化人才发展体制机制改革上有突破,实行更加积极、更加开放、更加有效的人才政策,创新人才培养支持机制,构建更加开放的引才机制,全面提升人才服务水平,让各类人才在海南各尽其用、各展其才。中央指导意见指出,坚持发挥人才的关键性作用。坚持人才是第一资源,在人才培养、引进、使用上大胆创新,聚天下英才而用之,努力让各类人才引得进、留得住、用得好,使海南成为人才荟萃之岛、技术创新之岛。

风险新防控

海南全岛建设自由贸易试验区,逐步探索、稳步推进中国特色自由贸易港建设,分步骤、分阶段建立自由贸易港政策和制度体系。这是确保海南全面深化改革开放重大决策部署成功的战略性安排。中央指导意见指出,坚持整体推进和稳步实施。强化顶层设计,增强改革的系统性、协调性,使各项改革举措相互配合、相得益彰,提高改革整体效益。科学把握改革举措实施步骤,加强风险评估和跟踪预警,注重纠错调整,积极防范潜在风险。中央指导意见要求,坚持全方位对外开放,按照先行先试、风险可控、分步推进、突出特色的原则。第一步,在海南全境建设自由贸易试验区,赋予其现行自由贸易试验区试点政策;第二步,探索实行符合海南发展定位的自由贸易港政策。这个过程中,加强风险防控体系建设至关重要。

中央要求,出台有关政策要深入论证、严格把关,成熟一项推出一项。可以预见,风险防控的重点,主要是三个方面:一是加强对重大风险的识别和系统性金融风险的防范,严厉打击洗钱、恐怖融资及逃税等金融犯罪活动,有效防控金融风险;二是强化出入境安全准入管理,完善对国家禁止和限制入境货物、物品的监管,高效精准打击走私活动;三是坚决防范炒房炒地的投机行为。中央划出的"红线":实行最严格的节约用地制度,实施建设用地总量和强度双控行动,推进城市更新改造,对低效、零散用地进行统筹整合、统一开发,确保海南建设用地总量在现有基础上不增加,人均城镇工矿用地和单位国内生产总值建设用地使用面积稳步下降。

成功新保障

改革开放取得成功的关键和根本,在于坚持和加强党的全面领导。海南要坚持和加强党的全面领导,确保全面深化改革开放的正确方向。中央指导意见要求,把党的领导贯穿于海南全面深化改革开放的全过程,增强"四个意识",坚定"四个自信",自觉维护以习近平同志为核心的党中央权威和集中统一领导,培育践行社会主义核心价值观,确保改革开放的社会主义方向。

为了统筹推进海南全面深化改革开放工作,坚定自觉地把党中央、国务院的决策部署落到实处,中央确立海南全面深化改革开放的工作机制是"中央统筹、部门支持、省抓落实"。中央有关部门要真放真改真支持,切实贯彻落实中央指导意见提出的各项任务和政策措施,会同海南省抓紧制定实施方案,共同推动各项政策落地见效。国家发改委要加强综合协调,强化督促检查,适时组织对本意见实施情况进行评估,及时发现问题并提出整改建议,重大事项向党中央、国务院报告。对海南省来说,要发挥主体责任,主动作为、真抓实干,敢为人先、大胆探索,以"功成不必在我"的精神境界和"功成必定有我"的历史担当,一任接着一任干,一茬接着一茬干,将蓝图一绘到底,在实现"两个一百年"奋斗目标、实现中华民族伟大复兴的中国梦的新征程上,创造无愧于时代的新业绩!

本文发表于《中国社会科学报》2018年6月28日。

后 记

收集整理近40年的理论研究成果,借此对自己多年来的思考作一次系统的回顾,是一件很有意义的事情。这些年来的个人研究成果不知凡几,本书收录的是我自1984年至2018年间撰写的论文49篇,其中绝大多数公开发表过,但像《试论建立海南自由贸易区》却是第一次与读者见面。收入本书中的《海南在中国开放格局中的作用与开放模式问题》,就是当年在这篇文章的基础上修改而成的。

本书收录的是自认为有些价值的"代表作",集中反映了不同阶段我对海南经济发展问题的关注、思考与研究。从某种意义上说,也记录了海南建省前和建省后改革开放与发展的历史进程,希望有些观点对今天仍有启发借鉴意义。若以个人为标签去标注时代而论,也希望本书对人们认识海南能产生"一斑窥全豹"的效果。

此次文章结集出版,遵循以文章的写作或出版时间为序,对语句不通、表述不规范、错别字等进行核实改正,对注释格式、数字用法等尽量做到一致,至于当时不少的地名、政区名乃至大量的术语、概念等均保持原貌,如此也许更有助于记录个人的思考与探索轨迹,以及映射时代发展的进步与走向。

本书的整理与出版,是一件很烦琐甚至痛苦的事情。在此,要特别感谢本书的责任编辑、中华书局学术著作编辑室罗华彤先生,是他的信任、鼓励与指导,让我不断努力去完成这件事情。在编校过程中,还得到一些专业人士的大力帮助,在此一并致谢。

2019年中秋之夜于海口